篮球运动

康菲 主编

人民体育出版社

图书在版编目（CIP）数据

篮球运动 / 康菲主编 . --北京：人民体育出版社，2022（2024.10 重印）

ISBN 978-7-5009-6111-6

Ⅰ.①篮… Ⅱ.①康… Ⅲ.①篮球运动-高等学校-教材 Ⅳ.①G841

中国版本图书馆 CIP 数据核字（2021）第 228840 号

*

人 民 体 育 出 版 社 出 版 发 行

北京中献拓方科技发展有限公司印刷

新 华 书 店 经 销

*

710×1000 16 开本 26.25 印张 480 千字

2022 年 9 月第 1 版 2024 年 10 月第 4 次印刷

*

ISBN 978-7-5009-6111-6

定价：110.00 元

社址：北京市东城区体育馆路 8 号（天坛公园东门）

电话：67151482（发行部） 邮编：100061

传真：67151483 邮购：67118491

网址：www.psphpress.com

（购买本社图书，如遇有缺损页可与邮购部联系）

《篮球运动》编委会

主　　编

康　菲

副 主 编

赵瑞国　肖　翔

编写成员（按姓氏笔画为序）

朱越彤　闫育东　李　实　周秉政

前 言

FOREWORD

篮球运动既是一项国际性影响极大的竞技体育项目，也是人们喜闻乐见的大众体育项目，它集跑、跳、投等运动为一体，有着极高的竞技、健身、锻炼价值。同时，它还是专业体育院校、综合大学体育学院最基本的由多学科交叉融合的一门运动学科课程。而现代篮球运动更重要的深层价值在于它是在人类社会文明进步和文化发展过程中创造并完善起来，反映时代特征的一种宝贵的社会财富和人文景观。

随着新课程标准的实施、课改的深入及校本课程的推进，教学设计的创新已经成为当前改革的热点和重点。我们秉持使学生终身受益的教学思路，结合新时代教学理念，致力于让学生完整地理解篮球运动的理论与技术等知识体系，构建为新时代服务的思维模式。

本书以篮球运动中的教学和训练为核心。通过教学，让大家了解在篮球课教学中的术语使用、教学步骤、教学环节、课堂评估、课后作业等环节的主要内容；通过训练，让大家了解在篮球专业训练中，不同年龄段的运动员的身心特点、训练内容、训练重点、运动员状态调控等主要内容，以提高读者对篮球运动中教学与训练的分界点、临界点、交界点的把握。

参与本书撰写的分别是（按章节排列为序）：朱越彤（第一章）、赵瑞国（第二章）、康菲（第三章）、周秉政（第四、五章）、肖翔（第六、七、八章）、李实（第九章）、闫育东（第十章）。

在撰写此书的过程中，编者参考了国内外体育界同人的诸多研究成果，在引用中难免有疏忽和不足之处，敬请批评指正。

本教材图例说明

	球
	进攻队员
	进攻队员持球
	防守队员
	教练
	移动路线
	传球路线
	运球路线
	投篮
	急停
	夹击
	掩护

目录
CONTENTS

第一章 CHAPTER 01 篮球运动概论

【本章提要】本章主要讲授篮球运动的起源、属性和发展历史，篮球运动的基本规律和特点，现代篮球运动的发展趋势和中国篮球运动的发展历程，以及新时期中国篮球要面临的任务。

篮球运动是一项集体性、综合性的活动性游戏，同时也是一项健身益智、提高人的竞争力和创造力、发掘人的潜能的运动。它起源于人类劳动过程之中，是社会文化进步和文明程度提高的反映。

篮球运动不仅是现代社会的一种文化现象，同时也是现代社会文明进步的体现。通过参加篮球运动可以增强人们的竞争意识和进取精神，提高人们的团体意识和互助精神，可以培养人们的良好品质和高尚的道德情操，有益于塑造一个完美的人。

现代篮球运动拓展到现代科技学、教育学、人文学、社会学，以及各类自然科学，是一门多学科交叉的多元化的新型边缘性运动和科学学科。其内涵价值在于它是人类在社会文明进步和文化发展过程中创造并逐步完善起来的一种宝贵的精神财富，反映现代人类生存活动的形式和现象。这种形式和现象，不仅通过篮球运动竞赛过程中的拼搏，展示出人类时代多彩的活动生命力、聪颖的智慧、健美的形态、健壮的体质和高超的技能，还在于它在整个运动过程中能培育并折射出人们从个体到集体、从民族到国家的一种精神及社会文化心理与文明进步的层氛围。所以，篮球运动教学、训练和竞赛过程也是贯彻以人为本、提高全民综合教育素质的过程。

第一节　篮球运动发展简介

一、篮球运动的起源

图 1-1　篮球运动创始人詹姆斯·奈史密斯

篮球运动起源于美国，是由马萨诸塞州斯普林菲尔德市（或译春田市）的基督教青年会训练学校体育教师詹姆斯·奈史密斯博士于 1891 年发明的（图 1-1）。当时，由于在寒冷的冬季，人们缺乏室内进行体育活动的球类竞赛项目，奈史密斯从工人和儿童用球向“桃子筐”投准的游戏中得到启发，设计将两只桃篮分别钉在健身房内两端看台的栏杆上，桃篮口水平向上，距地面 10 英尺（1 英尺 = 0.3048 米），以足球为比赛工具向篮内投掷，入篮得 1 分，按得分多少决定胜负。因为这项游戏最初使用的是桃篮和球，遂取名为篮球。1893 年铁质球篮取代了桃篮并挂上了线网，1895 年篮筐开始固定在 4 英尺×6 英尺的篮板上并逐渐深入场内。到 1913 年，由于每次投篮命中后都需要将球从篮筐内捞出太麻烦，于是人们将篮网底部剪开，形成了近似现代的篮板和球篮。

由于篮球运动具有较强的对抗性，便制定了某些限制性规定，并且不断地改进比赛方式，从而使篮球游戏得到逐步完善并向现代篮球运动过渡。

最初的篮球比赛由于没有明确的规则，经常出现推、拉、撞人等粗暴动作，影响了比赛的顺利进行。鉴于这种情况，1892 年奈史密斯制定了简单的 13 条比赛规则。篮球运动的发展总是与技战术的改进，身体素质的提高，攻与守的对抗和竞赛规则的变化有着密切的联系。它们之间相互制约、相互促进，推动着篮球运动不断向更高层次发展。

二、篮球运动的发展过程

篮球文化伴随篮球游戏的创立而产生，也伴随着这项游戏的升华而完善发展形成文化体系。最初可称为地域性、乡土性、娱乐性的校园健身娱乐游戏，这时候的篮球文化仅带有娱乐健身色彩，主流文化现象是本体性行为娱乐与游戏玩耍，随着现代篮球活动的传播、推广、充实、完善，分阶段地逐步形成组合性的现代篮球文化的当代体系。

伴随篮球运动演进发展的过程，篮球运动可分为5个发展阶段（表1-1）。

表1-1 篮球运动的5个发展阶段

时期	主流文化的标志
初创时期 （19世纪90年代—20世纪20年代）	乡土气息的纯娱乐健身性的象形文化
完善传播期 （20世纪20—40年代）	跨国经济性的技战术本体文化初步建立，规则与竞赛形式制度文化建立并走上国际化
普及发展期 （20世纪50—60年代）	现代竞技篮球形象的确立，竞技水平与竞技人员的数量、质量进一步向国际性篮球职业赛事文化发展
全面提高期 （20世纪70—80年代）	球星的魅力与球队间高水平竞赛的职业化、商业化及人文化气息加浓，带动各种形式的多元的全球篮球人文性文化的形成
创新飞跃期 （20世纪90年代—21世纪）	艺术性、国际化、产业化、人文化等多元素交融下的高水平竞技，世界性篮球文化形成完整体系，物质与精神的社会价值观加速提升到当代文化体系行列

其中，第二时期、第三时期、第五时期掀起的3次发展浪潮也就成为篮球运动充实、提高、飞跃、发展、形成体系的基础（表1-2）。

表1-2 篮球运动的3次发展浪潮

次数	起始时间	内容及主要标志	篮球文化的特点
第一次浪潮	20世纪30年代	1932年国际业余篮球联赛在日内瓦成立；国际间的篮球规则初步统一；1936年第11届奥运会男子篮球被列为竞赛项目	以娱乐性、健身性文化为主
第二次浪潮	20世纪40年代末—80年代	美国NBA职业篮球联赛的开始；1976年第21届奥运会女子篮球被列为竞赛项目；规则的完善使篮球竞技向高大和高空方向发展；比赛场地设施不断规范，显示出科技含量	以竞技性、赛事传媒性、球员个性文化展示为主
第三次浪潮	20世纪90年代至今	允许职业运动员参加国际篮球的比赛；新理念、新理论、新技战术的诞生使现代篮球产生商业化、产业化的气息	以科技性、人文性、商业性、产业性、智谋性、整体性文化为主

三、世界篮球运动的格局与流派

进入21世纪，世界篮球运动的职业化步伐加快，随着高水平职业运动员在世界范围内的流动，职业篮球运动的影响在世界范围内不断扩大，具备高超技、战术水平的明星球员带动了世界区域性篮球运动的发展，使世界篮球运动逐步形成了新的格局与流派。

（一）世界篮球运动竞技水平的格局

根据第28届雅典奥运会与2006年世界男篮锦标赛优胜名次的分布情况，当今世界篮坛已形成升降交替、多足鼎立的格局。男篮：美洲的美国、阿根廷、巴西，欧洲的意大利、塞黑、德国、西班牙、希腊、立陶宛等篮球强国已形成第一集团；大洋洲的澳大利亚、新西兰，美洲的波多黎各和巴拉圭，欧洲的俄罗斯等队紧随其后形成第二集团；非洲的安哥拉及亚洲的中国等队总体实力仍处于第三集团。女篮：美洲的美国、巴西，大洋洲的澳大利亚，欧洲的俄罗斯形成新的四强，处于第一集团；美洲的古巴，欧洲的捷克、西班牙、希腊和亚洲的中国等队处于第二集团；大洋洲的新西兰，亚洲的日本、韩国和非洲的尼日利亚等队处于第三集团。然而随着世界篮球运动在全球范围内的广泛交流与融合，世界竞技篮球运动的格局也在不断起伏变化，从而推动着世界篮球运动向着动态的、多元的、多变的方向发展。

（二）世界篮球运动技、战术的流派

由于地域性篮球文化的交融，构成了世界篮球文化的丰富多彩，世界篮球运动已形成了不同风格、不同流派、不同打法的特点。

美洲型打法：美洲为现代篮球运动起始最早的区域，整体水平最高，各国打法基本相似，以技巧与特殊的身体体能条件相结合，形成以个体作战和几个人组合作战型为主体的打法，体现了高、快、准、巧，基础技术好，个人水平高，整体实力强。特别是这些队中的黑人运动员，速度快、爆发力强，具有惊人的弹跳力，技术非常全面熟练，经常表演高空扣篮等高难动作，并擅长突破，配以外围投篮，在防守方面一般采用贴身紧逼，防守的攻击性强。其中以美国队为代表，巴西、智利、乌拉圭、阿根廷、古巴、波多黎各和加拿大等国名次虽有更迭起伏，但实力均衡，是不同时期世界篮球内世界性比赛前10名的主要竞争者。

欧洲型打法：欧洲篮球受美洲影响较大，普及面广，整体运动水平接近，是

美洲队的最大威胁者，欧洲球队特点是“大型化”，普遍在身高和力量上占优势。其基本打法趋向是以粗犷、凶悍、整体型作战为主体，体现了高、狠、准，富于力量性，讲究整体实力。其中，俄罗斯和南斯拉夫最具典型和抗衡实力，而捷克、立陶宛、意大利、希腊、以色列、保加利亚、西班牙、克罗地亚、法国等都具较高水平，在不同时期内曾分别入围世界两大赛事前8名。

大洋洲型打法：大洋洲的澳大利亚和新西兰篮球运动较为普及，20世纪80年代后进步较快，具有争夺世界两大赛事前4名的实力。尤其是澳大利亚的队员身材高大、作风顽强、攻守速度快、配合默契，防守多采用扩大人盯人，进攻中多运用双中锋与掩护配合，注意掌握比赛节奏，是以高制胜的球队。因此，他们的风格隶属于欧洲的打法。

亚洲型打法：亚洲区除东亚外，西亚已显崛起之势，但普及面局限，实际水平与欧美国家相比有较大差距，国际大赛成绩起伏较大。中国男女队略占优势，但韩国队、日本队有实力抗衡，其基本打法是以作风、体质为基础的技巧和快、灵、准的整体型为主体，但受传统篮球观念和身体条件与训练水平所限，整体实力不均衡。

非洲型打法：非洲区篮球运动发展滞后，普及面不广，运动水平较低，与欧美有明显差距，其基本打法尚未显出明显特征，但体能和个体攻击意识强。其中，埃及、尼日利亚、塞内加尔等国正在日益普及提高中，他们将成为亚洲区国家的抗衡对象。

随着世界篮球运动的发展，尤其是篮球职业化的影响，加速了当前各种篮球风格与流派的相互融合、渗透和弥补。世界强队根据自身特点，形成了独特的打法，在世界范围内呈现出多样纷争的局面。从总体上看，世界篮球运动将继续沿着一个共同发展方向（智博谋深、身高体壮、凶悍顽强、积极快速、机敏多变、全面准确）和不同流派与不同风格打法的趋势发展。

四、世界篮球运动的发展趋势与展望

21世纪，世界篮球运动作为一种全球性社会文化和人文景观将进一步在世界范围内迅速普及和发展提高。

（一）世界篮球运动的发展趋势

1. 大众篮球运动进一步普及

篮球运动由于自身的本体性特点、规律和功能，使其充满活力。这种运动性人文、文化色彩的氛围将不断地深化为社会特殊人文景观和人们生活的特殊组成部分。特别在发展中国家、地区的篮球运动开展将日益广泛，热爱篮球运动的各界人士将进一步支持推广篮球运动。

2. 学校篮球运动蓬勃发展

篮球运动的增智、健身、教育、宣传、社交功能越来越被各级教育部门和各类学校领导认同，积极开展学校篮球运动将成为活跃校园文化生活、增强师生体质、提高健身水平、陶冶情操、锻炼意志、修养品行、培养团队精神、增强使命感和荣誉意识的特殊教育形式。

3. 篮球职业化进程向全球推进

职业篮球比赛的竞技水平的技艺化，进一步产生了特殊社会性魅力和经济效益，促使21世纪职业篮球俱乐部将在全球范围内广泛建立，职业性竞赛的商业化行为将日益在规范中完善法治经营，逐步形成一种新兴产业。

4. 竞技篮球运动群雄纷争

21世纪世界篮球竞技运动水平和实力将形成起伏状的新格局，这是篮球运动在全球普及、发展、提高的好趋势。然而总体上美国仍将居先，欧、美地区一些国家在一个时期内仍将处于先进水平，但各国实力将接近，排名将反复出现更迭。

5. 篮球运动理论与实践不断创新

现代科技对篮球运动的渗透，使传统篮球观念，以及篮球理论、技战术、体能水平与训练手段将有新的变化。篮球竞技在创新发展中更具个性化、集约化、技艺化、科技化、商业化，明显反映出竞技篮球当代化科技氛围。

（二）世界篮球运动的发展展望

①篮球职业化、人文化、竞技化、观赏化、商业化进一步加快。

②技战术将不断创新，攻防对抗更加凶悍，高度、速度与准确性的矛盾关系将更为突出。整体打法成为现代竞技篮球发展的一种趋势。

③篮球规则修改将不断激励对抗、倡导激情，鼓励运动员个体性和全队整体性、技能和体能的协同发展。

④全场比赛将在一定的时机与条件下继续缩短攻防时间，规则对犯规的判罚

还将有新的修正。

⑤球星的数量、质量及在球队中的地位将更为突出，其特殊影响力将进一步提高。

⑥比赛设施将会修整，场地区域划分也会有新的变化，进而在更大的范围内、更快速度的移动中完成攻防对抗，攻守战术中队员的位置分工将更为模糊。

⑦体能中的身体素质（力量、弹跳、速度等），心理素质（价值观念、荣誉观念等），智能素质（文化沉淀、文明程度、应变能力、篮球专项意识与实践水平）将进一步提高。

⑧篮球理论与理念将不断更新，科研成果将广泛应用于篮球训练与竞赛实践。篮球文化将在更广阔的范围内得以展现和深化。

⑨世界篮球运动格局及优秀球队的区域分布将呈现不稳定性，国际大赛中的球队名次排位将时有更迭。

⑩篮球竞赛形式更富有商业化、产业化的特点，职业化进程将进一步加快。

（三）世界重大篮球赛事简介

奥运会篮球比赛、篮球世界杯、美国职业篮球联赛已成为举世瞩目的篮球赛事，这些高水平的篮球赛事推动了世界篮球运动的发展，为更多的球星、球队提供了展示的舞台。

1. 奥运会篮球比赛

篮球比赛是奥运会的重要比赛项目之一，包括男篮和女篮比赛。1936 年在第 11 届奥运会上，男子篮球被列为奥运会正式比赛项目。男子比赛共举办了 20 届，中国男篮获得的最好名次是第 8 名。从第 21 届奥运会开始，规定参加男子篮球比赛的球队为 12 支。

在 1976 年第 21 届奥运会上，女子篮球被列为正式比赛项目，如今已举办了 12 届，中国女篮获得的最好名次是第 25 届奥运会的亚军。奥运会篮球比赛一般分预赛、复赛、决赛三个阶段进行，预赛通常用分组单循环赛，复赛和决赛多采用交叉赛。

2. 篮球世界杯（世界篮球锦标赛）

世界篮球锦标赛是国际篮球联合会举办的国际性的篮球赛事，每 4 年举办一届。男子比赛始于 1950 年，到 2010 年共举办了 16 届。竞赛规程为预赛分为 4 个组，各组前 3 名获出线权，后 3 名被淘汰。出现的 12 支球队又分为两个小组进行复赛，然后每个小组的前两名参加1~4名决赛；3~4名参加5~8名的决赛，5~6名参加9~12名的决赛。中国男篮于1978年首次参加了第8届世界男篮锦标赛，最好成绩是1994年第12届世锦赛的第8名。

首届世界女子篮球锦标赛于1953年在智利举行，参加比赛的队数和资格与男子比赛基本相同。中国女篮于1983年首次参加了该项赛事，并取得第8名。

2012年1月28日，“世锦赛”更名为“篮球世界杯”。2014年8月30日—9月14日，在西班牙举行了第1届“篮球世界杯”。

3. 美国职业篮球比赛（NBA）

NBA是National Basketball Association的缩写，即“美国职业篮球联赛”。NBA是被公认的世界最高水平的篮球联赛，它云集了美国国内和世界各国最优秀的篮球运动员，已逐步成为国际性的篮球比赛。NBA将联赛分为常规赛和季后赛两个阶段，常规赛从每年的11月初开始，至次年4月20日左右结束；季后赛从4月下旬开始，到6月下旬决出冠军为止。

第二节　篮球运动的基本规律、特点与价值

一、篮球运动的基本规律

篮球运动的规律是篮球比赛本身所固有的、普遍的、必然和稳定的联系，是不以人们的意识为转移的客观事实。现代篮球运动发展迅猛，比赛日趋激烈，比赛中引发了许多亟待解决的问题。我们只有深入认识并研究篮球运动的规律，分析它们之间的关系，才能有助于我们树立新的篮球比赛的观点和思维方法，丰富篮球运动的理论，指导篮球运动的实践，提高我国篮球运动的水平，推动我国篮球运动进一步发展。

（一）集体性规律

篮球运动的集体性规律充分体现在团队精神和协同作风上，体现在球场上一切个人行动都要基于全队整体的目的与任务之中。此规律的核心体现在“集”字上，要依靠集体力量，倡导团队精神。篮球运动是一项有较强集体性的对抗项目，他要求每名运动员在比赛中必须做到齐心协力，密切配合，只有把个人的技能融汇于集体，集体才能为个人做最佳保障，给个人技术发挥创造更多、更好的

机会。篮球运动的集体规律还体现在不仅要求比赛场上的队员协同合作，而且要求充分发挥教练员的指挥才华和场下替补队员的作用，将全队作为一个整体来设计战术、制定战略。

（二）对抗性规律

篮球运动对抗性规律体现在无论球队整体还是运动员个体，其根本目的都是采用合法规则要求的手段重点在地面与空间制约对方。能否始终凶悍、智谋地占有地面与空间对抗优势并转化为实际效果是其关键。

（三）转换性规律

篮球比赛是由两个队在规则规定的时间内进行不断地转换攻守回合完成的，每次进攻后的防守和防守后的进攻之间相互转换构成了篮球比赛的重要内容。换是篮球比赛的基本规律，换即思、换即动、换即变，换即换时、换位、换向、换术、换法、换人。篮球比赛中攻守转换既包括由攻转守时瞬间的行动意识、战术组织和配合方法，又包括由防守获得球后的转攻。

（四）动态性规律

篮球运动可以说是一项动态性的运动，动的表现之一为比赛中不停地移动。攻守双方布阵互动，动中攻、动中守、动中及时转换，不间断地有谋略、有针对性地动；有目的、有攻击性地动；以主动地动迫使对手被动地动；以动攻守、以动守攻，反复转换动的方式与方法，调整动的意图，变化动的节奏和方向，力求主动，这是现代篮球运动的基本规律和特点。动的表现之二是正确认识并合理处理篮球科学理论，以及技术与战术在动中发展的关系。

（五）统一性规律

篮球运动独特的竞赛动态特征决定了篮球运动员的身体素质、心理水平和技战术的不断提高与创新，同时也产生了相应的、不断变化的比赛规则给予保障和促进。因此，篮球比赛规则与身体、体能、心理、战术、技术的统一，是篮球运动形成与发展的基本规律。

现代篮球已趋向于在对抗中利用规则去比身体、比技战术、比体能作风、比意识智慧、比心理素质，如果缺一或不能有机统一，就意味着教练员对篮球运动本质认识的局限，也意味着队伍训练水平和实力的不足。

二、篮球运动的特点

篮球运动最大的本体运动特征，在于它的运动方式是围绕高空的球和篮而展开集体攻守对抗，其活动都是围绕着如何激励活动者能将篮球更快、更准、更多地投进高空篮筐和破坏对手投进高空篮筐中去而展开。所以，“高”是篮球竞技的运动目标，“准”是篮球运动的目的，在高速度、高强度的对抗条件下争高求准是篮球运动的最大本体特征。具体可反映出以下特点。

（一）空间对抗特点

从运动竞技的特殊性而言，篮球运动有其自身的特殊高空性运动规律，并在运动过程中显示出本体运动的制空特点。篮圈固定在离地 3.05 米的篮板上，篮球向篮圈内投射，因此瞬时主动拼争控制球与控制空间，促使参与篮球竞赛的双方展开多元素构成的不同战术阵形与技术手段的立体型进攻、防守，并不断转换，从而体现出现代篮球运动的独特高空运动规律与特点。

（二）内容多元特点

现代篮球运动内容结构的多元性综合化，使它形成了自己独特的理论体系和技战术系统，已成为一门交叉的边缘性学科课程。其具体内容有相关的现代科学和学科；特殊的运动意识与气质、身体形态条件、生理机能、心理修养、意志品质、道德作风；专门的基本功、专项技术动作与战术配合方法体系及实战能力等，从而使篮球运动内容结构更趋科学化、独特化、多元化。

（三）多变综合特点

篮球运动是在动态中发展进化，由低级至高级，不断创新发展，已成为一项综合竞技艺术，从而使篮球比赛过程较其他球类复杂，技术动作繁多、战术阵形多样，明星队员掌握与创造性地运用篮球技术巧妙配合已达到技艺化、艺术化的程度，促使篮球比赛的过程充满观赏性。而围绕空间瞬时变化开展的争夺，反映出个体单兵作战与协同集体配合相结合，空间攻守与地面攻守相结合，空间与时间相结合，拼抗性与计谋性、技艺性相结合，由此综合显示出世界各强队主体型的、各种类别多变性的攻守风格形式和打法特点。因此，在比赛中以不变应万变，掌握自主变化的主动权去扰乱对手，就能从变中赢得主动，从而也使比赛更为精彩、扣人心弦，体现出竞争过程的悬念贯穿始终，更具独特的戏剧性和观赏性。

（四）健身、增智特点

篮球运动属综合性的非周期性的集体运动，这是由其运动内容结构多元性和竞赛过程多变性、综合性特征而决定的。从事篮球竞赛和各种篮球活动，有助于培养活动者的综合素质，增进身体健康，活跃身心，增长知识，对锻炼综合才干与开发智慧、培养优良的道德品质和顽强的意志作风都起到积极影响。例如，篮球运动技战术系统的实践操作与实战运用过程，是通过在对抗变化着的特定时间、距离、场地、设施条件要求下，运用跑、跳、投等手段来完成，在这一过程中无论智力、生理、心理都要承受各种复杂因素的综合影响，适量参加篮球活动，对促进人的生理机能，特别是内脏器官与感受器官的功能、中枢神经系统的支配能力，增进健康，以及综合发展身体素质、心理修养等有积极作用。

（五）启示、教育特点

篮球运动普及于世界众多的国家与地区，不仅是一项开展广泛、极具群众性和特殊社会影响的体育项目，而且已经是全球性的社会文化、体育学科门类和现代人类社会活动的一种形式。由于篮球竞赛和各种篮球活动过程中给人以各种心理、生理和日常生活修养的启示，从而充满着教育因素的丰富内容。因此，它对提高社会成员的道德、精神、人格素质、集体主义精神和活跃社会生活、促进社会交往，以及增进国家与民族的自尊、自强都有自身的社会综合素质教育价值。因此，世界各大洲每年都以不同形式组织各种重大的篮球竞赛活动，吸引众多的人参与，充分显示着它特殊的社会教育活动价值。

（六）职业、商业化特点

自20世纪90年代国际奥林匹克委员会允许职业篮球运动员参加奥运会篮球赛后，篮球运动和篮球竞赛开始在世界范围内加速进入职业化和商业化。特别是近年来世界各国的职业篮球运动有了新的发展，除美、欧各国继续发展职业篮球运动外，在大洋洲及亚洲的中国、菲律宾、韩国、日本等都相继成立或筹划成立职业篮球队或职业篮球俱乐部组织，这对世界篮球运动的进一步发展提高起到了催化作用。以美国NBA职业联赛为典型代表，其商业化的程度极高，已成为美国几大产业中的最有活力的新兴产业之一。随着21世纪世界范围篮球运动职业化程度的进一步发展深化，必将使职业篮球比赛、职业篮球运动员和运动队的运动技能水平和运动成绩商业化。由此，国内外重大篮球竞赛组织者借助电视传媒、广告、授权产品、体育器材，以及发放彩票、超国界转让队员和球队等各种形式开展营利性经营，这种商业化的发展趋势反映出现代篮球运动当代化的又一特点。

三、篮球运动的价值

篮球运动以其独特的娱乐性、可观赏性、竞争性、健身性，得以广泛开展，迅速传播，现在已经成为世界三大球之一，为世界人民所喜爱，特别是在青少年当中更为普及。篮球运动在高校体育中占重要地位，通过篮球运动可以促进大学生身心的全面发展，培养其运动能力和良好的社会适应能力，增进学生的身心健康。

（一）篮球运动对身体健康发展的促进作用

篮球运动持续时间可长可短，但需要参与者快速奔跑、突然与连续起跳、敏捷反应与力量抗衡。经常参加篮球运动，可使身体各部分肌肉变得坚实、发展匀称，体格健壮，还可以促进力量、速度、耐力、弹跳、灵敏等运动素质的发展。篮球运动也是一项高强度的对抗性运动，要求机体的代谢能力旺盛，体内能源物质的转化快速。因而能使心脏、血管、呼吸、消化等器官的功能增强，促进机体内各系统的工作能力提高。篮球技战术及比赛的综合复杂，要求参与者具有良好的分配与集中注意力能力，空间、时间和定向能力，以及高度精细的立体感觉能力。经常参加篮球运动，对提高神经中枢的灵活性和协调支配各器官的能力，具有很好的作用。

（二）篮球运动对心理健康发展的促进作用

篮球运动不仅是技术与身体的对抗，也是意志与智慧的较量，是一场心理交锋。运动员的智慧、胆略、意志、活力与创造力，决定着比赛的成败和运动水平。篮球运动是一项把变换、结合、转移、持续融为一体的集体攻守对抗项目，要求运动员反应快速、判断正确、随机应变、有勇有谋、机智善断，从而能够促进大脑功能与智力的发展。在篮球运动中，通过多种感知觉的参与可以发展学生的运动记忆，经过长期的学习可形成运动技能的动力定型和高度的自动化。这有利于学生在快速、复杂的情况下作出迅速、正确的判断。而且通过篮球比赛，学生的个性、自信心、情绪控制、意志力、进取心、自我束缚能力都会有很好的发展。

(三)篮球运动对社会适应能力的培养作用

大学是一个浓缩的社会，在其中拥有与真实社会相似的人际关系、学习和工作压力。篮球运动对培养大学生集体主义精神有积极作用。学生之间团结合作、相互协同、默契配合，一切为集体，一切为大局，才能保证比赛的胜利。学生通过和同伴的相互合作，共同完成篮球的技战术学习过程，共同体验胜利的喜悦和失败的痛苦，有助于拉近同学之间的关系，建立良好的群体关系。良好的人际关系有助于学生建立良好的学习、生活和工作环境，减少学习和工作上的压力。

第三节 我国篮球运动发展概况

一、篮球运动传入中国

篮球运动起源于美国，1895 年由美国国际基督教青年协会派来中国天津基督教青年会就职第一任总干事的来会理（David Willard Lyon，图 1-2）传入中国。1896 年，天津基督教青年会举行了我国第一次篮球游戏表演，此后逐步由天津向全国传播、推广。

图 1-2 将篮球运动传入中国的来会理

篮球运动在我国的传播、普及、发展、提高，受不同时期政治、经济、文化、教育等各方面因素的影响。为了便于了解篮球运动在我国的发展历史，通常可以按篮球运动传入中国后的社会变迁，篮球运动及其技战术在中国的发展和重大国内外竞赛活动、事件等综合因素，将中国篮球运动发展分成 6 个时期（表 1-3）。

表 1-3 中国篮球运动发展的 6 个时期

时期	成果与标志
初始传播时期（1985—1911 年）	1895 年 12 月 8 日，天津基督教青年会举行了我国第一次篮球游戏表演后，篮球运动逐步由天津向全国传播、推广
局部普及时期（1912—1948 年）	1936 年第 11 届奥运会和 1948 年第 14 届奥运会上，我国男子篮球队只取得了第 20 名和第 18 名，在亚洲和世界都处于较低的水平

续表

时期	成果与标志
普及、发展期（1949—1965 年）	1959 年我国篮球运动进入高潮时期，当时我国男、女篮都战胜过东欧的一些强队，这标志着我国篮球运动走向一个高度；1960 年我国男篮以 3 胜 1 负的成绩获得第 1 届社会主义国家公安体育组织男子篮球冠军，这是我国在世界性正式比赛中第一次获得冠军
徘徊、困惑时期（1966—1974 年）	1966—1972 年，我国篮球运动发展基本停顿，致使我国篮球水平又落后于世界，拉大了与世界强队之间的差距；1974 年我国男、女篮球队参加第 7 届亚洲运动会，均只获得第 3 名
复苏、提高时期（1975—1990 年）	1975 年国际篮联和亚洲篮联相继恢复了我国篮协的合法席位；第 8 届至第 12 届亚洲男篮锦标赛，中国男篮都是冠军；女队获得第 6 届亚洲女篮锦标赛冠军
创新、攀登时期（1991 年至今）	从第 16 届至第 28 届亚洲男篮锦标赛，中国男篮共获得冠军 9 次，亚军和季军各 1 次，至此，我国篮球运动真正冲出亚洲，走向世界

在创新、攀登时期，中国篮球协会决定进一步对竞赛制度进行改革，并以全国男篮甲级联赛赛制为突破口，以产业化、职业化主导向，开始加速篮球竞赛体制改革的进程。1997 年，国家体委成立了篮球运动管理中心，在管理体制改革上迈出了重要的一步，即把传统的甲级联赛正式命名改为 CBA 职业联赛。

二、中国篮球运动发展现状

（一）我国篮球运动的不足

1. 运动水平下降，教练员素质有待提高

20 世纪 90 年代我国篮球取得了历史性的突破：1992 年和 1994 年，中国女篮先后夺得奥运会银牌和世锦赛亚军；1994 年和 1996 年中国男篮先后跻身世锦赛和亚特兰大奥运会 8 强。之后，我国篮球运动开始滑坡。1999 年亚锦赛上中国

女篮仅获得第4名，失去了2000年悉尼奥运会参赛资格，女篮跌至历史谷底；男篮一直在世界10~12名徘徊，2002年又丢失亚洲冠军。运动水平的下降使中国男篮遭到了前所未有的冲击和挑战。目前，我国教练员队伍大部分由退役的运动员担任，他们在篮球技战术素养、比赛经验及人格魅力等方面都具有一定的优势，但在理论水平和人文社会学方面的素养还有待全面提高。

2. 篮球后备人才匮乏

由于受"金牌战略"的影响，有些地方重单项、轻集体，弃大球、抓小球。另外，部分省市只重视一线队伍，忽视二线队伍，存在着急功近利的思想，没有把培养后备人才的工作放在重要的位置上，从而造成后备人才的匮乏，梯队建设呈现出头重脚轻的倒"金字塔"状况。这种不合理的构架很难实现篮球运动的可持续发展。

3. 新旧体制交替，管理不完善

改革是现代篮球运动发展的动力，同时也是市场经济对篮球产业发展的要求。但国家篮球运动的管理体系尚不完善，一些部门的规章制度还未形成，法规建设滞后于篮球运动的发展，这些都不利于我国篮球运动整体水平的提高。

4. 对训练工作不够重视

从1995年举办男篮甲A联赛以来，竞赛工作搞得热火朝天，但对训练工作不够重视。领导部门和各个俱乐部都未能处理好比赛和训练、成绩和市场、市场和人才培养的关系，特别是对篮球项目发展的研究不够。

5. 竞赛对训练的调节和促进作用不够

很多精彩的比赛和球队的表现是靠内、外援的实力决定的，很多球队存在着"练人不如买人"的观念，这就出现了重竞赛轻训练的思想。我国的竞赛制度必须改革和完善，使其真正达到竞赛杠杆的作用，对训练工作起到调节和促进作用。

6. 职业俱乐部起步晚，机制不健全

当前我国职业俱乐部大都由体工队转型而成，由体育局和企业联合创办较多，独资俱乐部较少，机构设置简单，不具备健全的经营体系和运行机制，产权不明晰，责、权、利不清楚，俱乐部的生存和发展不稳定。

7. 篮球市场发育不成熟

篮球产业在我国具有广泛的基础，但目前对这些市场开发较少，缺乏经营，尚不能利用自身优势有效地培育和开发市场。

（二）中国篮球发展的优势和机遇

1. 国民经济增长为我国篮球运动的发展奠定了物质基础

人们有能力进行篮球消费，参与篮球运动，篮球比赛组织者和俱乐部的经营者便会从中得到一定的利益，从而投入更大的精力，注入更多的资金，促使运动技术水平、比赛质量提高，进而刺激人们的消费。这样便形成了一种市场调节的良性循环，最终推动我国篮球运动的全面发展。

2. 体育体制改革给篮球运动的发展扩大了空间

我国体育体制改革的目标是建立具有中国特色的社会主义体育新体制，特点是“与社会主义市场经济相适应，符合现代体育运动发展规律，国家调控，依托社会，自我发展，充满生机与活力的体育体制和良性的运行机制，形成国家办与社会办相结合的格局”。一系列的改革措施为篮球运动的发展开拓了空间，我国篮球改革已初见效。

3. 世界职业篮球运动的发展为我国提供了丰富的经验

以美国NBA为首的世界职业篮球运动发展速度迅猛，其不但注重自身的发展和完善，同时也吸收和联合其他篮球联盟的球星，并借鉴其他职业体育成功的经验和规则，通过市场和球星的竞争，发展成为一个年收入超过百亿美元的庞大联盟。目前，我国正处于篮球运动改革期，在市场经济大潮的冲击下，坚持走职业化道路，多方面参考和借鉴，并通过自身的努力适应并占有市场，才能求生存，求发展。

4. 媒体的参与和关注

篮球运动管理中心成立以来，一直与媒体保持着密切的联系，媒体的参与和关注为我国篮球运动的发展提供了动力，人们可以从中获得广泛的信息，了解和把握现代体育发展的脉搏，为我国篮球运动发展提供了前所未有的机遇和前提条件。

第四节 篮球文化

一、篮球文化的概念

文化，从广义来说，指人类社会历史实践过程中所创造的物质财富和精神财富的总和；从狭义来说，指社会意识形态，以及与之相适应的制度和组织结构。

体育文化是文化的一个分支，是一种以人的体育行为为特征的社会现象，表现为人的体育观、体育价值观、体育行为准则、体育道德等内在的社会意识形态及反映这一形态的体育方式、民族风俗、心理特征、审美情趣的观念等，具有物质和精神财富的成分。

篮球文化是在体育文化概念基础上，并且是它的子概念。篮球文化是指以篮球运动为表现形式，体现体育价值观、体育道德观的社会意识，围绕篮球运动而创造的物质和精神财富的总和。

二、篮球文化的特征

篮球文化有别于其他文化形式，有自己的文化特征。研究篮球文化的特征，有利于我们更好地理解篮球文化的功能和意义。

（一）全面性和特殊性

作为体育文化的分支，篮球文化的全面性就意味着它具有体育的全面功能和特性，其主要体现在以下两点。

1. 体育功能的全面性

体育具有健身、娱乐、教育、竞技、艺术功能等，篮球作为体育的重要项目之一，则相应具有这些体育功能。

2. 项目特征的全面性

篮球是发展人的全面素质的体育运动项目之一。从事篮球活动可以锻炼人的全面身体素质。篮球技术不仅可以发展人的速度、弹跳、灵敏、力量和耐力，而且可以锻炼人的心理和智力。篮球是攻和守对抗的运动项目，能充分体现体育的谋略、战术、战略思想和哲学观念。篮球的技术是建立在跑、跳、投等运动技能基础之上，对人的体能素质的影响是全面的。技术的全面反映在篮球具有投、突、传、运技术，只有具有全面的技术，才能以全面、灵活和多变的形式在篮球场上进行自如的艺术表演。

（二）社会性与个体性

文化的社会性是指文化产品在产生过程中所融入的、在形式中所体现出来的人的社会性本质。

1. 篮球文化的社会性

1891年詹姆斯·奈史密斯先生发明了篮球，1985年篮球运动传到了中国。篮球运动传播如此迅速的主要原因：一是传播途径与宗教有着密切的关系；二是篮球的本质特性的魅力，篮球的游戏性使其逐渐受到了更多人的喜爱。篮球的发明得到了社会的普遍认可和接纳。

2. 篮球文化的个体性

篮球文化的个体性体现在运动员在从事篮球活动中，表现出的个体行为方式，包括投篮、运球、传球和防守等个人技术。这些技术在不同的运动员身上表现的水平和能力完全不同，技术运用过程的组合也完全不同，充分体现了个体的行为方式。

（三）全球性和民族性

篮球文化同广义的文化相同，具有全球性和民族性的特征。全球性是指文化为人类的基本生存、生活需要和社会组织服务的特性，这种特性不因种族、民族、地域、阶级、时代而有所区别，因此，篮球文化是全人类所共有的财富。目前，世界上篮球有以下几种流派和风格的打法：美洲风格、欧洲风格、南美洲风格、亚洲风格等。

（四）开放性和艺术性

篮球比赛是按照特定的规则，依据对手的情况而采取相应的行动，体现出开放性的特点。它是运动员在有球和无球的情况下，根据场上不同的情况而做出来的应答反应，表现在开放性技巧和能力。在这里，技术和智力显得十分突出，这也是篮球的魅力所在。在NBA比赛中，我们会经常看到运动员对突如其来的情况表现出从容地应对、随机应变，这就是篮球的开放性特性所具有的魅力。

体育的艺术性是技术与身体的结合而表现出来的美。篮球的艺术性相对要复杂，除了完美动作达到的艺术境界外，还有时空概念的艺术造诣，在欣赏艺术的同时给人以美的享受。

体育的本质是竞技性，但没有艺术性的竞技，同样不会有更多的市场和观众。艺术性的表现一定要有竞技作基础，没有竞技性的艺术，如同没有生命的艺术一样。在竞技和艺术的结合上，NBA 的表演是一个非常有代表性的实例。

（五）积累性与变异性

文化的形成需要不断地积累，才能从个体的事件发展为具有文化意义的形象。文化存在的过程是从一个个体、民族、时代向另一个民族、时代的延续发展和积累叠加。所有的文化都是发展的，这种发展是在积累继承基础上的发展，积累继承是发展的前提。篮球发明的初期只是一项运动和游戏，并没有成为真正意义上的文化和文化现象。其能成为一种文化现象是在 20 世纪 40 年代以后，篮球运动经过不断积累和发展，从个体的实践逐步成为一种趋势，一种风格。积累是篮球发展的重要前提。

文化除了具有积累的特征外，还有变异性特征。人类在使用文化时，并不是简单的重复，而常常是在重复的基础上增加自己的创造，从而使文化内容发生变异，不仅数量增加，而且形态异化，甚至产生质的飞跃。篮球文化更是如此，如在东南亚流行的“无板篮球”，现在的“三人篮球”和“街头篮球”，这些都是篮球文化的变异和创新。新创造的项目是社会经济和文化发展水平的一种反映，也是对现代社会大众化的一种呼应。现在的体育是大众的体育，普通大众可以直接参加活动，可以获得身心的愉悦。

三、篮球文化的形成与传播

（一）篮球文化形成与发展的主要阶段

篮球文化的发展，主要经历了 4 个阶段：

①起源与丰富阶段（1891—1930 年）。

②积累传播阶段（1920—1950 年）。

③发展提高阶段（1945—1980 年）。

④繁荣成熟阶段（1980—2005 年）。

（二）篮球文化的传播

篮球文化的传播在早期是单向辐射式向世界传播。这种传播是由较高文化势能的中心区域向文化落后的周围地区、边缘地区传播，由社会上层向社会下层进行传播。

现在篮球文化的传播是双向式传播。在双向传播的早期，主要是美国单一输出篮球运动员，后来这种现象发生了改变，主要表现在美国也成为接受国外运动员的国家。

四、篮球文化的结构

篮球文化的内层结构，也是核心部位，又称精神文化层，包括篮球的思想、观念、精神、哲学、心理和军事谋略，是篮球文化发展的方向所在。

由内向外拓展的中间层是制度层，包括篮球的规则、比赛秩序、法规，在这些法规与制度下的是运动员的技术、战术行为表现。

最外层是物质文化层，包括篮球象征文化和实物。象征文化内容包括队徽、队旗、队歌、队标；会徽、会标、会旗；联盟和协会的徽、标、旗；比赛音乐、吉祥物、拉拉队表演、各种仪式与活动等。实物内容包括场地、服装、饮料及篮球设备等。

在此基础上我们也可以将篮球文化的结构归纳为：物质文化、精神文化、制度文化及各自相应的构成要素（图 1-3）。

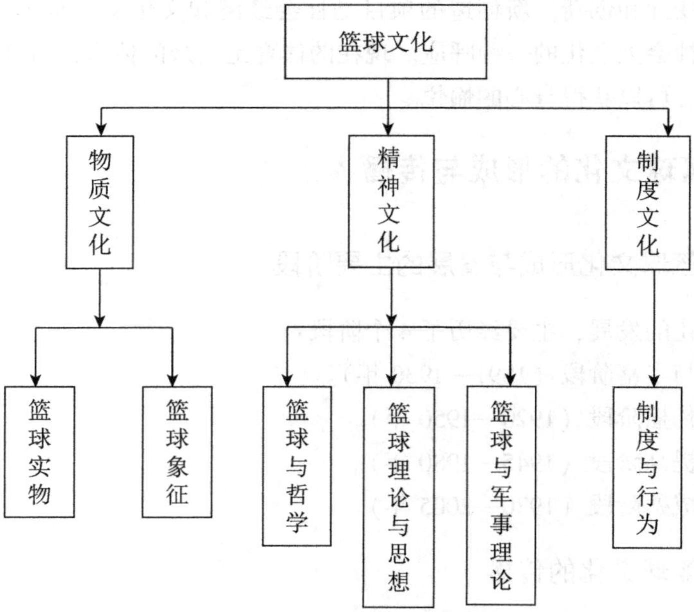

图 1-3　篮球文化层次结构图

五、篮球文化的精神

人在没有充分认识篮球运动的功能和价值时，还不能称其为篮球文化。只有当篮球运动发展到具有精神、思想和社会价值时，篮球文化才能出现。思想和精神超越行为，并通过行为表现出来。因此，研究文化的根本就是要研究文化的中心问题，即篮球文化的思想、精神和哲学。

（一）人文篮球理念的建立

篮球作为一个运动项目，既具有健身功能，也具有教育功能。把篮球作为人生价值的教育手段，通过球场上的运动达到人性、人格的教育，升华为人的教化，则是一种人文篮球的理念。

人文的本质首先在于人文精神。人们通常将人文分为人文知识和人文精神。人文知识是人们对自身文化的了解，一种学问，是“知道”；人文精神是对文化内在价值和意义的自觉，它通过人们的行动表现出来，是“体道”。所谓“体道”就是用自己的实际行动把自己所领悟到的文化之“道”体现出来。

人文篮球就是在以人为本的基础上，以篮球的教学、训练、竞赛为手段，使竞技与教育相结合，达到对从事者进行人身教育的目的。

当前，在篮球领域内，特别是在美国的篮球界，普遍有一种趋势，就是通过篮球的“修炼”达到人生的“启蒙”，由篮球的训练升华到人格、人性，乃至人生的“悟性”修炼，使篮球成为一种教育的工具，达到培养人的目的。“人文篮球”有如下 3 个特征。

1. 科学与人文相融

过去，我们研究篮球注重的是篮球的技战术和如何教、如何练，却很少考虑人的发展，忽略了一个关键问题，即竞技的主体——人的因素的探索。

多年来，由于只注重训练中的“物”——技战术，而忽略了人文因素的加强，从而出现了“黑哨”“假球”“打架”“兴奋剂”等事件。说明竞技运动中单纯探索竞技的特征，偏重“物道”忽略“人道”的倾向，是竞技科学与人文分裂的表现。科学精神是求是、献身、创新，人文精神是确认责任感、完善思维方式、增强非智力因素。

科学应该与人文相通相融，就可能使受教育者在科学文化与人文文化上相通相融，科学素质与人文素质浑然一体，培养出“全人”——全面发展的、主动发展的人。

2. 以人为本，讲究人性、人格

人文的核心是以人为本。人具有“种生命”和“类生命”两重性，“种生命”是有遗传、生理功能的高级动物，而“类生命”是有思想和意识的社会产物。

人与动物的区别在于人有思想、有感情、有责任感。当代竞技教育十分重视技能和体能等“物化”成分的训练，同时还要加强运动员的人格修炼，实质是“人物双修”，这与过去偏重于“练物”的竞技是有本质区别的。

美国篮球界认为篮球的本质是通过篮球运动培养全面发展的人。显然，他们注重的是“人”“以人带球”，这是篮球文化的精髓所在。

未来人文篮球的运动训练过程要变为运动训练和人格修炼相结合的竞技教育过程，而且要把运动竞赛、选材、教学、训练、恢复、评价六大过程及其育人措施也纳入其中，形成一个培养“智体型”运动员的竞技教育模式。

3. 注重人的情感陶冶，培养更高境界

篮球文化中，不同层次的追求反映在对竞赛的理解和对人文篮球的认识上，竞赛的成绩是竞赛的必然结果，精神过程的表现则是竞赛的精神内容。提高我们的竞“技”性，为篮球的艺术而创造，是对人文篮球的最高追求。人们由过去的追求成绩和结果，逐步转向追求“表演”和“艺术篮球”。

（二）发明和改进了篮球的技战术

篮球战术的发展，丰富了篮球文化的理论和思想内容。其中，阵地进攻战术由早期“站立式”的配合进攻发展为“行进间”的配合进攻战术，到“换位”进攻和今天的“移动”进攻战术。

快攻战术发展始终伴随着进攻战术的存在，防守战术也是在区域联防和盯人的发展过程中不断地进行丰富和完善。

六、篮球的物质文化

文化是一个复杂的有机系统，精神文化需要一定的物质才能反映出来，制度在其中规定着它们的程序。物质文化应包括：一是由劳动者、劳动资料、劳动对象构成的现实生产力，是最主要的物质文化财富；二是消费资料；三是物质生产的实际过程。

对于篮球而言，物质文化应该是指：劳动资料——篮球，劳动对象——将球投进篮筐，消费资料——比赛所需要的场地、服装、饮料和各种场地设施。

在物质文化中，有些物质有着鲜明的精神和象征意义，如旗帜、徽标、吉祥物、音乐和符号等，但这些物质本身并没有它所代表的象征意义突出，因此我们将这些具有暗示、纪念、象征意义的物质称为象征型文化。

象征型文化由意义（精神）和形象（物质及其虚构）两部分组成，二者同等重要且不可分割，它既不是单纯的物质，又不是单纯的精神，而是两者的有机结合。

（一）队徽

大多数篮球运动队中，队徽以动物作为形象标志，如狮子、老虎、鹰、狼等，并且多为凶猛的动物。

（二）队名

用一个具有某种意义的名词来作为自己的队名，暗喻这一种精神，或利用一个单纯的符号，表达一种意义。

（三）音乐

在篮球比赛中为了鼓舞本队的士气、活跃比赛的气氛，比赛场地内经常播放不同的音乐，如进攻中的音乐、防守中的音乐、罚球时的音乐等。

（四）包装

目前，篮球竞赛包装主要在联赛包装、球队包装和队员包装 3 个方面，通常采用的主要手段有：举办开幕式、闭幕式；聘请名人出席开幕式、闭幕式；邀请各类的表演，如少儿文艺、服装表演等；制作联赛和各队的秩序册和宣传册；用各种艺术画像、广告装饰球场；球衣包装；宣传本队的形象人物；啦啦队穿插表演；推出别出心裁的开幕式；正常休息时，观众参与的各种活动，如猜奖、抽奖、投篮比赛等；制造比赛悬念；音乐伴奏比赛。

思考与练习

1. 简述篮球运动的功能，并在此基础上试述现代篮球运动的基本规律。

2. 简述中国篮球运动的发展情况，并结合自身体会评述当前中国篮球运动的现状及面临的主要任务。

3. 简述篮球文化的特点。

4. 如何理解篮球运动的教育功能？

第二章 CHAPTER 02 篮球技术理论与实践

【本章提要】本章主要讲授篮球技术的概念、分类、作用，技术动作方法和要领，以及在教学中的易犯错误和纠正方法，技术教学步骤和练习建议。使学生初步掌握篮球技术的理论与方法，懂得篮球技术的教学与组织训练。

第一节　篮球技术概述

一、篮球技术的概念

篮球技术是指在篮球比赛中，运动员为了达到战胜对手的目的，合理有效地运用各种进攻与防守的专门动作、方法的总称。它是在长期运动实践中积累、发展起来的动作体系，是按特定的顺序和环节组成多种多样的动作方法。

篮球技术是进行篮球比赛的基本手段。在比赛中，队员的智慧、技能、应变能力、作风和创造力都是通过双方队员技术的运用及对抗集中表现出来的，是篮球运动员竞技水平的显著标志。这既要体现技术动作方法的合理性，又要体现技术动作运用达到自动化的程度，以及完成技术动作具有的准确性和实效性。在高强度的对抗条件下，队员要具有较强的控制能力和改变技术运动节奏与方法的应变能力。

在篮球比赛中，运动员如果只运用单个技术动作的话，会难以和同伴进行全面配合，更难与对手进行全面对抗。所以，应在掌握多种单个技术动作方法的基础上，根据比赛攻守对抗的规律，设计多种多样的技术动作组合形式。运动员掌握技术动作组合的方式和数量越多，在攻守对抗条件下越能随机应变、灵活运用。通过技术动作组合训练，达到技术动作之间的衔接连贯、快速，提高运用技术的应变能力。

篮球技术是篮球战术的基础。技术是组成战术的要素，任何战术意图和战术方法的实现，都取决于队员是否熟练而准确地掌握相应数量的篮球技术，并能创造性地运用。先进的技术必然促进战术的发展和变化，战术的发展和变化又反过来对技术提出更高的要求，从而促进篮球运动不断地发展。篮球技术的教学与训练，应根据教学过程中认识活动的规律来进行，同时也要遵循动作技能形成的规律、人体机能活动能力变化的规律和人体机能适应性规律。篮球技术是理想化的模式，其合理性在于符合人体运动的生物学规律和力学规律。同时，它还具有相对性，一是个人的特点与差异，二是始终寓于动态的动作之中。在教学与训练中，必须考虑这些特点，并遵循前人在实践基础上总结出来的动作模式，即通常所说的动作规范。虽然个人完成技术动作的方式有所不同，各具风格，但动作模式的主教学没有改变，只不过在完成方式上融入了个人特点，使之具有解剖和生理上的特色。

二、篮球技术的分类

篮球技术根据技术动作的攻、守属性，在比赛中的作用，以及结构相类似的特点，可分为进攻技术和防守技术两大类（图 2–1）。

篮球技术分类是为了系统、科学地组织教学与训练，通过深入研究各类技术动作的作用、结构特点及其运用，探讨技术动作之间和技术与教学的关系，从而促进篮球技术的发展。

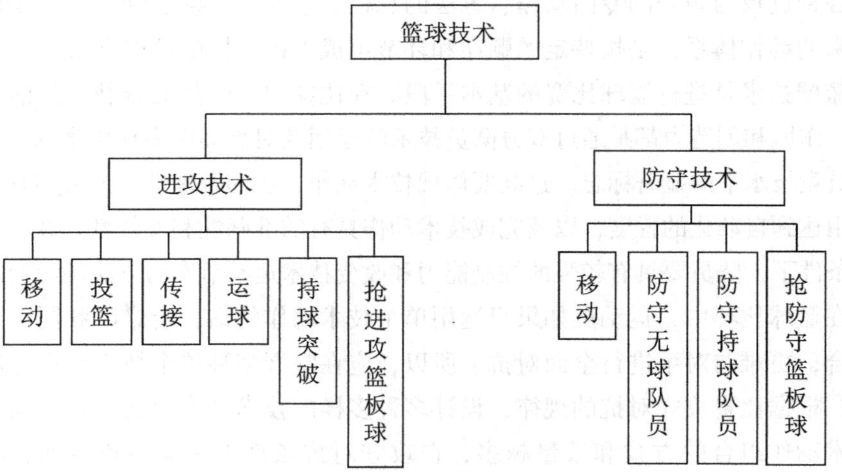

图 2–1　篮球技术分类

三、篮球技术的基本特征

（一）身体动作与控制支配球的结合

篮球技术最显著的特点就是运动者用手直接控制和支配球，并与全身协调配合组成各种动作，最后通过手部的动作控制、支配球的运行和争夺获球，使身体动作与控制支配球融合为一体，展现出篮球技术的魅力。

（二）动态与对抗的结合

篮球竞赛本身就是一个攻守对抗的动态过程，一切篮球技术都是在动态和对抗中操作，快速、准确、实用、多变，充分体现了在争取时空主动上的合理性和创造性，两者的结合是篮球技术的又一特征。

（三）相对稳定与随机应变的结合

任何运动技术都具有相对稳定的动作环节，篮球技术也不例外。但它又是必须随着环境和对手的变化而变化，并要及时做出应答动作的开放性技能，要在攻守对抗中各种不同条件下去组合动作，随机应变创造性地完成攻守任务。

（四）规范性与个体差异性的结合

任何运动技术都必须符合科学的原理并具有一定的规范性，动作环节的规范影响着球的运行和效果。然而，队员会因个体的差异性而表现出不同动作的特点和风格，所以在训练与比赛中不能强求动作外形的模式，而要讲求实效。规范性与个体差异相结合的特征，也是其他竞技运动项目技术共同具有的特征，只不过篮球技术更为突出。

四、篮球技术运用的基础

由于篮球比赛是双方运动员在同场竞技，相互制约进行攻守对抗，所以技术运用是在动态、干扰、破坏、应变等情况下去完成的。它要最大限度地去适应比赛中变化的要求，没有固定的动作组合顺序，而是随着环境变化而变化，合理地去组合动作，完成攻守的具体任务。比赛实践证明，队员技术运用的好坏，主要取决于 3 个方面。

第一，智谋、意识、全面、快速、准确、应变、实用是比赛对技术的要求。只有先掌握规范、熟练的单个技术，再掌握大量的组合动作，才能在比赛中应付复杂多变的情况；只有严格于动作的开始，勤学苦练，才能灵活于实际运用之中。

第二，良好的身体素质与体能是技术运用的保证。篮球比赛速度日益加快，对抗争夺日益激烈，很多动作都是在快速中、高空中、身体接触中完成的，这不仅要求运动员有全面、良好的身体素质，而且要有持续良好的机体机能，从而在整个比赛中争取时间与空间的主动，在身体对抗接触中控制好身体平衡，稳定地发挥技术水平。

第三，良好的心理素质对技术运用有着极为重要的作用，主要包括篮球意识、意志品质和情绪，这在很大程度上决定着篮球技术的发挥。意识支配行动，对技术运用起着指向、抉择、支配作用，意志品质坚定、有信心克服困难对技术运用有着积极、激励的作用。情绪稳定，说明有很好的自控能力，能排除内部与外部的干扰和影响，保证技术动作的正常操作，是激发斗志时发挥技术水平的先决条件。

以上 3 点缺一不可，它们互相影响，相互促进，是篮球技术运用的基础。

五、篮球技术运用的特点

运用篮球技术必须善于观察场上情况，准确判断、掌握时机、运用时机、创造时机，在行动中能根据具体情况，做到快慢结合、真假结合、刚柔结合、稳准结合，才能合理地、有效地运用技术、发挥水平，去争取比赛的主动与胜利。篮球技术运用的特点有以下 3 点。

（一）快速性

篮球比赛速度日趋加快，双方在攻守交错中对抗，必须迅速地作出决断并付诸行动，否则错过时机，场上情况又会发生变化。机不可失，决断与行动必须迅速统一，这样才能取得主动与优势。

（二）组合性

篮球技术在比赛中运用时，几乎都是动作组合的运用，而不是单个动作或固定程序的运用。必须根据不同情况，采用先后组合、同步组合、无球组合、有球组合等去应付比赛中各种各样的变化，去完成攻守的具体任务。

（三）多变性

篮球技术运用不仅有动作组合的多样性，还在于行动中的多变性，表现在动作操作上的主变、应变、静中变、动中变，以及在方向、速度、路线、节奏、幅度等方面的变化，最后达到准确性要求。实效与多变是技术运用的核心，也是最为突出的表现。

思考与练习

1. 简述篮球技术的分类。
2. 简述篮球技术的基本特征。
3. 简述篮球技术运用的基础。

第二节　移动技术

移动是篮球运动中队员为了改变位置、方向、速度和争取高度、空间所采用的各种脚步动作方法的总称。

篮球比赛中运动员为了摆脱接球，寻找投篮时机，防守对手，抢断、封盖及战术配合，都要通过队员不断地移动才能完成。所以，要求篮球运动员在比赛中，积极快速地移动，合理运用各种脚步动作，充分占据有限的地面与空间，争取掌握攻防的主动。

因此，移动是篮球各项技术的基础，也是实现篮球战术目的的重要因素。

一、移动技术的分类

移动技术作为攻防技术的基础，在篮球比赛中运用广泛，其实用性强。移动技术动作分类如图 2-2 所示。

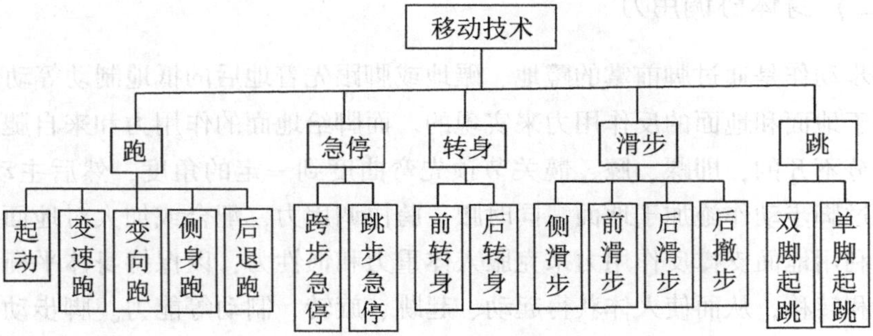

图 2-2　移动技术

二、移动技术的基本特点

比赛中双方运动员的行为受到攻守这对矛盾的制约，必须随着攻守节奏的变化而变化，有时要在短暂的时间内做出迅速反应。

由于动作间变化的频率快、距离短，攻守双方都要积极利用脚步动作进行制约与反制约的活动，以达到攻守目的。

运动员是在动态中完成各种动作，因此身体重心要在动态中保持平衡。脚步动作主要是靠前脚掌内侧蹬地、碾地和腿的发力伸展，充分利用地面给予人体的反作用力，通过腰胯、上体和两臂的协调用力与配合，克服身体的重力和惯性力，来达到起动、起跳、转身、制动等位移的目的。移动技术教学与训练的关键，是教会队员在移动中掌握好身体重心的平衡与变化。因此，教学与训练中要注重动作的突然性、快速性、连续性，在动中控制身体平衡，以便能随机应变地改变身体位置。

（一）合理准备姿势

运动员在场上需要有一个既稳定又机动的准备姿势，用来保持身体平衡和有较大的应变性，以便迅速、协调地在移动中完成各种动作。合理的准备姿势是两脚左右（或前后）开立，约与肩同宽、两膝弯曲，大、小腿之间的角度大约135°；脚撑着地，两臂屈肘，置于身体两侧，上体微向前倾；两眼平视（图2-3）。这样的姿势既能维持身体平衡，又能快速转移重心，迅速移动。

图2-3　准备姿势

（二）身体协调用力

脚步动作是通过脚前掌的蹬地、碾地或脚跟先着地后的抵地制动等动作，使力作用于地面和地面的反作用力来实现的。而脚给地面的作用力和来自腿部的伸展力是分不开的，即踝、膝、髋关节预先弯曲度到一定的角度，然后主动伸展，使力通过脚步动作施加于地面，同时腰、胯协调用力，配合或加大对地面的作用力，并利用地面支撑反作用力来克服人体重力和惯性力，以保持身体平衡和重心的控制和转移，从而使人体获得起动、起跳、旋转、制动等能力。脚步动作虽然主要是下肢踝、膝、髋关节肌肉合理的动作过程，但也离不开身体其他部位的协调配合。特别是腰、胯用力地配合，对带动上体，使动作协调配合、调整或转移身体重心，保证人体诸力集中到与地面的反作用力有很好的作用。同时，上肢的协同作用，能更好地保证各种脚步动作的协调性、快速性、实效性，有利于维持身体的平衡。

三、移动技术动作方法

（一）起动

起动是队员在球场上由静止状态变为运动状态的一种动作，是获得位移初速度的方法。在进攻中运用起动可以摆脱对手和防住对手，保持或抢占有利位置。

1. 动作方法

从基本站立姿势开始，起动时身体重心向跑动方向移动，以后脚或异侧脚的前脚掌内侧突然用力蹬地，同时上体迅速前倾或侧转，手臂协调地摆动，充分利用蹬地的反作用力，迅速向跑动方向迈步（图 2-4）。

1　　2　　3　　4

图 2-4　起动

2. 动作要领

身体重心前移，快速蹬地摆臂，步幅频率小而快。

（二）跑

跑是队员在球场上改变位置、争取时间完成攻防任务的脚步移动方法，具有快速、灵活、突然、多变等特点。

1. 变速跑

变速跑是队员跑动中利用速度的变换争取主动的一种方法。

动作方法：变速跑时，要利用两脚突然短促而有力地连续蹬地，加快跑的频率，同时上体稍向前倾和手臂相应地摆动加以配合。减速跑时，利用前脚掌用力抵地来减缓快跑的前冲力，同时上体直起，保证身体重心的后移，从而降低跑速。

动作要领：掌握快慢节奏，速度变化明显。

2. 变向跑

变向跑是队员在跑动中利用突然改变方向完成攻守任务的一种方法。

动作方法：变向跑时（以从右向左变方向），最后一步右脚着地，脚尖稍向内扣，用前脚掌内侧用力用力蹬地，屈膝，腰部随之左转，快速移动重心，左脚向左前方快速跨出，右脚迅速随着跨出，继续加速跑动前进（图 2–5）。

图 2–5　变向跑

动作要领：前脚掌内侧用力蹬地，另一脚步迅速朝变向方向迈出第一步。

3. 侧身跑

侧身跑是队员向前跑动中为了观察球场上的情况，摆脱防守接侧向传来的球而采用的一种跑动方法。

动作方法：在跑动时，头部和上体转向侧面或有球的一侧，两脚尖要朝向移动方向，既要保持奔跑速度，又要完成攻守的动作。

动作要领：上体前倾自然侧转，脚尖朝前。

4. 后退跑

后退跑是队员在由攻转守时，为了观察场上情况，背对前进方向的一种跑动方法。

动作方法：后退跑时，脚跟提起，两脚前脚掌交替用力蹬地（用力方向与向前跑动相反），上体放松直起，两臂屈肘相应摆动，保持身体平衡，两眼平视场上情况。

动作要领：脚跟提起，前脚掌用力蹬地。

（三）急停

急停是队员在跑动中突然制动的一种动作方法，也是各种脚步动作衔接和变化的过渡动作。比赛中，急停更多的是与其他技术结合在一起运用。

1. 跨步急停（两步急停）

动作方法：队员在快速跑动中急停时，先向前跨出一大步，用脚跟先着地过渡到全脚抵住地面，并迅速屈膝，同时身体微向后仰，后移重心。然后跨出第二步，脚着地时脚尖稍向内转，用前脚掌内侧蹬住地面，两膝弯曲，身体稍有侧转，微向前倾，重心移到两脚之间，两臂屈肘时自然张开，帮助控制身体平衡（图 2-6）。

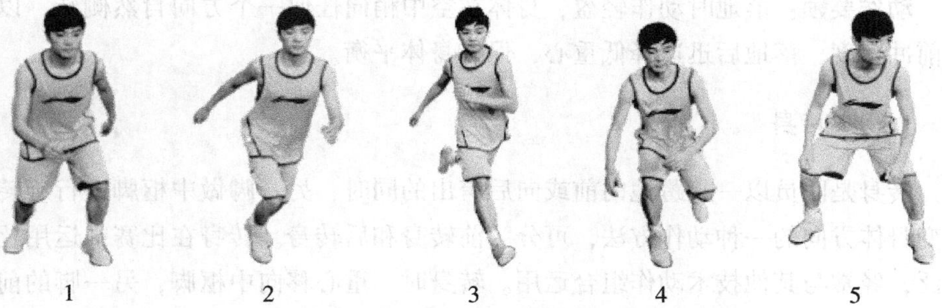

图 2-6 跨步急停

动作要领：第一步要用脚外侧着地，第二步落地时用前脚掌内侧蹬地控制身体重心。

2. 跳步急停（一步急停）

动作方法：队员在慢跑时，用单脚或双脚起跳，上体稍后仰，两脚同时平行落地。落地时全脚掌着地，用前脚掌内侧蹬地，两膝弯曲，两臂屈肘微张，以保持身体平衡（图 2–7）。

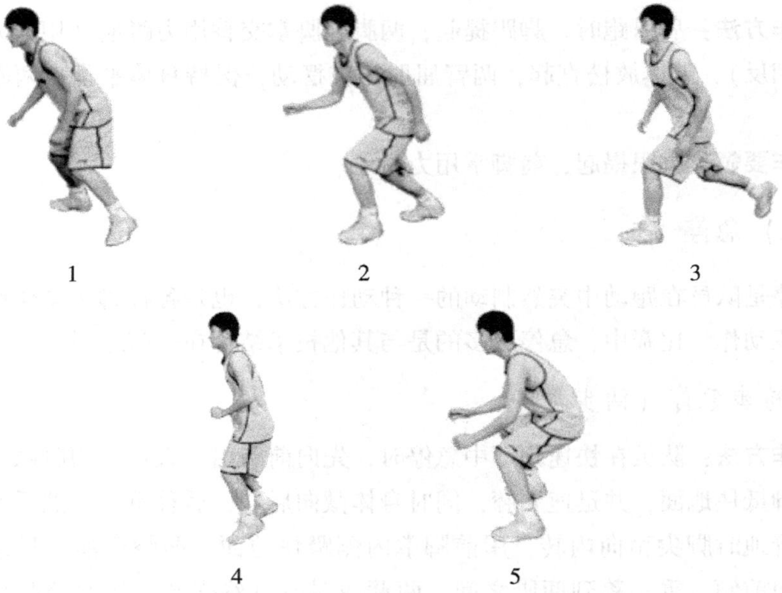

图 2–7　跳步急停

动作要领：落地时动作轻盈，身体在空中稍向任何一个方向自然侧转，以缓和前冲速度，落地后迅速降低重心，保持身体平衡。

（四）转身

转身是队员以一脚蹬地向前或向后跨出的同时，另一脚做中枢脚进行旋转而改变身体方向的一种动作方法，可分为前转身和后转身。转身在比赛中运用比较广泛，经常与其他技术动作组合运用。转身时，重心移向中枢脚，另一脚的前脚掌蹬地，同时以中枢脚的前脚掌为轴用力碾地，上体随着移动脚转动，以肩带腰向前或向后改变身体方向。在身体移动过程中，要保持身体重心平稳，不要起伏。转身后，重心应转移到两脚之间。

1. 前转身

动作方法：移动脚向中枢脚脚尖方向跨出改变身体方向为前转身。转身时，中枢脚前掌用力碾地，移动脚蹬地并迅速跨步，同时转腰转肩并保持身体平衡（图 2–8）。

图 2–8　前转身

动作要领：转体蹬跨有力，重心迅速转移，跨步后降低重心，不要起伏。

2. 后转身

动作方法：移动脚向中枢脚脚跟方向跨出改变身体方向为后转身。转身时，中枢脚碾地旋转，移动脚蹬地并向自己身后撤步，同时腰胯主动用力旋转，身体重心随着转移，保持身体平衡（图 2–9）。

图 2–9　后转身

动作要领：腰胯带动躯干旋转，蹬跨有力，保持身体平衡。

（五）滑步

滑步是防守移动的一种方法，它易于保持身体平衡，可向任何方向移动。滑步可向侧、向前和向后进行滑动和做后撤步来阻截对方的移动。

1. 侧滑步

动作方法：从基本站立姿势开始，两脚平行站立，两膝较深弯曲，上体微向前倾，两臂侧伸。向右侧滑步时，左脚前脚掌内侧蹬地，右脚向右跨出，在落地的同时，左脚紧随滑动，向右脚靠近，两脚保持一定距离，右脚继续跨出。在滑步时，要保持屈膝低重心的姿势，身体不要上下起伏，重心保持在两脚之间，眼睛要注视对手（图 2–10）。向左侧滑步时脚步动作相反。

图 2–10　侧滑步

2. 前滑步

动作方法：两脚前后站立，后脚的前脚掌内侧蹬地，前脚向前跨出一小步，着地后，后脚紧随着向前滑动，保持前后开立姿势。

3. 后滑步

动作方法：后滑步动作方法与前滑步相同，只是向后方移动。

4. 后撤步

后撤步是变前脚为后脚的一种起步方法。为了保持有利位置，特别是当进攻队员向防守队员前脚外侧持球突破或摆脱时，防守队员常用后撤步移动堵截，并与滑步、跑等结合运用。

动作方法：撤步时，用前脚掌内侧蹬地，腰部用力向后转体，前脚后撤，同时后脚的前脚掌碾地，当前脚后撤着地后，紧接滑步，保持身体平衡与防守姿势。后撤角度不宜过大，动作要迅速，身体不要起伏（图 2-11）。

1　　2　　3　　4

图 2-11　后撤步

动作要领：前脚蹬地后撤要快，后脚碾地、扭腰转髋要快。后撤角度不宜过大，身体不要起伏。

（六）跳

跳是在球场上争取高度及远度的一种动作方法。篮球比赛中很多技术动作需要在空中去完成，因此，要会单、双脚起跳，能在原地、跑动中和对抗条件下向不同方向跳、连续跳等，并要求跳得快、跳得高、滞空时间长，以便更好地在空中完成各种攻守动作。

1. 双脚起跳

动作方法：起跳时，两脚开立，两腿快速屈膝，两臂相应后摆，上体前倾。然后，两脚用力蹬地、伸膝、提腰，两臂迅速向前上摆，使身体向上腾起。上体在空中要自然伸展、收腰、下肢放松。落地时，用前脚掌先着地，并屈膝缓冲身体下落的重力，保持身体平衡，以便衔接下一个动作。双脚起跳多在原地运用，也可以在上步、并步、跳步或助跑情况下运用。

2. 单脚起跳

动作方法：起跳时，起跳腿微屈前送，脚跟先着地，并迅速屈膝过渡到前脚掌用力蹬地，同时提腰摆臂。另一腿提膝积极上抬，借以帮助重心向上移动，当身体升到最高点时，摆动腿放膝向下与起跳腿自然合并，使腾空动作协调。落地时双脚要分开，注意屈膝缓冲，便于迅速衔接其他动作。单脚起跳多在助跑情况下运用。

四、移动技术的教学与训练

（一）教学步骤与训练建议

移动技术中的很多动作是将体育运动中基本的运动技能和能力，赋予它篮球运动的专项化要求，因而要力求缩短教学过程。移动技术的教学与训练任务是使学生在掌握各种移动动作的基础上，提高与其他技术动作结合和综合运用的能力。

①移动技术教学顺序是基本站立姿势、起动、跑、急停、转身、跳、滑步，应遵循先易后难、先攻后守的顺序。

②移动技术教学与练习，应先在原地练习，让学生体会动作方法和难点，然后用慢跑中学习掌握正确的动作方法，在此基础上逐渐提高速度。在掌握各种移动技术之后，要结合一对一的攻守对抗练习，提高学生运用移动技术的意识和能力。

③讲解要简明扼要、形象生动，可以联系生活实际，让学生易于联想。示范要正确，使学生较快地形成正确的动作概念。

④移动技术教学与练习，应把提高脚步动作的突然性、快速性、灵活性作为重点，从单个动作到组合动作，都要强调站立姿势的正确、重心的稳定和转移。并逐渐增加动作的数量和练习的强度，变换练习条件，提高运用能力。

（二）练习方法

1. 基本站立姿势、起动和跑

①做好基本站立姿势（面向、背向、侧向），听信号后做起动短距离快跑。此练习可结合各种不同状态（蹲或坐地上、原地各种跑动中、原地起跳落地后等），听信号或看信号向不同方向起动快跑。

要求：起动要突然，反应要快，起动后要加速快跑。

②利用篮球场的圈、线做后退跑和变速跑或对角折线跑。

2. 转身练习

①做好基本站立姿势，分别以左、右脚为轴，做前、后转身 90°、180° 的练习。

②原地持球，分别以左、右脚为轴，做前、后转身90°、180°的练习。

要求：降低重心，一只脚蹬地，另一只脚碾地，保持平稳。

3. 急停练习

①成体操队形，从边线开始。发出开始信号后，第1排向前慢跑3~4步做一次跨步或跳步急停。第1排做第二次急停后，第2排开始做，到边线止。

②队员站在端线，听信号后起动快跑，再听信号急停。反复练习，做到另一端线止（图2–12）。

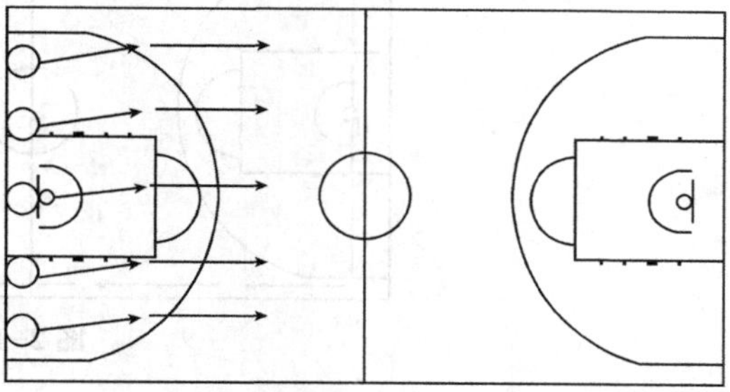

图 2–12

要求：认真体会动作要领，急停时重心下降，停稳。

4. 各种跳的练习

①原地听信号向上或跨步向前、侧、后上方做双脚起跳练习。

②助跑单脚起跳摸篮板、篮圈的练习。

③结合跨步、转身、急停等动作练习起跳动作。

④队员成一路纵队，沿边线单脚或双脚反复做上跳、侧跳和前跳练习。

5. 防守步法练习

①听信号或看手势做向左、向右、向前、向后滑步练习。

②向前滑步变后撤步接侧滑步练习。

③向后滑步，接攻击步变后撤步接侧滑步练习。

④按规定路线或按标志物做"Z"字形、三角形、"8"字形滑步和"T"字形碎步练习。

⑤一对一攻守，迎上做碎步堵截对手移动路线练习；做攻击步抢、打球练习。

6. 移动技术的综合练习

（1）连续横滑步接侧身跑

全队成一列横队沿边线与端线相交外站立，听到开始口令后，全队保持一定的间隔，面向场外横前滑3步、后转身、向前侧身跑3步，如此沿边线连续滑、跑；到对侧端线后，再沿端线、另侧边线返回。此练习在于提高防守滑步与侧身跑衔接技术（图 2–13）。

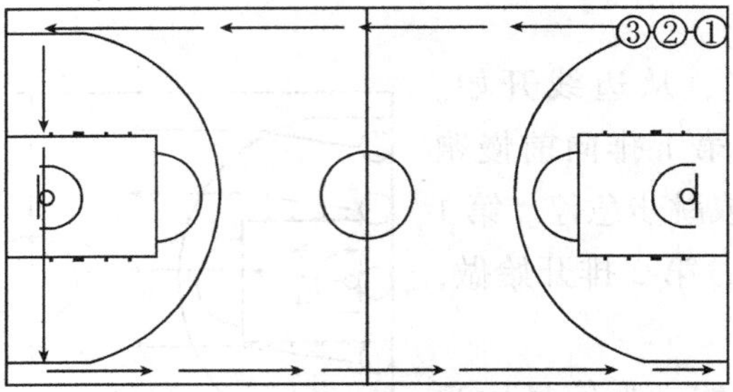

图 2–13

要求：滑步与侧身跑衔接要快，身体重心要低，上下起伏不要太大，始终抬头注视前进方向。

（2）连续跳接滑步

两名教练各持一球站于中圈，全队分成两组分别站于边线。练习开始，两组排头队员快速起动到教练前，教练将球上举，队员立即快速连续跳 5 次；教练将球放下，队员立即下蹲双手拍地两次；教练迅速将球向前、左、右、后挥动，队员迅速随球向前、后、左、右滑步，最后滑步返回队尾。后面的队员同上依次进行。此练习在于提高队员的反应、灵敏、快速跳及滑步技术（图 2–14）。

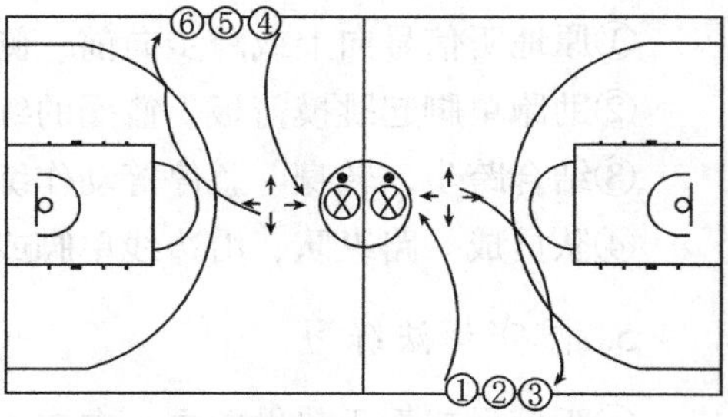

图 2–14

要求：教练除将球上举和下放外，可随时变换持球向前、后、左、右指向的顺序。队员要尽快做出相应的反应，决不能让球接触自己的身体。

（3）由攻转守综合脚步练习

队员站在端线，向场内起动，在限制区内做两次折返跑后，冲刺跑向中场的边线，再侧身跑到篮下，跨步，做罚球线来回和中场线来回地滑步，最后做弯道快跑过端线（图 2–15）。

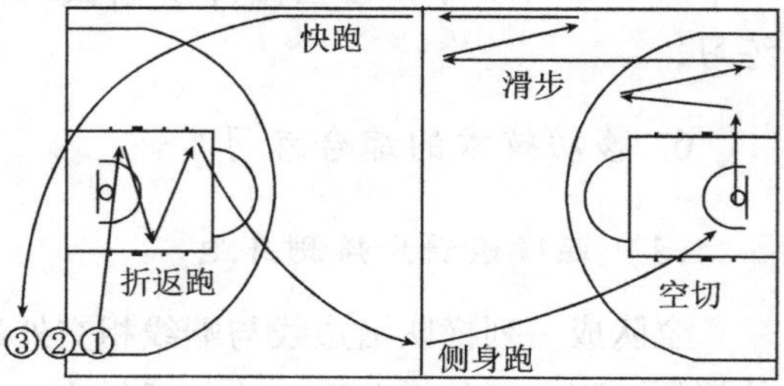

图 2–15

五、移动技术教学中易犯错误及纠正方法

（一）易犯错误

①基本站立姿势或起动前身体重心偏高，步幅过大，不利于迅速蹬地。

②转身时身体重心上下起伏，中枢脚未用前脚掌碾地和旋转。

③变向跑时前脚掌内侧不主动用力，腰胯动作未协调用力。

④侧身跑时上体转体不够，侧转时内倾不够，跑步时脚尖不是向前。

⑤急停时身体重心前移，没有制动和身体自然调整重心的动作。

⑥滑步时两脚并步，形成跳动，重心过高并上下起伏。

⑦撤步时后撤脚的角度过大，失去后撤步抢位堵截的作用。

（二）纠正方法

①教练用正确的示范动作引导学生练习，并在练习中反复用语言提示。

②为了使学生掌握规范的动作，在教学方法上可采用分解练习，由慢至快，由简至繁。

③移动练习中反复强调前脚掌内侧用力的部位，以及腰胯用力带动重心迅速转移。

④采用限制高度的移动练习，强调两腿弯曲降低重心。

思考与练习

1. 简述移动技术的概念与作用。
2. 移动技术包括哪些内容？
3. 简述移动技术的教学步骤。
4. 简述移动技术教学与训练中应注意的问题。

第三节　传接球技术

传接球是指在篮球比赛中进攻队员之间有目的地支配球、转移球的方法。传接球是篮球技术中的重要内容之一，也是篮球比赛中运用最多的一项基本技术。它是实现战术配合的具体手段，熟练的接球和及时准确的传球是运动员在进攻中相互联系的纽带。现代篮球运动要求队员在比赛中运用传接球技术时应做到隐

蔽、及时、多变、准确，巧妙地利用球的转移调动防守，可以打乱对方的防守部署，并能为获得良好的进攻时机创造有利条件。

一、传接球技术的分类

依据篮球运动的基本特征，为便于学生全面了解和掌握传接球技术，可对传接球技术做如下分类（图 2–16）。

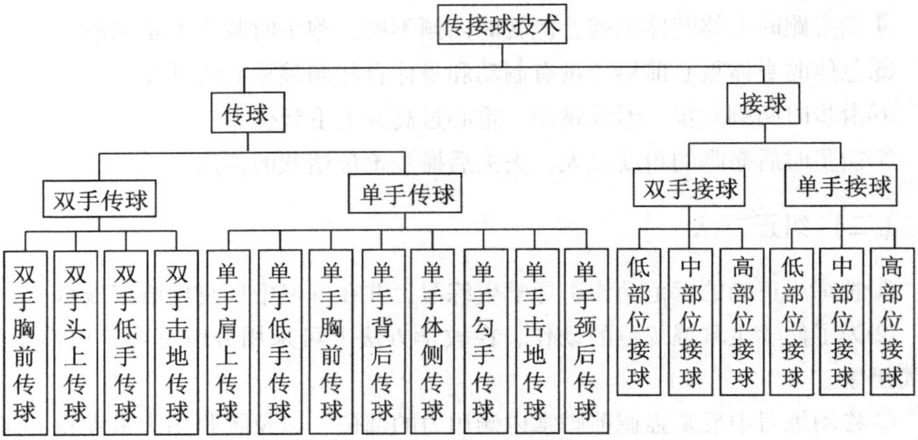

图 2–16　传接球技术分类

二、传接球技术的基本特点

传球动作和接球动作是紧密联系在一起的，是队员之间共同完成的配合技术。传球的技术动作是多种多样的，既有双手的，又有单手的。从球传出到同伴将球接住这一过程来分析，传球技术是由传球的动作方法、球的飞行路线和球的落点 3 个环节组成的。传球的动作方法是主要的，它决定了球的飞行路线、速度和球到位的准确性。

（一）传球动作方法

传球动作方法是由持球手法和传球用力方法组成。

1. 持球手法

持球手法分为单手持球和双手持球两种。

单手持球方法：手指自然分开，用手掌外沿和指根以上部位托球，手心空出。

双手持球方法：两手手指自然张开，拇指相对成八字形，用指根以上部位握球的两侧后方，手心空出。

2. 传球用力方法

传球动作是由全身协调用力，最后通过手腕、手指动作完成的。通常短距离的传球主要靠手指、手腕和手臂用力将球传出。中、远距离的传球，通过下肢蹬地、腰腹综合用力及上下肢协调配合而产生的合力，最后通过手腕、手臂和手指拨球的力量将球传出。而手腕、手指用力是传球中最主要的动作。

传球时虽然手法是主要的，但是脚蹬地、腰腹和手臂用力与腕、指的协调配合，也是不可忽视的。特别是前臂的动作，不但关系到出球的速率，而且可以用伸、摆、甩、绕等各种不同的用力方法，增加出球点，扩大出球面，提高出球的灵活性，从而提高传球的威力。

（二）球的飞行路线

球飞行的路线有直线、弧线和折线 3 种。比赛中由于攻、守队员位置、距离、移动速度和意图的不同，选择传球的路线和飞行的速度也有所不同。如传出的球需要从空中越过防守队员，则应用弧线球；如不需要超越或传给已摆脱防守的同伴，则绝大部分应用直线球。总之，要随机应变，掌握好传球时机，正确、合理地选择球的飞行路线，使同伴能顺利地接到球。

（三）球的落点

球的落点是指传出的球和接球同伴相遇方位。传球时要根据接球队员的位置、移动速度和意图，以及防守队员站位情况来考虑传球力量的大小、距离的远近、速度的快慢、弧线的大小，准确地控制好球的方向和落点。传出的球要使防守队员触及不到，同时有利于接球同伴接球后能顺利地衔接下一个动作。

三、传接球技术动作方法

（一）传球技术的动作方法

1. 双手胸前传球

双手胸前传球是比赛中最基本、最常用的传球方法，用这种方法传出的球快速有力，可在不同方向、不同距离中运用，而且便于和投篮、突破等动作结合运用。

动作方法：双手持球的方法是两手手指自然分开，拇指相对成八字形，用指根以上部位持球，手心空出。两肘自然弯曲于体侧，将球置于胸腹之间的部位，身体成基本站立姿势（图 2–17）。传球时，在后脚蹬地、身体重心前移的同时前臂迅速向传球方向伸出，拇指用力拨球，手腕前屈，食指和中指用力拨球将球传出（图 2–18）。球出手后身体迅速调整成基本站立姿势。传球距离近，则前臂前伸的幅度小；远距离的传球，则需加大蹬地、伸臂和腰腹的协调用力。传球距离越远，蹬地、伸臂的动作速度越快。

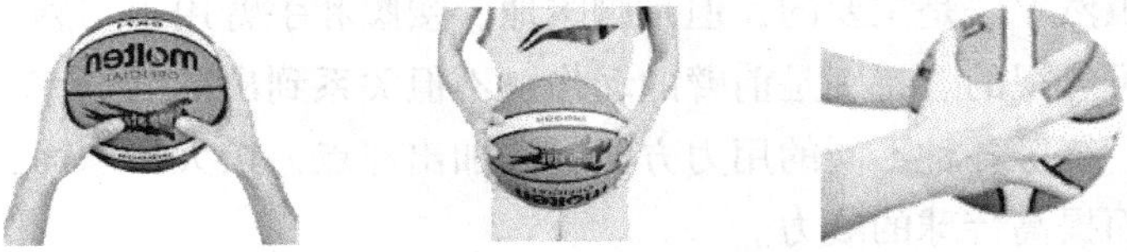

图 2–17　双手持球方法

1　2　3

4　5

图 2–18　双手胸前传球

双手胸前传球可在原地和跑动中进行。跑动中双手胸前传球和接球是一个连贯动作，接球时手、脚动作必须协调配合。一般左（右）脚上前接球后，右（左）脚抬起，在落地前出球。手的动作过程是双手接球后迅速收臂后引，接着迅速伸前臂，翻腕出球。

动作要领：持球动作正确，用力协调连贯，双手手腕前屈，食指和中指用力拨球和抖腕。

2. 单手肩上传球

单手肩上传球是单手传球中最基本的方法，这种传球的力量大、速度快，常用于中、远距离传球。

动作方法：传球时（以右手传球为例），左脚向传球方向迈出半步，右手托球，同时将球引到右肩上方，肘部外展，上臂与地面近似平行，手腕后仰。左肩对着传球方向，重心落在右脚上，右脚蹬地，转体，右前臂迅速向前挥摆，手腕前屈，通过食指、中指拨球将球传出。球出手后，右脚随着身体重心前移而向前迈出半步，保持基本站立姿势（图 2-19）。

图 2-19 单手肩上传球

动作要领：自上而下发力，蹬地、扭转肩、挥臂、扣腕动作连贯。

3. 单手体侧传球

单手体侧传球是一种近距离隐蔽传球方法。外线队员传球给内线同伴时常使用这种方法，与跨步、突破等假动作结合运用效果较好。

动作方法：两脚开立，双手持球于胸前。右手传球时，左脚向左侧前方跨步的同时将球引至身体右侧呈右手单手持球，出球前的一刹那，持球手的拇指在上，手心向前，手腕后屈。传球时，前臂向前作弧线摆动，手腕前屈，食指、中指、无名指拨球将球传出（图 2–20）。

图 2–20　单手体侧传球

动作要领：跨步、摆臂、引球动作要连贯。手腕前屈，食指、中指拨球的力量和动作幅度要小。

4. 双手头上传球

这种传球持球点高，便于与投篮结合，但与突破、运球及其他隐蔽传球相结合时，却增加了动作幅度。这种传球多用于中、远距离，如抢篮板球后的传球、外线队员的转移球，以及向内线队员高吊球时使用。

动作方法：持球手法和双手胸前传球相同，两手举球于头上，传球时两肘和手心向前。近距离传球时，前臂前摆同时外旋，手腕前屈外翻的同时，拇指、食指、中指用力向前拨球。传远距离球时，要加蹬地力量，收腹带动前臂迅速前摆，腕、指用力抖拨，将球传出（图 2–21）。

1　　2　　3　　4

图 2-21　双手头上传球

动作要领：前臂前摆，急促向前抖腕，手指用力拨球。

（二）接球技术的动作方法

接球是篮球运动中的主要技术之一，是抢篮板球和抢断球的基础。在激烈对抗的比赛中，能否采用正确的动作牢稳地接球，对减少传球失误、弥补传球不足，以及截获对方传球等都有非常重要的作用。接球可分为双手接球（接中部位、高部位的球和低部位的反弹球）和单手接球。

1. 双手接中部位的球

动作方法：两眼注视来球，两臂迎球伸出，双手手指自然分开，两拇指成八字，其他手指向前上方伸出，两手成一个半圆形。当手指触球后，双手将球握住，两臂顺势屈肘后引缓冲来球的力量，双手持球于胸腹之间，成基本站立姿势（图 2-22）。

1　　2　　3　　4

图 2-22　双手接中部位的球

动作要领：伸臂迎球，在手触球时收臂后引缓冲，握球于胸腹之间，动作连贯一致。

2. 双手接高部位的球

动作方法：这种接球方法与双手接中部位高度的球相同，但要求两臂必须向前上方迎球伸出（图 2-23）。

1　　2　　3

4　　5

图 2-23　双手接高部位的球

3. 双手接低部位的反弹球

动作方法：接球时要及时迎球跨步，上体前倾，眼睛注视来球方向，两臂迎球向下伸出，掌心斜对来球的反弹方向，五指自然张开。手指触球后，两手握球顺势将球引至胸腹之间，保持身体平衡，成基本站立姿势（图 2-24）。

图 2–24　双手接低部位的反弹球

动作要领：跨步迎球要及时，手臂下伸要快。

4. 单手接球

单手接球控制的范围大，能接不同方向的来球，有利于队员快速、灵活地发挥技术，但不如双手接球牢稳。因此，在一般情况下，应尽量运用双手接球。

动作方法：以右手为例接球，右脚向来球方向迈出，两眼注视来球。接球时，手掌呈勺形，手指自然分开，迎着来球的方向伸去。当手触球时，手臂顺势将球向后下引，左手立即握住球，双手将球握于胸腹之间，保持基本持球姿势(图 2–25)。

图 2–25　单手接球

动作要领：手指自然分开，伸臂迎球，触球后引要快，另一手及时扶球。

四、传接球技术的教学与训练

（一）教学步骤与训练建议

①传接球的教学应从持球动作开始。先教接球，再教传球，把传球和接球的教学与训练结合起来。先掌握基本的、运用最广泛的传接球动作，以促进其他传接球动作方法的掌握和提高。

②传接球的教学与训练步骤应从原地开始，使动作规范。在掌握正确动作规范后，进行移动传、接球的教学与训练，重点解决传球、接球与步法协调配合。在此基础上，再进行与其他技术相结合的训练。最后再进行有防守情况下的训练，以提高在实战中应用的能力。

③在教学过程中要狠抓传球手法，使传球动作规范，为掌握复杂的传球技术和隐蔽多变、及时准确地传球打好基础。

④要重视接球的教学与训练，形成正确的接球手法，养成接球结束就是传球或其他进攻动作地开始的习惯。

⑤传接球练习方法要根据学生实际情况进行安排，应加强熟悉球性练习，增强手对球的感应能力和控制、支配球的能力，并注意培养学生之间相互默契配合的意识。

（二）练习方法

1. 原地传接球练习

（1）原地两人传接球

两人对面站立相距3~7米，做各种传接球练习。此练习可以要求队员传球速度由慢到快、距离由近到远，球飞行路线要有直线、弧线和折线的变化。可以练习单手、双手各种不同方式的传接球（图2-26）。

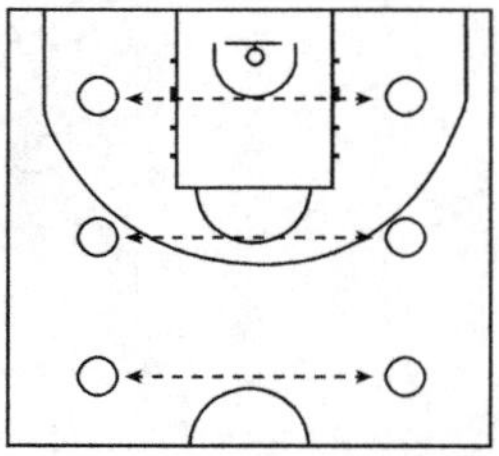

图2-26

要求：传接球手法正确，协调用力，由慢到快，逐渐加大难度。

（2）原地扇形传接球

如图2-27所示，①站在中间，其他队员②、③、④、⑤、⑥、⑦呈扇形站在周围。①、③、⑤、⑦每人一球，①传球给②，③传球给①，①回传球给④，当①刚出手时，⑤即可传球给①，①传球给⑥，⑦即可传球给①。如此进行，传球几个回合后，可更换①位置的队员。

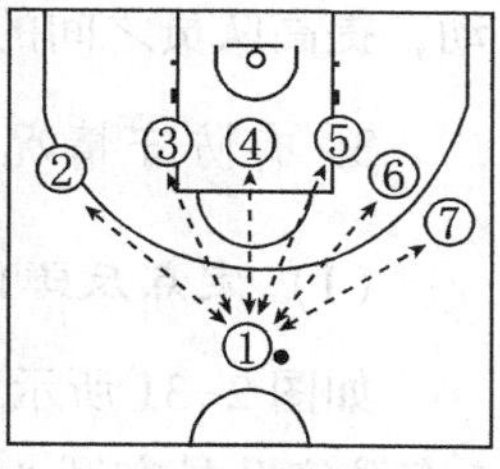

图 2-27

要求：传接球手法正确，协调用力，由慢到快，逐渐加大难度。

2. 移动传接球练习

（1） 星形传接球

此练习至少需要 6 人以上，在中场位置站成五角星形（图 2-28）。第一个传球队员需要将球穿过中圈传到另一组排头队员手中。每次传出的球都必须经过中圈，球所经过的路线构成一个五角星形。为连续进行练习，传出球的队员需要跑到接球队员所在位置的队尾继续练习。

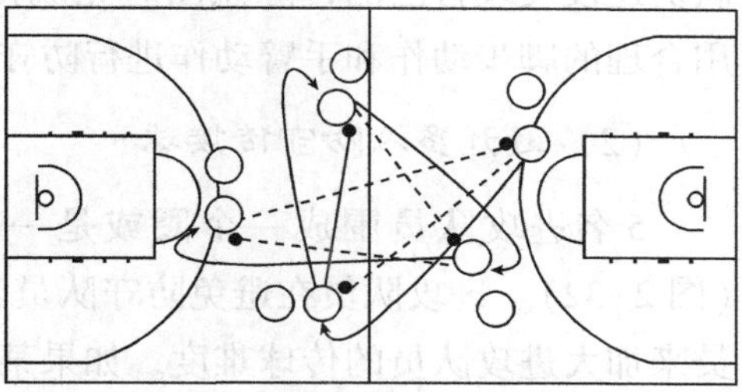
图 2-28

要求：传球准确到位，传球队员传球后跑到接球队员所在组的排尾。

（2） 四角弧线跑动传接球

将队员分为 4 组，每组站在边长为 6 米的正方形的 4 个角上。练习开始，①传球给对面组的②，②再传球给右侧组的③，③再传球给对面组的④。每名队员传球后，要立即沿传球路线（从右侧）跑到该组队尾。这个练习也可以由两名队员①和③同时发起，球和队员的移动路线大致成“×”形（图 2-29、图 2-30）。

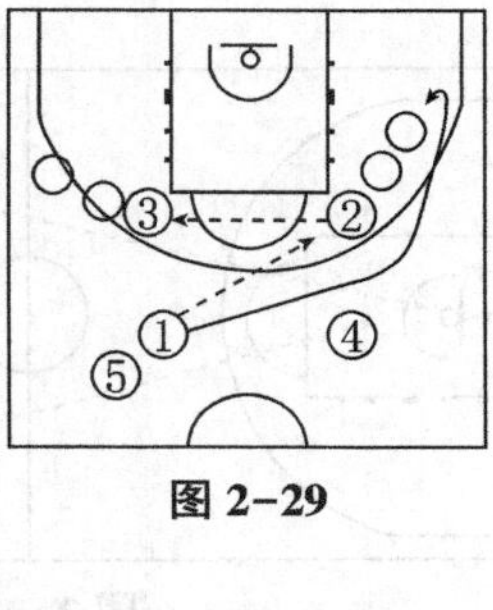

图 2-29

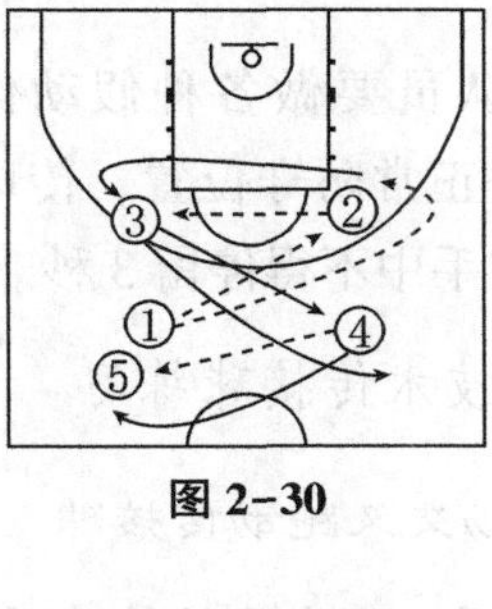

图 2-30

要求：重点强调队员传球和接球的能力，通过球的转移和队员有规律的跑动，提高队员之间的配合意识。

3. 有防守情况下的传接球练习

（1）定点反弹传接球

如图 2-31 所示，队员围成一个直径约 1.8 米的圆圈，1 名防守队员在圆心处防守。传球队员可以传反弹球给任何一名不相邻的队员，防守队员努力去断球，当成功断到球或使传球偏离方向时，攻守互换。

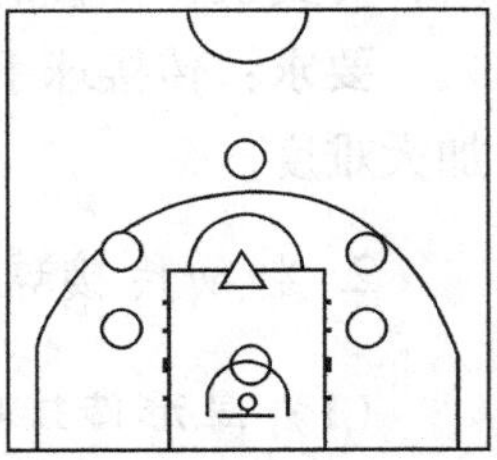

图 2-31

要求：提高队员反弹传球的能力，进攻队员应在防守队员还没发现自己的传球意图时完成传球。防守队员要运用合理的脚步动作和手臂动作进行防守。

（2）避开多人防守传接球

5 名进攻队员围成一个圈或是一个笼子形状，一个或多个防守队员防守（图 2-32）。进攻队员在避免防守队员断球的前提下相互传球，逐渐增加防守队员来加大进攻队员的传球难度。如果某个防守队员断到球，要与传球队员互换角色继续练习。

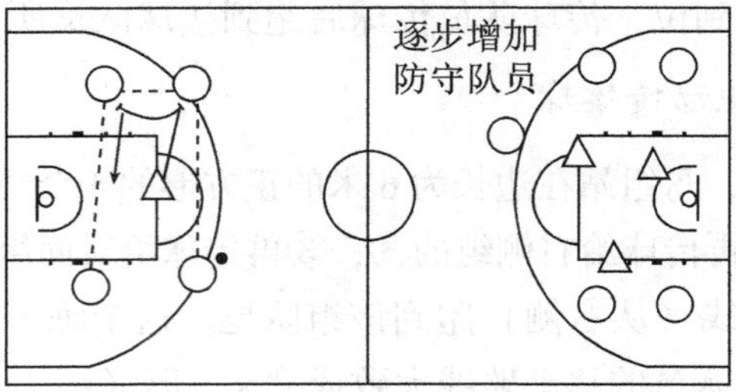

图 2-32

要求：传球队员要做各种假动作诱惑防守队员失去正常防守位置，传球要快速隐蔽，球在手中不得停留 3 秒。

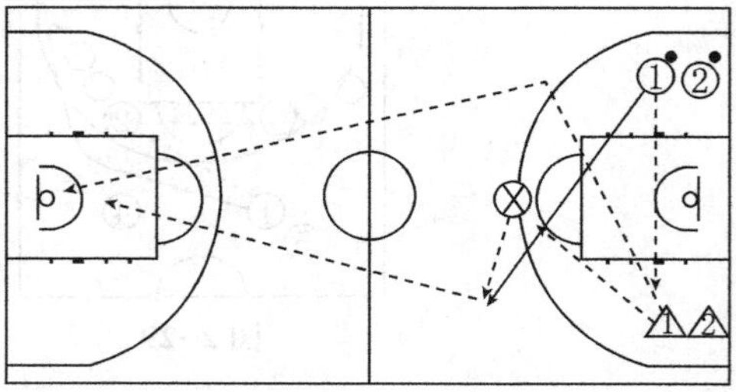

图 2-33

4. 综合其他技术传接球练习

（1）两人全场交叉跑动传接球

如图 2-33 所示，两人原地传球后，

一人传球给教师，然后交叉快下，另一人交叉跑位接教师传球后，传球给同伴。

要求：传接球的动作要连贯、迅速，步法要协调。

（2）两人全场行进间传接球

如图 2-34 所示，两人一组一球，连续跑动反复传接球至前场，然后再传接球回来，人多时可在场地另一侧同时开始练习。

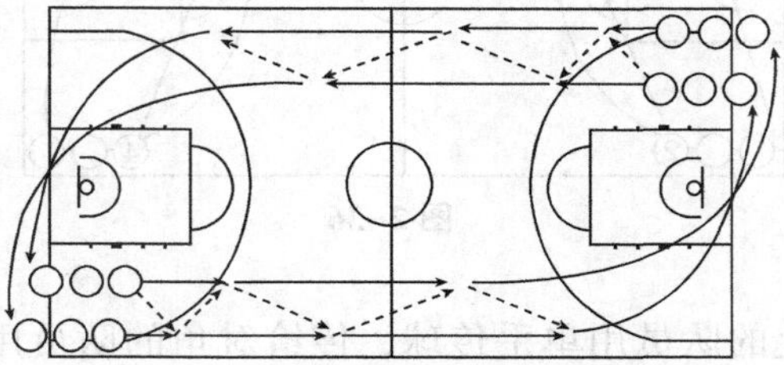

图 2-34

要求：传斜线球，传在接球人身前一步左右的胸部位置，接球人应及时调整接球后的重心，有利于衔接下一动作。

（3）全场 3 人直线传接球

如图 2-35 所示，跑动中①传球给②，②回传给①，①再给③，③再回传给①，如此反复进行。

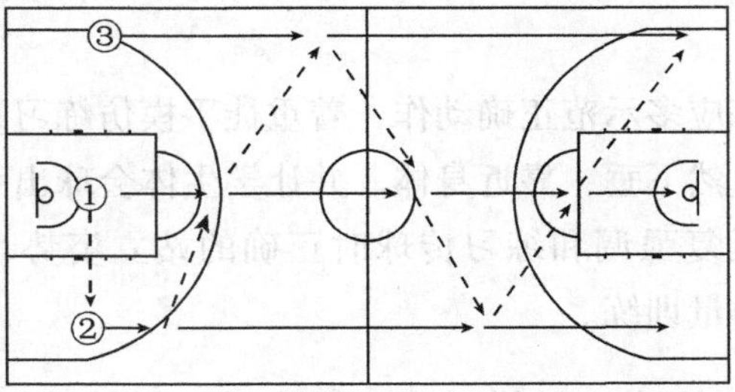

图 2-35

要求：跑动中始终保持两前一后的三角队形，传接球动作要连贯，传球要有提前量，逐步做到人球相遇。

（4）全场四角移动传接球

如图 2-36 所示，①传球给插中接球的②后快速跑至②的队尾，②接球后将球快速传给③并跑至③的队尾，③接球后传给④并跑至④的队尾，依次反复练习。

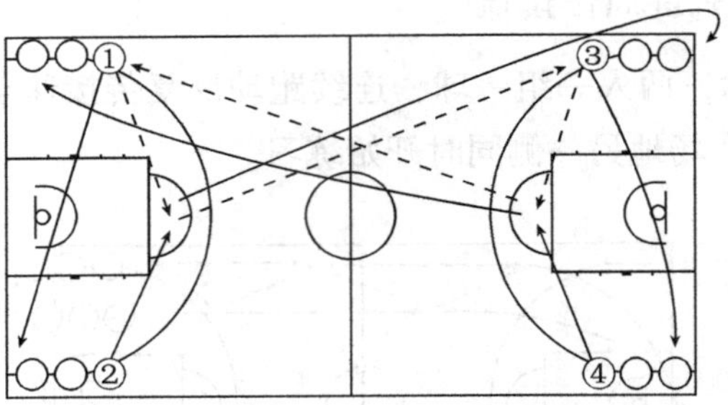

图 2-36

要求：传给插上的队员用单手传球，传给对角的队员用双手。传球快速准确，手脚配合协调，插上队员跑动应侧身略带弧形。

五、传接球技术教学中易犯错误及纠正方法

（一）双手胸前传球易犯错误及纠正方法

①双手胸前传球时，全手掌触球，手心没有空出，两拇指距离过大或过小，持球动作不正确。

②双手胸前传球时，两肘外展过大，两臂用力不一，形成挤球，出手后两手上下交叉。

纠正方法：教练应多示范正确动作，着重徒手模仿练习。强调持球时拇指相对成八字形，两肘自然下垂，靠近身体。并让学生体会球出手时食指、中指指尖内侧拨球的感觉。反复强调和练习传球时正确的站立姿势、持球手形和手法规格，并加强弱手的力量训练。

（二）单手肩上传球易犯错误及纠正方法

①单手肩上传球时，没有摆臂、拨指、抖腕动作，传球动作类似于推铅球。

②单手肩上传球时，传球方向掌握不好，上、下肢用力不协调。

纠正方法：教练反复讲解、示范，多做徒手和持球的引球与挥臂练习，注重抬肘，球应举至头的斜上方。让学生体会球出手时食指、中指、无名指指尖将球拨出的感觉。传球时注意蹬地、转体动作，体会如何全身用力。

（三）反弹传球易犯错误及纠正方法

①传球时用前臂将球“砸”向地面。
②反弹落点掌握不好。
③出球点高，造成动作不协调。

纠正方法：教练反复讲解、示范，使学生明确反弹传球与一般传球技术动作相同，只是改变了用力方向。讲解入射角与反弹角的关系，也可利用标志物来加强练习。

（四）双手接球易犯错误及纠正方法

双手接球时，手指朝前，两手没有形成半圆，伸臂迎球时臂、腕、手指紧张，引球动作不及时。

纠正方法：教练反复讲解、示范正确迎球的手形，手指向上，两拇指成八字形，并反复强调和练习接球时伸手迎球，手指触及球时要随球后引。

思考与练习

1. 试述双手胸前传球的动作方法。
2. 试述接球的动作要求。
3. 现代篮球比赛中传球的技术动作特点有哪些？
4. 试述传球的假动作及其运用时机。
5. 传接球的教学与训练应该注意哪些问题？

第四节 运球技术

运球是持球队员在原地或行进中用单手连续按拍由地面反弹起来的球的一种动作方法，是篮球比赛中个人进攻的重要技术。它不仅是个人摆脱、创造传球、突破防守、投篮得分的进攻手段，也是组织全队战术配合的桥梁，对发动快攻、突破紧逼防守都起着极大的作用。熟练的运球是运动员球性的体现，通过不断的练习，能促进学生熟悉球性，增强手对球的控制、支配能力。

随着现代篮球技术的不断发展，运球的技巧有了很大的提高。其特点是身体重心低，侧身掩护球隐蔽性强，手臂控球范围大，手腕、手指翻转时球停留手中的时间稍长；运球方式变化多，使运球技术更具有保护性、突发性和攻击性。

一、运球技术的分类

运球技术动作方法较多，可以分为原地运球和行进间运球两大类（图 2–37）。

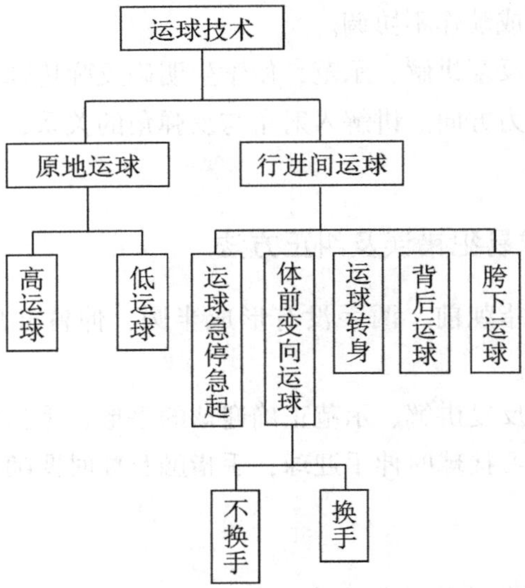

图 2–37　运球技术分类

二、运球技术的基本特点

运球技术动作方法很多，但各种运球技术动作过程都是由身体姿势、手臂动作、球的落点、手脚和身体的协调配合 4 个环节组成。运球技术的关键是手对球的控制、支配能力，脚步移动的熟练程度，以及手、脚、身体协调配合。

（一）身体姿势

两脚前后开立与肩同宽，两膝保持相应的弯曲，上体稍向前倾，抬头平视，非运球手臂屈肘平抬，肩向前，以保护球和维持身体平衡。运球时，脚步动作幅度和下肢关节的角度随运球的速度和高度的不同而有所变化，速度快时脚步幅度大，反之则小。

（二）手臂动作

手臂动作包括球接触手的部位、运球时的动作、按拍球的部位和力量的运用。运球时，手指自然张开，用手指和指根以上的部位及手掌外缘接触球，手指、手腕放松。运球动作的方法较多，低运球时，主要以腕关节为轴，用手指手腕的力量运球；高运球时，主要以肘关节为轴，用前臂和手指力量运球。这种运球动作幅度较小，灵活性大，速度快；体侧或侧后的提拉式高运球主要以肩关节为轴，用上臂、前臂、手腕和手指的力量运球。这种运球方式控球时间长，活动范围大，便于保护球。按拍球时，应随球上下迎送，尽量延长控球的时间，以利于保护球、改变动作和观察场上的情况。

按拍球的部位是由运球的方向和速度来决定的。由于手按拍球的部位不同，球向地面的入射角不同，球从地面反弹起来的反射角也不同；由于手按拍球的力量不同，球从地面反弹的高度和速度也不同。在原地运球时，手按拍球的正上方，行进间运球时，手按拍球的后上方，一般是按拍一次球，跑两步。向左、右变方向运球时，手按拍球的右、左上方。

（三）球的落点

控制球的落点是衡量运动员运球技术好坏的重要标志之一，也是关系到运球成败的关键。球的落点不好，既影响对球的控制，又影响运球的速度。运球的速度、方向和防守情况不同，球的落点也不同。在对方无人防守或消极防守情况下的直线高运球，球的落点在运球手的同侧前外侧，速度越快，落点越靠前，离自身越远，反之越近；在对方积极防守情况下运球的落点应在体侧或后方，以便保护球；变向运球其落点基本位于异侧体侧或侧前方；胯下运球的落点位于胯下两脚之间的地面上。

（四）手脚和身体的协调配合

运球一般是在移动中进行的，既要使移动速度与球运行速度一致，又要保持合理的动作节奏，并注意对身体重心的控制。动作的协调一致关键在于按拍球的部位、落点的选择和运用力量的大小。手臂动作的变化要与脚步动作、身体姿势改变同步进行，以使整个运球动作协调地完成。

当前，运球动作由以肘为轴改变为以肩为轴，迎送球的动作幅度加大，球附着于手上的时间加长，有利于对球的控制。球的落点在身体的侧后方，远离防守以利于保护球，更具有实效性和多变性。根据球场上情况和本队战术的需要，适时而恰当地运用运球，对全队进攻能起到较大的促进作用。

三、运球技术动作方法

(一) 原地高、低运球

1. 高运球

高运球通常在没有防守队员时运用，特点是球反弹较高，便于观察场上情况。由于在行进中按拍球的速度较均匀，因此动作简单易学。

动作方法：运球时，两腿微屈，上体稍前倾，双目平视。以肘关节为轴，前臂自然屈伸，手腕和手指柔和而有力地按拍球的后上方，用指根及指腹部位触球，食指向前。球的落点控制在运球手同侧脚的外侧前方，使球的反弹高度在胸腹之间，手、脚协调配合。快速运球行进时，手触球的部位要向后移，用力要稍加大，球的落点离脚要远些（图 2-38）。

图 2-38　高运球

动作要领：在手形正确的基础上，主动迎球，随球上引，前臂屈伸，控制球的落点，手按拍和脚步移动协调配合。

2. 低运球

在高运球行进过程中遇到防守队员时，常用低运球摆脱防守队员的抢截。

动作方法：运球行进中遇防守队员时，减速弯腰屈腿，屈腕用手指和指根部位短促地按拍球的后上部，使球控制在膝关节高度，从防守人的一侧超越（图 2-39）。

1 2 3 4

图 2-39 低运球

动作要领：突然改变运球高度，并且要控制好按拍球的反弹力量，上下肢协调配合。

（二）运球急停急起

运球急停急起是在运球推进时，进攻队员利用速度变化摆脱防守的一种运球方法。

动作方法：在快速运球中突然急停，采用两步急停，使重心降低，手按拍球的前上方，使球停止前运行。运球急起时，两脚用力蹬地，上体迅速前倾，迅速起动，同时按拍球的后上方，人、球同步快速前进（图 2-40）。

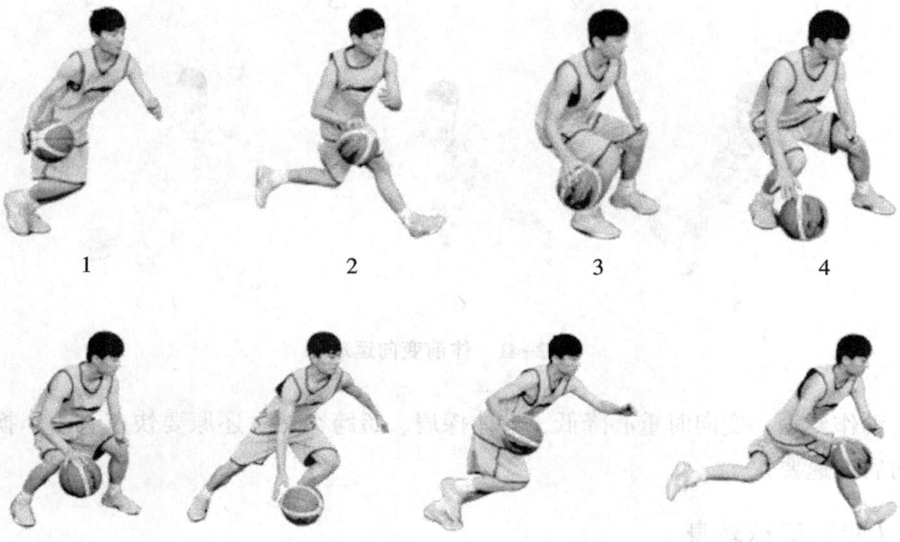

1 2 3 4

5 6 7 8

图 2-40 运球急停急起

动作要领：急停稳、起动快，重心转移快，脚蹬地有力，按拍球的部位要正确，手脚、躯干协调一致。

（三）体前变向运球

体前变向运球是在快速行进间运球中，当对手堵截运球前进的路线时，突然向左或向右改变运球方向，借以摆脱防守。

动作方法：以右手运球为例，运球队员从防守队员左侧变向突破时，先向其右侧做变向运球假动作，当对手移动堵截运球时，突然用右手按拍球的右侧后上方，使球经自己体前向左侧前方反弹，同时左脚迅速随球向左侧前方跨步，上体同时向左扭转，身体重心要降低，侧肩贴近防守者，将球压低。当球反弹至腹部高度时，右脚蹬地迅速前迈，左手拍球的后侧上方，超越防守（图 2-41）。

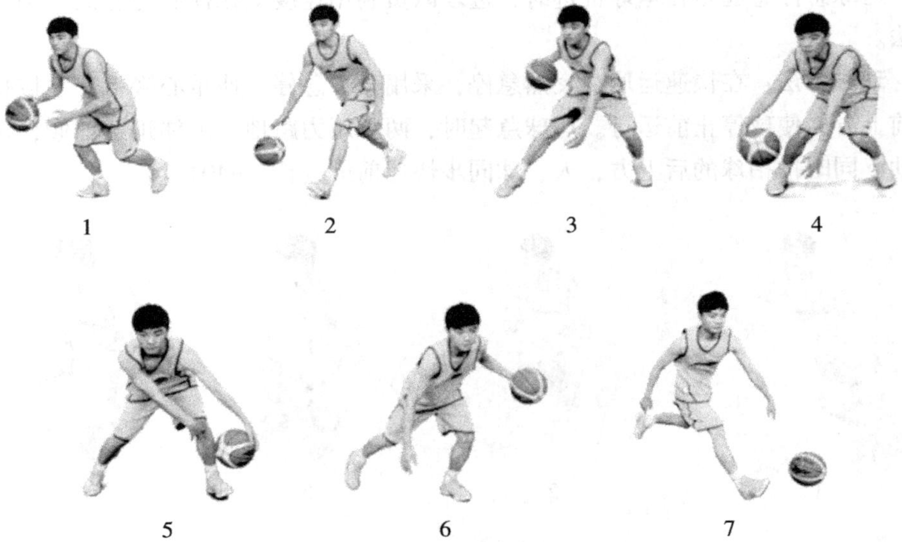

图 2-41　体前变向运球

动作要领：变向时重心降低、转体探肩、蹬跨突然，还原要快速有力，换手变向后加速要快。

（四）运球转身

当对手逼近并堵截运球一侧时，可利用运球转身，改变运球路线以摆脱防守。

动作方法：以右手运球为例，当对方靠近自己的右侧时，变向以左脚为中枢脚做后转身，右手按球的前上方，随着后转身的动作，将球拉向身体的后侧方，然后换左手运球，从对手的右侧突破。转身时要降低重心，拉球的动作与转身动作要协调一致（图 2-42）。

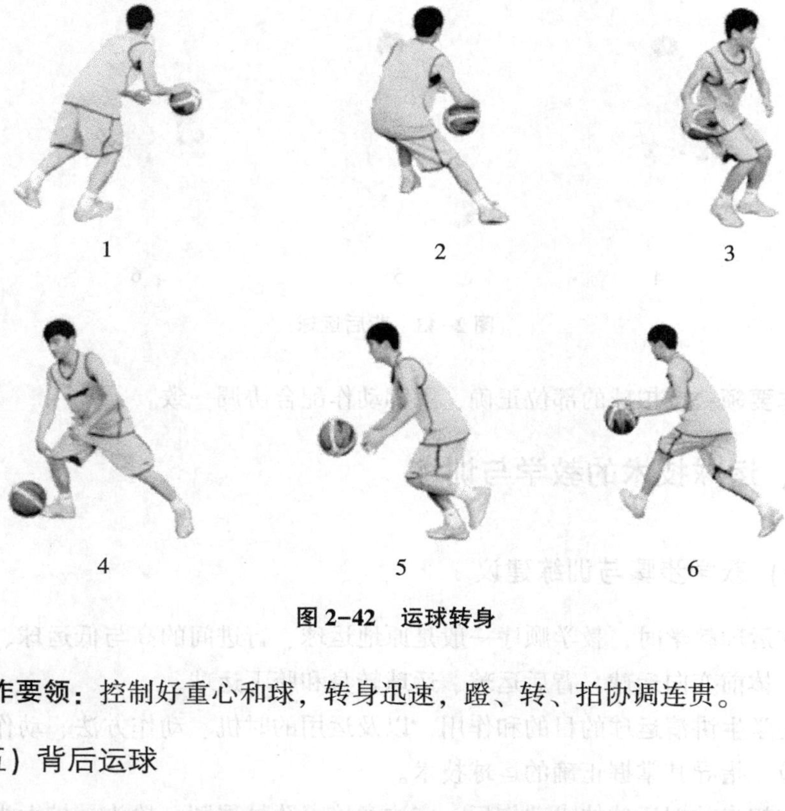

图 2-42　运球转身

动作要领：控制好重心和球，转身迅速，蹬、转、拍协调连贯。

（五）背后运球

当对手紧逼防守，距离较近无法采用体前变向运球时，可以运用背后运球突然改变前进的方向，借以摆脱防守。其优点是运球时面对防守者，便于观察情况和保护球。

动作方法：在右手运球从背后换左手时，右脚前跨，同时右手按压球的前上方，手臂逐渐外旋，手指迅速向下，手心向前，在背后直臂按拍球的右侧后上方，使球向左脚的侧前方落地，随即迈左脚，球反弹后换左手继续向前推拍前进，加速超越防守（图 2-43）。

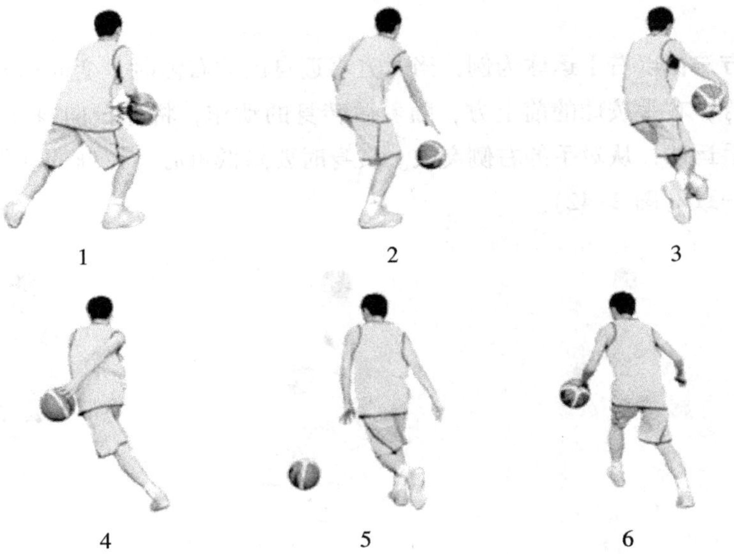

图 2–43　背后运球

动作要领：按拍球的部位正确，手脚动作配合协调一致。

四、运球技术的教学与训练

（一）教学步骤与训练建议

①在运球教学时，教学顺序一般是原地运球、行进间的高与低运球、运球急起急停、体前变向运球、背后运球、运球转身和胯下运球。

②向学生讲清运球的目的和作用，以及运用的时机、动作方法、动作要领和关键环节，指导其掌握正确的运球技术。

③在初步掌握运球技术动作后，应注意培养队员屈膝、抬头、扩大视野和观察情况的良好习惯。

④在正确掌握运球技术动作的基础上，应该与传接球、投篮、突破和抢篮板球技术结合练习。

⑤教学训练中要狠抓运球的关键，要结合各种熟悉球性的辅助性练习，练好手上功夫和脚步动作的快速与灵活性。特别要注意在运球练习中对弱手的训练，使左右手运球的能力均衡发展。

⑥在有防守的练习中，要从消极防守到积极防守，逐步增加难度，逐步提高

学生的应变能力。

⑦训练中，要注意培养队员的战术意识，掌握运球时机，学会根据全队战术的需要合理地运用运球。

⑧在教学与训练中，对学生完成的技术动作及时做出评定，肯定优点，指出错误及其产生的原因，并采用纠正错误动作的辅助练习和训练手段等。

（二）练习方法

1. 原地运球练习

队员每人持一球，成体操队形，根据教师的信号做各种运球练习。

①垂直的高、低运球。

②左、右手交替横运球。

③体侧前（推）、后（拉）运球。

④单手体前向左、右运球。

⑤原地背后左、右换手运球。

⑥原地胯下运球。

⑦原地前、后转身运球。

⑧原地身前、身后胯下“8”字形运球。

⑨原地运两球同时向左或向右变向（不换手）。

要求：保持正确的身体姿势，抬头运球，手法要正确，并能左、右手交替进行。运球高、低、快、慢，幅度与节奏上要有变化。

⑩原地碎步运两球。

要求：两手各运一球，两脚原地快速碎步运球，运球频率和碎步跑一样快。

2. 行进间运球练习

（1）走动中或慢跑中运两球，变向不换手运球（两球向同一方向同时变向）

（2）走动中或慢跑中运两球变向

练习一：一球在身前变向换手，一球在背后变向换手。

练习二：一球在身前变向换手，一球在胯下变向换手。

练习三：一球在胯下变向换手，一球在背后变向换手。

要求：运球时抬头，眼睛平视前方，双手与脚配合协调。

（3）弧线运球

沿罚球圈、中圈做弧线运球到对面的底线，再沿边线直线运球返回（图 2-44）。

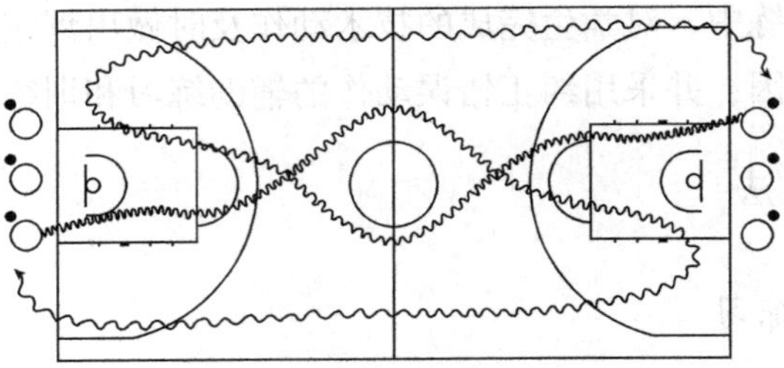

图 2-44

（4）运球急停急起

每人一球，听或者看教练信号练习运球急停急起和变速运球（图 2-45）。

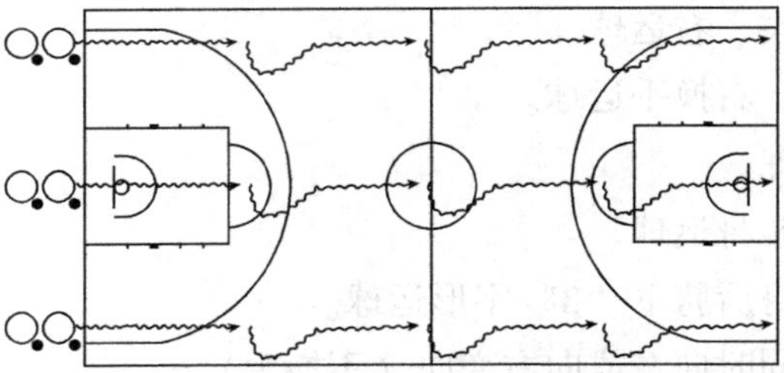

图 2-45

（5）绕障碍物运球

如图 2-46 所示，按图示路线运球到障碍物时，做体前变向运球一次，再换手继续向另一障碍物运球。

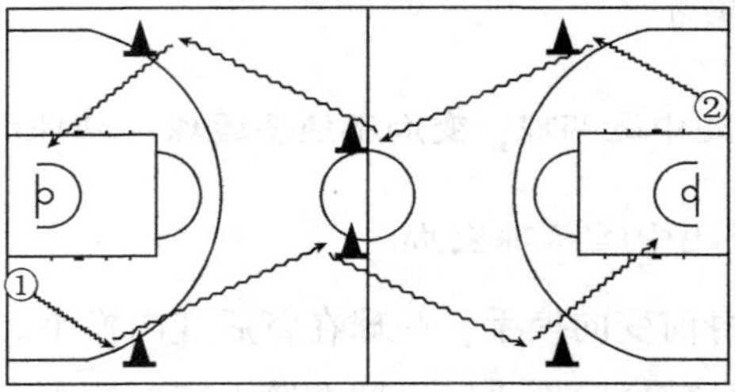

图 2-46

要求：变向动作要突然，加快运球速度。

（6）“镜像”运球练习

如图 2-47 所示，两人一组，每人一球，分别在篮球场边线外面对面站立，全队分若干组。队员①、②听到教练的信号时，同时向对侧运球，两人相遇时，做体前变向运球、背后运球、胯下运球、运球后转身或者运球组合技术等。

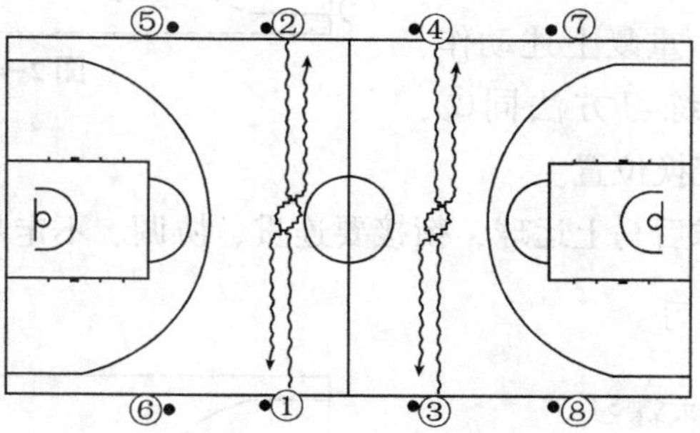

图 2-47

要求：运球时抬头，视野要广；两人相遇时，尽量靠近；两人同时都用右手（或左手）运球，变向后继续运球到边线外；练习时一次右手、一次左手交替运用。

3. 运球技术综合练习

（1）运球与传接球技术结合练习

如图 2-48 所示，②开始运球，在运球中将球传给③，然后跑至⑦的队尾，③接球后运球中将球传给④，然后跑至⑧的队尾，依此类推，连续练习。

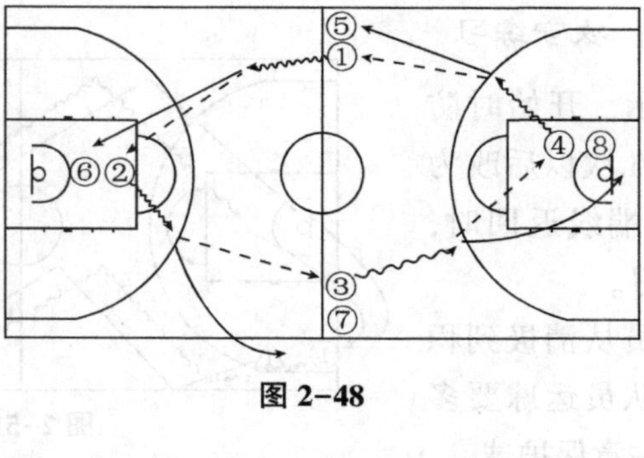

图 2-48

要求：运球与传接球的衔接要快而协调，不走步违例。

（2） 地滚球与快速运球练习

如图 2－49 所示，全队分成两组，②运球中传球给教练，教练把球放在自己左侧形成地滚球，②在快速跑动中拾起球运球，然后再传给中线附近的队员，重复上述动作，运球至端线。①的练习方法同②，两组同时进行，并交换位置。

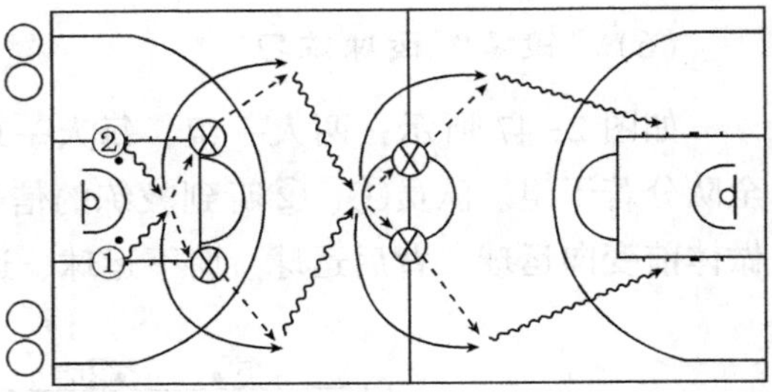

图 2－49

要求：拾地滚球后马上运球，衔接要连贯、协调、不走步。

4. 运球对抗练习

（1） 运球与打球练习

如图 2－50 所示，在限制区两侧站位线的距离各站 4～6 名队员，面向中线，组成一个“长方形”。运球队员从罚球线开始，运球穿过“长方形”到对面底线，然后再运球返回到罚球线，不能丢球。站在限制区两侧的队员用手拍击运球队员的球，但不能阻止运球队员的行动或将其拉住。运球队员从底线返回后将球交给罚球线上的下一名队员。

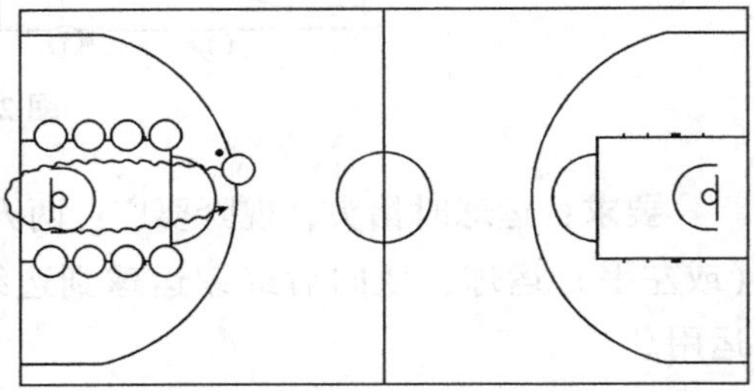
图 2－50

要求：提高运球队员控球的能力和信心，在练习中运球队员要时刻注意用身体护球，在球失控时要迅速用双手将球抓住。

（2） 全场一对一攻守练习

如图 2－51 所示，开始时防守队员背手防守，几次以后改为积极防守，到前场端线返回时，攻守交换，轮流练习。

要求：防守队员从消极到积极，要认真；进攻队员运球要多变化，有突然性，注意保护球。

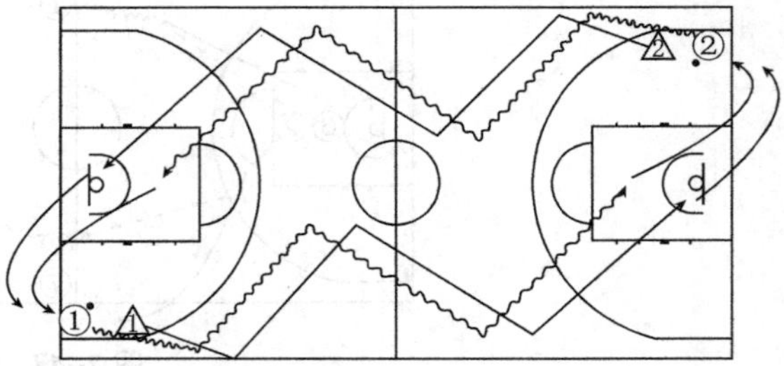

图 2－51

五、运球技术教学中易犯错误及纠正方法

（一）易犯错误

①运球时掌心触球或单靠手指拨球，手没有主动迎接从地面反弹起来的球，随球上引缓冲不好。

②原地或行进间运球时低头看球，控制球不熟练，降低重心时只弯腰，不屈膝。

③手、脚、躯干配合不协调，衔接其他动作时脚步动作不清楚，球运的太高，容易带球跑。

④运球时手接触球的部位不正确，停止运球时没有接稳球或球在手上停留时间过长，容易两次运球。

（二）纠正方法

①教练多做正确示范，讲清正确动作概念，帮助学生分析问题原因，引导学生体会手指、手腕随球上引和柔和按拍的动作。

②运球教学要结合规则进行，讲清概念，并对几种易犯的违例现象着重示范，进行分析。练习中严格要求，发现违例现象及时纠正，养成好习惯。

③教练要强调大胆运球，鼓励学生不看球运球，在快速运球中培养学生手指的球感，这样才能解放视野。

思考与练习

1. 试述运球急起急停的动作方法及动作要领。
2. 试述背后运球的动作方法及动作要领。
3. 简述运球技术中的易犯错误及纠正方法。
4. 简述运球技术的教学步骤。
5. 列举出 5 种熟悉球性的练习方法。
6. 试述现代篮球比赛中运球技术与过去相比有哪些不同。

第五节 投篮技术

投篮是进攻队员将球投入对方球篮而采用的各种专门动作方法的总称。投篮是篮球比赛中得分的唯一手段，是一切技术、战术运用的最终目的和全部攻守矛

盾的焦点，是整个篮球技术体系的核心。投篮得分的多少是决定比赛胜负的关键，对篮球运动员非常重要。加强投篮技术的教学与训练、正确掌握并熟练运用投篮技术，以及不断提高投篮命中率，对于学习篮球技术具有十分重要的意义。

现代篮球运动攻守对抗的日趋激烈，运动员身体形态、机能素质及技术水平的快速提高，促进了投篮技术的不断发展。其特点是投篮点多面广、内外结合，投篮出手部位由低到高，出手速度由慢到快，远距离三分球投篮的次数增多且命中率高。

一、投篮技术的分类

投篮技术动作方法根多，可分为原地投篮、行进间投篮、跳起投篮、扣篮、补篮等，可用单手或双手进行（图 2–52）。

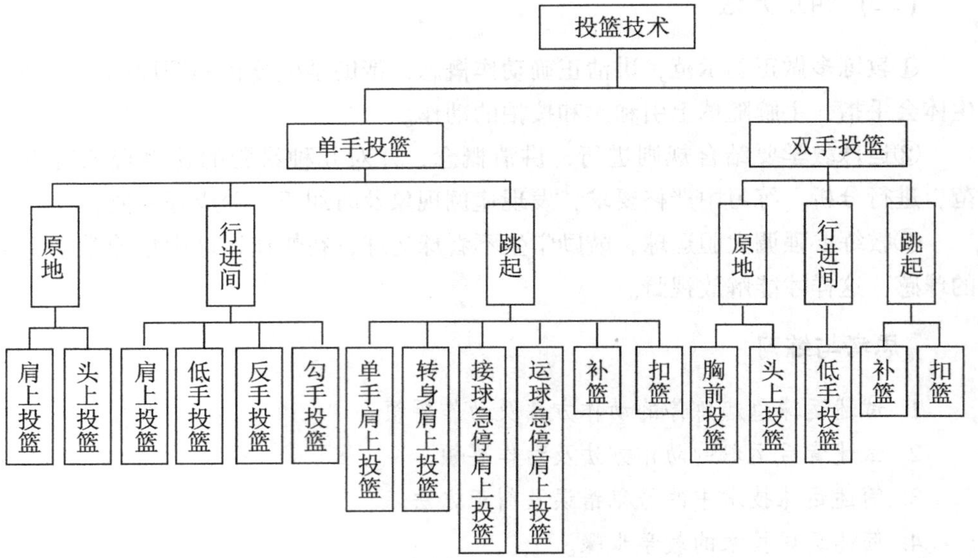

图 2–52　投篮技术分类

二、投篮技术的基本特点

投篮技术包括持球方法、瞄篮点、协调用力、出手角度与出手速度、球的旋转、投篮弧线和入篮角等几个环节。要提高投篮命中率必须正确掌握投篮过程中的这些主要环节，形成一个完整的投篮技术动作。如果其中有薄弱环节，就会影响投篮的准确性和命中率。

（一）持球方法

持球是投篮时能否牢固地控制球和完成投篮动作的前提，无论是单手投篮还是双手投篮，持球时五指都应自然张开，掌心空出，用指根及指根以上部位接触球，增大对球的接触面积，以保持球的稳定性，控制球的出手力量和方向。

1. 单手持球方法

以原地单手肩上投篮为例，投篮手五指自然分开，手心空出，手腕后仰，大、小拇指间的夹角约为 80°，以扩大对球的支撑面。用指根及其以上部位托球的后下方，球体的重力作用线落在食指和中指的指根部位，肘关节自然下垂，另一手扶球的侧上部，置球于同侧头或肩前上方（图 2-53）。

图 2-53 单手投篮持球方法

2. 双手持球方法

以原地双手胸前投篮为例，两手手指自然分开，拇指相对成八字形，用指根以上部位握球的两侧后下方，手心空出，两臂自然屈肘，肘关节下垂，肩关节放松，置球于胸与下巴之间（图 2-54）。

图 2-54 双手投篮持球方法

（二）瞄篮点

瞄篮点是指投篮时眼睛注视篮圈或篮板的那一点，主要是为了在瞬间目测出篮圈的精确方位和距离，从而决定投篮出手力量、飞行弧线和落点。投空心篮的瞄篮点一般为篮圈前沿的正中点；碰板投篮的瞄篮点是以篮板的一点作为瞄准点，根据投篮角度、距离、力量和飞行弧线的不同而有所区别（图 2–55）。运动员要因势变化，善于根据情况随时调节碰板投篮的瞄篮点和出手力量。

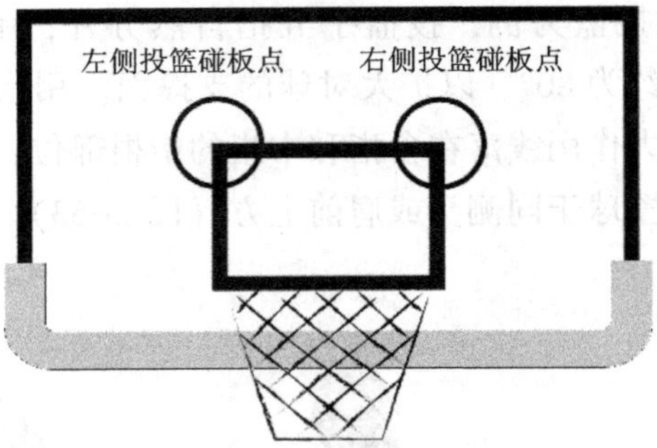

图 2–55　碰板点示意

（三）协调用力

投篮出手用力是指投篮时身体各部位综合、协调的用力过程，是整个投篮动作的关键环节。以原地单手肩上投篮为例，力的聚合是从投篮准备姿势开始的，力量的起点源于投篮前的基本站法和身体平衡，由下肢蹬地发力，然后沿着投篮出手的方向伸展身体，特别是借助脊柱伸展的惯性促使下肢、躯干和上肢连贯、协调配合，将身体各部位肌肉的力量最后集中于手臂、手腕和手指部位，以伸展手臂、手腕的前屈及手指的弹拨动作将球投出。任何一种投篮方法，最后都是运用肩、肘、腕、指关节的活动来实现的。

（四）出手角度与出手速度

出手角度是指投篮时球离手一瞬间球体重心飞行轨迹的切线与出手点水平面所形成的夹角，它决定球在空中的飞行弧线和入篮角的大小。出手角度主要依靠手指最后作用于球体力的方向和作用点来调节。只有在保证正确用力方向的前提下，保持合理的出手角度并与特定的出手速度相配合，才能使球沿着理想的弧线飞行而落入篮圈。

出手速度是指投篮出手的一瞬间，身体各部位的综合肌力经过手腕和手指的调节而使球离手进入空间运行的初速度。现代投篮技术发展的显著特点之一便是动作突然，出手速度快而合理。投篮出手速度首先取决于身体协调、综合用力的大小及腕、指用力地调控，而手腕的翻转、抖动和手指弹拨球动作的柔韧性、突然性和连贯性是取得合理出手速度的关键。投篮出手速度和距离的关系是，投篮的距离越远，球出手的速度则应越快，出手速度和出手角度也是相互制约的，所以投篮的距离也会影响到投篮角度的变化。

（五）球的旋转

球的旋转是指投篮队员使球在空中飞行时产生的旋转状态，是影响投篮准确性的因素之一。投篮出手时手腕、手指的最后用力动作，决定了球的旋转方向和速度。一般中、远距离投篮时，都应使球围绕横轴向后旋转。向后旋转的球不但有助于保持飞行的稳定性和适当的飞行弧度，而且碰到篮圈时，球的反弹方向是向下的，比不带旋转的球更容易落入篮圈。在篮下侧面碰板投篮时，应使球向侧旋转；做行进间低手投篮时应使球围绕横轴向前旋转。

（六）投篮弧线和入篮角

投篮弧线是指球离手在空间飞行时形成的一条运动轨迹，也称投篮抛物线。弧线高低主要取决于投篮的出手角度和出手速度，投篮距离和出手高度也与弧线高低有紧密关系。不同的投篮弧线会产生不同的入篮角和入篮截面，因此，它对投篮命中率有直接影响。人们习惯将投篮弧线分为高、中、低3种（图2-56）。

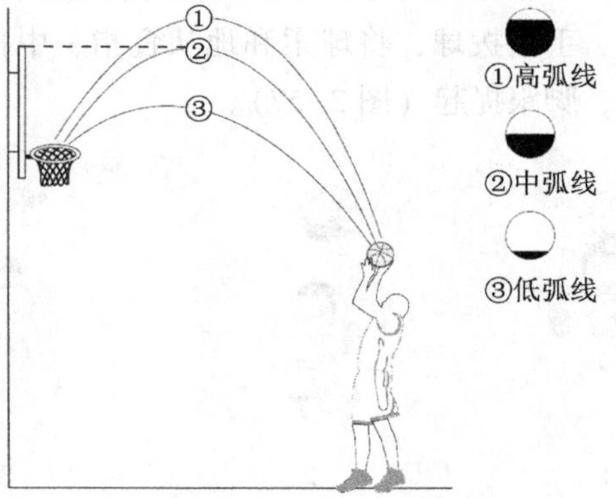

图2-56　原地单手投篮抛物线示意

1. 低弧线

球的飞行路线较短，力量容易控制，但由于球飞行弧度低，篮圈暴露在球下面的面积较小，因而不易投中。

2. 中弧线

球飞行弧线的最高点大致与篮板的上沿在一条水平线上，球篮的大部分暴露在球的下面，容易投中篮，是一种比较适宜的抛物线。

3. 高弧线

球飞行入篮的弧度较高，篮圈暴露在球下面的面积最大，球容易入篮。但球飞行的路线过长，不易控制，从而影响投篮命中率。

三、投篮技术动作方法

（一）原地投篮

1. 原地单手肩上投篮

原地单手肩上投篮是其他各种投篮方法的基础，具有出手点高、便于结合其他动作和不易被防守的特点，是应用较为广泛的投篮方法。

动作方法：以右手投篮为例，右脚在前，左脚稍后，两膝微屈，重心落在两脚之间。右手五指自然分开，翻腕持球的后部稍下部位，左手扶在球的侧上方，举球于同侧头或肩的前上方，目视篮筐，上臂与肩关节平行，上、前臂约成90°，肘关节内收。投篮时，下肢蹬地发力，身体随之向前上方伸展，同时抬肘向投篮方向伸臂，手腕前屈，手指拨球，将球柔和地从食指、中指端投出。球离手时，手臂要随球自然跟送，脚跟提起（图 2-57）。

1　　2　　3

前视

侧视

图 2–57　原地单手肩上投篮

动作要领：上下肢协调用力，抬肘伸臂充分，手腕前屈，手指柔和地拨球将球投出，中指、食指控制方向。

2. 原地双手胸前投篮

原地双手胸前投篮的出手点较低，易被防守干扰，但它出手力量大，稳定性好，便于与传球、运球和突破相结合。比赛中多被女运动员用于远距离投篮。

动作方法：双手持球于胸前，两肘关节自然下垂，两脚前后或左右开立，两膝微屈，重心落在两脚之间，眼睛注视瞄篮点。投篮时，下肢蹬地发力，腰腹伸展，两臂向前上方伸直，前臂内旋，两手腕同时向内翻转（旋内动作），拇指下压，食指、中指用力拨球，通过指端将球投出。球出手时身体随投篮出手方向自然伸展，两脚跟微提起（图 2–58）。

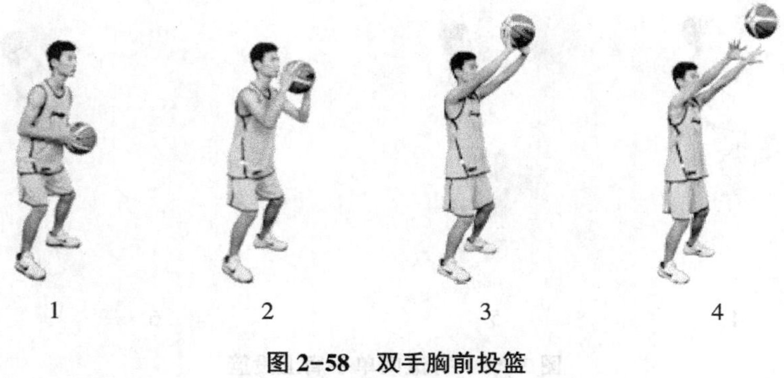

图 2–58　双手胸前投篮

动作要领：自然屈肘，投篮时下肢先蹬地、前臂旋内、手指拨球，上下肢和左右手用力要协调一致。

（二）行进间投篮

1. 行进间单手肩上投篮

行进间单手肩上（高手）投篮是比赛中广泛应用的一种投篮方法。一般多在快攻或突破篮下时运用，俗称跑动中投篮。行进间投篮动作方法很多，但动作结构基本相同，都是由跨步接球起跳、腾空举球出手和落地3个部分组成。

动作方法：以右手投篮为例，当球在空中运行时，右脚向来球方向或投篮方向跨出一大步，同时接球，左脚向前跨出一小步，脚跟先着地，上体稍后仰，并用力蹬地起跳，右腿屈膝，左脚蹬离地面。同时，双手向前上方举球，腾空后，右臂向前上方伸展，腕、指动作同原地单手投篮（图2-59）。投篮出手后，两脚同时落地，两腿弯曲，以缓冲落地的力量。

1　2　3　4　5　6

图2-59　行进间单手肩上投篮

动作要领：随跑随投，快速突然，蹬地上跳，举球伸臂。

2. 行进间单手低手投篮

这种投篮动作多在快速跑动中超越对手并接近篮下时运用，具有速度快、伸展距离远的特点。

动作方法：以右手投篮为例，行进间右脚跨出一大步的同时双手接球，并用身体保护球，接着左脚迈出一小步同时用力蹬地起跳，随之充分伸展身体，右臂外旋伸直向篮圈方向举球（手心向上）。当举球手接近篮圈时，做以中间三指为主的向上拨球动作使球通过指端投出（图 2-60）。投碰板球时要注意控制球的旋转。

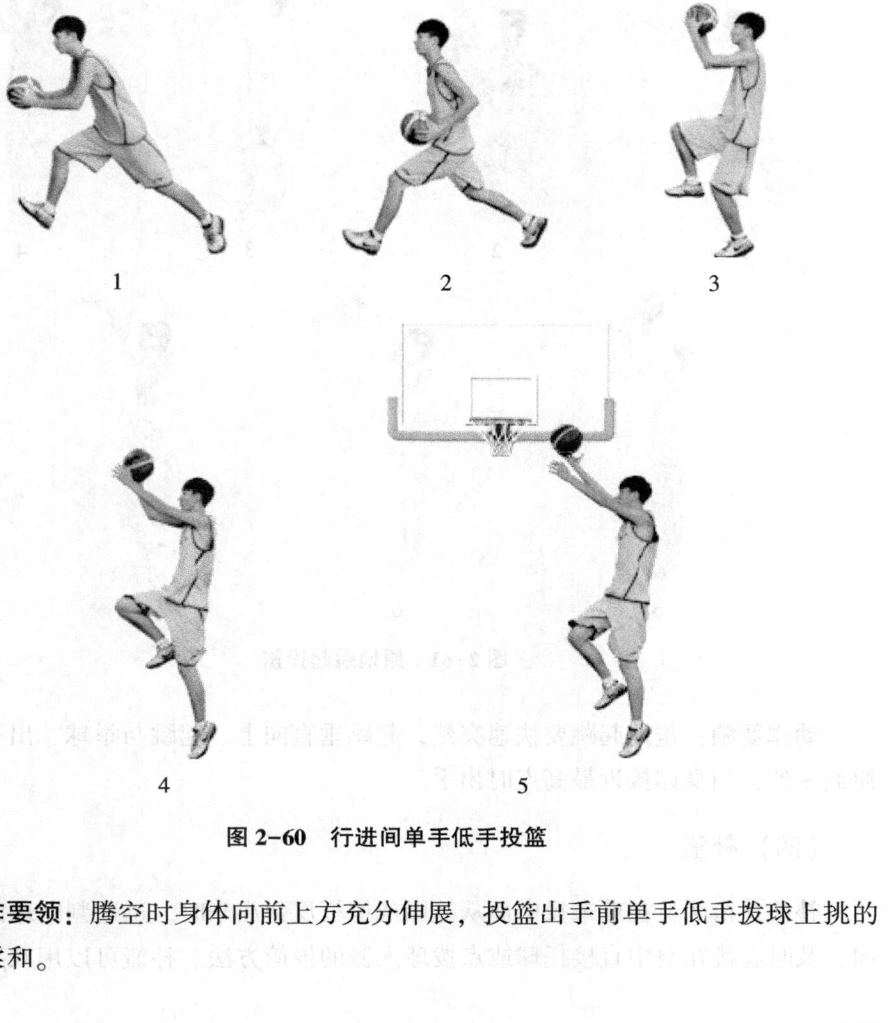

图 2-60　行进间单手低手投篮

动作要领：腾空时身体向前上方充分伸展，投篮出手前单手低手拨球上挑的动作要柔和。

（三）跳起投篮

跳起投篮简称跳投，这里主要指跳起单手投篮，其出手动作与原地单手投篮基本相同，只是在动作结构上增加了起跳部分，投篮动作要在空中完成（图 2-61）。目前，跳起单手投篮已成为篮球运动员普遍采用的主要得分手段。它可以在不同距离、各种角度下运用，方法多样，可以高跳高出手，快跳快出手；可以利用侧跨步、后撤步或转身远离对手起跳；也可以贴身跳投和跳起后在空中利用后仰、闪、躲、换手或变高手为低手投篮等，实战运用价值极高。

1 2 3 4 5 6 7

图 2-61 原地跳起投篮

动作要领：蹬地起跳要快速突然，起跳垂直向上，起跳与举球、出手动作应协调一致，当身体接近最高点时出手。

（四）补篮

补篮是指队员在球未投中而从篮圈或篮板反弹出来时，迅速判断球的反弹方向，及时起跳在空中直接托球或点拨球入篮的投篮方法。补篮可以用双手，也可以用单手。原地跳起补篮一般是双脚起跳较好，行进中则最好用单脚起跳。补篮时托球入篮比较稳，但出手点低，而点拨球出手快且高，但准确性较差。

1. 双手补篮

当球从篮圈或篮板反弹时，要准确地判断球的反弹方向，迅速起跳，身体向上伸展，两手臂向球的方向伸出，当身体跳至最高点，两手接触球的一刹那，用手指、手腕的力量将球托入篮圈或用双手点拨球入篮。

2. 单手补篮

前期动作与双手补篮基本一致，手臂接触球的一刹那，在空中用单手托球入篮或用单手指尖将球点拨入篮。

(五) 扣篮

扣篮是投篮技术发展中的一个重要标志，它改变了投篮的一般规律。由于这种投篮出手点接近球篮又高于球篮，有最佳的入射角，所以无须考虑抛物线这一因素。在世界强队比赛中，扣篮得分所占的比例在逐渐增加。扣篮是队员跳起在空中用双手或单手将球由上至下扣入篮圈的一种难度较大的投篮方法，有出手点高、球速快、攻击性强、难封盖、准确性高等特点。扣篮方式方法随着实践发展而多样化，它可以在原地起跳和行进间起跳后单手扣、双手扣、正手扣、反手扣、抡臂扣、高举扣等，也可以跳起在空中抢到篮板球或接球后直接将球扣入篮圈，还可以跳起在空中改变身体位置后反身扣篮等。

随着运动员身高不断增高，身体素质不断提高，空间争夺日趋激烈，扣篮技术运用越来越多。扣篮的关键是运动员要有良好的身体素质，爆发力要好，跳得高，手指、手腕控制球能力强。

1. 行进间单脚起跳单手扣篮

以右手为例，行进间右脚跨出的同时接球，紧接左脚迈出一小步并用力蹬地向上跳起，上体充分伸展，高举手臂将球举至最高点，当超过篮圈的高度并有适宜的入射角时，用屈腕的动作，将球自上而下地扣入篮圈之中。球离手后特别要注意对身体的控制和落地屈膝缓冲。

2. 行进间单脚起跳双手扣篮

行进间一脚跨出一大步的同时接球，另一脚跨出一小步蹬地起跳，身体在空中充分伸展，双手举球至最高点，当球举过篮圈高度时，双手屈腕，将球自上而下扣入篮圈。球离手后注意控制好身体平衡和落地屈膝缓冲。

3. 双脚起跳双手扣篮

双手持球双脚用力蹬地向上跳起，同时将球上举，充分伸展身体，将球举过头顶至最高点并与篮圈构成最佳入射角时，双臂用力前屈，用屈腕的动作，将球扣入篮圈内。球离手后注意控制身体和落地屈膝缓冲。

（六）贴身投篮

贴身投篮是随着现代篮球比赛攻守对抗日趋激烈的形势而出现的一种进攻手段和投篮方式。防守队员经常会用攻击性防守紧逼、推靠、阻挡进攻队员的行动，特别是当进攻队员处于持球状态，防守队员会更加积极地干扰和争抢。因此，投篮时必须以合法的身体接触与某些投篮方法融为一体，把挤靠力量与自身保持相对的稳定平衡结合起来去完成投篮动作，从而使投篮在规则允许的范围内更具有攻击性和对抗力度。

贴身起跳和贴身投篮以躯干、肩、臂等部位贴靠的力量与有力的起跳结合，使对手难以做出相应的防守动作。这不同于过去的“挤投”，不是挤开或冲撞对手，而是用自身的内力贴着对手并在不平衡中找平衡，以身体隔开对手的防守干扰和破坏去完成投篮的动作。

（七）时间差投篮

时间差投篮不是一种固定的动作方法，它是通过提前或延缓投篮时间，造成与防守者的时空差以避开防守封盖而达到投篮目的的一种进攻手段。时间差可以在地面形成，主要通过假动作或快出手来创造；也可以在空中形成，需要通过控制身体在空中的动作和平衡来实现。无论是抢前投篮还是延缓出手统称为时间差投篮，这种投篮可以在各个位置运用。

四、投篮技术的教学与训练

（一）教学步骤与训练建议

①投篮技术教学顺序应是先学习原地投篮，然后学习行进间单手肩上投篮和单手低手投篮，再学习原地跳起投篮，急停跳起投篮和转身跳起投篮动作。

②突出重点，合理安排，相互促进，教学中根据各种投篮技术动作的内在联系，按照循序渐进的原则进行教学。

③投篮技术的教学与训练要重视建立正确的概念和形成正确的动力定型，在掌握正确动作的基础上逐渐加大练习的难度。

④投篮技术训练应把投篮与传接球、运球、突破、脚步动作、假动作和抢篮板球等技术结合进行，培养队员的应变能力。

⑤要重视投篮的心理训练，提高队员的心理素质水平，使队员能在一定的心理压力下提高投篮命中率。

⑥在正确掌握投篮技术后，根据现代篮球运动的“对抗”特点，应加强在对抗情况下及战术配合中的投篮练习，以提高队员抗干扰能力及运用投篮技术能力。

（二）练习方法

1. 原地投篮练习

①徒手模仿练习，两人一组相互对投。

要求： 重点体会持球手法和用力过程。

② 两人面对面投篮练习，将学生分成两个小组，相对而站，投球到对方的头上方。

要求： 掌握正确的投篮方法，提高完成动作的协调性。

③正面定位投篮。如图 2-62 所示，学生每人一球站在罚球线的地方依次投篮，投完篮后自抢篮板球，排到队尾。

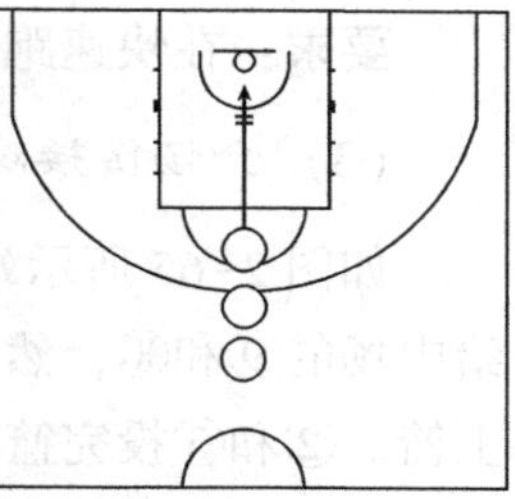

图 2-62

要求： 投篮手法正确，动作不变形，按动作要领完成投篮。

2. 行进间投篮练习

（1）半场运球投篮

队员从半场开始做慢速行进间单手肩上、单手低手投篮练习（图 2-63）。

要求： 运球中选好起跳点，拿球、起跳、举球要协调。

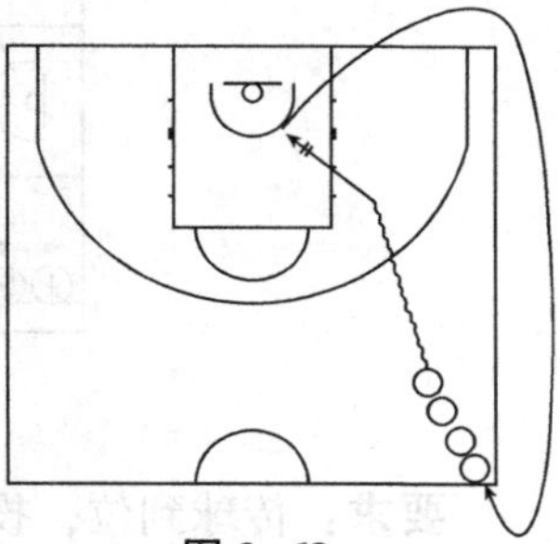

图 2-63

（2）三人“8”字围绕投篮

如图 2-64 所示站位，①、④、⑤、⑥、⑦队员手中各持一球。开始练习时，①、②、③队员做三人“8”字围绕，到另一侧篮下附近时，移动到左侧的队员接⑤的球跳投，移动到右侧的队员接④的球跳投，跳投后冲抢篮板球，然后排到④、⑤队尾（准备将球传给下一次过来的队员）。从中路上篮的队员，上篮后快速抢篮板球，与④、⑤做“8”字围绕返回，到前场后，同样两侧队员接对面⑥、⑦的球跳投，中间队员上篮，依次连续进行。

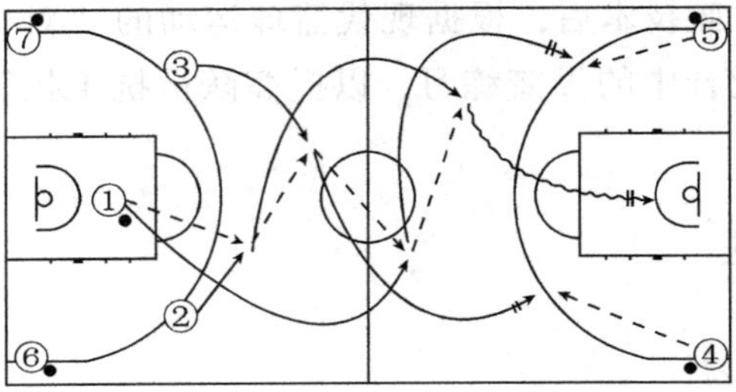

图 2-64

要求：在快速跑动中完成传接球技术，并保持投篮动作的稳定性。

（3）全场传接球和运球投篮

如图 2-65 所示站位，②和⑤小组每人一球，②和⑤运球 2~3 次后分别传球给中场的⑨和⑩，然后快跑接回传球，接球后再马上传球给③和⑧，再接回传球上篮。②和⑤投完篮后分别跑到④和⑦的后面排队，③和⑧传完球后抢篮板球分别跑到⑥和①的后面排队。

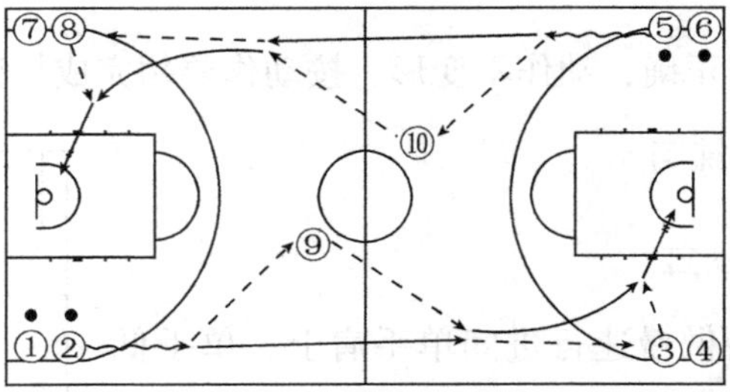

图 2-65

要求：传球到位，投篮准确。

3. 移动投篮练习

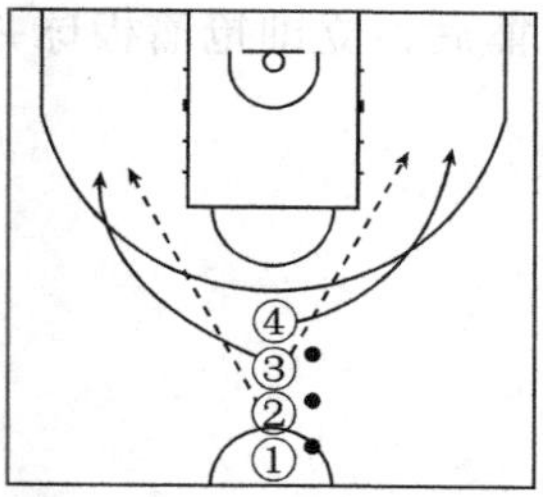

图 2-66

(1) 移动接球急停投篮

队员如图 2-66 所示站位，除排头外，其他队员每人一球。开始时，④从右侧侧身跑向底线，接③传来的球急停投篮，自抢篮板球后跑回队尾。③传球后侧身跑向左边底线，接②的球急停投篮，如此反复进行。

要求：接球急停要稳，投篮动作要协调。

(2) 移动跳投练习

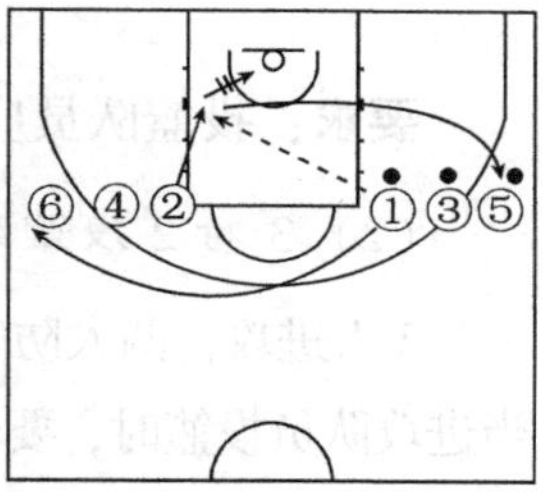

图 2-67

如图 2-67 所示，队员分成 6 人一组，3 名队员一小组分别在罚球线两端，①、③、⑤各持一球。练习时，①左手单手肩上传球给②，②接球跳步急停到篮下，然后跳投，跳投者自抢篮板球排到另侧队尾，6 人依次连续练习。

要求：运用单手传球，在左侧用左手篮下投篮，在右侧用右手篮下投篮，一定要接球跳步到篮下再投篮，必须投中。

(3) 运球变向急停跳投

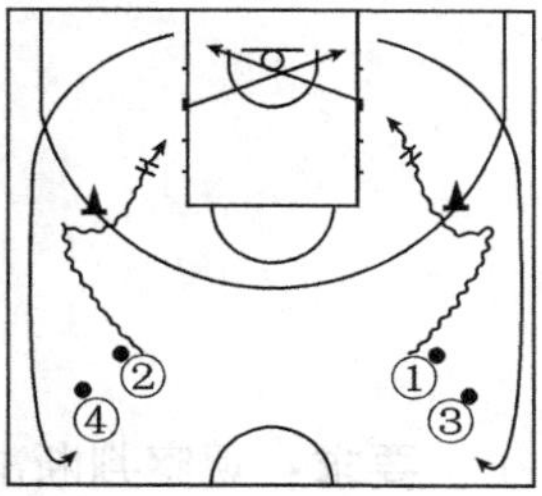

图 2-68

队员每人一球，在半场左、右侧交替练习，按下列方法进行（图 2-68）。

① 运球体前变向换手→急停跳投。

② 运球变向→假动作（传、投）→急停跳投。

③ 运球胯下变向→急停跳投。

④ 运球背后变向→急停跳投。

⑤ 运球后转身→急停跳投。

要求：变向时保护好球，急停突然、起跳快速，左右两侧交替练习，左侧用左手运球，右侧用右手运球。

4. 投篮技术综合练习

(1) 连续投抢练习

3 人一组用两球，如图 2-69 所示。③持球投篮后自抢篮板球，与此同时②移动接①传球投篮，①传球给②后移动位置接③的传球投篮。每个人移动接球投篮后，立即抢篮板球并传给手中无球的队员，保持练习的连续性，依次进行。

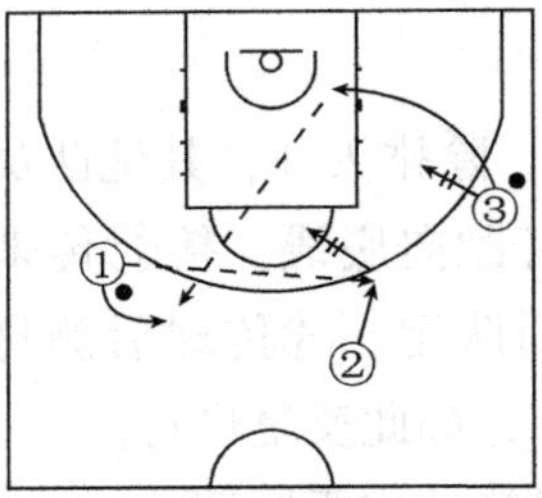

图 2-69

要求： 投篮队员应注意保持好身体平衡，出手动作要稳定。

（2）3 对 2 投篮练习

3 人进攻，两人防守，进攻队员相互传球，寻找投篮机会。防守队员积极移动，当进攻队员投篮时，要快速上前干扰及封盖，练习数次后攻守交换（图 2-70）。

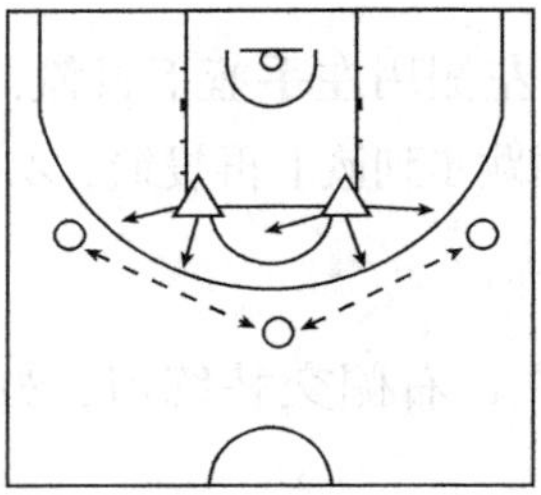

图 2-70

要求： 观察判断准确，接球与投篮衔接快，防守队员积极封盖。

五、投篮技术教学中易犯错误及纠正方法

（一）易犯错误

①持球手法不正确，五指没有自然分开，用手心托球。

②肘关节外展，致使上肢各关节运动方向不一致。

③投篮时抬肘伸臂不够，导致手臂前推，形成抛物线偏低。

④双手投篮时，两手用力不一致，伸臂不够充分。

⑤行进间投篮时，第一步过小，第二步又未能缓冲，造成身体前冲，控制球

能力差。

⑥跳起投篮时，身体重心控制不稳，起跳时的蹬地时间与举球、伸臂动作不协调，出手时间过晚或过早，上下肢配合不协调。

⑦急停时身体重心不稳，造成投篮上下肢配合不协调，导致动作衔接不连贯。

（二）纠正方法

①教练重复讲解、分析和示范投篮的动作要点，使学生了解投篮技术动作的基本结构与关键，建立明确概念的同时，加深对技术动作细节的理解。

②多做徒手练习，使学生体会协调用力和掌握动作节奏。

③利用诱导教学法、变换教学法等进行投篮的分解与组合练习，借助外部条件限制、信号刺激等手段让学生进行投篮模仿练习。

思考与练习

1. 简述原地单手肩上投篮的动作方法。
2. 如何正确选择投篮瞄准点？
3. 简述影响投篮命中率的因素。
4. 在篮球比赛中如何创造良好的投篮机会？
5. 投篮技术教学与训练的步骤和方法是什么？
6. 试述投篮时球出手后篮球向后旋转的原因。

第六节　持球突破技术

持球突破是持球队员运用脚步动作和运球技术快速超越对手的一项攻击性很强的技术。持球突破不仅能创造良好的个人攻击机会，还能造成对方犯规，打乱对方的防守部署。比赛时，持球突破若能巧妙地与投篮、传球、假动作等技术动作有机结合起来，会使进攻技术更加灵活机动。

一、持球突破技术的分类

持球突破根据动作结构可分为持球交叉步突破和持球同侧步突破两种。

二、持球突破技术的基本特点

持球突破技术动作主要由蹬跨、转体侧身探肩、推放球和加速 4 个环节所组成。

（一）蹬跨

突破时，两脚左右开立稍宽于肩，屈膝降低重心，重心控制在两脚之间，双手持球于胸前。突破时跨出的第一步要稍大，要抢占有利的超越位置，但以不影响前进速度为度。跨出的脚要落在紧靠对手的侧面，脚尖向着突破方向，以便第二步蹬地加速突破防守。

（二）转体侧身探肩

随着脚的跨出，上体前移与转体侧身探肩同时进行，重心向里靠，内侧手前摆，迅速占据空间有利位置，便于突破对手和保护球。

（三）推放球

在转体侧身探肩的同时将球移向体侧前方，并在中枢脚离地前迅速向跨出脚的侧前方推放球，使球反弹在膝腰之间的高度，并用远离防守一侧的手运球。

（四）加速

在完成上述动作之后，中枢脚迅速用力蹬地，加速超越对手。加速是突破技术的重要环节，对突破防守起着决定性作用。

蹬跨、转体侧身探肩、推放球和加速等环节要紧密衔接、互相促进，才能快速连贯地完成突破。加速是前3个环节的继续，只有熟练地掌握这几个环节，才能较好地掌握持球突破技术动作，以达到突破的目的。

三、持球突破技术动作方法

（一）交叉步持球突破

以右脚做中枢脚为例，两脚左右开立与肩同宽，两膝微屈，重心控制在两腿之间，持球于胸腹之间。突破时，左脚前脚掌内侧用力蹬地，同时上体右转探肩贴近对手，球移至右手，左脚交叉步前跨抢位，同时向左脚右斜前方推放球，右脚用力蹬地跨步，加速超越对手（图2-71）。

图 2-71　交叉步持球突破

动作要领：蹬地跨步有力，起动突然，4 个环节协调连贯。

（二）同侧步持球突破

以左脚做中枢脚为例，突破时，左脚内侧蹬地，右脚迅速向对手左侧方跨出一大步，同时向右侧转体探肩，重心前移，球移至右手并推放球于右脚斜前方，左脚迅速跨步抢位，加速超越对手（图 2-72）。

图 2-72　同侧步持球突破

动作要领：起动突然，跨步、推放球协调连贯，中枢脚离地前球要离手。

四、持球突破技术的教学与训练

（一）教学步骤与训练建议

①持球突破的教学，首先要讲清楚其动作结构特点与在比赛中的作用，强调各技术环节间的相互联系及竞赛规则对持球移动的限制。

②持球突破技术教学的顺序是先教交叉步突破，再教同侧步突破。

③教学训练中注意技术动作规范，通过教学使学生掌握两脚都能做中枢脚，并能及时合理地向不同方向突破。

④在正确掌握持球突破技术的基础上，要把突破技术与投篮和传球技术结合起来训练，提高组合运用技术的能力。

⑤教学中要培养学生勇猛顽强、敢打敢拼的精神，做到善于正确判断和掌握各种突破时机，还要加强突破意识和运用能力的培养。

（二）练习方法

1. 原地各种步法的徒手练习

①学生呈两列体操队形（图 2–73）。根据教师信号做交叉步及同侧步的原地蹬地、转体、探肩、跨步的徒手练习。

要求：蹬地有力，跨出的第一步要大，然后快速收回，有转体探肩保护球动作。

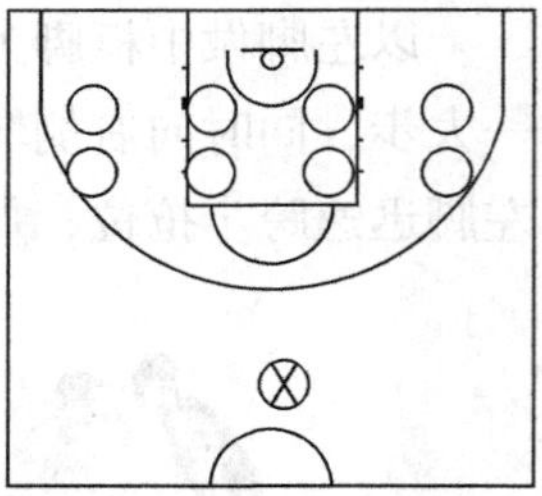

图 2–73

②如图 2–74 所示，两人一组，一攻一防。进攻者○做投篮或传球假动作，防守者△做出相应的反应，○根据△的动作立即突破，或△做诱导性动作，○根据△的诱导动作采用相应的突破方法过人。突破后，两人均做后转身，○传球给△，△用同样方法突破○的防守。

要求：进攻者突破前做各种假动作，诱使防守者产生位置、重心和距离的变化，再根据其变化做相应的突破动作过人，突破动作要正确、快速、有力。

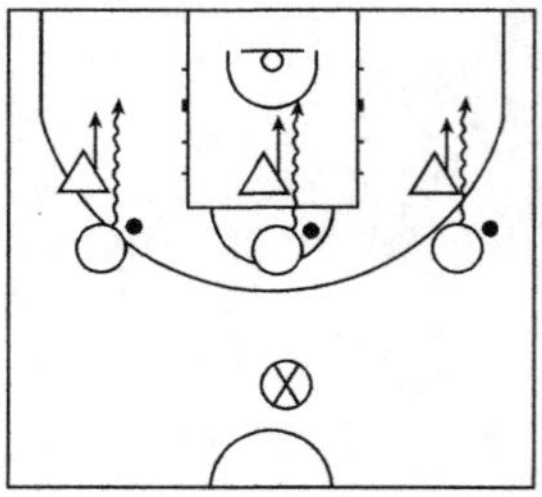

图 2–74

2. 完整动作的练习

（1）原地持球突破练习

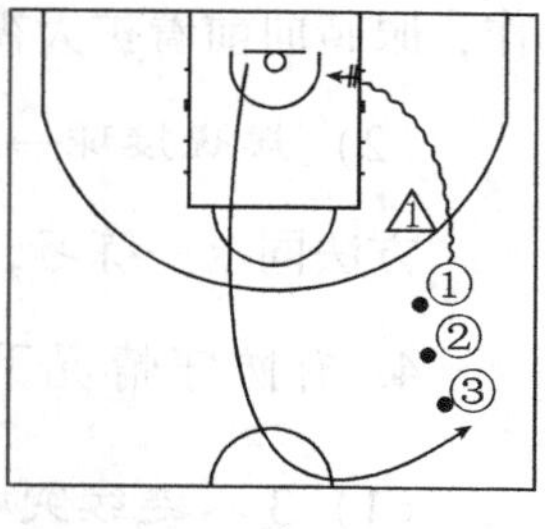

图 2-75

如图 2-75 所示，进攻队员每人一球，持球位于右侧，做原地交叉步和同侧步持球突破后运球上篮。投篮后抢篮板球移动至队尾，依次进行。

要求：蹬、转、探、拍各环节动作连贯协调，中枢脚不要移动。

（2）三人两球突破练习

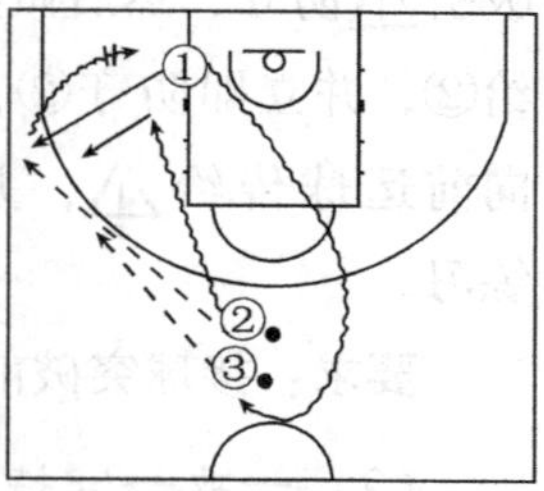

图 2-76

如图 2-76 所示，②、③各持一球。①由限制区拉出，背对篮圈接球，在左侧以左脚为轴（右侧以右脚为轴）前转身、瞄篮、交叉步突破上篮。全队 3 人一组分若干组。轮换顺序：①突破后自抢篮板球运到③的位置，②传球后到①位置做拉出接球，③到②的位置并传球给②，依次连续进行。

要求：中枢脚要清楚，球放地前中枢脚不要离地，突破要快速有力，必须投中篮，交叉步突破和同侧步突破都要练。

3. 摆脱接球后突破练习

（1）摆脱接球→前转身→交叉步突破练习

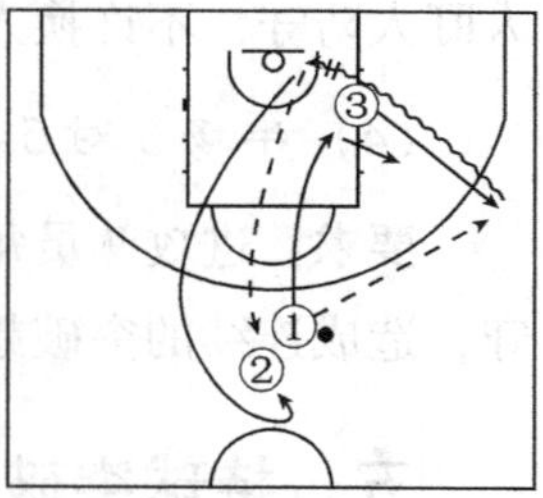

图 2-77

如图 2-77 所示，③在篮下摆脱向前锋位置拉出，跳步急停接①的球进行突破投篮后抢篮板球，然后将球传给②，跑到②排尾；①传给③以后，到③的位置，拉出接球突破。练习时全队分 4 组，在球篮的两侧运用下列方法突破。

①以右脚为轴做前转身面对篮，向左侧（上线）做假动作，然后运用交叉步向底线突破上篮。

②以右脚为轴做前转身面对篮，向上做投篮假动作，然后从上线突破急停跳投。

③以右脚为轴，背对篮，向底线一侧做后转身突破上篮。

④以左脚为轴，进行以上方法练习。

要求：在罚球线的延长线与三分线交叉的位置跳步接球，突破前必须做假动作，眼睛向前看扩大视野。先放球，然后中枢脚离地，不要走步。

（2）摆脱接球→前转身→同侧步突破

方法同上一练习，所不同的是，将交叉步突破变为同侧步突破。

4. 有防守情况下突破练习

（1）3 人连续突破

3 人一组一球（图 2–78），①持球做投、突假动作吸引△1防守，然后做同侧步或交叉步突破，向前运球传给②，并立即防守②，②接球后用同样的方法突破①，向前运球传给△1，并防守△1。3 人轮换攻防，依次练习。

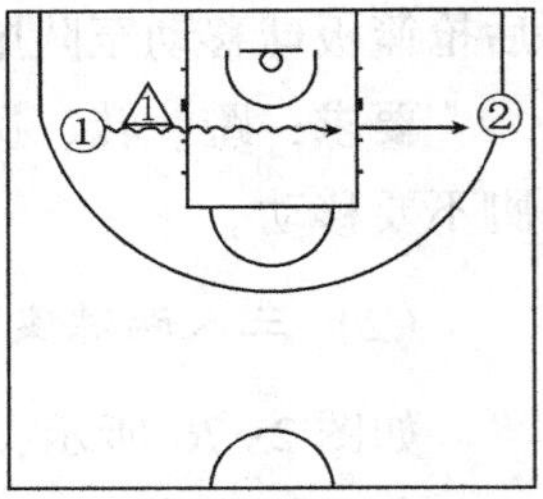

图 2–78

要求：接球突破前要结合各种假动作使用，突破要快速果断，防守要积极。

（2）一攻一守持球突破练习

学生两人一组一球，做半场的 1 对 1 “斗牛” 练习。

要求：突破前要结合各种假动作使用，突破要快速果断，防守要积极。

（3）半场 2 对 2、3 对 3 攻守练习

要求：进攻队员只运用突破上篮和突破分球的组合技术进攻，防守队员采用人盯人防守，不许换人防守。

（4）半场 5 对 5 攻守练习

要求：进攻队员每次获得球后均要运用突破技术上篮或突破分球，来破坏防守，造成连续的突破趋势，以强化突破意识。

五、持球突破技术教学中易犯错误及纠正方法

（一）易犯错误

①交叉步持球突破时，由于跨步脚尖方向不对，造成转体过大。
②突破时侧身探肩不够，身体重心高，后蹬无力，加速不快。
③运球突破时球的落点靠后，没有放在脚的侧前方，不注意保护球。
④持球突破时中枢脚移动或放球晚造成走步违例。

（二）纠正方法

①教练反复示范正确动作，讲清动作关键，明确中枢脚概念，剖析队员造成错误动作的原因，使其建立正确动作的表象。

②多做徒手模仿练习，体会正确动作的要领，然后在慢速中做持球突破练习，逐步提高突破速度。

③借助障碍架（或由同伴用两手平举站立代替）进行练习，并提醒转身探肩和降低重心，强调加快速度和蹬地力量。

思考与练习

1. 简述持球突破技术由哪几个环节组成。
2. 简述交叉步持球突破的动作要领。
3. 简述同侧步持球突破的动作要领。
4. 在篮球比赛中，持球突破的运用时机有哪些？
6. 在学习持球突破技术时，易犯哪些错误？
7. 持球突破技术在教学训练中应注意哪些问题？

第七节　防守技术

防守技术是防守队员为阻挠和破坏对手的进攻，合理运用脚步移动和手臂动作，积极抢占有利位置，以达到争夺控制球权的目的所采用的各种专门动作方法的总称。同时，也是队员在比赛中防进攻队员从无球状态到有球状态或从有球状态到无球状态，直至对方进攻结束或失去控球权的全过程中，合理运用具有防御和攻击效果的动作组合。现代篮球比赛强调攻守平衡，对高水平的队员来说，具备攻守平衡能力是取胜的重要因素之一。

防守对手是一项综合性的个人技术，不仅需要快速的脚步动作和灵活多变的手部攻击动作，而且要具备良好的观察、判断和敏捷的反应能力。防守队员要积极地抢占合理的位置，干扰、破坏对手的进攻行为，争夺控制球权，还要想方设法破坏对方的战术配合和限制对方的进攻速度。防守对手是个人防守技术，也是集体防守战术配合的基础。只有成功地完成个人防守任务，才能更好地去进行配合防守和完成全队整体防守的任务。

重攻轻守曾经是篮球运动发展中的主要倾向，它影响了篮球的教学、训练、比赛和裁判工作，也阻碍了篮球运动向更高水平发展。以防为主和攻守平衡是对重攻轻守思想的反思和纠正，使人们对篮球运动攻守的认识逐步接近于实质。现代篮球防守技术的发展，对每一个运动员的防守意识、身体和技术都提出了更高的要求。所以，提高防守技术和防守能力，成为现代篮球运动员必须解决的问题。

一、防守技术的分类

防守技术是一项综合的技术动作，主要包括防守无球队员和防守持球队员，具体分类如图 2-79 所示。

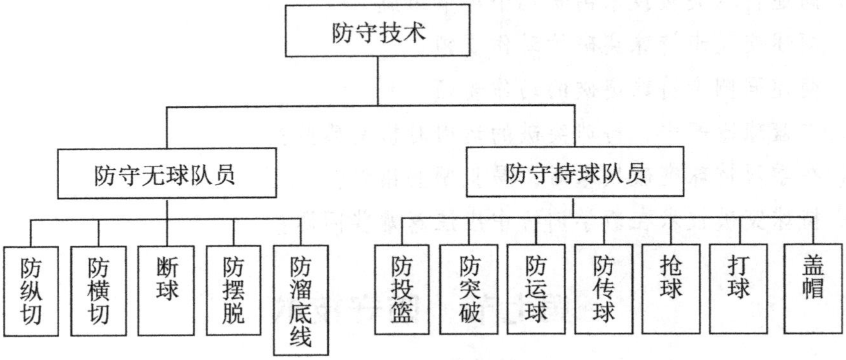

图 2-79　防守技术分类

二、防守技术的基本特点

防守队员在防守时需要有一个既稳定又机动的准备姿势，既要用来保持身体平衡又要有较大的应变性，以利于迅速对进攻队员的行动作出及时的应答。防守准备姿势是两脚脚后跟稍稍提起，两脚开立比肩稍宽，膝关节弯曲稍深，后背伸直，臀部稍低，头部要位于两脚之间中点的垂直线上方，两眼平视或环视、扫视前方和左右。

防守技术是由脚步动作、手臂动作结合对手与球、篮的位置、距离等因素所构成的。脚步动作是防守时采用的移动步法，是个人防守技术的基础。防守队员运用脚步动作，抢占有利的位置与手臂动作配合干扰对方传接球、封盖投篮和抢、打、断球，最大限度地破坏对方进攻，以达到争夺球权的目的。

（一）防守无球队员

防守无球队员是指进攻队员处于无球状态时，防守队员灵活地运用多种移动步法和手部的有效组合，最大限度地防止和破坏对手行动。无球队员在比赛中的跑位、穿插、掩护等行为，会给防守造成很大的威胁，防守队员绝大部分时间（占全部防守时间的70%～80%）是防守无球队员。现代篮球比赛中，无球进攻队员的行动越来越体现出速度加快和攻击性增强，力求移动到自己有效投篮点或攻击区域内去接球，或是力图与防守者形成位置差、时同差去接球，从而达到接球后的有效攻击目的，这就对防守无球队员提出了更高的要求。防守无球队员是一个连续的移动和争夺球的过程，必须具备多种防守移动步法，并能根据需要熟练合理地组合在一起加以运用，要求在移动过程中始终保持较低的身体重心，以便随时快速改变方向和步法。防守无球队员的主要任务是尽可能不让对手在有效攻击区内接球，或使对手勉强接球后处于无法衔接下一个攻击动作的被动状态。

防守无球队员的方法包括防守位置的选择、防守姿势、脚步动作和断球等环节。

1．防守位置

防守时，位置的选择非常重要。正确合理地抢占有利位置，是防守主动的重要条件。防守队员要根据对手、球篮和球的位置与距离，以及对手的身高、速度、进攻特点、战术需要和自身防守能力来选择防守的位置和距离。为了做到人球兼顾，应与球和对手保持一定的角度和距离，选位于对手与球篮之间偏向有球一侧的位置上。

防守的距离要根据对手与持球人距离而定。根据球在场上的位置，可将球场分为强侧和弱侧。球所在的一侧为强侧，远离球的一侧为弱侧（图2-80）。

强侧防守无球队员的位置选择，应站在对手与球篮之间，偏向有球一侧。离球近则近，离球远则远。防守时要能达到干扰对方之间传递球，形成球、对手与防守者之间的三角形关系（图2-81）。

弱侧防守无球队员的位置选择，应站在与对手相对远些、靠近球篮一侧的位置。

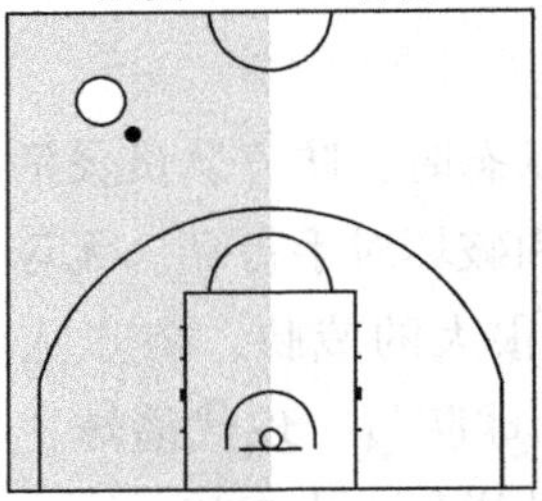

图 2-80

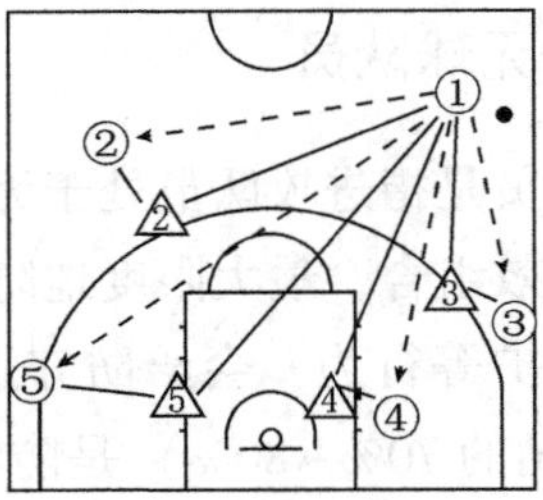

图 2-81

2. 防守姿势

正确的防守姿势能保证扩大控制面积和及时向不同方向移动。采用何种防守姿势，应根据对手是处在强侧还是弱侧，以及防守队员与对手和球的距离远近来选择。

（1）强侧（有球侧）防守

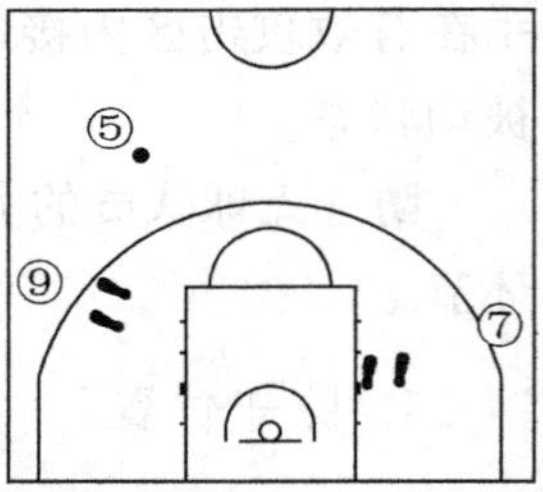

图 2-82

当防守的对手处在强侧时，因其临近球，随时都有接到球的可能。为了全力封锁对手接球，同时又能控制对手向篮下切入，防守者应站在球与自己所防守对手的传球路线的内侧位置，逼近对手，采用面向对手侧向球的斜前站立姿势（图 2-82 的强侧）。靠近球侧的脚在前，屈膝，重心在两脚之间。与前脚同侧的手前伸，拇指朝下，掌心向球，封堵传球路线，干扰对手接球。离球远的手臂弯曲，以便感觉对手的动向以防切入，眼睛要既能看到人，又能兼顾到球。

（2）弱侧（无球侧）防守

当防守的对手处于弱侧时，因其距离球较远，威胁相对较小。为了协助同伴共同加强对有球侧的防守，并便于控制篮板球，应向球和球篮方向靠拢。经常采用的是面向球，侧向对手的站立姿势（图 2-82 的弱侧）。两脚开立，两膝稍屈，两臂伸于体侧，掌心向着球的方向。密切观察球、人的动向，并随着球或人的移动而不断地通过滑步调整自己的防守位置。

3. 脚步动作

防守时，防守队员要根据球和人的移动，合理地运用上步、撤步、滑步、交叉步、碎步和快跑等脚步动作。每种步法的运用都是针对一定的进攻行动的，并要配合身体动作抢占有利防守位置，堵截其摆脱移动路线，争取主动。在与对手发生对抗时，重心下降，双脚用力扒地，两腿弯曲，扩大站位面积，上体保持适宜紧张度。在发生身体接触瞬间提前发力，主动对抗，合理使用手臂动作干扰对手视线，扩大防守空间，保持身体平衡，快速移动，抢占有利位置。

防守位置、姿势与脚步移动三者有密切的内在联系。防无球队员时，一定要了解自己所处的位置是在强侧还是弱侧，再采用相应的防守姿势，确定自己的防守重点，然后根据进攻队员的移动，变化防守步法和动作，以限制无球进攻队员摆脱或接球进攻，达到控制对手的目的。不同位置、不同姿势、不同步法的运用与变化，构成了对无球队员的完整防守。

（二）防守持球队员

篮球比赛中持球队员的进攻对防守的威胁最大，因为只有持球队员才有得分的机会，或传球给无球队员创造得分机会，所以防守持球队员的主要任务是要尽力干扰对手的投篮、传球，堵截其运球突破，封堵其助攻传球，并积极抢打球，以达到获得控制球权的目的。

1. 防守位置

当进攻队员接球的一瞬间，防守队员应及时站位于对手与球篮之间，保持适当的距离，并用正确的防守姿势，积极移动，阻截和干扰其进攻。有时防守的位置要根据所防对手的特点和本队战术的需要作适当的调整，以能控制对手为原则。如果进攻队员投篮较准而运球突破技术较差，则应大胆地靠近投篮队员，封盖其投篮；如果进攻队员运球突破技术强，又习惯于向右侧突破，防守队员应距离对手稍远些，并站在对手向右侧突破的路线上；如果进攻队员不习惯于左手运球，防守队员在移动过程中应尽量迫使其用左手运球，以便造成其失误或给本队创造夹击的机会。

2. 防守姿势

防守姿势分为平步防守和斜步防守。平步防守时，两脚平行站立，两手臂侧伸不停地挥摆。这种防守姿势占据面积大，攻击性强，便于向左右移动，适合于防守运球、突破。斜步防守时，两脚前后站立，前脚同侧手臂向前上方伸出，另一手臂侧伸。这种防守姿势便于前后移动，对防投篮比较有利。

3. 移动步法

防守有球队员的脚步动作与对手接球时所处的位置有直接关系。如果持球队员距球篮较近，要快速前滑逼上，举手防其投篮；如果持球队员距球篮较远，要迅速跟上，采用平步防守防其持球突破，并随时准备运用攻击步、后撤步、交叉步等。对中锋队员的防守主要采用绕前、绕后、滑步堵截等。

总之，防守时队员要有防守欲望。防守队员在比赛中随时都要准备对可能出现的情况处于有警惕性的动态反应之中，当对方移动时，要迫使其停止或改向，同时预测他的下一个行动，要防止他攻击行动的发生。防守队员要沉着、冷静，充满信心和勇气，不失控、不慌乱，决不要在防守的过程中休息或减速。另外，防守队员在移动中要扩大视野，要有判断力，善于观察分析并做出富有攻击性的行动。没有攻击性就不会有防守的主动性，所以教师在教学和训练中要重视培养个人与全队的防守意识、防守技能和能力，不断提高防守技术水平。

三、防守技术的动作方法

（一）防守无球队员的动作分析

1. 防守无球队员的基本要求

①坚持防守的攻击性和破坏性，防守中要精神高度集中，气势高昂，在规则允许的情况下尽可能使防守动作凶猛、有力。

②防守队员必须随时抢占“人球兼顾”的有利位置，做到内紧外松，近球紧、远球松，松紧结合。

③防止对手在有效攻击区和切向篮下接球，阻截对手的移动接球路线，迫使对手接到球后难于衔接下一个进攻动作。

④要及时果断地进行协防配合，帮助同伴防守对方威胁最大的或持球进攻的队员，要随时补防、夹击和换防。

2. 防纵切接球

如图 2-83 所示，进攻队员①传球给②，防守队员△1及时偏向球侧错位防守，当①向篮下纵切要球时，△1应抢前移动，合理运用身体堵截纵切路线，同时伸出左臂封锁接球，迫使对手向远离方向移动。如图 2-84 所示，②持球，△1贴近进攻队员①并错位防守，当①向上摆脱做要球假动作后做纵切（反跑）时，△1应迅速下滑，面对贴近对手①，同时转头伸左臂封锁接球。此时，△1也可以撤前脚后转身，面向持球队员，伸右臂封锁接球，利用左手或身体接触对手。

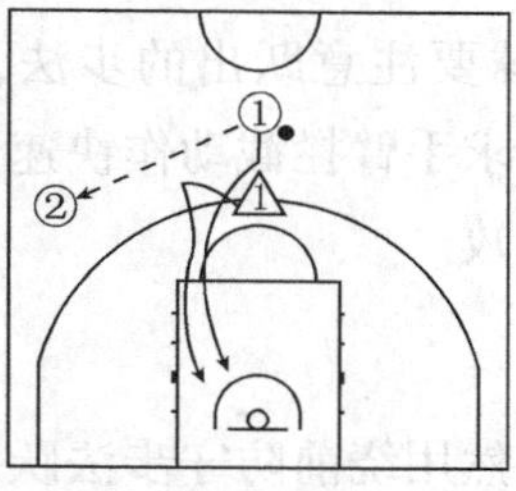

图 2-83

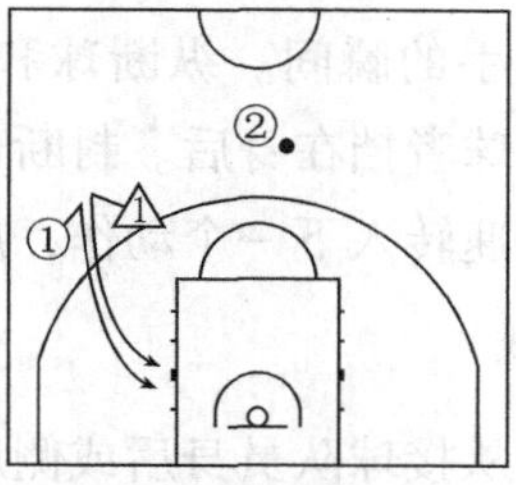

图 2-84

3. 防横切接球

如图 2-85 所示，⑤持球，④横切要球时，△4上左脚，合理运用身体堵截，同时伸左臂封锁接球，不让他从自己身前横切要球。这时如果④变向沿底线横切，△4应面向球，贴近对手，迅速撤右脚，滑步，同时转头，伸右臂封锁接球，不让他在限制区内接球，迫使其向场角移动，有时也可撤左脚。防溜底线接球，如图 2-86 所示，当①直接从底线横切（溜底线）时，△1开始面向球滑步移动，卡堵对手，以身体某部位接触对手，跟随其移动，同时伸左臂封锁接球。待对手移过纵轴线进入强侧时，△1迅速上右脚前转身贴近对手，伸右臂封锁接球，将对手逼向场角。

关于溜底线有两种跟防方法：一种是背向球，面向对手，观其眼神，封阻其接球；另一种是后转身，面向球，背靠防守用手触摸，紧贴其身跟随移动。防反切则以后脚为轴快速向内侧转身，快速堵逼，抢占近球内侧位置，不让对手接球，并准备断球和打球。

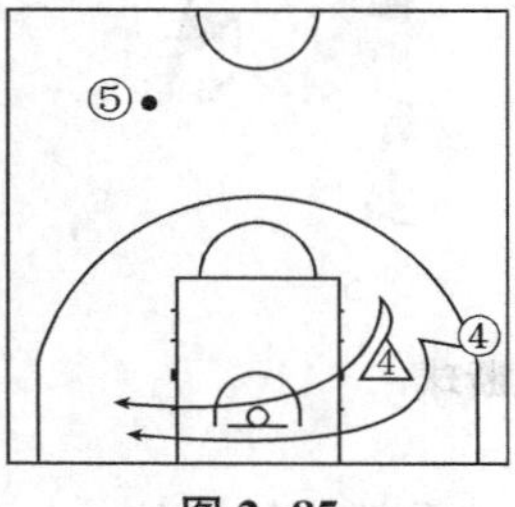

图 2-85

图 2-86

4. 断球

断球是抢获对方传接球的方法，根据传球方向与对手之间的位置关系，有纵断球、横断球和封断球。不论是从接球者的侧面或后面进行断球，还是封堵传球者的传球，都要有积极的移动步法来配合，跃出获球或接近封堵都要准确地判断传球队员传球出手的瞬间。纵断球和横断球要注意跃出的步法，蹬地要快而有力，用身体将接球者挡在身后。封断球则要求手臂拦截动作快速，截获球后要注意身体平衡，迅速转入下一个动作，反守为攻。

（1）纵断球

纵断球是指从接球队员身后或侧后方突然用绕前防守步法跃出，截获进攻队员的传球（图 2–87）。

动作方法：当防守者要从对手右侧绕前断球时，右腿先向前跨第一步，然后侧身跨左脚绕到对手身前，同时重心前移，左脚（或双脚）用力蹬地向前跃出，身体伸展，两臂前伸，将球截获。

图 2–87　纵断球

动作要领：侧身绕前，跨步要迅速有力，手部前伸突然。

（2）横断球

横断球是指从侧面跃出截获进攻队员的传球。

动作方法：断球时重心迅速向断球方向移动，以短而快的助跑，单脚或双脚用力蹬地突然跃出，身体伸展，两臂前伸，用双手或单手将球截获（图 2-88）。

图 2-88　横断球

动作要领：蹬地有力，跃出迅猛，两臂快伸。

（3）封断球

封断球是指进攻队员接球时，防守队员因为防守位置不适合断球，可采用突然在进攻队员身前伸臂，封锁其接球路线，将球打掉。

（二）防守持球队员的动作分析

1. 防守持球队员的基本要求

①当对手接球时，要及时抢占对手与球篮之间位置，保持在能够干扰对方的距离。

②要观察判断对手的进攻意图，合理地运用防投、防突和防传等技术，不要轻易被对方假动作所迷惑。

③要及时发现对手的进攻技术特点，采取有针对性和攻击性的防守策略和行动。

④对手运球时，要迫使其停球，当对手停球后，立即上前封堵，阻止其投篮和助攻传球。

2. 防运球

在一般情况下，为了不让对手运球超越自己，防守队员应与对手保持一臂左右的距离，两臂侧下张，两腿弯曲，在积极移动中保持正确的防守姿势，准确判断。如果要使防守具有攻击性，也可以采用贴近对手的平步防守，以扩大阻击面，增加对手做动作的难度。在这个过程中，不要轻易去打球，以免失去平衡或犯规。当进攻队员利用变速变向、急起急停等方法来摆脱自己防守时，要及时抢前或向后移动，占据好有利位置和控制好身体平衡，合理而迅速地变换步法继续进行阻截。

防守持球队员要根据对手的特点和本队的策略，采用不同的防守方法和策略，如为了达到一定的战术目的，可采用放其一侧，堵中放边的策略，诱使对方向边线运球，然后迫使其停止运球，造成夹击防守。

3. 防突破

防突破的位置和距离选择，应根据持球的对手离球篮的远近和对手的特点而定。对手距球篮远，又善于突破时，防守队员应以防突破为主，抢占持球队员与球篮之间贴近对手的位置，做好防守姿势。如果持球队员由投篮变为向防守队员左侧突破时，防守队员的前脚应迅速用前脚掌内侧用力蹬地，撤步并迅速向左侧斜后方滑步，阻截其突破路线；如果进攻队员变投篮向防守队员右侧突破时，防守队员应迅速蹬地向右侧斜后方做后撤步，并伴随对手做横滑步，阻截其突破路线，使其被迫改变动作方式和动作方向。

防突破的关键是选好位（选择有利的位置与适当的距离），堵强手（一般是堵右手运球突破），放一边（即让他向外侧突破），快移动（要及时果断地采用撤步、侧滑步等步法），堵路线（堵截对手突破的路线）。

4. 防投篮

防对手中距离投篮时，应站在对手与球篮之间贴近对手的位置上，两脚前后斜站，屈膝直腰，前脚同侧手伸向对手瞄篮的球，并积极挥动，干扰和影响其投篮，重心略偏前脚，并稍微提踵，脚下要不停地前后碎步移动。另一臂侧张，以防其传球和保持身体平衡，以便随时变换防守动作。如果防守队员距离对手较远时，应在他接到球的同时，迅速移动到适当距离的位置上；如果进攻队员已接到球，而防守队员的距离较远时，防守队员就应积极挥摆前伸的手，同时积极移动脚步，逐渐接近对手，防止其接球后立即投篮。防守队员向前移动时切忌步幅太猛和过大，以免失去身体重心，使投篮队员获得突破的机会。如果投篮队员进行投篮时，或防守队员上步不及时，应随对手的出球动作，迅速顺势起跳，单臂上伸封盖，影响其投篮的方向和出手的角度。

防投篮的关键在于对手投篮出手瞬间手臂及时地干扰和封盖，反应要快。手臂的伸展与角度，要起到破坏对手投篮飞行预定路线的作用。

5. 防传球

防传球的重点应放在不让对手轻易地把球传向篮下有攻击威胁的内线区域。当进攻队员接球后，防守队员首先要正确选择位置，保持适当距离和调整好身体重心，眼不离球，并根据对手的位置、动作和视线，判断其传球意图，挥动手臂进行干扰与封堵，特别要防范对手向内线渗透性的传球，尽可能迫使其向外做转移性传球。如果进攻队员运球成“死球”时，应立即逼近，封其传球出手路线。当对手传球出手后，千万不要看球不看人，要防止其摆脱切入。

6. 抢球

抢球是从进攻队员手中夺球。抢球时，首先要接近持球队员，看准持球的空隙部分，双手突然抓住球用猛拉或转拖的动作将球抢过来。运用时，要抓住持球队员注意力分散、转身和由空中获球下落、运球停止等时机，两手握球要准而快，用力要突然，要有迅雷不及掩耳之势（图 2-89）。

图 2-89　抢球

7. 打球

打球是打掉进攻队员手中的球，包括打掉原地持球队员手中的球（图 2-90）、打掉运球队员手中的球（图 2-91）和打掉上篮队员手中的球（图 2-92）。

打球时接近对手是前提，要掌握好时机，根据对手持球部位的高低和走势、运球时球反弹的方向与速度、投篮举球到出手前的过程等，分别由下向上、由上向下或从侧面快速伸出前臂，用腕、指的力量拍击球，动作要快而短促。

1　2　3　4

图 2-90　打掉原地持球队员手中的球

1　2　3　4

图 2-91　打掉运球队员手中的球

1　2　3　4　5

图 2-92　打掉上篮队员手中的球

8. 盖帽

盖帽是防守投篮即将出手或出手后的打球技术，即球即将投出或投出正处于上升阶段时，防守队员将球拍打掉的动作技术。当前盖帽技术有很大的发展，随着运动员的身高和弹跳素质的增长、判断能力的提高，这一技术已成为防投篮最有威胁的手段。在不同情况下可以采用按式、上挑式、侧击式、封盖式拍打球。

盖帽的基本要领是降低身体重心，快速移动，选择有利方位，判断对手起跳和投篮出手时间，及时起跳；手臂和身体充分伸展，用前臂、手腕、手指动作打球，动作要短促有力（图 2-93）。

1　2　3　4　5

图 2-93　盖帽

四、防守技术的教学与训练

（一）教学步骤与训练建议

①在防守训练中，首先要让学生树立“积极防御”的指导思想，培养积极主动的攻击性防守意识和不怕苦、不怕累、勇猛顽强、勇于拼搏的防守作风，要克服重攻轻守思想。

②教学训练顺序要先教单个技术，再教组合技术；先在消极对抗情况下练习，然后在积极对抗的情况下练习。防守技术要结合防守战术配合进行训练。

③教练先要讲解、示范防守的位置、距离、姿势和步法，使学生建立明确的概念。然后按照由简到繁、由易到难的原则，增加防守内容，设定不同区域，限定相关条件，逐步增加练习难度。

④要特别重视加强从防无球到防有球，从防有球到防无球，从防强侧到防弱侧，从防弱侧到防强侧的转化练习，增强应变意识和反应能力。

⑤在教学训练中，不断扩大学生的视野范围，提高防守的预见性。

⑥防守技术是全队防的基础，防无球队员是防守的重要方面，与防有球队员一样重要。进行防守无球队员教学训练时，要让学生明确防无球队员在整个篮球竞赛中的重要地位，强调在防守时始终要全神贯注，一丝不苟。

⑦在半场对抗练习中，应要求防守有球队员尽可能贴近对手，给对手制造压力，积极配合抢、打、断球技术，增强防守攻击能力。

⑧抢球、打球、断球、盖帽技术比较复杂，教学训练中要循序渐进，首先掌

握正确动作，然后由慢到快，由单一技术到综合技术和配合技术，由消极对抗到积极对抗练习，并在比赛中大胆运用。

⑨在教学训练中，要结合全场紧逼和快攻战术进行练习。

⑩在教学训练中，要强调动作的规范，掌握运用时机，一旦发现错误，及时采取有力措施，加以纠正，以免形成错误动力定型。

（二）练习方法

1. 防守中的重点

（1）防守位置的选择

防守位置的选择非常重要，防守队员要根据对手、球篮和球的位置与距离，以及对手的身高、速度、进攻特点、战术需要和防守队员自身防守能力来选择防守位置和距离。一般来说，防守队员为了做到人球兼顾，要站位于对手与球篮之间偏向球一侧的位置上（图 2–94）。与对手的距离要看对手与球篮距离而定，一般离球近则近，离球远则远。如果对手离球近又在篮下，就要贴近对手防守，还可以采用绕前防守。总之，防守队员选择防守位置、距离和角度，要以能控制对手的行动和随时能协助同伴防守为原则。

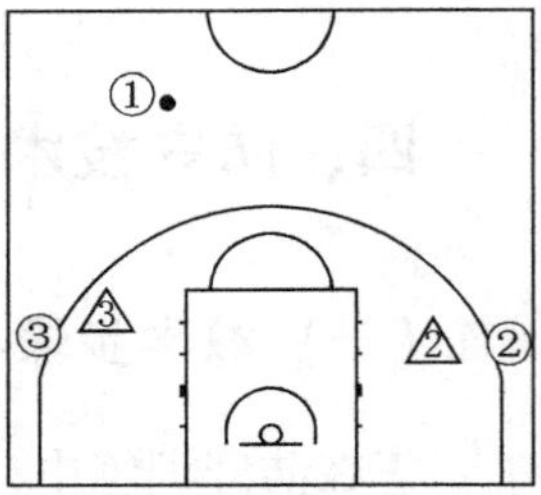

图 2–94

（2）防守姿势与步法的练习

正确的防守姿势能保证扩大控制面积和及时向不同的方向移动。选择防守姿势、步法与对手及距离球远近有关。强侧防守经常采用面对对手侧向球的斜前站立姿势（图 2–95）。靠近球侧的脚稍前，屈膝，重心放在两脚之间，便于随时起动去堵截对手摆脱移动的接球路线，伸右侧手臂，掌心向球，干扰对手接球。弱侧防守则经常采用面向球，侧向对手的站立姿势，两腿稍屈，两臂伸与体侧。

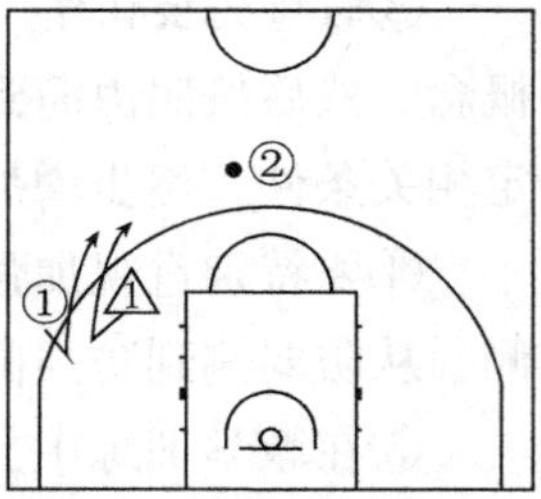

图 2–95

（3）防守动作的练习

防守时，防守队员要根据球和人的移动，合理地运用上步、撤步、交叉步、碎步跑和快跑等脚步动作。在与对手发生对抗时，重心下降，双腿用力，两臂屈肘外展，扩大站立面积，上体保持适宜紧张度，在发生身体接触间提前发力，主动对抗。合理使用手臂动作不仅能扩大防守空间，干扰对手视线，还有利于保护身体平衡，快速移动，抢占有利位置。

2. 防守无球队员技术练习

（1）原地选位

如图 2-96 所示，教练传球，△1、△2分别做选位练习，待选位动作、位置正确后，教练鸣哨，△1、△2互换位置，再进行选位练习。

要求：防守的姿势、步法正确，选择的位置合理。

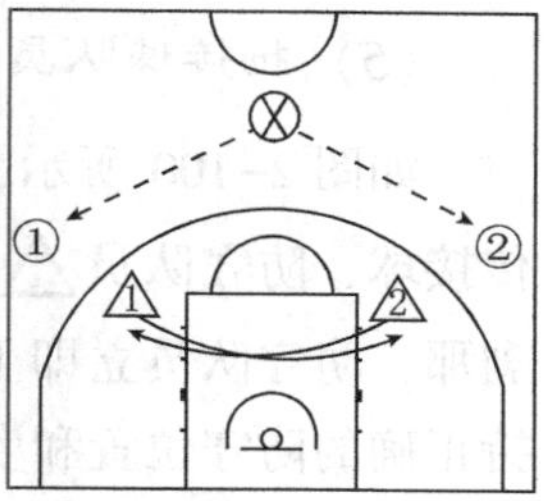

图 2-96

（2）防守纵切练习

如图 2-97 所示，教练持球，△1防守①。当①向球纵切时，△1抢先移动至对手与球之间，堵截①的接球路线，阻止对手接球。①进攻后变为防守，△1防守后到队尾。

要求：防守队员站在对手与球之间，人球兼顾，对手向有球区纵切时要抢位在前，当对手背向球越过篮下时可跟防在后，利用合理动作积极移动。

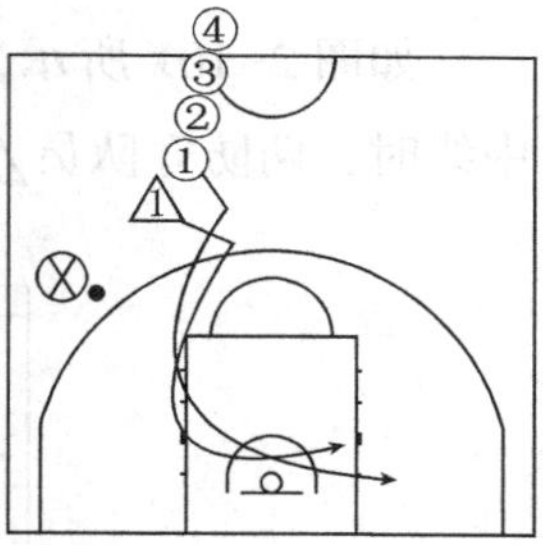

图 2-97

（3）防守横切练习

如图 2-98 所示，教练在圈顶外持球，△2为传接球队员，△1防守①。当教练传球给△2，△1及时调整防守位置；当①下压横切要球时，△1抢先堵截其接球路线，阻止其接球；如果①溜底线接球，△1撤左脚面向球贴近对手防△2传球给①。①进攻之后去担任防守，防守者去替换△2传球，△2将球回传给教练后到右侧队尾，然后进行下一组练习。

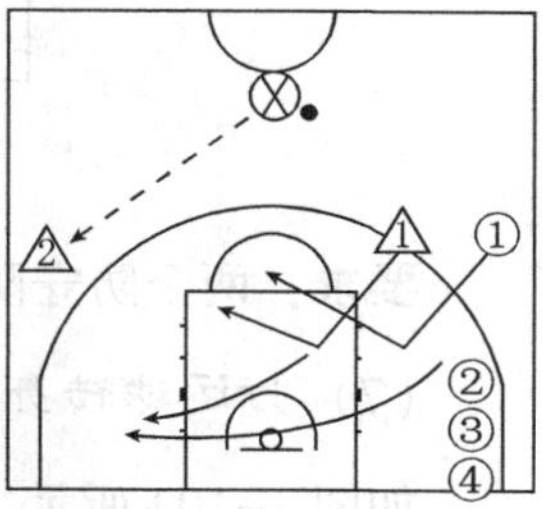

图 2-98

要求：防守队员随球移动及时到位，人球兼顾，防对手横切时抢先堵截其接球路线，对手溜底线时要撤步后转身面向球跟防，不允许对手在限制区内接球。

（4）断球练习

如图 2-99 所示，①、②持球分别位于左、右后卫的位置上，△3与△4正确选位后，进行断球练习。

要求：人球兼顾，判断正确。

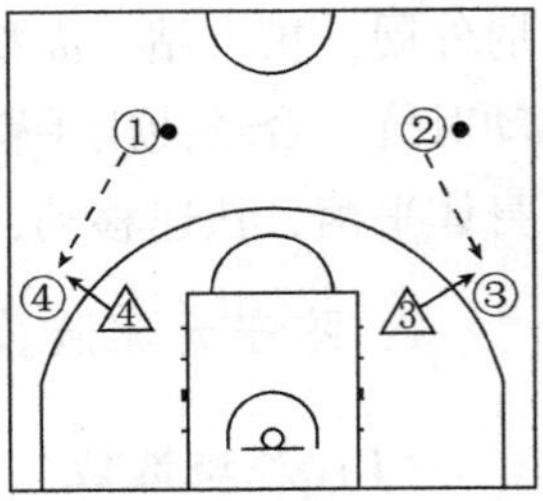

图 2-99

（5）抢接球队员手中的球

如图 2-100 所示，4 人一组，进攻队员①和②相互传接球，防守队员△1和△2进行防守。当进攻队员接球刹那，防守队员立即上步抢球，不成功时，立即后撤保持正确的防守位置和姿势，练习一段时间后攻守交换。

要求：判断好抢球时机，抢球动作迅猛。

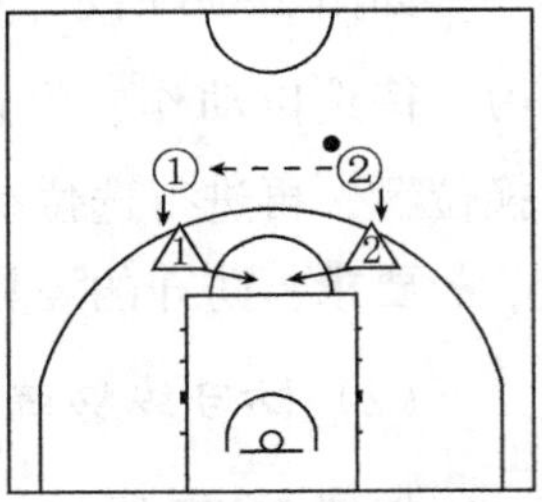

图 2-100

（6）夹击时的抢球

如图 2-101 所示，3 人一组，运球队员①把球运过中线时，两防守队员△1、△2形成夹击，迫使①停球，并积极进行抢球。

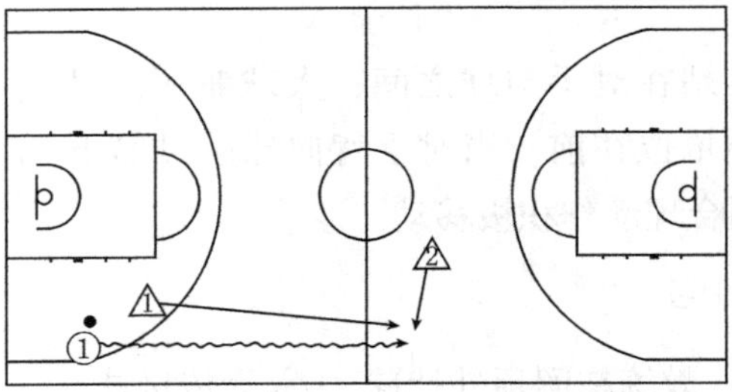

图 2-101

要求：两个防守队员要协调配合，封死运球队员向前跨步和传球的方向。

（7）打运球转身时的球

如图 2-102 所示，3 人一组，持球的进攻队员①向前变向运球，防守运球的队员△1紧跟防守，另一防守队员△2在运球队员①刚一转身时迅速移动到他的侧前方打球，练习按顺时针轮换。

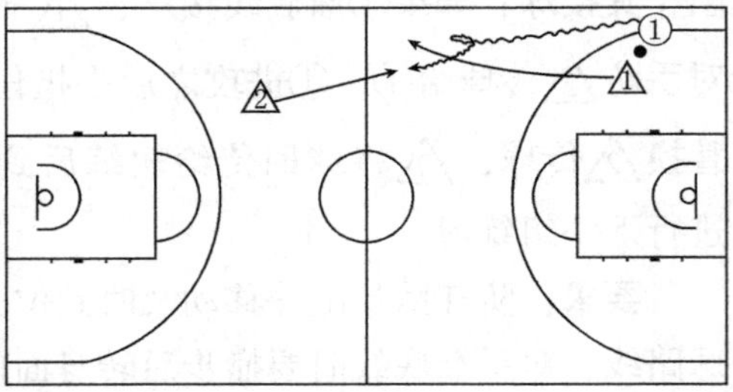

图 2-102

要求：快速移动抢占有利位置，掌

握好打球时机。

（8）打行进间上篮的球

如图 2-103 所示，两人一组，进攻队员①运球上篮，防守队员$\triangle$1追防，当①行进间投篮时，在球出手的一刹那，$\triangle$1随之在其侧方将球打落。

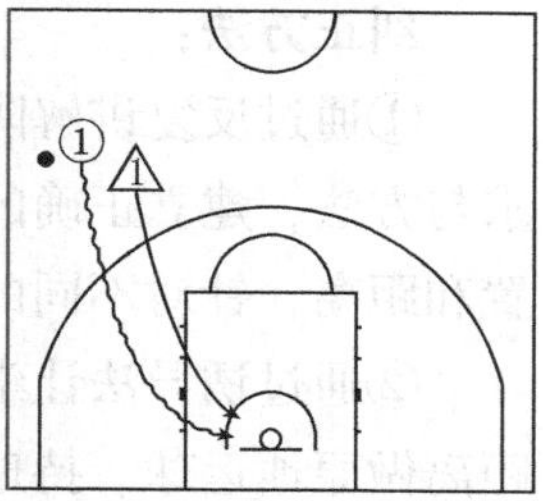

图 2-103

要求：判断准确，打球动作干净利索，不要犯规。

（9）全场 1 对 1 攻守练习

如图 2-104 所示，①接球后进攻，并在推进中可将球传给中场的教练，$\triangle$1防守。①可运用各种运球技术力争摆脱防守，$\triangle$1可利用平步、撤步、交叉步等技术及手臂的抢、打、断干扰技术，堵截对手进攻路线，减缓其进攻推进速度，干扰其传球和突破。

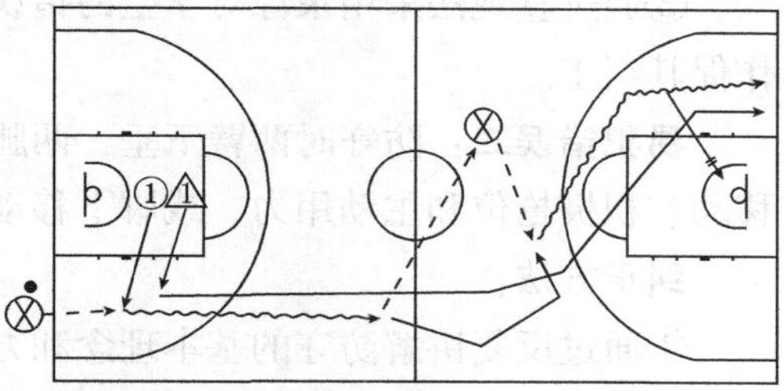

图 2-104

要求：应根据进攻队员的情况，及时调整防守位置，运用脚步移动，配合手臂动作，防其传球和投篮命中。

（10）半场 3 对 3 练习

进攻队员在半场进攻中可做投篮、突破、运球和传球，防守者根据对手的动作，积极挥动手臂和移动脚步进行防守。防守无球队员根据对手不断变化的位置，及时调整脚步，控制对手接球和摆脱。一旦对手接球，则按防有球的方法进行防守（图 2-105）。

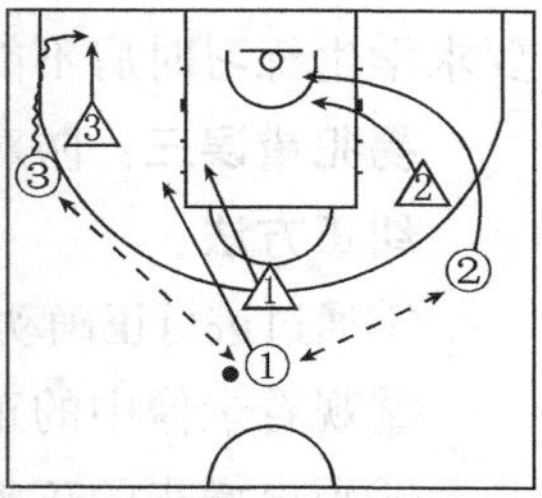

图 2-105

要求：根据进攻队员行动及时调整防守位置，始终保持正确的防守姿势，合理运用防守动作。

五、防守技术教学中的易犯错误及其纠正方法

（一）防有球队员的易犯错误及其纠正方法

易犯错误一：防守时身体的基本姿势不正确，防守位置、距离选择不当，没

根据对手的动作采取相应的动作。

纠正方法：

①通过反复讲解防守的基本理念和方法，使学生明确防守有球队员的基本要求与方法，建立正确的防有球队员概念。并且多做分解示范，使学生看清防守位置和距离，针对不同的进攻行动选择不同的位置和运用不同的动作。

②通过诱导法让学生两人一组交换练习，持球人在相对球篮的不同的位置和距离做原地运球、持球、投篮的动作，防守者做相应的防守动作。练习时，有教师或学生进行语言提示诱导练习者按正确方法去做。

③通过直观法采用录像对学生的错误动作进行录制并播放，同时对比正确动作促其纠正。

易犯错误二：防守时两臂下垂，两腿未能合理屈膝，身体重心高，不能及时移动、积极抢位和主动用力，或脚下移动步法混乱难以追堵，造成手臂犯规。

纠正方法：

①通过反复讲解防守的基本理念和方法，并做示范，使学生明确防守有球队员的基本要求与方法，建立正确的防守概念。

②通过直观法采用录像对学生的错误动作进行录制并播放，同时对比正确动作促其纠正。

③根据不同身高采取不同高度的限制绳，利用限制法让学生在绳下做练习。要求学生练习时肩不能碰绳，而手臂则交替举起。

易犯错误三：防对手突破时撤步角度不合适。

纠正方法：

①通过进行正确动作示范，使学生明确正确的基本概念，了解正确的动作方法。

②观看录像中的正确动作，通过直观法明确防守时如何撤步才能阻截对手。

③画出撤步的正确角度，利用限制法让学生根据该角度做撤步练习。

易犯错误四：盲目抢、打、断球或跳起封盖。

纠正方法：

①通过讲解抢、打、断球或跳起封盖的时机，并且逐一进行演示，形成正确观念和表象。

②通过诱导法让学生相互配合，先在慢速情况下把握正确的时机和方法，逐渐增速进行练习，最后结合比赛去体会。

③通过直观法，由教练做或录像播放错误动作，使学生找到错误原因并纠正。

（二）防无球队员的易犯错误及其纠正方法

易错误一：防守时身体各部位的基本姿势不正确，视野狭窄，或者只看人不看球，或者只看球不看人，不能做到人球兼顾，或移动步法混乱造成漏人或犯规，不能抢占正确防守位置。

纠正方法：

①通过反复讲解和示范，使学生明确防守无球队员的基本要求与方法，建立正确的防守概念。

②采取进攻者固定站位（限制区附近45°位置），练习者盯防，通过外围球的转移的限制法，调动防守者随球调整防守位置，使防守人时时处于人、球兼顾的防守位置，并做到近球紧远球松。

③播放一些高水平比赛中防守无球队员的正确站位方法录像，通过直观法强化正确防守位置概念。

④利用正确的选位方法做意念练习，纠正错误的站位。

易犯错误二：当对手空切时，不能提前堵截，放对手在身前传球。

纠正方法：

①通过反复讲解示范，使学生明确防守无球队员空切的基本要求与方法，建立正确的防守概念。

②利用限制法在场地上画出攻防队员落位及移动线路，防守者根据对手空切路线及时抢占有利的防守位置。

③播放一些高水平比赛中防守无球队员空切时的正确抢位方法录像，通过直观法强化正确防守概念。

④利用正确的堵截做意念练习，纠正错误的堵截方法。

易犯错误三：在限制区内，不能贴身紧防，放对手挤过接球。

纠正方法：

①通过反复讲解和示范，使学生明确在限制区内防守无球队员的基本要求与方法，强调进攻队员在限制区接球的危险性，建立在限制区要紧贴对手防守的概念。

②播放一些高水平比赛中阻止无球队员在限制区接球的正确抢位方法录像，通过直观法强化正确防守概念。

③利用正确的贴身防守方法做意念练习，纠正不敢贴身防守的错误。

④通过对抗练习法在限制区内做防守接球1对1对抗练习，形成正确的防守

动作。

易犯错误四： 缺乏预先判断，掌握时机不好，不能积极抢断球。

纠正方法：

①通过反复讲解与动作示范，使学生明确正确动作方法。

②通过播放一些高水平比赛中防守无球队员时准确预判、及时抢断镜头的录像，使学生形成预判的习惯，达到及时抢断的目的。

思考与练习

1. 防守技术包括哪些内容？
2. 防无球队员和防有球队员的技术方法包括哪些？
3. 怎样防守无球队员的纵切和横切？
4. 如何进行防投、防突、防运、防传？设计出一套训练方法。
5. 简述防守技术的教学步骤。
6. 试述防守技术的教学训练建议有哪些。

第八节　抢篮板球技术

篮球比赛中，队员争抢投篮未中从篮板或篮圈反弹回的球，统称为抢篮板球。进攻队员争抢本队投篮未中的球称为抢进攻篮板球，防守队员争抢对方未投中的球称为抢防守篮板球。争夺篮板球是获得控制球权的重要来源之一。如果抢进攻篮板球占优势，即可增加进攻次数和篮下直接得分机会，还能增强投篮队员的信心，同时减少对手反击快攻的机会；如果抢防守篮板球占优势，则不仅能为发动快攻创造机会，还能增加进攻队员投篮的心理压力。因此，一个球队抢篮板球技术掌握的好坏，对比赛的胜负起着至关重要的作用。

篮球比赛中，抢得篮板球是获得控制球权的重要手段，是攻守矛盾转化和比赛胜负的关键，也是衡量运动员个人和全队整体实力的标志。凶悍的争抢和控制篮板球是现代篮球运动当代化的重要特征。

一、抢篮板球技术的分类

抢篮板球技术根据动作结构可分为抢进攻篮板球和抢防守篮板球两种（图 2-106）。

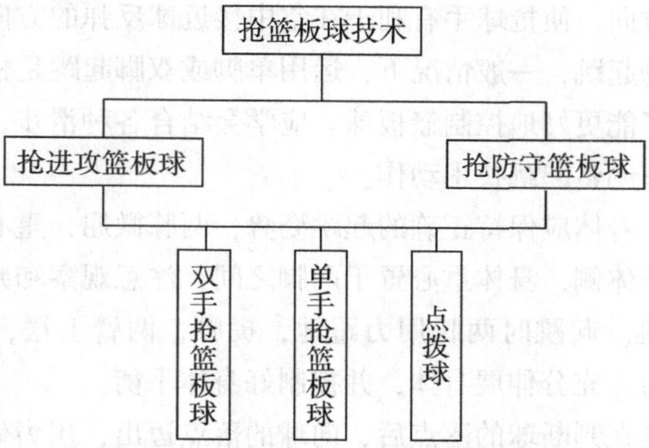

图 2-106　抢篮板球技术分类

二、抢篮板球技术的基本特点

抢进攻篮板球和抢防守篮板球都是由判断与抢占位置、起跳动作、空中抢球动作和获得球后动作组成。但完成以上 4 个动作的前提，是建立在正确判断和积极快速起动基础上的。

（一）判断与抢占位置

准确判断投篮后球的反弹方向、距离、落点是抢篮板球的首要。球的反弹有一定的规律，一般情况下，篮板球的反弹规律是投篮距离与球反弹距离成正比，投篮距离远则反弹距离远；反之，投篮距离近则反弹距离近。再者，投篮出手弧度与反弹距离也有关，弧线高则反弹近。另外，投篮角度不同，球的反弹方向也不同。从两侧 15°角投篮时，球反弹方向一般是在球篮另一侧 15°区域或反弹回来。从两侧 45°区域投篮未中时，球反弹方向一般是在球篮另一侧正中。从 65°区域投篮不中时，球反弹方向落点区域一般是在限制区两侧和罚球线内。在 0°角投篮时，一般球的反弹方向是在篮另一侧底线地区，或反弹回同侧地区。根据统计，大多数的反弹球落在 5 米左右半径内。

掌握这些规律有利于队员的准确判断。在准确判断的基础上，应力争快速起动抢占对手与球篮间的有利位置，力争把对手挡在身后。

（二）起跳动作

起跳动作是抢位后紧随进行的一个连续动作。起跳不仅要求在起跳腾空后，身体能够达到一定的高度，而且要根据球的反弹高度、方向和落点，采取不同的起跳蹬地用力的方向，使抢球手有利于在空中接近球反弹的方向和落点。起跳分为单脚起跳和双脚起跳，一般情况下，运用单脚或双脚起跳是根据球落的方向和个人的习惯。为了能更好地控制篮板球，应学会结合各种滑步、上步、撤步、跨步和转身等步法来调整起跳技术动作。

双脚起跳时，身体应保持正确的起跳姿势，两膝微屈，重心降低，上体稍前倾，两臂屈肘举于体侧，身体重心置于两脚之间，注意观察和判断球的反弹方向与落点，及时起跳。起跳时两腿用力蹬地，提腰，两臂上摆，同时手臂向上伸展，腰腹协调用力，充分伸展身体，并控制好身体平衡。

单脚起跳应是在判断球的落点后，向球的落点迈出，用力做单脚跳起，手伸向球的方向。

（三）空中抢球动作

根据比赛时场上队员所处的位置、球反弹的方向、高度及个人的特点，抢篮板球动作可分为双手抢篮板球、单手抢篮板球和点拨球。

1. 双手抢篮板球

双手抢篮板球的触及球高点不及单手，但控制球比较牢固，更便于保护球和结合其他动作，尤其是抢防守篮板球时，运用双手抢球更有利。跳起腾空后，腰腹肌用力控制身体平衡，身体充分伸展，两臂用力伸向球的方向，以提高制高点和扩大占据空间。当身体和手达到最高点时，双手指端触球的一刹那用力握球，腰腹用力，迅速屈臂将球拉至胸腹部位，同时双肘外展，保护好球。高大队员抢到球后，为避免被对手掏掉，可以双手将球举在头上保护好球。

2. 单手抢篮板球

单手抢篮板球的优点是触球点高，抢球空间大，抢球速度快，灵活性好；缺点是不如双手握球牢固。起跳后，身体在空中充分伸展，达到最高点时，用近球侧手臂尽量向球伸展，指端触球迅速屈指、屈腕、屈肘、收臂，将球拉下。另一手尽快扶握置球于胸腹部位，同时双腿弯曲，保持身体平衡，以便结合其他技术动作。单手抢篮板球时，触球及收臂拉球要连续，速度快而有力，注意保护好球。

3. 点拨球

点拨球是遇高大队员或身体距球较远不易获得球时，运用单手或双手手指点拨或弹击球的方法将球点、弹给同伴或便于自己截获球的位置。其优点是触球点高，缩短了传球时间，有利于发动快攻；缺点是准确性较差。方法是在接触球的一瞬间，用指端点拨球的侧方或侧下方。在点拨球时，应力争做到落点准确，拨球力量适中，便于同伴接球及自己跳起抢球的位置。

(四) 获得球后动作

抢获球落地后，应将球紧紧握牢，两脚分开，前脚掌先着地，保持身体平衡，两肘外展保护好球。若遇防守时，则将球置于防守人远侧，并利用肩背或转身跨步，不断移动球的位置，防止对方将球打掉。高大队员在得球后，可将球置于头上，这样更易于传球或护球。

进攻队员抢到篮板球后，应尽可能在空中将球补投入篮，如果没有投篮机会，要迅速将球传给同伴，重新组织进攻。防守队员抢到篮板球后，力争在空中将球传给同伴，完成发动快攻第一传；若空中不能直接传，落地后应迅速传出，或运球突破后及时传给同伴。

三、抢篮板球技术动作方法

(一) 抢进攻篮板球

积极拼抢进攻篮板球是一个重要的进攻行动，是争夺控球权的重要方法。它不仅可以增加本队进攻次数和补篮机会，而且能鼓舞士气、增强信心，对防守队员也具有一定的“杀伤力”，有着十分重要的战术意义。进攻队员抢篮板球时一般处于防守队员的外侧，需要移动和摆脱对手，因此抢进攻篮板球要突出一个冲字。

动作方法：处于篮下或内线队员抢进攻篮板球，当同伴或自己投篮时，靠近篮下的队员要在及时判断球反弹的方向，同时以假动作绕跨挤到对方的身前，利用跨步或助跑起跳，跳到最高点进行补篮或直接获取篮板球。

处于外线位置队员抢篮板球，当同伴投篮时，如果进攻队员面向球篮，则首先要观察判断球的反弹方向、速度和落点后，突然起动冲向球反弹方向进行补篮或抢获篮板球。以从防守人身后左侧冲抢为例，进攻队员面向球篮时，右脚向右侧跨步，向右侧做假动作，随后以左脚为支撑脚，右脚向左跨出一小步，重心移至左脚，同时右脚立即向前跨步绕前，挤靠防守人，跳起抢篮板球或补篮（图 2-107）。

图 2-107　抢进攻篮板球

动作要领：进攻队员首先准确判断，然后向相反方向侧跨步，抢占有利位置，及时起跳，进攻队员抢篮板球要强调一个冲字。

（二）抢防守篮板球

抢防守篮板球是防守中极其重要的环节，是夺回控球权的重要途径，是由守转攻的起点。如果每次投篮不中都能成功地控制防守篮板球，就必然能够更好地控制整个比赛。防守队员处于对手与球篮之间有利的位置，容易观察进攻对手的行动，但在投篮出手后球飞向球篮时，不易观察球从篮圈或篮板反弹出来的情况。因此，防守队员抢篮板球要突出一个挡字，利用自己占据篮下或内侧位置挡抢篮板球。

动作方法：处于篮下防守，当进攻队员投篮时，根据对手移动情况和位置，运用上步、撤步和转身等动作把进攻队员挡在身后，并抢占有利位置。在篮下抢位挡人时，一般采用后转身挡人，降低重心，两肘外展，抢占空间面积，保持最有利的起跳姿势。

外围防守队员抢篮板球，当进攻队员投篮、防守队员面向对手时，首先要观察判断对手动向，采用合理动作利用转身阻止对手向篮下移动，并抢占有利的位置（图 2-108）。起跳抢球时，在两臂上摆的同时两脚前脚掌用力蹬地，身体和手臂尽力向球的方向伸展，达到最高点时，用单手、双手或单手点拨球的方法抢球。最好在空中将球传给同伴，完成发动快攻第一传；如果不可能，则落地时应侧对前场，观察情况，迅速传球发动快攻或运球突破摆脱防守及时将球传给同伴。

图 2-108 抢防守篮板球

动作要点：防守队员首先准确判断球的方向和落点，抢占有利位置，运用移动和转身动作，合理地挡住对手。

四、抢篮板球技术的教学步骤与练习方法

（一）教学步骤

①首先要使学生明确抢篮板球的重要性，在训练中要培养学生勇猛顽强的作风和积极拼抢意识，养成“每投必抢”的习惯。

②在了解技术动作要领和动作方法的基础上，先练习原地起跳抢球，再练习移动、抢位、挡人，再练习起跳抢篮板球的完整技术，最后在对抗的条件下或在比赛中进行抢篮板球练习。

③要在掌握投篮不中时球的反弹、落点规律的基础上，提高抢进攻篮板球时的“冲抢”意识和抢防守篮板球时的“挡抢”意识。

④抢进攻篮板球练习时要同投篮、二次进攻技术、突破技术相结合训练，抢防守篮板球练习时要同快攻一传和快攻接应技术相结合训练。

⑤加强抢篮板球技术与攻守战术的结合训练。

⑥注意加强身体素质训练和控球能力的训练，特别是弹跳能力训练。

（二）练习方法

1. 防守挡人和绕过冲抢篮板球练习

如图 2-109 所示，中圈内放 1 个球，将全队分成 4 人一组的若干组，先上的两组一攻一防，攻守两人背靠背在中圈内、外站立。练习开始听哨声后，双方用

力挤扛，进攻方力图挤进圈内抢球，防守阻挡对方不让进去。如果进攻组抢到球下去休息，如果防守组挡住了进攻组，防守组下去休息，原进攻组变防守，新上去的组进攻。如此反复进行，提高防守挡人和绕过对手冲抢篮板球的能力。

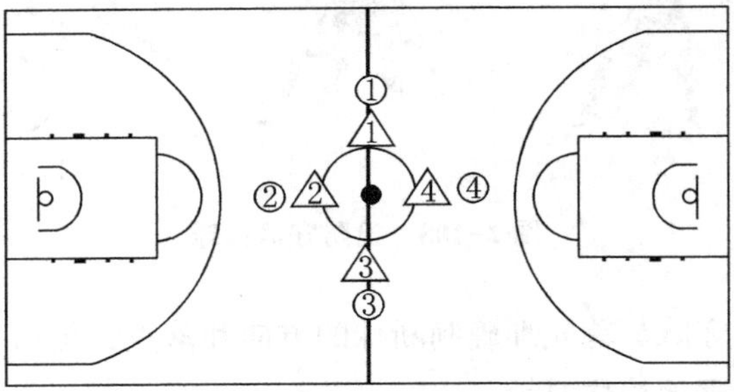

图 2-109

要求： 进攻方可用假动作诱骗对手，然后挤进；防守方首先用脚步挡人，同时架起手臂以身体阻挡对手。组内同伴可以相互鼓励，但不允许用手推、拉对方。

2. 连续争抢前场篮板球二次进攻练习

如图 2-110 所示，将全队分成 4 人一组的若干组，教练接球站于罚球线上。练习开始教练投篮，①、②、③同时跳起抢篮板球（不管投中与否），抢到篮板球的人立即进行 1 打 2，连续抢到两次篮板并两次进攻成功的队员下去休息。如此反复进行，提高拼抢篮板球意识和抢获篮板后二次进攻能力。

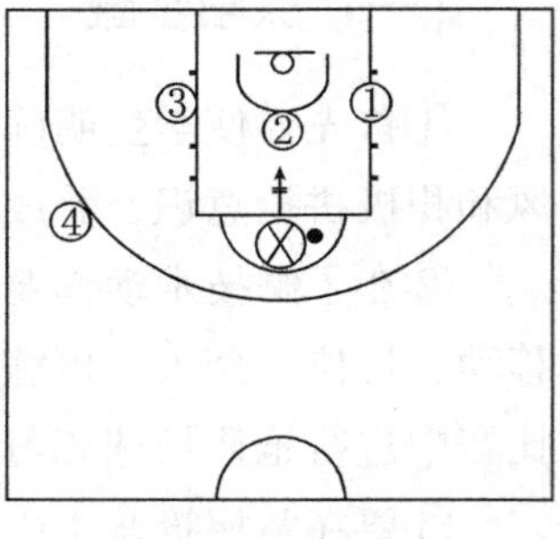

图 2-110

要求： 要按正式比赛要求进行，不管投中与否都要抢篮板球，抢到篮板球后可用运球结合跨步等动作在篮下进攻。

3. 半场 2 对 2 抢篮板球练习

将全队分成两人一组的若干组，一攻一守（图 2-111）。教练将球传给①，①投篮，①、②冲抢，△1、△2挡人抢防守篮板球。防守者抢到球立即传给教练，攻、防两方交换角色，同上再次进行争抢；若进攻者①、②抢到球，△1、△2仍要防守。如此练习5~6次后，4 人退场，③、④和△3、△4进

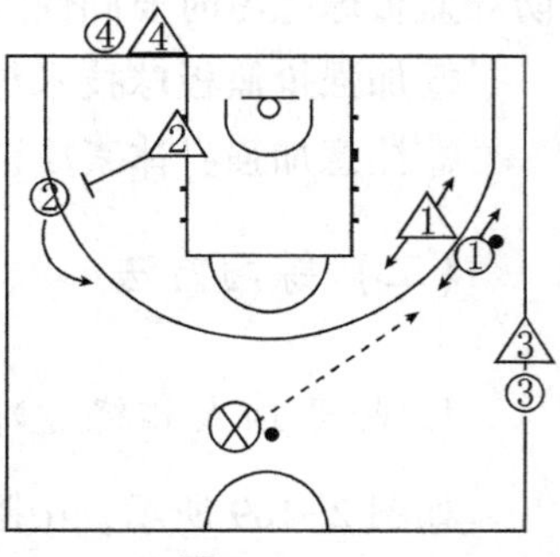

图 2-111

场，同上反复练习，提高抢攻防守篮板球的能力。

要求：教练可将球传给①，也可传给②投篮，①、②的活动范围可以变化。攻防双方拼抢篮板球要积极、勇猛，抢得球后衔接动作要连贯、快速。

4. 抢篮板球综合练习

两人一组，1 人进攻 1 人防守，教练协助投篮，抢到篮板球者快速传球给教练，然后快下，接教练回传上篮，另 1 人防守（图 2-112）。

要求：抢篮板球的一传要快，积极快下，防守队员全力防守。

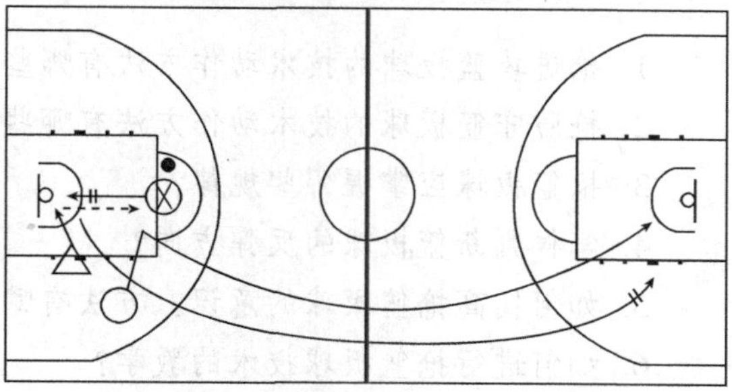

图 2-112

五、抢篮板球技术教学中的易犯错误及其纠正方法

（一）易犯错误

①对球反弹的方向与落点判断不准确，不会抢占有利位置。

②起跳时机掌握不好。

③抢篮板球时只顾球不挡人或只顾抢位挡人而不顾球。

④空中抢球不伸展，动作迟钝不果断或动作过猛造成犯规。

⑤抢到球后，保护意识差，易被人打掉或抢走。

（二）纠正方法

①可多做投篮后向球的方向快速移动到位接球的练习，提高学生的预判能力和快速移动的能力。还可以改变形式采用两人练习一攻一守，做抢位和选位练习。

②多做自抛自抢的空中练习，体会起跳时机，提高判断的准确性，练习时教师可用语言提示来帮助学生体会动作。

③向学生讲明挡人抢位与抢球是相辅相成的，缺一不可。练习时教师可用语言提醒学生注意挡人或抬头看球。

④强调正面技术的重要性。在训练中鼓励学生抢位抢球，对抢篮板球不积极的学生可用奖惩的方式来提高其积极性；对动作过猛的学生也可以采用这种方法来促使其提高动作的准确性。同时，加强对学生良好心理素质的培养。

⑤强调保护好球的重要性和抢篮板球的最终目的，进行保护技术和保护能力的训练。

思考与练习

1. 抢进攻篮板球的技术动作方法有哪些?
2. 抢防守篮板球的技术动作方法有哪些?
3. 抢篮板球应掌握哪些规律?
4. 怎样判断篮板球的反弹方向?
5. 如何提高抢篮板球的意识? 方法有哪些?
6. 如何进行抢篮板球技术的教学?

第三章
CHAPTER 03

篮球战术理论与实践

【本章提要】本章主要讲授篮球战术的概念、要求、分类，篮球攻守战术配合的方法、基本要求、运用时机及教学训练的方法。使学生了解篮球攻守战术的特点、变化形式、功能和作用等基本知识，初步掌握篮球战术的理论和方法，并能在实战中运用与创新，懂得篮球战术教学与组织训练。

第一节　篮球战术概述

一、篮球战术的概念

篮球战术是篮球比赛中队员所运用的攻守方法的总称，是队员个人技术的合理运用和全队队员之间相互协同配合的组织形式与方法。其目的是把队员组织起来，确保本队整体实力和特长的发挥，制约对方并掌握比赛的主动权，获取比赛的胜利。战术设计是否合理，实践运用是否恰当，主要表现在比赛中能否最大限度地发挥队员的特长，体现本队的独特风格与特点，有效地遏制对方的攻守战术配合和技术特点。

二、篮球战术的基本要素

篮球技术、配合方法、组织形式是构成篮球战术的基本要素。篮球技术是战术的基础，是队员进行比赛的手段，两者之间紧密相连、相互促进、相互依存，战术为技术提供良好的发挥空间。配合方法是战术组成的核心部分，是队员行动的内在原则、要求和程序，是战术的具体内容，包含队员位置的部署、球和人移动的路线、攻击区域、配合时机、层次及变化等。它既依赖于队员的技术运用能力，同时又需要有一定的形式来保证它的实现。战术组织形式是指配合方法的外部表现，任何一种战术都有自己的表现形式，并反映一定的战术内容，每一种战术形式都有专用词予以命名。在进攻和防守两大战术体系中的战术形式，都有各自的特点和针对性，从中体现出各种攻守战术的特点。

三、组织战术的基本要求

（一）要有明确的指导思想

要从全局出发，考虑双方的实力差别、教练员的业务能力水平，以及运动员的身体条件、技战术水平及心理素质，对比赛的时间、地点、气候、场地条件等因素进行全面综合分析，决定本队的战略和战术。

（二）要扬长避短

要从队员的技术特长出发，组织攻守战术打法。战术是发挥技术的保证，它应最大限度地挖掘和发挥每个队员的特长和潜力。因此，要掌握多种符合本队风格特点的攻防战术，并能在比赛中灵活运用。

（三）要简单、实用

要有基本的落位队形、移动路线、攻击点面、防守范围和重点区域，从本队实际发制定切实可行的攻守战术，不应生搬硬套。

（四）要注意攻守平衡

要求攻守兼备，攻守对抗是篮球运动的基本规律。因此，组织战术时在队形变化、队员调动上既要考虑如何退防，又要考虑如何反击，做到攻守转换的相对平衡。

（五）要灵活机动地运用

要根据篮球技战术的发展和比赛规律，掌握快、慢节奏，不应被预定的阵势所束缚，使队员失去主动性和创造性。既要使队员能正确执行战术，又能把握比赛的脉搏，捕捉战机，随机应变，从而提高战术应用效果。

四、篮球场上队员的位置、职责与要求

（一）控球后卫

控球后卫是全队进攻的组织者，通过对球的控制来决定在恰当的时间传球给适合的球员。典型的进攻模式就是在对手得分之后，由控球后卫在底线运球，开始一轮新的进攻。这个位置要求球员具有良好的传球技术和敏锐的比赛观察能力，人们往往通过助攻次数而不是得分的高低来衡量一名控球后卫的成功与否。同时，一流的控球后卫往往也能够通过外线投篮威胁对手。

控球后卫需要很强的控制比赛的能力，需要掌握比赛双方的进攻时间和比赛时间，控制比赛的节奏，将球输送给位置最好的得分手。

（二）得分后卫

一般担任得分后卫的球员身高和体重都低于前锋球员，但在速度上具有优势，他们往往是比赛中最好的跳投手，但也能上篮。许多得分后卫都可以兼任小前锋。

（三）小前锋

小前锋以进攻得分为主要任务，强调快速推进上篮的能力。随着各种半场进攻战术及三分线的发展变化，现在的小前锋除了速度以外，往往还被要求具备运球突破及长距离投射的能力。由于强调速度多于强调力量，小前锋通常较大前锋灵活，而体格不如大前锋壮硕。

（四）大前锋

一个典型的大前锋是球场上体格较壮，而仍具备一定速度的球员，他们需要利用壮硕的体型，在篮下积极强攻并争夺进攻篮板球。

（五）中锋

中锋一般都由队中最高的球员担任，传统上强调篮下的防守，以及防守篮板球的保护。由于具有身高的优势，一些具备进攻天赋的中锋球员也经常成为在禁区附近投篮得分的主要进攻点。在技术统计上，中锋通常能贡献最多的盖帽数，且常能达到较高的投篮命中率及篮板球绩效。在如今的国际篮坛及职业联赛当

中，中锋和大前锋经常有条件相似的球员担任，或被赋予相似的任务，因此已难以明确区隔。

五、篮球战术体系分类

篮球战术体系是指由相互联系、相互制约的攻守战术构成的一个整体。在篮球比赛中，不同战术具有不同的作用和效果，根据不同的分类标准，可以分为不同的战术类别。如按照战术参与人数，可分为个人战术行动、战术基础配合和全队战术；根据攻防的速度和节奏，将战术分为快速攻防和阵地攻防；根据攻防的方法，将阵地进攻战术分为进攻人盯人防守、进攻区域联防、进攻紧逼防守和进攻综合防守，将阵地防守战术分为人盯人防守、区域联防、紧逼防守和综合防守等；根据球权转换关系分为进攻战术、防守战术和攻防转换战术。篮球战术体系分类如图 3-1 所示。

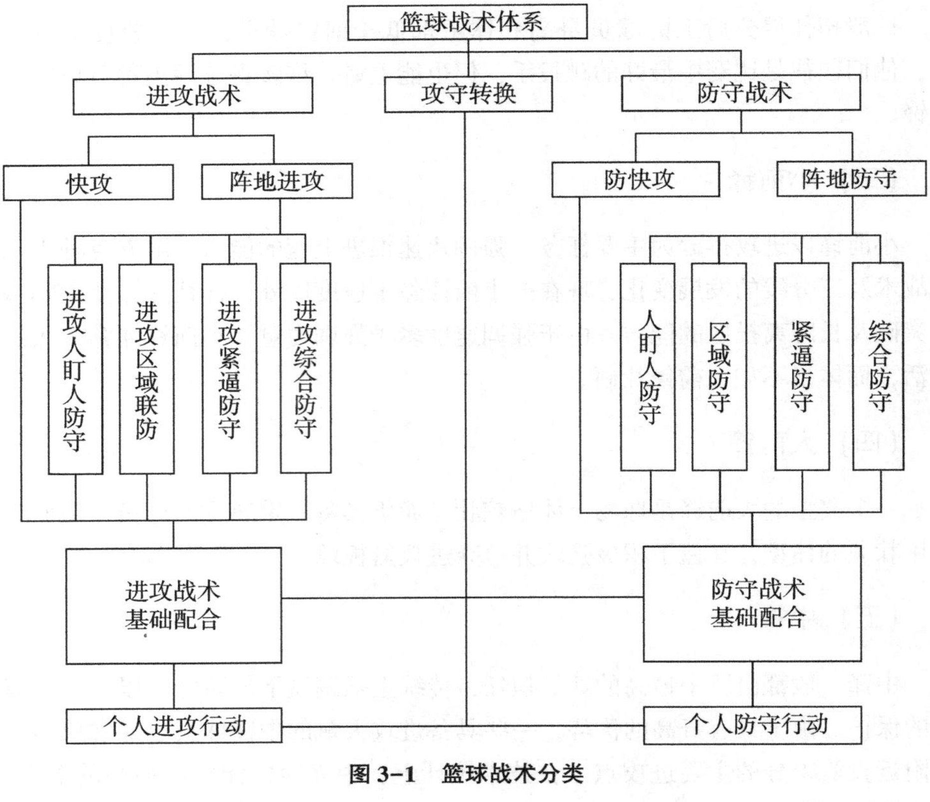

图 3-1　篮球战术分类

第二节　战术基础配合

篮球战术基础配合是指在篮球比赛中，两三个人之间有目的、有组织、协调行动的简单攻守配合方法。它是组成全队战术配合的基础，任何一种整体战术配合都离不开基础配合。战术基础配合包括进攻战术基础配合和防守战术基础配合两部分。战术基础配合运用的质量和数量直接决定了全队战术的实效性和灵活性，与比赛的胜负有着非常密切的关系。战术基础配合分类如图 3-2 所示。

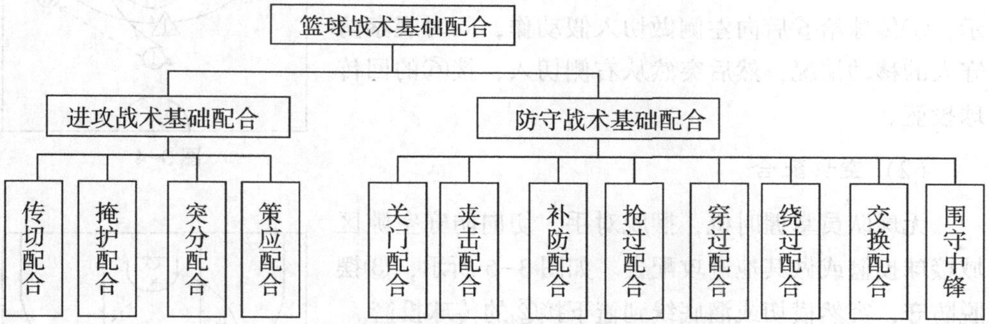

图 3-2　篮球战术基础配合分类

一、进攻战术基础配合

进攻战术基础配合是在篮球比赛中，进攻队员两三个人之间有目的、有组织、相互协同行动的配合方法。进攻战术基础配合主要包括传切配合、突分配合、掩护配合、策应配合（图 3-3）。

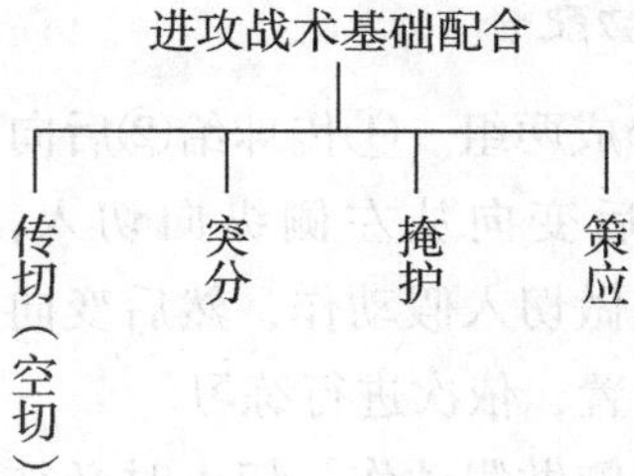

图 3-3　进攻战术基础配合

（一）传切配合

传切配合是指队员之间利用传球和切入技术所组成的简单配合，包括一传一切和空切两种。它是一种最基本的简单易行的进攻方法，一般在对方采用扩大盯人或扩大联防时运用。

1. 配合方法

（1）一传一切配合

持球队员传球后，利用起动速度或假动作摆脱防守，向篮下切入接回传球投篮的配合。如图 3-4 所示，①传球给⑥后向左侧做切入假动作，同时观察防守人的移动情况，然后突然从右侧切入，接⑥的回传球投篮。

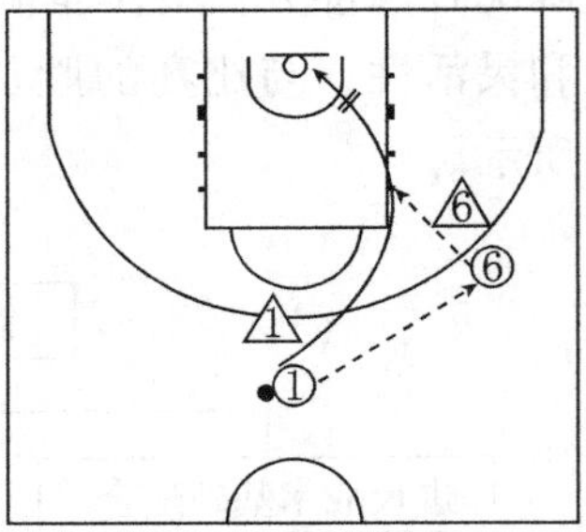

图 3-4

（2）空切配合

无球队员掌握时机，摆脱对手，切向防守空隙区域接球投篮或做其他进攻配合。如图 3-5 所示，③摆脱防守，突然横切或溜底线到篮下接②的传球投篮。

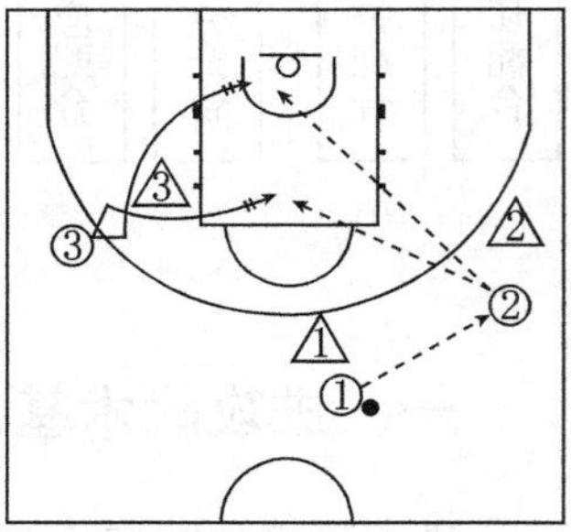

图 3-5

2. 基本要求

①必须有一定的配合空间及合理的切入路线。

②切入队员要抓住防守队员选位不及时或注意力分散的时机，快速起动，或利用假动作摆脱对手。

③传球队员动作要隐蔽、及时、准确。

3. 练习方法

（1）无防守的连续传切配合

如图 3-6 所示，队员分成两组。①传球给②后向右侧做切入的假动作，然后变向从左侧纵向切入，②接球后回传给③，向左侧做切入假动作，然后变向从右侧切入。切入后交换位置，依次进行练习。

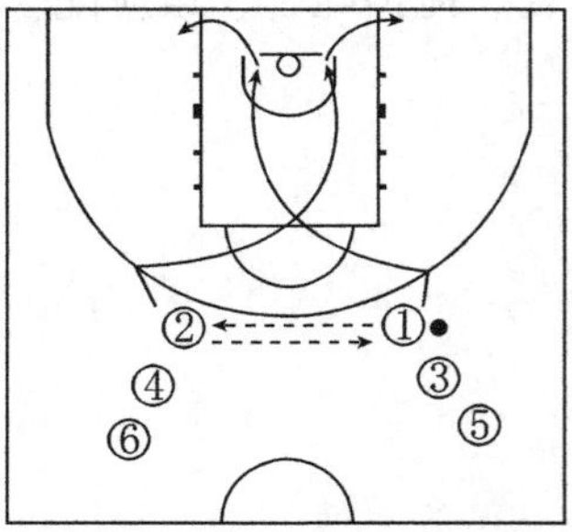

图 3-6

要求：切入前必须向异侧做假动作，切入时必须主动伸手臂要球，变向要迅速，身体重心要主动压向内侧。配合队员接球后也必须做投篮或突破假动作，并用眼睛的余光观察切入的同伴。

（2）3 人连续传切配合

如图 3-7 所示，队员 3 人一组一球于半场呈三角形站位。②下压后上提接①的传球，①传球后做假动作并向有球方向切入篮下，之后移动到②的排尾。在①切入的同时，③移动到原来①的位置，准备接②的传球。①切入后，②将球回传③，并用和①相同的方法切入篮下，后移动到原来③的位置。③接球后将球传给①，依次循环。

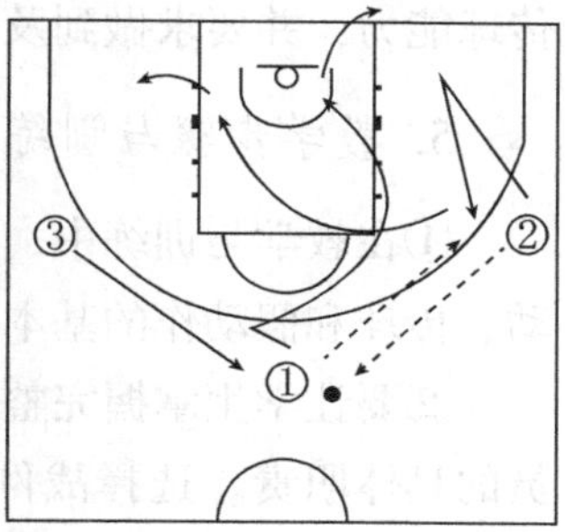

图 3-7

要求：切入时必须主动伸手臂要球，变向要迅速，身体重心要主动压向内侧。

（3）纵横结合的切入练习

如图 3-8 所示，全队分 3 组，①、②所在的组每人都持球。①传球给③后，向左侧做摆脱假动作，随后迅速从右侧切入接②的传球投篮，②传球后，做摆脱假动作，随后迅速横切接③的传球上篮，①、③抢篮板球。各组按逆时针方向轮转换位，依次进行练习。

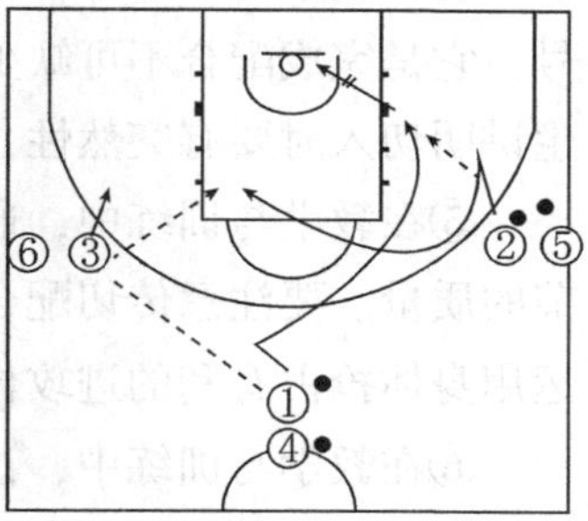

图 3-8

要求：切入必须快速有力，传球队员的传球要做到人球相遇，接球队员接球后要立即转入投篮的进攻动作。

4. 易犯错误及纠正方法

易犯错误一：切入队员没有把握进攻机会，在切入时不能很好地摆脱防守，进攻急躁，出现错误动作。

纠正方法：加强身体各部位灵活性和脚步灵活性练习，多做各种徒手的变向跑，提高移动动作的速度和变向的突然性。

易犯错误二：持球队员不能主动地利用投篮、突破、传球等假动作吸引防守人的注意，目光始终在切入同伴的身上，暴露了进行传切配合的意图。

纠正方法：在练习中对持球队员反复强调，强化其持球后的基本攻击意识。

易犯错误三：持球队员传球的手段单一，准确性和隐蔽性差，没有向同伴远离防守者的一侧传球，或传球不到位、不及时，造成传球失误。

纠正方法：反复练习多种形式的传球技术，加强传球基本功练习，提高快速传球能力，并要求做到及时、准确、隐蔽。

5. 教学步骤与训练建议

①在教学与训练中，首先抓好队员的各种移动步法，狠抓基本功，特别是移动、传球和假动作的基本功。

②要让学生掌握完整的传切配合的概念、形式、方法与要求，以及各位置队员的具体职责。选择战例，运用战术沙盘、图表或多媒体手段，分析进攻的方法、原则及运用要求，培养学生的战术思维能力。

③应向学生讲明，在什么情况下运用传切配合，加强对正确配合方法的教学，熟练掌握各种形式的配合方法。

④在教学与训练中，注意培养队员相互呼应、协同配合的意识，强化语言信号，它是完成配合不可缺少的重要环节。在教学训练中要重视配合的时机，向学生讲明切入时要有突然性，配合才能成功。

⑤在教学与训练中，通过对防守提出特定要求，有目的地提高传切配合各环节的质量。要注意传切配合中的假动作和隐蔽性传切动作的运用，大胆、合理地运用身体抢占有利的进攻位置。

⑥在教学与训练中，让队员充分体验突然起动和摆脱防守的时机、路线与距离，分析造成撞人、推人的原因，避免比赛中因犯规造成的失误。

⑦重视培养整体作战意识与体能训练相结合，培养队员协调一致、顽强拼搏的风格和意志品质。通过教学比赛，提高全队传切配合质量与临场应变能力，检查教学训练效果，及时解决存在问题。

（二）突分配合

突分配合是指持球队员突破对手后，遇到对方的补防或协防时，及时将球传给进攻时机最佳的同伴进行攻击的一种配合方法。当对方采用人盯人防守或区域联防时运用突分配合，可打乱对方的整体防守部署，压缩防区，给同伴创造最佳的外围投篮或篮下进攻机会。

1. 突分配合的方法

示例一：如图 3–9 所示，④持球纵向突破△4，当△5补防时，④及时传球给

⑤投篮，或做其他进攻配合。

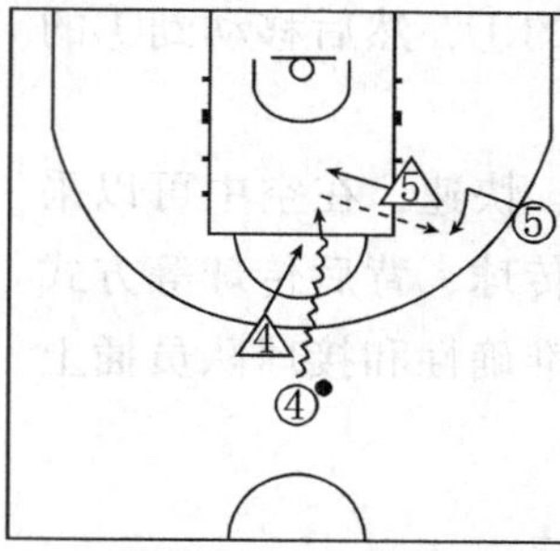

图 3-9

示例二：如图 3-10 所示，①从右侧底线突破，△3协防封堵①向篮下突破的路线，△2也后撤进行协防，①可将球传给插入有利位置的②或③进攻。

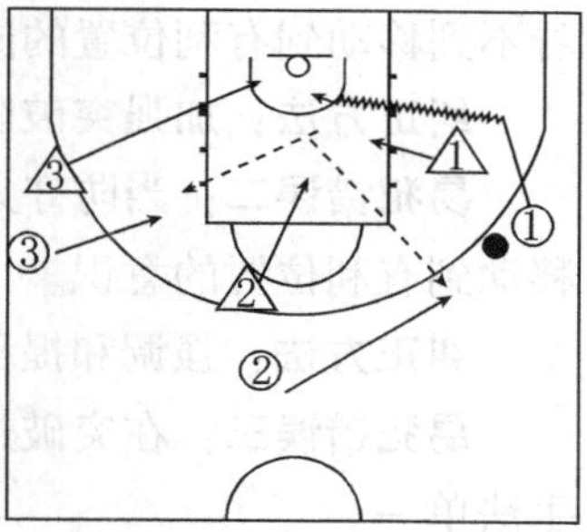

图 3-10

2. 基本要求

①队员在突破中动作要快速、突然，在准备投篮的同时，要注意观察攻守队员位置变化，及时、准确地将球传给进攻机会更好的同伴。

②持球队员突破后，其他的进攻队员都要摆脱对手，离开原先位置，切向空隙区域，准备接球进攻或抢篮板球。

3. 练习方法

（1）两组连续突破传球练习

如图 3-11 所示，持球队员在突破过程中，将球传给移动摆脱至外线的同伴，然后跑到接球同伴的排尾。外线队员接球后立即向内突破，并在突破中将球传出，如此往复至一定的传球次数后结束。

要求：持球队员的突破必须有力、迅速，在突破中注意观察同伴的移动，传球要及时准确。

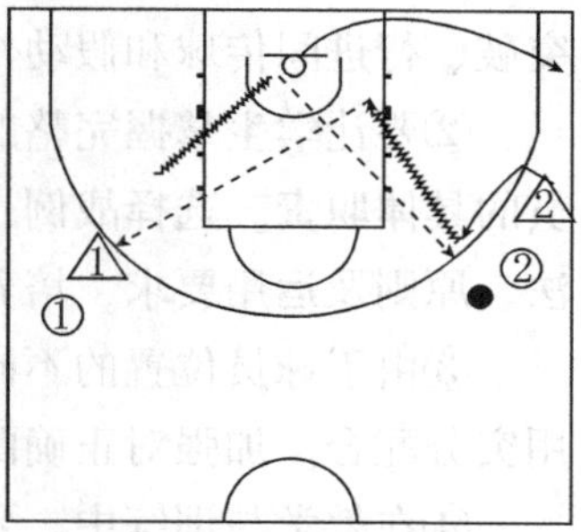

图 3-11

（2）两组连续跳起分球练习

如图 3-12 所示，②持球用交叉步向篮下突破，并跳起在空中准备投篮，同时③下压后突然上提至三分线外，跳起在空中的②在做完投篮假动作后，落回地面前将球传给③，然后移动到对侧的排尾。③用相同的办法突破后传球给对侧的①，然后移动到①的排尾，依次循环。

要求：突破动作要有力、快速，在空中可以采用双手头上传球、单手体侧传球、背后传球等方式将球传出，注意强调传球的准确性和接球队员插上的突然性。

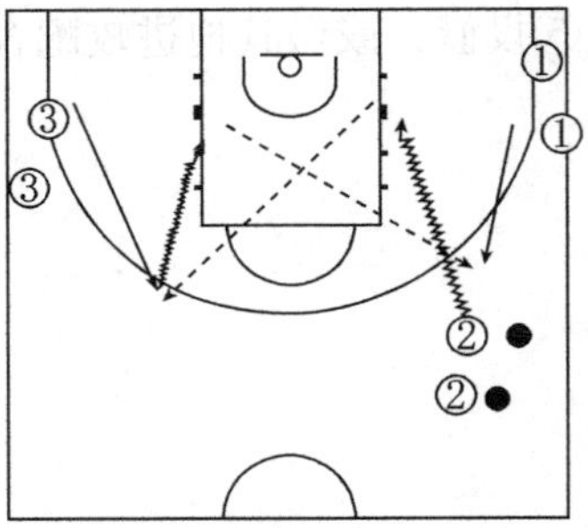

图 3–12

4. 易犯错误及纠正方法

易犯错误一：突破队员在突破中不能及时观察到防守队员位置和意图的变化，看不到移动到有利位置的同伴队员，或运球过多贻误战机。

纠正方法：加强突破队员的观察和判断能力，养成抬头运球的好习惯。

易犯错误二：当防守人去补防或夹击时，无球队员站在原地不动，没有突然移动到有利位置的意识。

纠正方法：强调和提示接球队员突然摆脱防守的能力。

易犯错误三：在突破过程中，在行进间或起跳在空中时的传球能力差，传球手法单一。

纠正方法：加强行进间传球技术的训练，在练习中规定必须完成一定的突破分球次数后才能进攻投篮。

5. 教学步骤与训练建议

①在教学与训练中，抓好队员的各种移动的步法，狠抓基本功，特别是持球突破、行进间传球和假动作的基本功。

②要让学生掌握完整的突分配合的概念、形式、方法与要求，以及各位置队员的具体职责。选择战例，运用战术沙盘、图表，或多媒体手段，分析进攻的方法、原则及运用要求，培养和提高队员对防守人位置变化的观察判断能力。

③由于球员位置的不同，因此在教学训练中应向队员讲明，在什么情况下运用突分配合。加强对正确配合方法的教学，熟练掌握各种形式的配合方法。

④在教学与训练中，要注意培养队员相互呼应、协同配合的意识，强化语言信号；要重视配合的时机，向队员讲明突破时要有突然性，传球时要有隐蔽性，配合才能成功。

⑤在教学与训练中，通过对防守提出特定要求，有目的地提高突分配合各环节质量，注意突分配合中的传球假动作的运用。

⑥在教学与训练中，让队员充分体验突破的时机、路线与距离，分析造成撞人犯规、跳转失误的原因。

⑦重视培养整体作战意识，通过教学比赛，提高队员全队突分配合质量与临场应变能力，检查教学训练效果，及时解决存在的问题。

（三）掩护配合

掩护配合是指进攻队员选择正确的位置，借用自己的身体合理挡住同伴防守者的移动路线，使同伴借以摆脱防守，获得接球投篮攻击或其他进攻机会的一种配合方法。

掩护配合有许多形式和方法，根据掩护者、同伴和防守者的身体位置和方法的不同，分为前掩护、侧掩护、后掩护 3 种形式；根据掩护者的人数、移动路线、方法和变化，可分为定位掩护、行进间掩护、反掩沪、假掩护、运球掩护、连续掩护、双人掩护等。虽然掩护的形式和变化很多，但从组成掩护配合的行动看，一是掩护者主动给同伴做掩护，使同伴借以摆脱防守，二是摆脱者主动移动，利用同伴的身体位置将对手挡住，使自己摆脱防守。掩护配合是攻破紧逼人盯人防守的最有效的方法之一。

1. 配合方法

（1）前掩护配合

前掩护配合是指掩护队员站在同伴防守者的身前所组成的掩护配合方法。如图 3-13 所示，②传球给①后，向篮下做切压动作，然后到△1前面做掩护，①可投篮或突破。

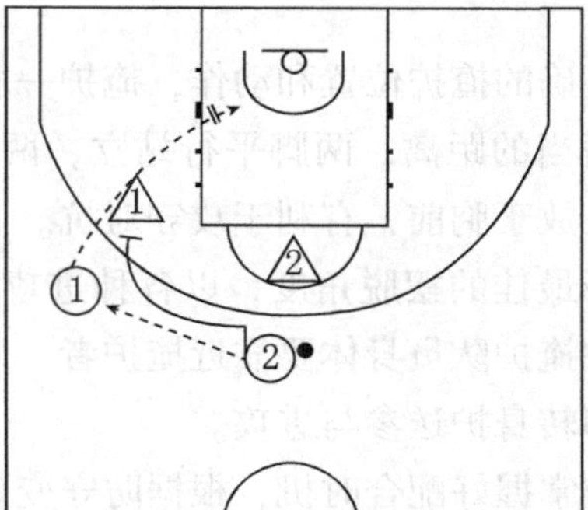

图 3-13

(2) 侧掩护配合

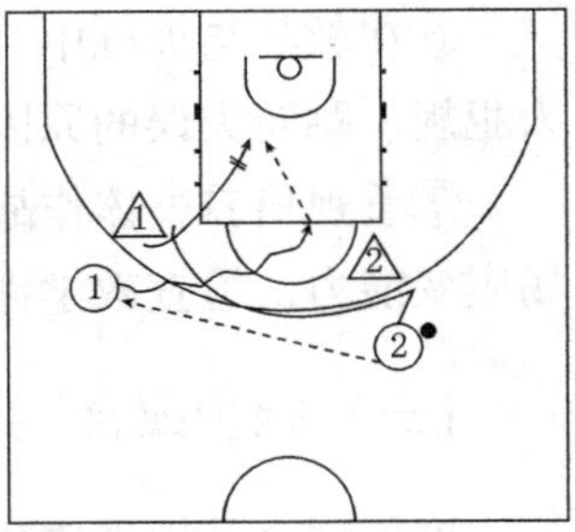

图 3-14

侧掩护配合是指掩护队员站在同伴防守者的侧面所组成的掩护配合方法。如图 3-14 所示，②传球给①后，移动到△1身体左侧做侧掩护，①接球后向左侧突破。当②掩护到位时，①立即从右侧贴着②的身体运球突破，②立即转身切向篮下抢篮板球或接球投篮。

(3) 徒手队员之间的侧掩护配合

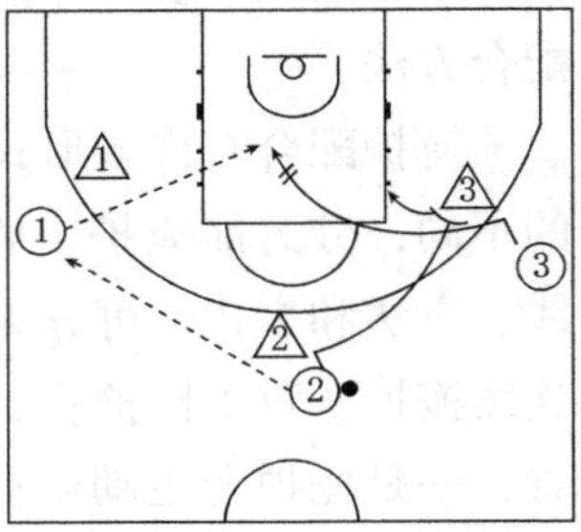

图 3-15

如图 3-15 所示，②传球给①后，向传球的反方向移动给③做侧掩护，③先向篮下做压切动作向△3靠拢，然后突然贴近②的身体横切接①的传球投篮，②掩护后转身切向篮下，接①的传球投篮或抢篮板球。这种掩护也称反掩护配合。

(4) 后掩护配合

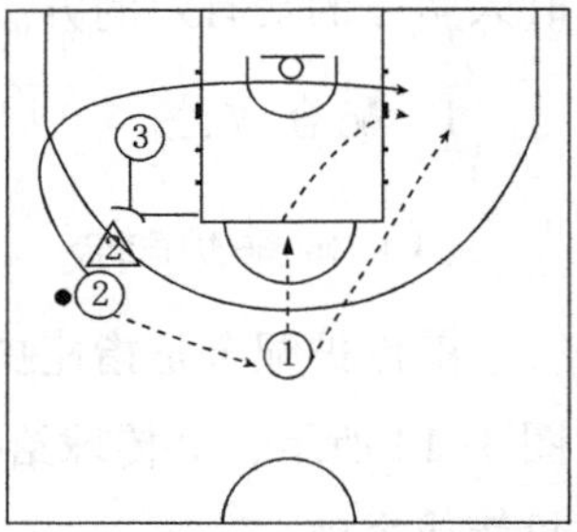

图 3-16

后掩护配合是指掩护者站在防守者的身后所组成的掩护配合方法。这种掩护不易被对方发现，成功率较高，但掩护者与防守者通常应保持半步距离，避免犯规。如图3-16所示，②传球给①，③到△2身后做掩护时，②先做横切假动作吸引△2，然后突然从左侧贴近③的身体切入篮下，③随之面向球横切，①将球传给②或③投篮。

2. 基本要求

①掩护队员应选择正确的掩护位置和动作，掩护一刹那掩护队员身体是静止的，并与对方队员保持适当的距离，两脚平行站立，两膝微屈，上体微向前倾，两臂屈肘放于体侧或交叉放于胸前，有利于攻守对抗。

②被掩护队员应选择最佳的摆脱角度，以各种进攻动作吸引对方的注意力，隐蔽掩护意图。掩护时被掩护队员身体要靠近掩护者，以防止防守队员挤过。当对方换防时掩护者应立即转身护送参与进攻。

③掩护时同伴之间应掌握好配合时机，根据防守变化，组织中投、突破或内线进攻。

3. 练习方法

练习一：如图 3-17 所示，学生分成左右两组，△6为固定防守队员。③给①做侧掩护，①贴近③的身体从右侧切入，③随后转身跟进。①、③交换位置，然后④给②做掩护，依次进行练习。

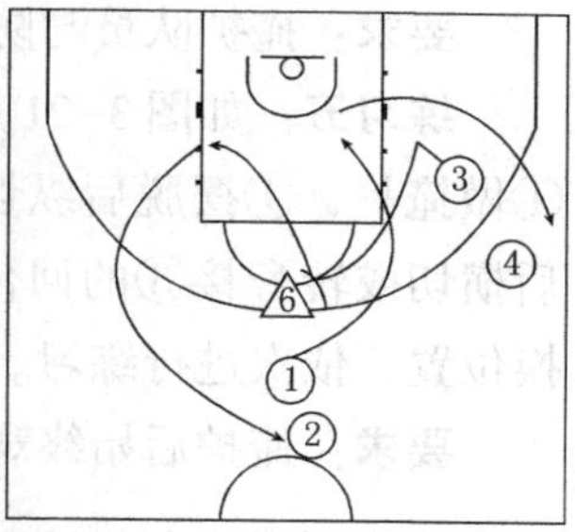

图 3-17

要求：保持正确的掩护动作，掩护队员尽量贴紧，不留空隙，练习数次后，改变掩护方向。

练习二：如图 3-18 所示，④将球传给①，①瞄篮或向左侧虚晃，当④掩护到位后，①突然向右运球突破投篮或传球给④，④后转身跟进准备接回传球或抢篮板球。①、④交换位置，依次进行练习。

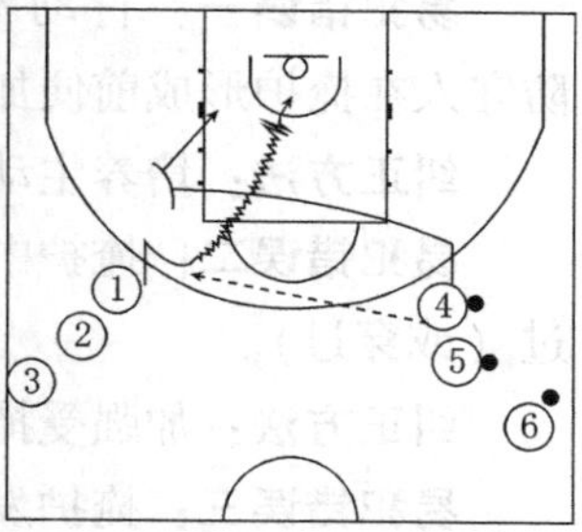

图 3-18

要求：持球队员突破时不要低头看球，把握好第一进攻机会直接投篮。

练习三：如图 3-19 所示，①传球给⑤后，反方向移动给②做侧掩护，②横切，①掩护后转身切向篮下，⑤将球传给①或②投篮。抢篮板球后，①、②互换位置，依次进行练习。

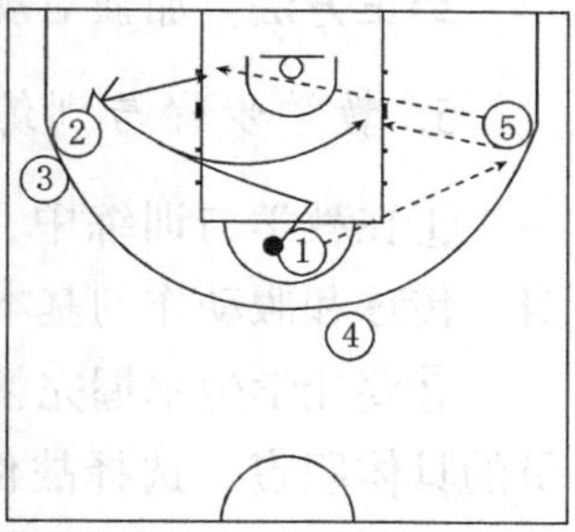

图 3-19

要求：①不能过早转身，①、②掩护后左右应拉开一定的距离。

练习四：如图 3-20 所示，△为固定防守队员③给①做后掩护，①摆脱纵切篮下，③掩护后横切。然后①、③交换位置，④给②做后掩护，依次进行练习。

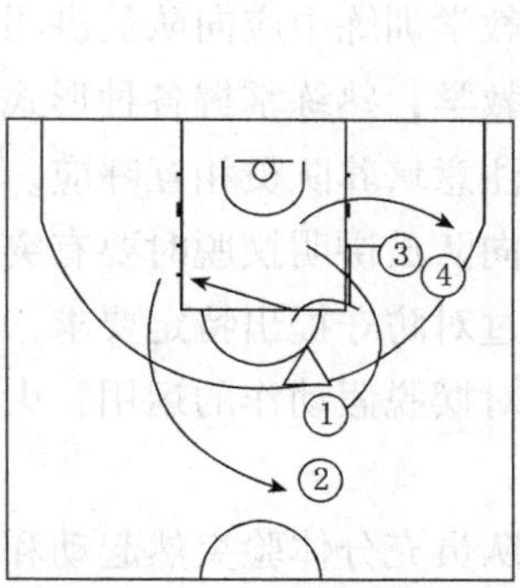

图 3-20

要求：掩护队员与防守队员保持约半步的距离，避免掩护犯规。

练习五：如图 3-21 所示，①传球给③，②上提给①做掩护，①摆脱后纵切篮下接③的球投篮，②掩护后横切或转身接③的回传球，或抢篮板球。①、②互换位置，依次进行练习。

要求：掩护后始终观察球，接好击地球或高吊球。

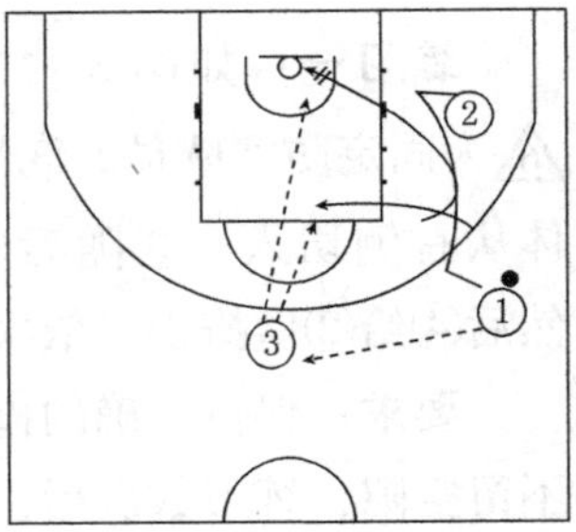

图 3-21

4. 易犯错误与纠正方法

易犯错误一：行动不隐蔽，掩护意图过于明显，防守人在掩护形成前便加强了防守的针对性，使掩护无法完成。

纠正方法：培养主动掩护的意识，加强移动的突然性和隐蔽性。

易犯错误二：掩护中，被掩护的队员没有假动作的配合，掩护时被防守人抢过（或穿过）。

纠正方法：加强受掩护队员假动作的训练，提高观察判断的能力。

易犯错误三：掩护发生时，掩护人有推、顶、拉等动作，或因随防守人移动而造成掩护犯规。

纠正方法：加强对规则的学习与运用，减少非法掩护行为的发生。

5. 教学步骤与训练建议

①在教学与训练中，首先抓好队员的移动的步法，狠抓基本功，特别是转身、传球和假动作的基本功。

②要让学生掌握完整的掩护配合的概念、形式、方法与要求，以及各位置队员的具体职责。选择战例，运用战术沙盘、图表或多媒体手段，分析进攻的方法、原则及运用要求，培养队员的战术思维能力。

③由于位置的不同，在教学训练中应向队员讲明，在什么情况下运用掩护配合。加强对正确配合方法的教学，熟练掌握各种形式的配合方法。

④在教学与训练中，要注意培养队员相互呼应。协同配合的意识，强化语言信号；要重视配合的时机，向队员讲明摆脱时要有突然性，配合才能成功。

⑤在教学与训练中，通过对防守提出特定要求，有目的地提高掩护配合各环节的质量。注意掩护配合中对摆脱假动作的运用，大胆、合理地运用身体堵截防守者的移动路线。

⑥在教学与训练中，让队员充分体验突然起动和擦肩而过的时机、路线与距离，分析造成阻挡、移动掩护的原因，避免比赛中因犯规而造成的失误。

⑦重视培养整体作战意识，培养队员协调一致、顽强拼搏的风格和意志品质，并与体能训练相结合。通过教学比赛，提高全队配合质量与临场应变能力，检查教学训练效果，及时解决存在问题。

（四）策应配合

策应配合是指进攻队员背对或侧对球篮接球后，以他为枢纽，通过多种传球方式与外线队员的空切、绕切相结合，借以摆脱防守，创造各种里应外合的进攻机会的配合方法。

策应配合的应用范围较广泛，它不利于防守空切、绕切的队员选择正常的防守位置，在进攻半场人盯人防守和区域联防时经常采用。通常策应配合可以根据策应的区域和位置分为内策应、外策应、高策应、低策应等，但配合方法基本相似。

1. 配合方法

（1）中锋外策应配合

如图 3-22 所示，②传球给①后，向左侧做假动作，然后以①为枢纽从右侧绕切，同时，策应队员①先做传球给②的假动作，然后转身把△2挡在身后，将球传给绕切过来的②，②接球可以投篮、突破或传给策应后下切的①。

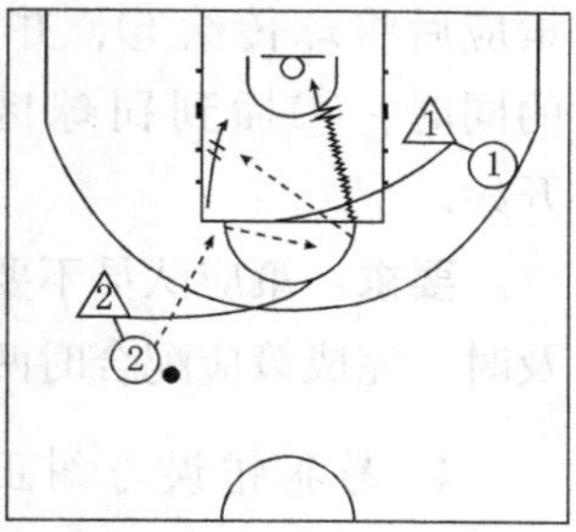

图 3-22

（2）中锋内策应配合

如图 3-23 所示，②传球给③后向右移动，与①在策应队员③身前做交叉绕切，③可将球传给绕切的①或②，也可自己转身进攻。

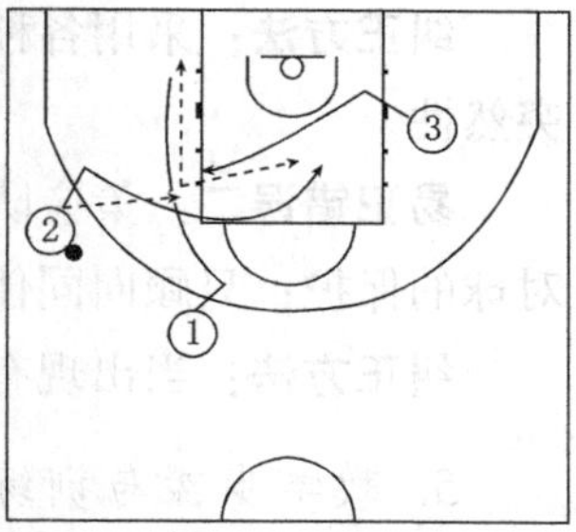

图 3-23

2. 基本要求

①策应队员要突然起动摆脱对手，占据有利的策应位置，采用绕步抢前的接球动作，接球时两脚开立，两膝弯曲，两肘外展，用身体保护球。准确判断场上的攻守变化情况，及时将球传给进攻位置最好的同伴或伺机进攻，传球后要转身跟进或抢篮板球。

②外线的队员传球后，利用起动速度、绕切的弧度或假动作摆脱防守，接到策应队员的传球后迅速做出投篮、突破、传球的最佳选择。

3. 练习方法

（1）连续策应传球练习

如图 3-24 所示，队员 5 人一组，①、②、③各持一球，连续传球。传球顺序①—⑤—④，④—⑤—③，③—⑤—②，②—⑤—①。

要求：⑤上步要球，根据不同角度做各种隐蔽传球。

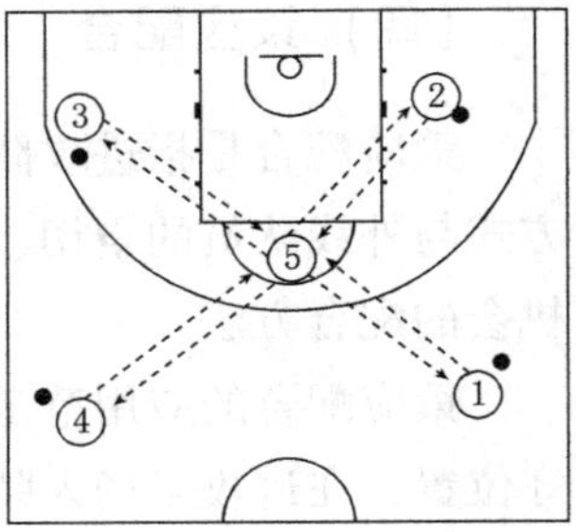

图 3-24

（2）连续移动策应练习

如图 3-25 所示，②提上罚球区接④的传球，并为④做策应，④在策应后移动到原来②的位置，②策应后将球传给⑤，并移动到⑤的排尾，在⑤接球的同时，①插到罚球区接球，策应配合在另一侧开始。

要求：策应队员不要站在限制区内，传球要隐蔽、及时，完成策应配合时两人的距离不能过大。

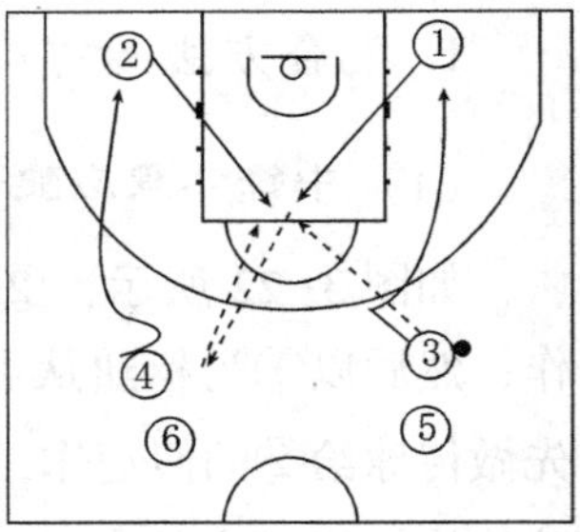

图 3-25

4. 易犯错误与纠正方法

易犯错误一：向策应队员传球不及时或不到位，使策应队员难以获得有利的策应位置。

纠正方法：采用各种形式反复练习向内线传球的技术，强调传球的隐蔽性和突然性。

易犯错误二：策应队员摆脱、选位、抢位不主动；接球时重心过高，不注意对球的保护；只顾向同伴传球，而忽视了自己的进攻作用。

纠正方法：当出现有利进攻时机时，鼓励策应队员积极进攻。

5. 教学步骤与训练建议

①在教学与训练中，抓好队员的各种步法，特别是前后转身和多种传球手法的练习。

②要让学生掌握完整的策应配合的概念、形式、方法与要求，以及各位置队

员的具体职责。选择战例，运用战术沙盘、图表或多媒体手段，分析策应的方法、原则及运用要求，培养队员的战术思维能力。

③由于防守的形成和位置不同，因此在教学训练中应向队员讲明，在什么情况下运用策应配合。加强对正确策应配合方法的教学，熟练掌握各种形式的策应配合方法。

④在教学与训练中，注意培养队员相互呼应，协同配合的意识，强化语言信号，要重视策应配合的时机选择。

⑤在教学与训练中，通过多种防守提出特定要求，有目的地提高策应配合各环节的质量。注意策应配合的传球假动作，中锋要大胆运用进攻动作，并合理运用身体抢占有利的进攻位置。

⑥在教学与训练中，让队员充分体验空切和摆脱防守的时机、路线与距离，分析造成失误的原因。

⑦重视培养整体作战意识，并通过教学比赛，提高全队策应配合质量与临场应变能力，检查教学训练效果，及时解决存在问题。

二、防守战术基础配合

防守战术基础配合是指在篮球比赛中，防守队员两三个人之间所采用的协同防守配合的方法。它包括：挤过、穿过、绕过、交换防守、夹击、补防、“关门”及围守中锋（图 3–26）。熟练掌握和灵活运用防守战术基础配合，对提高队员整体防守战术配合能力和战术意识有极其重要的作用。

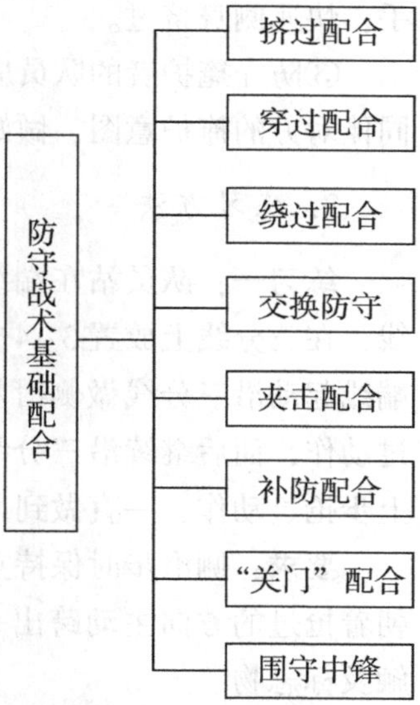

图 3–26　防守战术基础配合

（一）挤过配合

挤过配合是指对方进行掩护时，防守队员在掩护队员接近自己的一刹那，迅速抢前横跨一步贴近自己的对手，并从两个进攻队员之间侧身挤过去，继续防守自己对手的配合方法。

当对方距离球篮较近，外围队员想利用掩护投篮或由于身高的差别而不宜交换防守的情况下，运用主动性很强的挤过配合，可以破坏对方的掩护配合。

1. 挤过配合的方法

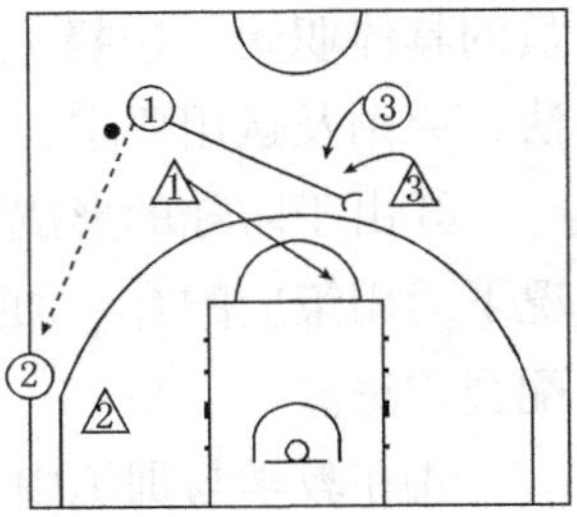

图 3-27

如图 3-27 所示，①传球给②后去给③做掩护，△1发现后要提醒同伴△3注意。△3在①临近的一刹那，迅速抢在①之前继续防守③。

如图 3-28 所示，②接球后向右侧运球，①上前来掩护，此时△1要及时提醒△2，△2在①临近的刹那迅速靠近②，从①和②之间抢过，继续防②，△1要配合行动。

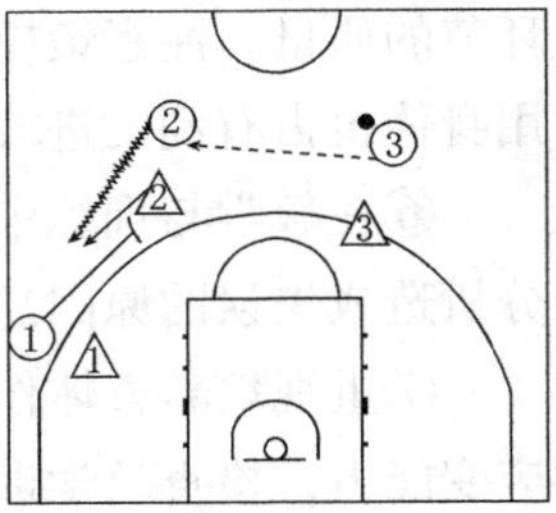

图 3-28

2. 基本要求

①不要过早地暴露挤过配合的意图，以防对方反向切入。

②在两个进攻队员身体靠近以前，果断上步贴近对手，快速侧身挤过。

③防守掩护者的队员应站在能够兼顾防守两个进攻队员的位置上，及时提醒同伴对方的掩护意图，做好可能换防的准备。

3. 练习方法

练习一：队员站在端线外，以三分线为练习移动路线，在三分线上放置 3~4 个标志物（图 3-29）。队员从端线起动沿三分线做侧滑步，当滑至标志物处做上步抢过动作，而后继续沿三分线滑至下一个标志物，再练习上步抢过动作，一直做到另一端线停止。

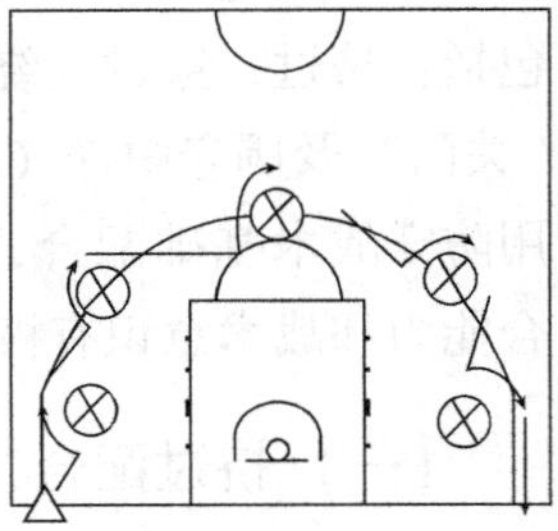

图 3-29

要求：侧滑步时保持重心平稳。抢过时提腰，脚尖朝着抢过的方向主动跨出一大步，速度要快，身体不要触及标志物。

练习二：如图 3-30 所示，①传球给②后移动至底线与③做掩护，△3挤过防守，②将球传给①或③。进攻结束后，△1、△3抢篮板球，换位至排尾，①、③立即回原位防守④和⑤，依次进行练习。

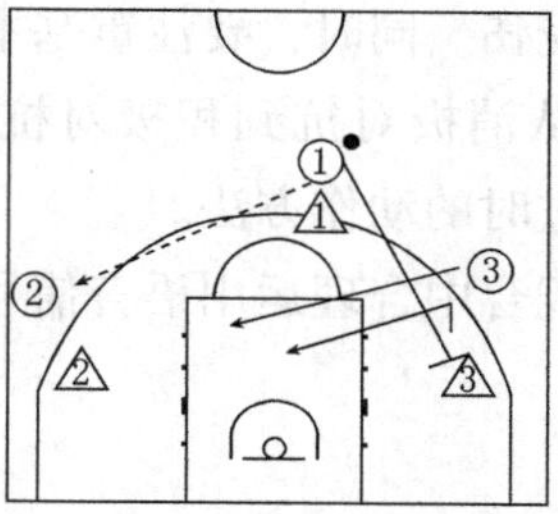

图 3–30

要求：必须采用挤过防守，加快攻守转换速度。

4. 易犯错误与纠正方法

易犯错误一：防守队员距离进攻队员较远，当对方进行掩护时没有及时上步贴近进攻者，造成对方掩护后接球或投篮。

纠正方法：要敢于靠近进攻者，抢前上步要及时果断，掌握上步时的动作要领。

易犯错误二：当进攻队员掩护时，防守被掩护的队员没有及时发现，当掩护队员占据合法掩护位置时，已来不及抢步，形成漏人。

纠正方法：防守掩护队员发现对方掩护，要及时提醒同伴，必要时采用换人战术。

易犯错误三：没有对掩护做出及时、准确判断，防守配合不明确，造成犯规。

纠正方法：提高判断力，加强脚步移动的灵活性练习，学会合理、快速运用脚步动作。增强防守配合的运用意识，提高防守队员之间的配合默契，相互呼应。

易犯错误四：由于进攻频繁移动掩护，表现出体力不足、缺乏毅力，被掩护队员挡住。

纠正方法：加强意志品质教育，重视身体素质、身体对抗的练习，掌握正确的防守方法和技巧，学会抢过配合的运用。

5. 教学步骤与训练建议

①在教学与训练中，首先把队员的脚步练习放在第一位，加强上步、抢步和滑步的步法练习，要求动作迅速果断，避免犯规。

②抢过防守配合很容易造成受伤，练习时应有准备地将靠近掩护队员的腿先

挤过，这样能防止膝盖碰撞受伤。同时，要注重基本功的练习。

③逐渐加强对抗练习，从消极对抗到积极对杭，适应身体接触和培养自信心，积极抢位，掌握运用抢过时的动作方法。

④注意强化队员在防守配合中合理运用语言信号，相互呼应，提高配合运用效果。

(二) 穿过配合

穿过配合是指当对方进行掩护时，防守掩护者的队员及时提醒同伴，并主动后撤一步，让同伴及时从自己和掩护队员之间穿过去，继续防守自己对手的配合方法。

当对方掩护发生在弱侧区域，在距离球篮较远，无投篮威胁，不宜换防的情况下，运用穿过配合可有效地破坏对方的掩护配合。

1. 配合方法

如图 3-31 所示，②传球给③后反方向移动给①做掩护的瞬间，△2主动后撤，让△1从②和△2中间穿过去，继续防守①。

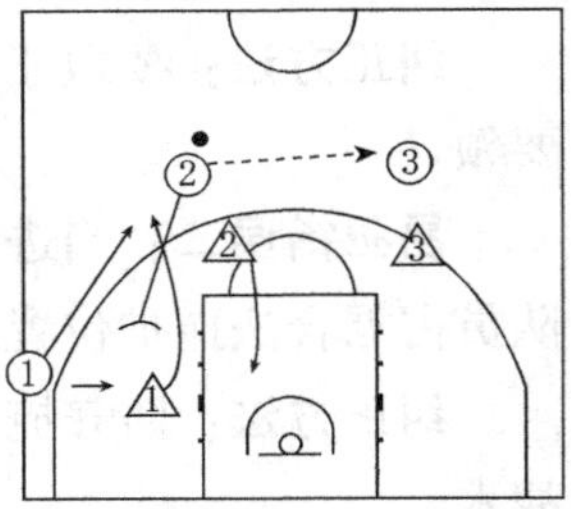

图 3-31

2. 基本要求

①防掩护队员要及时提醒同伴，并主动后撤一步选好位置，留出让同伴穿过去的通路。

②当对方掩护时，防守被掩护者的队员要撤步侧身，避开掩护队员，使其及时穿过。

3. 练习方法

（1） 穿过配合脚步练习

3 对 3 徒手练习穿过防守的动作和配合，要及时利用后撤步和绕步跟随继续防守（图 3-32）。

要求：积极认真防守，脚步移动要快，穿过接滑步移动中重心低并保持平衡。进攻的掩护队员掩护动作要合理，位置要正确，不允许犯规动作。

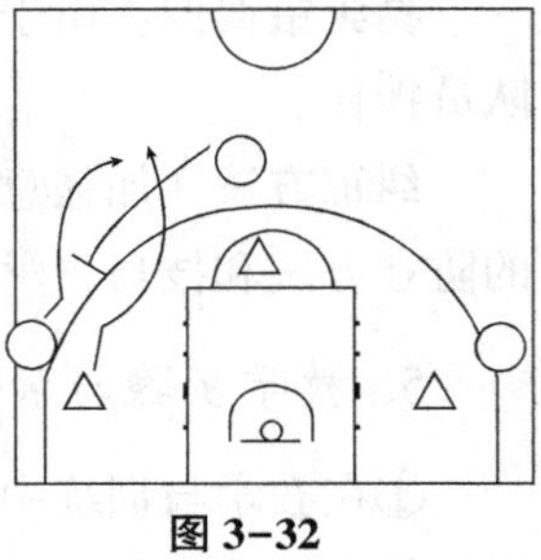

图 3-32

（2）穿过配合无球练习

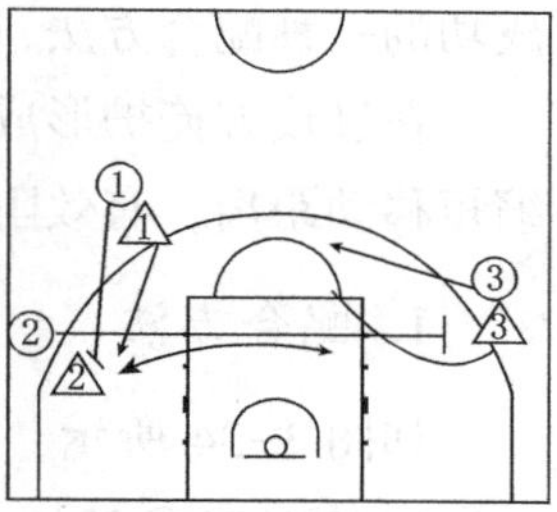

图 3-33

如图 3-33 所示，①给②做掩护，△2从①和△1之间穿过，继续防守②。②之后给③做掩护，△3从②和△2之间穿过继续防守③，依次进行练习。

要求：必须采用穿过防守，加快攻守转换的速度。

4. 易犯错误与纠正方法

易犯错误一：当进攻队员去掩护还没有到位，防守被掩护的队员就过早后撤步，给进攻者造成投篮或其他攻击机会。

纠正方法：注意观察，准确判断，要在掩护形成瞬间，迅速后撤步穿过。

易犯错误二：防守去掩护的队员没有给同伴留出穿过的空档，同伴被自己挡住形成漏人。

纠正方法：防掩护队员要在掩护形成瞬间主动后撤一步，并用语言提示同伴穿过，如果不能穿过，应立即采用绕过防住对手。

易犯错误三：穿过后离进攻队员太远，造成进攻队员接球投篮。

纠正方法：加强移动时的步法运用，穿过时用横滑步，而后应立即变上步或攻击步，同时配合手臂动作，根据进攻队员离篮远近和攻击动作及时做出相应的攻击性防守动作。

5. 教学步骤与训练建议

①在教学与训练中，加强队员后撤步、滑步、上步的脚步移用练习和配合手臂动作，强调快速突然。

②在教学与训练中，掌握从消极到积极的逐渐对抗形式，应在练习挤过配合后练习穿过配合。

③培养队员运用挤过、穿过的时机，明确比赛中应积极运用挤过配合，如果挤过配合运用不成功再运用穿过配合。

④结合现代篮球运动攻击攻击性防守的策略，引导队员防守的积极性和主动性。

（三）绕过配合

绕过配合是指当进攻队员进行掩护时，防守去掩护的队员及时提醒同伴并主动贴近对手，让同伴从自己身后绕过，继续防守住各自对手，破坏其进攻中掩护成功的一种配合方法，一般多在对方无投篮威胁时运用。

在进攻方掩护形成，被掩护队员向篮下运球突破时，迅速采用绕过防守，可缩短移动距离，有效阻截进攻的突破路线，达到防守的目的。

1. 配合方法

如图 3-34 所示，③传球给②并上去做掩护，②传球给①后利用③的掩护向篮下切入，△2从③和△3旁绕过。

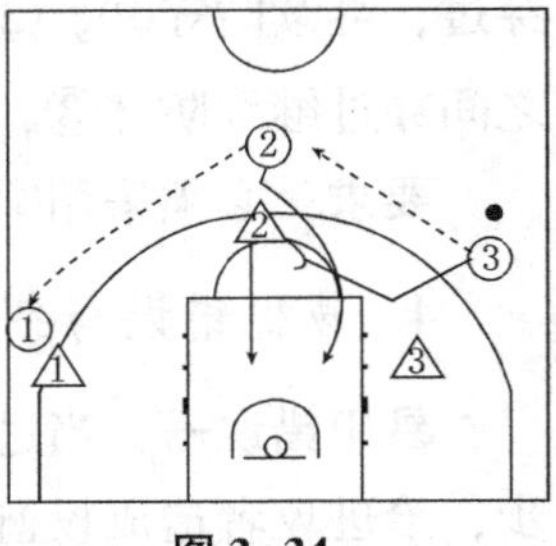

图 3-34

2. 基本要求

①两防守队员之间要默契，信号联络必不可少。

②防守掩护的队员在配合时，提醒同伴的同时要主动贴近自己的对手，使同伴及时绕过，继续防守住对手。

③被掩护的防守者在同伴提醒下要调整好防守位置和距离，一旦掩护形成，立即撤步或利用后转身，从同伴身旁迅速绕过，继续防守对手。

3. 练习方法

（1）绕过配合移动步法练习。

队员站在端线外以三分线为练习移动路线，在三分线上放置 3~4 个标志物。队员从端线起动沿三分线做侧滑步，当滑至标志物处做绕过动作，而后继续沿三分线滑至下一个标志物，再练习绕过动作，一直做到另一端线停止。

要求：滑步移动中，重心低并保持平衡，绕步时腰胯配合，用力协调，不要碰到标志物。

（2）绕过配合有球练习

如图 3-35 所示，②传球给③后利用①的掩护切入篮下，△2封堵②向内切的路线，迫使其向另一侧切入。此时，△1要贴住①，△2从①和△1身旁绕过继续防守②。

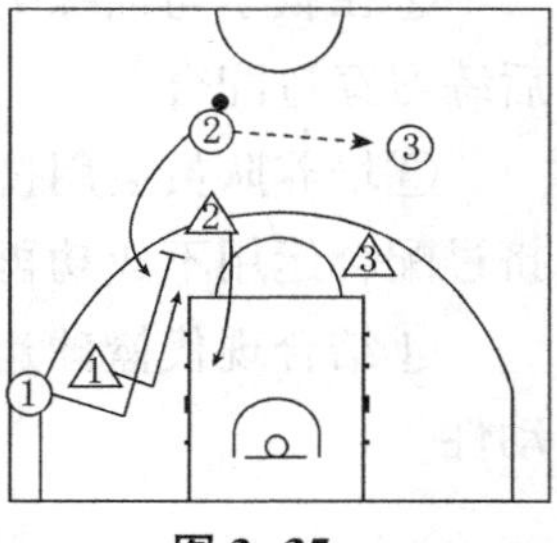

图 3-35

要求：绕过队员要快速调整防守位置和距离，迅速移动到进攻队员与球篮之间的有利位置，最好是偏向球侧，积极挥动手臂阻挠对手接球。

4. 易犯错误与纠正方法

易犯错误一：两名防守队员之间配合不默契，形成撞车，造成防守漏人。

纠正方法：注意配合位置的选择，加强语言交流和信号联络，防守掩护的队员要多用语言提醒同伴，并贴近自己的防守者。

易犯错误二：由于绕过防守本身就有消极一面，绕过时判断不准或绕过后没有及时上防，经常造成进攻者直接投篮或切入篮下接球。

纠正方法：不能有懒惰和侥幸心理，要善于观察进攻队员的意图。进攻队员向球移动时要全力堵、卡，向弱侧移动时，可适当收缩并准备协防。

易犯错误三：绕过时动作慢，移动路线不正确，造成对手切入篮下。

纠正方法：加强脚步移动灵活性，后撤步绕过来不及时应用后转身动作绕过，判断对方攻击意图，及时卡住对手的进攻路线。

5. 教学步骤与训练建议

①运用各种直观手段讲解绕过配合的概念、特点、方法、运用时机与配合要求，明确人、球、区、篮的关系，正确移动调整的位置，采用合理的防守动作。

②在练习中重点讲解各防守队员的职责分工和各种进攻变化情况下的配合要求。

③在练习中及时进行防守要求的语言提示。

④在以上练习基础上，进行抢、打、断球，破坏进攻队员的传接球，要求进攻队员移动配合防守练习。

⑤在以上练习基础上，进行进攻方固定传球人不动、其他进攻队员穿插切入随防守队员的防守配合练习。

⑥通过教学比赛来巩固和提高绕过配合的质量，要对比赛中所采用的配合提出具体要求，通过比赛来不断强化、巩固和提高。

（四）交换配合

交换配合是指进攻队员做掩护配合时，防守掩护者的队员与防守被掩护者的队员及时主动地交换自己所防对手的配合方法。

只要换防以后的新对手在身高和技术方面无明显的差别，运用交换配合可有效地扼制和破坏对方的掩护配合，通常在对方进行横向的掩护时采用。

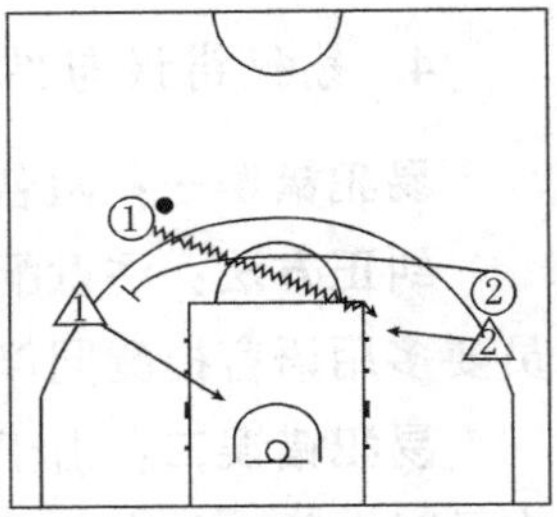

图 3-36

1. 配合方法

如图 3-36 所示，△1防守①，②给①做侧掩护，①运球突破。△2此时发出交换防守的信号，交换防守①，△1随之后撤调整位置，堵住②的切入，并准备抢断①的传球。

2. 基本要求

①防守掩护者的队员应及时发出信号提醒同伴，相互换防堵截进攻队员的攻击路线。

②防守被掩护者的队员应及时撤步，在掩护队员到位前转身切入抢占有利的防守位置。

3. 练习方法

（1）4 对 4 练习

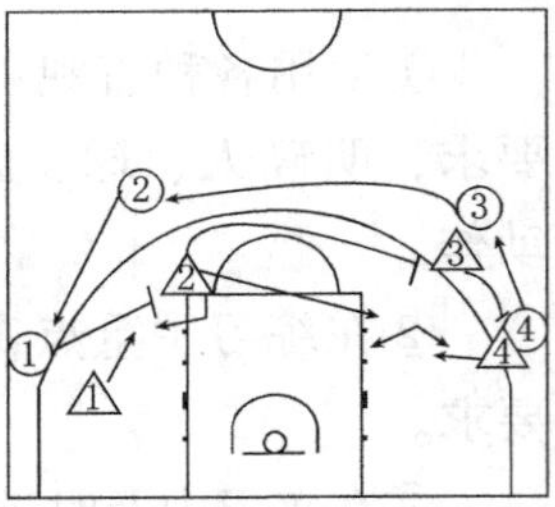

图 3-37

如图 3-37 所示，4 对 4 绕三分线站立，由①分别给②、③、④掩护，△1、△2、△3、△4分别进行交换防守练习，当①落到另一端时，②开始掩护，依次反复练习。

要求：防守掩护的队员要发出换人信号，上步抢位要快，堵截进攻路线；防守被掩护的队员不要过早撤步换人，要在接近掩护时再换人。

（2）2 对 2 练习

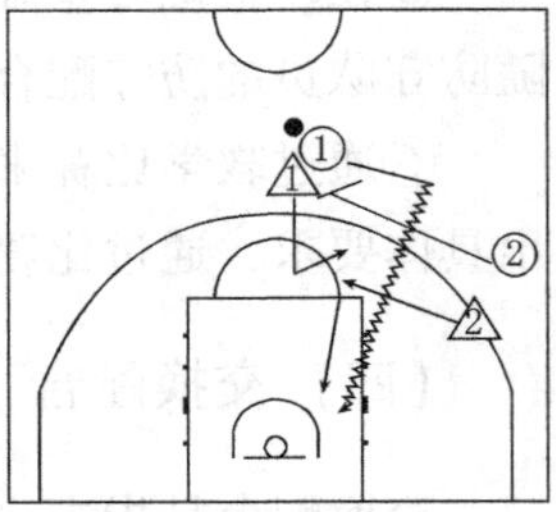

图 3-38

持球队员①向左侧运球，②上前做掩护，△2要跟随②防守，力争将②向外挤。当②掩护到位时，△2突然外移跨出换防①，试图逼迫①回到原防守队员△1（图 3-38）。

要求：防守掩护者的队员必须发出信号，通知同伴进行交换配合，攻守转换速度要快，加大练习密度。

4. 易犯错误与纠正方法

易犯错误一：在练习或正式比赛中，可能忘记交换或来不及交换，导致队友被掩护住、无法跟上他自己的防守人，出现漏人现象，造成严重失误。

纠正方法：防守掩护的队员对即将发生的和可能发生的情况应有充分的思想准备，一旦对手有掩护的意图，应立即用语言提醒同伴“掩护”“换人”等，这样可以降低失误的发生。

易犯错误二：防守掩护的队员被对手假掩护迷惑，没有积极跟防，使进攻者突然空切篮下，造成失误。

纠正方法：防守中始终占据进攻人与球篮之间的位置，积极跟紧自己的对手，当对方掩护到位切入时，突然换防。

易犯错误三：被掩护的防守者没有及时调整步法，被挡在外侧，让对方掩护成功。

纠正方法：熟练掌握被挡后撤步、绕步、前转身、后转身等移动步法，敢于用身体堵住进攻队员转身切向篮下的路线。

易犯错误四：内线高大队员给外线队员做掩护时，防守换防，容易造成以大打小的不利局面；对方进行后掩护时，不易察觉，换防时容易造成漏人。

纠正方法：外线队员应尽量抢过，如果被挡住，要及时换防，并尽快绕前防守，截断传球路线。对方后掩护时，防掩护的队员要及时提醒同伴，并应尽快采用抢过配合。

5. 教学步骤与训练建议

①在教学与训练中，首先抓好队员的各种移动的步法，如撤步、绕步、抢步、上步、前转身、后转身、滑步等，掌握卡位、堵截等动作方法，学会在交换防守配合中合理运用。

②交换防守配合不是不得已才运用的，而是有准备、有预见的。因此，在教学训练中要重视配合的时机，向队员说明交换防守时要有突然性、及时性、果断性，配合才能成功。

③由于掩护的形成和位置不同，因此，在教学训练中应向队员讲明，在什么情况下运用交换防守配合。

④在教学与训练中，注意培养相互呼应、协同配合的意识，强化语言信号，提高交换配合的默契。

⑤要注重交换防守配合中的积极性、攻击性，合理运用手臂阻挠对手投篮、

传球、接球、运球等攻击动作。

⑥在教学与训练中，让队员充分体验换防时卡位和堵截的时机、路线与跟离，分析造成阻挡、拉人、推人的原因，避免比赛中因犯规造成失误。

（五）夹击配合

夹击配合是指两个以上的防守队员，利用对手在场地边角运球或运球停止时，突然快速上前封堵和围夹持球者的一种防守配合方法。它是一种主动性、攻击性很强的防守配合方法，能有效地控制持球队员的活动，迫使对手失误，创造断球反击的机会。通常在紧逼人盯人防守、区域紧逼防守或带有夹击式的扩大联防战术中运用。

1. 配合方法

示例一：如图 3–39 所示，①从底线突破，△1封堵底线，迫使①停球，同时△2迅速向底线跑去与△1协同夹击①，封堵其传球路线，迫使其违例或失误。

示例二：如图 3–40 所示，①发边线球，△1、△2同协夹击②，封堵②的接球。

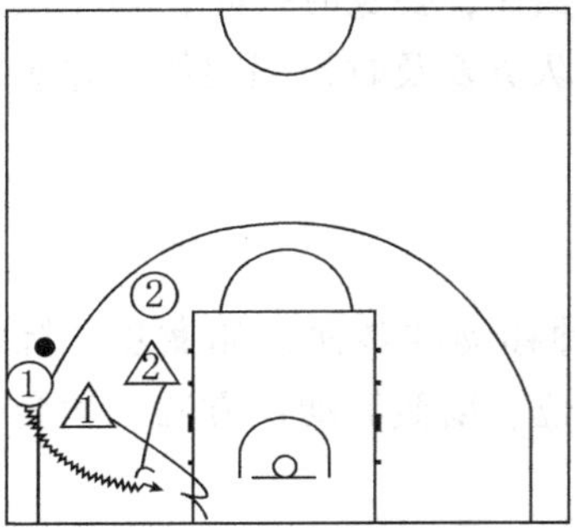

图 3–39

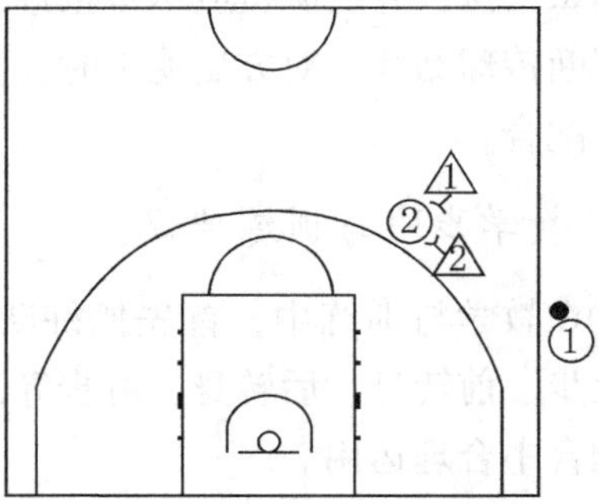

图 3–40

2. 基本要求

①当对手沿边线埋头运球或在场角、中线附近和限制区内运球停止时，是夹击的最好时机。

②夹击时两个防守队员的身体要靠紧，两臂垂直上举，随对方的球摆动，封堵其传球。

③夹击的目的不是从持球队员手中抢球，而是迫使持球队员传球失误，给同

伴创造抢断球的机会，因此，应减少夹击时的犯规。

④其他队员应积极配合夹击队员的行动，及时封堵近球队员，迫使持球队员传远、高球。

3. 练习方法

如图 3-41 所示，△1迫使①向边角运球，当①运球至端线附近时，△2放弃自己防守的②，迅速移动至①身后与△1合作夹击①。此时，△3要迅速补位，并准备断的①传球。

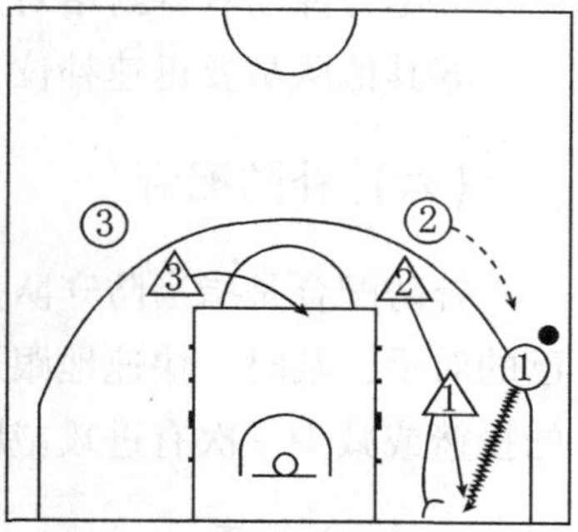

图 3-41

要求：严格执行夹击配合的基本要求，快速移动紧逼近球队员。

如图 3-42 所示，△1迫使①沿边线运球，△2看准时机，当①运球刚过中线后，果断迎上堵截，迫使①停球，并与△1夹击①。

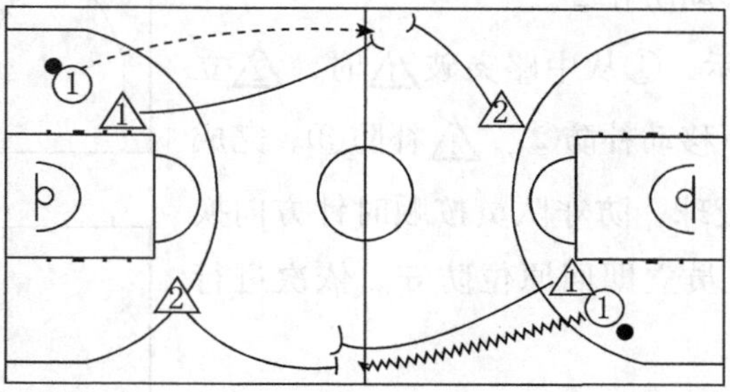

图 3-42

4. 易犯错误与纠正方法

易犯错误一：上步过猛造成撞人犯规；出击不及时，进攻队员已经切入，防守队员随手去拉对方，造成拉人犯规。

纠正方法：加强基本功练习，学会合理、快速运用脚步动作。

易犯错误二：负责夹击的队员没有及时跟进，造成漏人。

纠正方法：提高防守队员之间的默契配合，运用手势、言语等方法相互呼应。

易犯错误三：防守队员参与夹击后，其原来的位置没有其他队员补位，造成漏人。

纠正方法：强调及时轮转补位，伺机断球。

5. 教学步骤与训练建议

①选择合适的夹击区域，如边线、边角，边线和中线的夹角区域。

②尽力挥动双臂封堵对方的传球路线，不要急于抢球而造成不必要的犯规。

③其他队员要迅速补位，伺机断球。

（六）补防配合

补防配合是指当防守队员被对手突破或出现漏防时，邻近的同伴立即放弃自己的对手，及时、快速地跟进补漏防守的一种配合方法。补防可以阻截一次直接的投篮或减少一次有进攻威胁的机会，在篮球比赛中经常使用。

1. 配合方法

如图 3-43 所示，当①突破△1的防守直接投篮时，△2立即放弃自己的对手，快速补防阻止①的进攻，△1向左侧移动防守②。

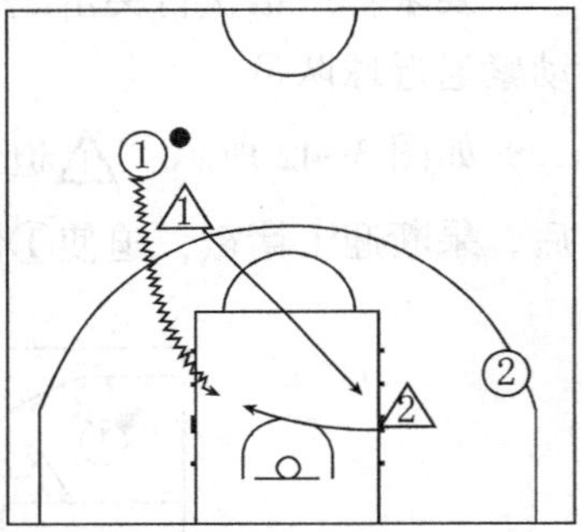

图 3-43

如图 3-44 所示，①从中路突破△1时，△2立即补防①，△3篮下移动补防②，△1补防③。完成防守后，△2抢篮板球，防守队员按顺时针方向换位至排尾，进攻队员立即回原位防守。依次进行练习。

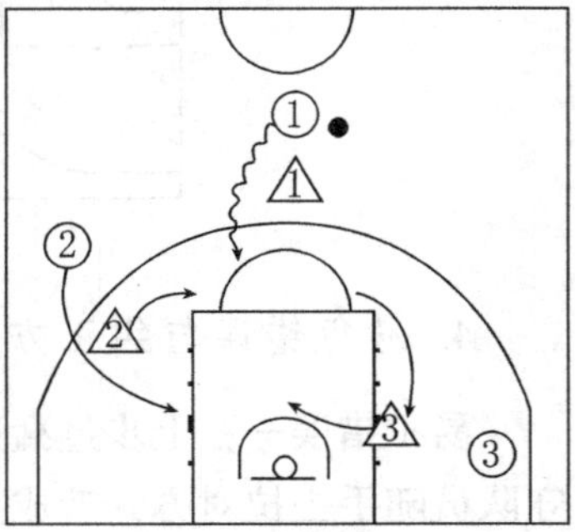

图 3-44

2. 基本要求

①防守队员应全面观察和判断场上出现的漏防情况，补防时应果断、迅速地抢占有利位置，避免犯规。

②被对手突破的防守队员应快速向补防队员方向移动，并观察对方的传球意图，争取抢断球。

3. 练习方法

（1）选择位置及移动路线的练习

教师发出信号后，学生从 45°向三分线弧顶的标志物移动，随后根据教练的信号，按顺时针方向依次移动到另外两个标志物，结束后回到队尾，下一位队员重复进行（图 3-45）。

要求：起动迅速，接近标志物时换小碎步，在标志前做防守基本姿势后，向下一标志物移动。

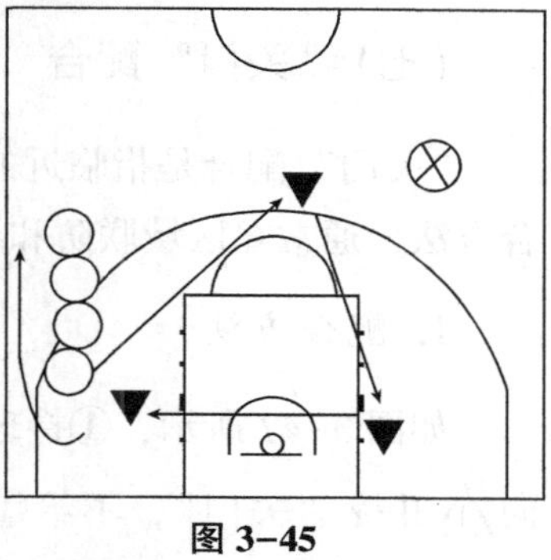

图 3-45

（2）4 对 3 的练习

如图 3-46 所示，4 名进攻队员，3 名防守队员。④、⑤、⑥、⑦相互进行传球，△1、△3、△4根据球移动的方向，积极滑动、上步、卡位，封堵可能出现的突破路线。练习一段时间或球被拦截后，换下一组进行练习。

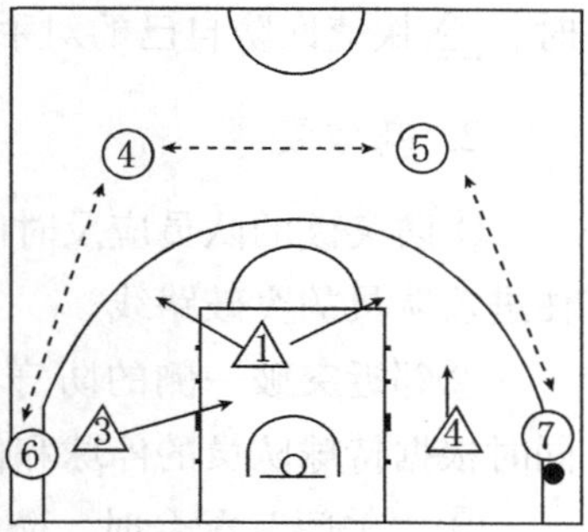

图 3-46

4. 易犯错误与纠正方法

易犯错误一：在练习或正式比赛中，补防者上步不到位或速度失控，没有运用正确的防守方法，造成犯规。

纠正方法：加强各种步法练习，掌握防无球队员的方法，多进行实战及体能练习，敢于用身体堵住进攻队员转身切向篮下的路线。

易犯错误二：被突破的防守队员没有积极防守漏防的对手，使进攻者局部形成以多打少或空切篮下，造成失误。

纠正方法：防守队员对即将发生的情况要有充分的思想准备，一旦同伴失去防守位置后，积极主动补防。

5. 教学步骤与训练建议

①首先抓好队员的各种移动的步法练习，如撤步、绕步、抢步、转身、滑步等，掌握卡位、堵截等动作方法，学会在补防中合理运用。

②掌握补防配合的概念、形式、方法与要求，运用战术沙盘、图表或多媒体手段，分析防守的方法、原则及运用要求。

③在教学与训练中，注意培养队员相互呼应、协同配合的意识，强化语言信号的运用。

④在教学与训练中，让队员充分体验换防时卡位和堵截的时机、路线与距离，分析造成阻挡、拉人、推人的原因，避免比赛中因犯规造成失误。

（七）“关门”配合

“关门”配合是指临近的两名队员协同堵截进攻队员运球突破的一种防守配合方法，通常在区域联防和半场人盯人防守战术中运用。

1. 配合方法

如图 3–47 所示，①持球突破时，△2抢先移动向△1并拢“关门”，不给①留有空隙，当①分球时，△2快速回防自己的对手。

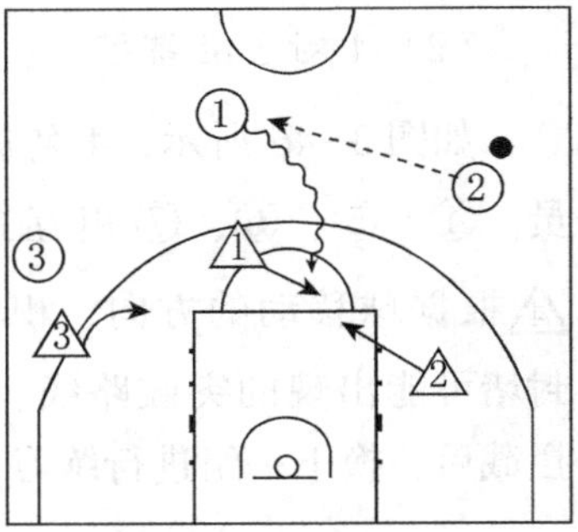

图 3–47

2. 基本要求

①防突破的队员应及时向侧后方滑步卡位，堵住进攻队员的突破路线。

②邻近突破一侧的防守队员，应快速向同伴移动靠拢进行“关门”配合，同时根据持球队员的停球和传球，决定围堵或回防。

③“关门”配合时，防守队员要肩收紧、微屈膝、含胸，两臂自然上举或侧举，发生身体接触时要用暗劲，避免受伤。

3. 练习方法

如图 3–48 所示，①持球突破，△2和△1“关门”，①传球给②，待△2防回位后②突破，△2与△3“关门”。依次进行练习，练习数次后，攻守交换。

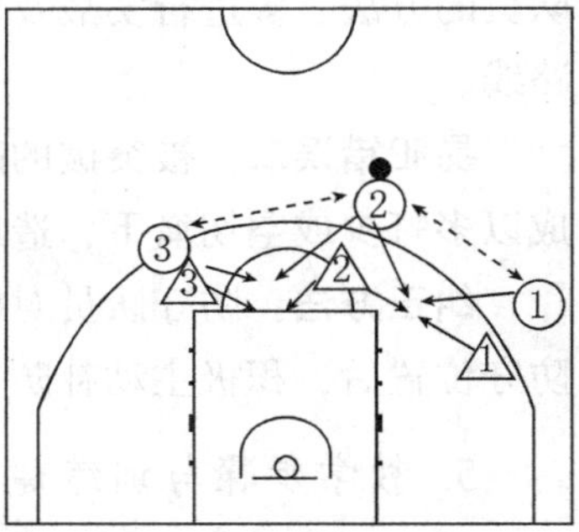

图 3–48

要求：防守队员积极移动，快速回位。“关门”时不留空隙，熟练掌握后，进攻队员可随意选择突破方向，增加难度，提高质量。

4. 易犯错误及纠正方法

易犯错误一：两名队员“关门”时，只随持球突破队员的移动而移动，没有堵住突破路线。

纠正方法：可先组织由防守者堵持球突破路线的练习，然后采用防曲线运球的练习，帮助防守队员练习向左或右侧后方滑步动作，最后在慢速的 2 防 2 配合中练习体会动作。通过反复练习，提高“关门”配合效果。

易犯错误二：“关门”配合时脚慢手快，有时急于从对方手中掏打球发生犯规。

纠正方法：讲解“关门”的目的是防止对手突破，打球时必须准确判断时机，看准球、突然打。可采用2人一组听或看信号进行“关门”配合的练习，或采用跟随持球突破队员练习，并要求正确运用技术。

易犯错误三：“关门”配合成功后的回防速度慢，位置选择不合理。

纠正方法：练习中教练可站在配合的位置上，给以推、拉的力量，帮助队员回防时调整防守位置，还可给以“回防”的语言信号刺激，提高其回防速度。

5. 教学步骤与训练建议

①注重培养防守队员对进攻队员的持球突破意图的判断能力，积极快速的移动能力和正确运用“关门”技术的能力。

②“关门”时应注意强调配合时机、位置、动作，防止犯规。

③“关门”配合应突然、迅速、果断，两名“关门”队员之间不能留有可供持球突破队员通过的空档。

④“关门”配合成功后，应强调快速及时地回防自己的对手。

⑤应强调认真、顽强、整体协作精神和积极防守思想。

（八）围守中锋配合

围守中锋配合是指外围防守队员协同内线防守队员，共同围守对方中锋的一种配合方法。当对方中锋的攻击力较强时，为减小内线防守的压力，削弱其进攻威力，常采用围守中锋的防守方法。

1. 围守中锋配合的方法

如图3-49所示，③持球时，△3对其紧逼防守，△1位于中锋①的外侧防守，△2后撤与△1围守①。②持球时，△2紧逼防守②，△1移动至内侧防守①，△3后撤与△1围守①。当②或③传球给①时，△2、△3迅速后撤围夹①。

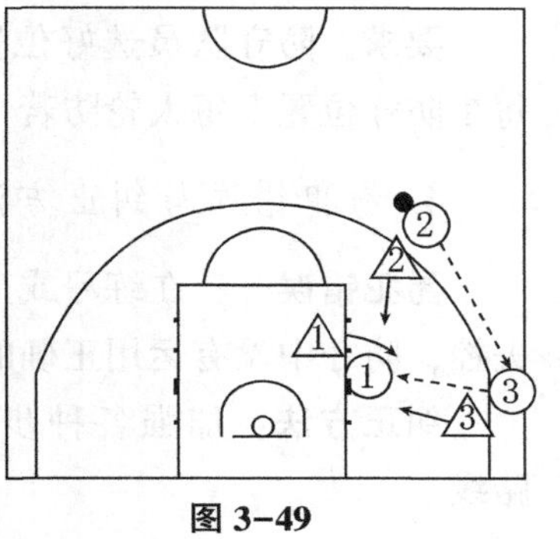

图3-49

2. 基本要求

①紧逼持球队员，切断内外联系，迫使其不能准确、及时地传球给中锋。防守中锋的队员根据球的转移，积极移动阻截对手接球。

②当对方中锋接球或转身向篮下运球进攻时，邻近中锋一侧的防守队员应迅速进行围夹，迫使中锋将球传到外围。

3. 练习方法

如图 3-50 所示，①与③相互传球，寻找机会传给中锋②。△1根据对手和球的位置及时调整防守位置，当①有球时，要上前封堵①向中锋的传球路线；当①无球时，要回缩协助△2围守②。当①持球时，△2应站在②左侧，当①传球给③时，△2随球的转移快速移到②的右侧。当②接到球时，△1和△3协同△2进行围夹，迫使其将球传出。练习一定次数后攻守交换进行。

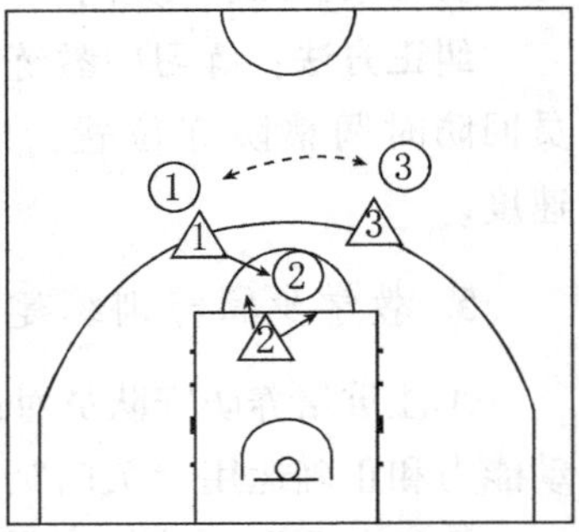

图 3-50

如图 3-51 所示，△2紧逼防守持球队员②，△1内侧防守①，△3后撤围守①，△4移动至篮下附近，防止②的高吊球。当②传球给③时，△3紧逼③，△1外侧防守①，△2回撤围守①，△4错位防守④。④持球时，△4紧逼防守，△1、△2、△3向强侧方向移动，并错位防守各自对手。练习数次后攻守交换。

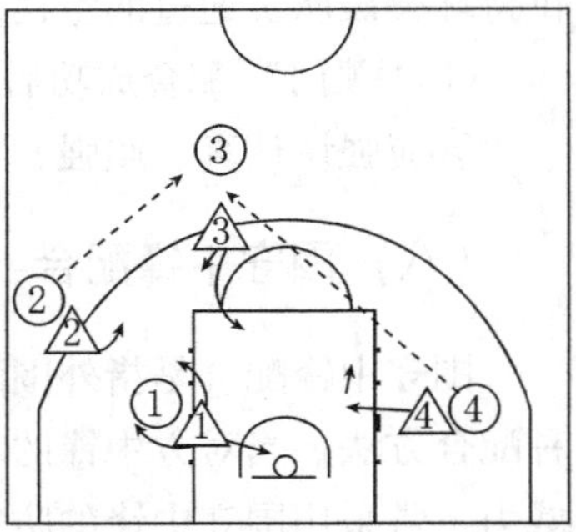

图 3-51

要求：防守队员选好位置后进攻队员再传球，每个防守位置上每人轮防若干次，攻守交换。

4. 易犯错误与纠正方法

易犯错误一：在练习或正式比赛中，协防中锋队员上步不到位，补防或速度失控，防守中没有运用正确的防守方法造成犯规。

纠正方法：加强各种步法练习，并敢于用身体堵住中锋队员转身进攻的路线。

易犯错误二：协防队员的防守对手突然空切篮下，接中锋传球完成投篮，造成失误。

纠正方法：围守中锋瞬间，其他防守队员对即将发生的和可能发生的情况应有充分的思想准备，一旦对手有空切的意图，应立即提醒同伴。要积极主动找同伴漏防的对手，并占据进攻人与球篮之间的位置，防止对方切入。

易犯错误三：全队轮转换位不及时，队员不敢大胆丢开自己防守的队员，掌握不好断球时机或造成进攻者局部形成以多打少。

纠正方法：熟练掌握配合方法、动作并形成默契，围守中锋时相互提醒。多安排各种抢、断球练习，提高队员的观察判断能力，培养积极、主动、大胆的作风。

5. 教学步骤与训练建议

①在教学与训练中，首先抓好队员的各种移动的步法，如撤步、绕步、抢步、前转身、后转身、滑步等，学会在围守中锋时合理运用。

②在教学与训练中，要注意配合的时机，要有突然性、及时性、果断性，配合才能成功。

③注意围守中锋配合中的积极性、攻击性，大胆合理地用手臂阻挠对手投篮、传球、运球等攻击动作。

④在教学与训练中，注意培养队员相互呼应、协同配合的意识，强化语言信号。

思考与练习

1. 如何才能让传切配合更具攻击力？
2. 怎样才能更有效地提高掩护配合质量？
3. 在突分配合中，对突破队员的要求是什么？
4. 策应队员在接球后应该注意哪些问题？
5. 在抢过配合中，对抢过队员的要求是什么？
6. 在交换防守配合中，对防守队员的要求是什么？
7. 如何才能更有效地提高“关门”配合的质量？
8. 补防配合中，对补防队员的要求是什么？
9. 围守中锋配合中，对协防队员的要求是什么？

第三节　快攻与防守快攻

一、快攻战术

快攻是由守转攻时，在对方尚未组织好防守阵形之前，以最快的速度将球推进至前场，争取造成人数上和位置上的优势，主动而合理地进行攻击的一种快速进攻战术。

（一）快攻战术的特点

快攻战术是篮球进攻战术的重要组成部分，其特点是速战速决，攻其不备，在短时间内可缩小比分差距或反败为胜。快攻战术是现代篮球进攻战术中最锐利的武器，是最重要的反击得分手段，体现了现代篮球运动向智勇结合、凶悍拼斗、快速机敏和全面准确方向发展的基本特征。

由于快攻对运动员的身体素质、基本技术和篮球意识要求较高，所以对培养运动员积极主动、勇猛顽强的作风，促进体能素质的全面发展，提高技术运用能力，都起着积极的促进作用。

（二）快攻战术的基本要求

①全队要有强烈的整体快速反击意识，不放过任何一次发动快攻的机会。

②快攻战术成功的关键是获得球转攻的瞬间，全队要迅速有组织、有阵形、有层次地合理散开，保持纵深队形，增加攻击点，保证快攻的连续性和层次性。一传与接应要及时准确，推进速度要快，能传则不运，不能传则运球突破，以保持推进的速度。

③接应点尽量靠前，接应区域一般在罚球线延长线向前两侧的空位。

④球往中路推进时要与两侧队员形成三角形，两侧在前，中路稍后。边线队员快速移动跑位，中路控球队员掌握好快攻的节奏，根据场上的情况果断运球突破或及时将球传给快下的队员进攻。

⑤攻击要果断，保持速度，尽量减少限制区内的传球。可采用行进间投篮、中远距离跳投、“一传一投”等多种投篮手段，投篮要稳，要积极拼抢篮板球。

⑥快攻受阻时，其他队员要迅速跟进接应，在快速移动中将快攻与阵地进攻有机地结合起来。

⑦在整个快攻过程中，个人和整体行动都要避免贻误战机，尽量简化程序，保证快攻的连续性和流畅性。

(三) 快攻战术的分类

依据快攻的发动形式，可分为抢获后场篮板球快攻、掷界外球快攻、抢打断球快攻、跳球快攻等。依据快攻推进的形式，可分为长传快攻、传球结合运球快攻及个人运球突破快攻等。其中，抢获后场篮板球后发动快攻的次数最多，抢打断球后发动快攻的威胁最大，长传快攻的成功率最高。

(四) 快攻战术过程与方法

快攻由发动与接应、推进和结束 3 个阶段组成。

1. 快攻的发动与接应阶段

快攻的发动与接应阶段是指获得球后及时地组织和接应第一传的配合阶段。发动与接应是快攻战术非常重要的环节，快攻能否成功，往往取决于能否及时发动与快速准确的接应。因此，获得球的队员要有发动快攻的意识，能够全面观察场上的情况，并抓住机会迅速、及时、准确地进行第一传。接应队员应迅速摆脱防守，选择合理有利的位置接应，接应后必须快速地向前场推进。如图 3-52 所示，①抢获后场篮板球后，根据场上同伴和防守队员的情况，可选择传球给插中接应的③，也可选择传球给沿边线快下的②。这种接应的特点是灵活性大，接应面广点多，增加对手防守的难度。

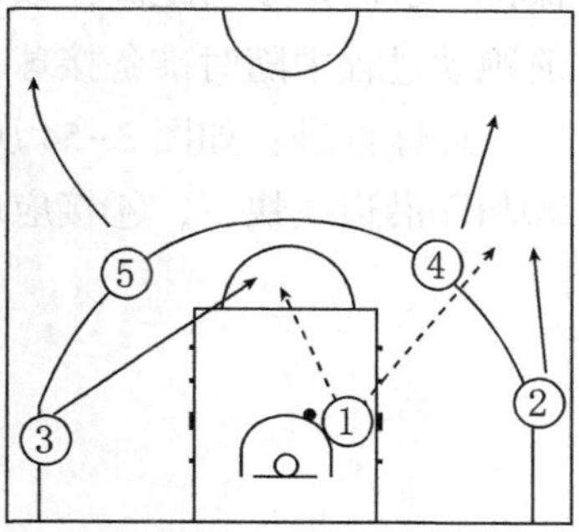

图 3-52

要求：掌握好第一传的时机，传球要及时、隐蔽、准确，接应者选择位置要及时而合理。

2. 快攻的推进阶段

快攻的推进阶段是指快攻发动与接应后，至快攻结束前中场配合的阶段，是快攻战术中承前启后的衔接环节。在推进过程中，全队队员要快速有层次地散开，保持纵深队形。

（1）快攻推进的形式

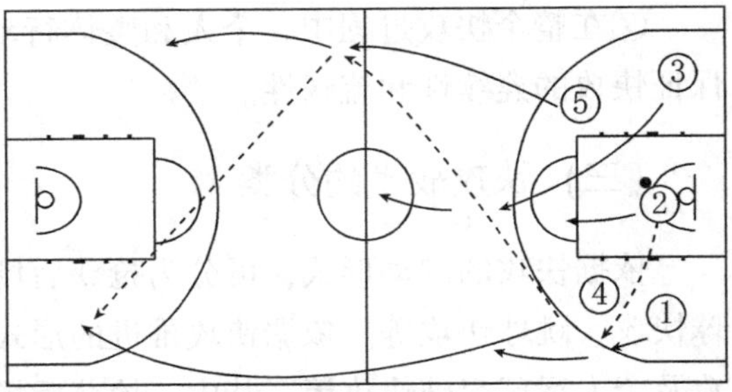

图 3-53

长传推进：如图 3-53 所示，②抢到篮板球，①马上拉边接应，③插中，④和⑤沿两侧快下。②可将球传给①，也可选择传给③。图示中，②传球给①，①再传给插中的③，③传给⑤，⑤传球给前场的④进攻，②中路跟进。

传球推进速度要快，要求队员的行进间传接球技术娴熟，摆脱防守能力较强。在传球推进过程中 5 名队员要保持前、后、左、右的纵深队形，且队员之间保持合适的角度与距离，以利于彼此间的传接球。无球队员要积极摆脱防守，向前跑动过程中随时准备接球；有球队员要判断准确，及时将球传出。

运球推进：如图 3-54 所示，②抢到篮板球后，传给摆脱对手插中接应的④，③和⑤沿边线快下，④接应后立即向前场运球推进，伺机传给③或⑤投篮。

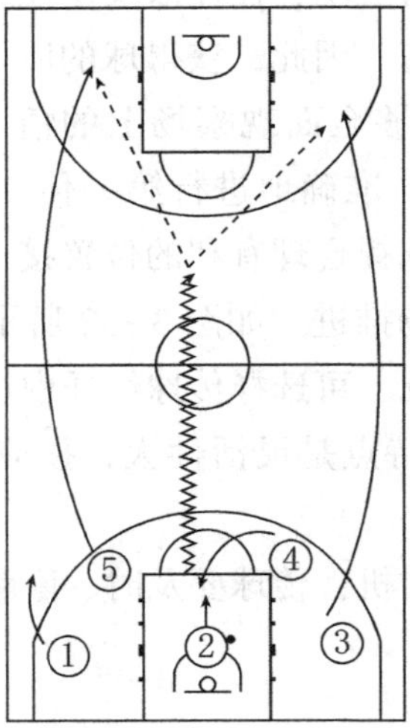

图 3-54

运球推进要求运球队员控制球的能力较强，速度快，接应球后快速突破，运球从中路推进。两侧队员快下，后场队员跟进，形成纵深队形。

传球结合运球推进：如图 3–55 所示，②抢到篮板球后，将球传给插中接应的③，③再将球传给向前跑动的⑤，⑤又回传给②，②运球突破，④和⑤沿边线快下，①和③跟进，②可传球给④或⑤投篮。

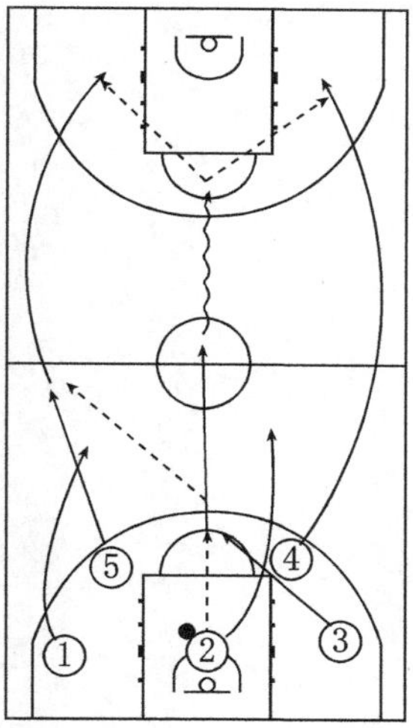

图 3–55

传球结合运球推进在比赛中运用较多，它能够根据场上的具体情况，及时、快速地将球推进到前场进行攻击，对手不易阻截，机动性强。在传球结合运球推进的过程中，能传的球就不运，不能传时立即快速运球突破，保持推进的速度，力争在推进过程中造成人数上的优势。

（2）快攻推进的路线

中路推进：优点是便于形成三角纵深队形，分球面广、攻击点多，对手不易防守（图 3–56）。

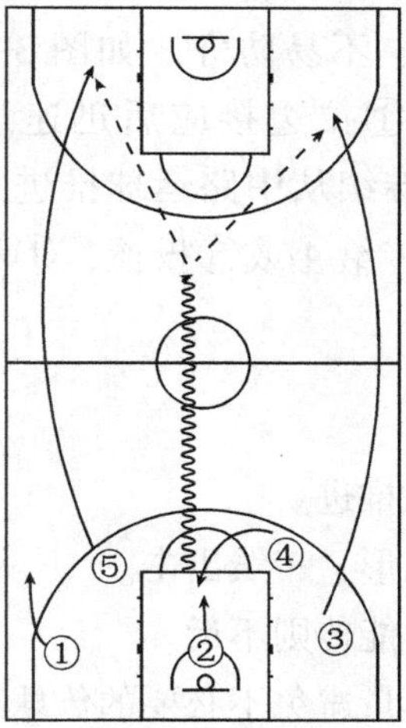

图 3–56

边路推进：优点是不易被对方断球，但攻击面窄。如图 3–57 所示，③接应①的传球后将球传给沿边线快下的⑤，⑤运球快速向前场推进，④从另一侧沿边线快下，①、②、③快速跟进，⑤可据场下的情况将球传给②或④进攻。

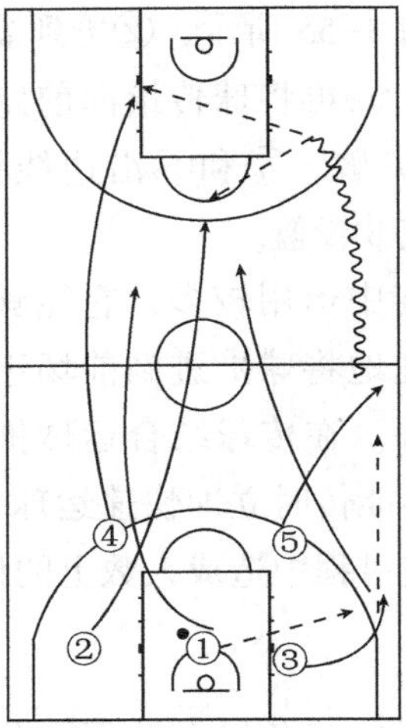

图 3-57

中路结合边路推进：综合了中路推进和边路推进的优点，配合灵活、成功率高、不易防守。如图 3-58 所示，②抢到后场篮板球后，①拉边接应后迅速运球推进，然后将球传给插中的③继续从中路运球推进，④和⑤沿边路快下，③伺机将球传给④或⑤投篮，①和②随后跟进。

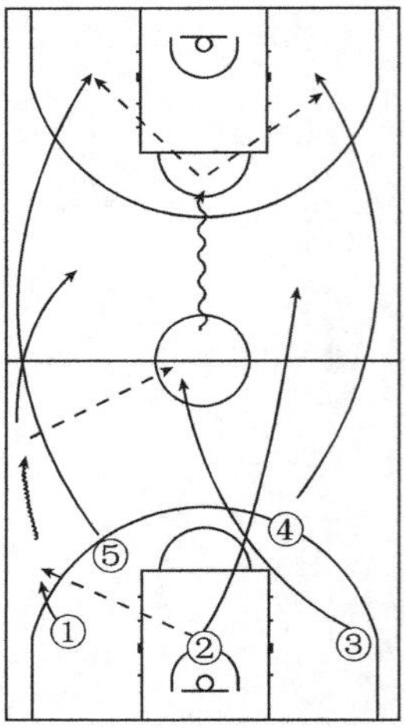

图 3-58

（3）快攻推进的要求

①快攻发动后要迅速向前推进。

②进攻队员要保持纵深队形，三线出击。

③灵活运用传球与运球，能传则不运。

④进入前场攻击区后，尽量避免不必要的传球。

3. 快攻的结束阶段

快攻的结束阶段是指快攻推进到前场后直至最后完成攻击的阶段，是快攻成败的关键。此阶段要求控球队员判断准确，传球或投篮及时果断。其他无球队员要对防守的意图加以预判，合理选择攻击点，伺机接球投篮，并积极冲抢篮板球或补篮。快攻结束阶段形成的局面有以多打少、人数相等和以少打多 3 种情况。

（1）2 攻 1 的配合

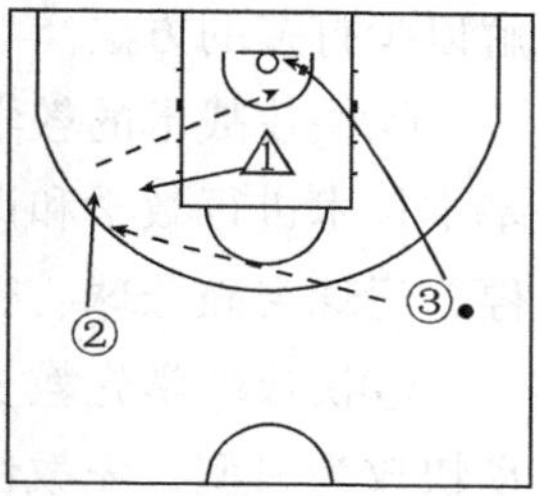

图 3-59

快攻推进至前场，形成 2 攻 1 的有利局面时，进攻队员要拉开适当距离，扩大进攻面，可利用快速传球、突破分球以及运球突破来创造投篮机会。如图 3-59 所示，②和③在快速传球推进中，△1突然迎前防守②，②及时把球传给切入篮下的③进行攻击。

（2）3 攻 2 的配合

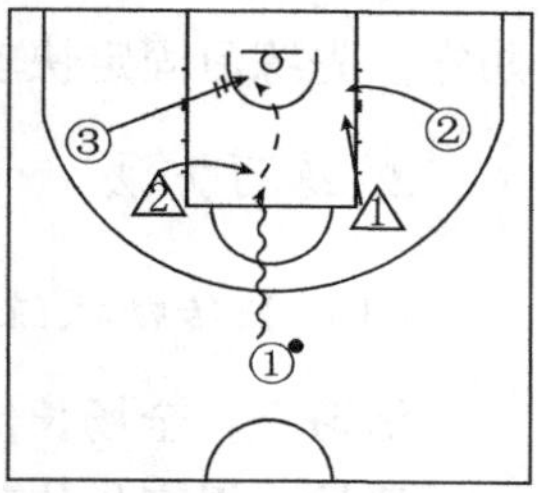

图 3-60

3 攻 2 时，左右两侧的队员要拉开适当距离，中间队员应适当落后于左右两侧队员，以此来保持三角纵深队形，扩大攻击面，并根据防守站位情况，选择进攻路线。

防守队员平行站位时的 3 攻 2 配合：这种防守站位的弱点是中间缺口大，便于由中路突破上篮或突破分球进行攻击。如图 3-60 所示，①运球推进过程中观察△1和△2的站位，如果△1和△2的站位分别偏向于②和③，则①应趁机从中路运球突破投篮。如果①中路运球突破，△2上前堵截，①立即将球传给切入篮下的③投篮。

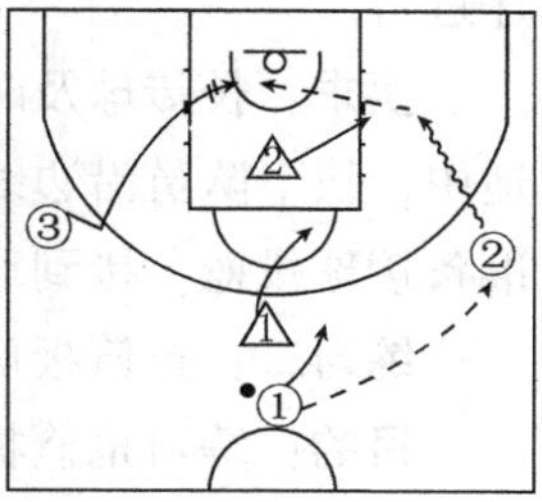

图 3-61

防守队员前后站位时的 3 攻 2 配合：这种防守站位中路防守力量比较强，而两侧防守力量较弱，因此进攻队员应尽量从两侧发动进攻。如图 3-61 所示，①从中路运球推进到前场后，把球传给②，②快速向篮下运球突破，△2前来堵截，②及时将球传给③投篮。

（五）快攻战术的教学步骤与练习方法

1. 教学步骤

①快攻战术的教学，首先要让学生掌握完整的战术概念、快攻发动的时机、快攻的各种形式、组织方法与要求，以及各位置队员的具体任务和职责。

②讲解重点主要包括，抢获后场篮板球后全队队形的快速分散方法和每名队员的跑位路线，发动与接应、快攻形式、路线推进的方法及要求，结束阶段以多打少战术配合方法及要求。

③先讲解快攻结束段以多打少的方法，再讲解攻守人数相等的方法，最后讲

解以少打多的方法。

④快攻战术的教学安排在攻、防战术基础配合之后，应结合快攻所需的各种基本技术进行教学和训练，如快速的二三人行进间传球、快速运球、运球急起急停、运球突破分球、行进间投篮、侧身跑衔接各种突破技术等。

⑤快攻教学先教长传快攻，再教传球结合运球快攻。以教抢到后场篮板球发动快攻为典型，先教快攻的发动与接应，再教快攻的推进，最后教快攻的结束。

⑥练习先从无防守熟悉配合路线及方法开始，再由消极防守逐渐过渡到积极防守。先练习固定快攻战术配合，再练习机动情况下快攻战术的变化。

2. 练习方法

(1) 长传快攻练习方法

练习一：全场长传球投篮练习。

目的：提高长传球的准确性及快下队员高速侧身跑后接球进攻的能力。

方法：如图3-62所示，②与④每人一球，③与①沿边线快下，分别接②与④的传球行进间投篮，投篮者自抢篮板球，换位按①—②—③—④—①的顺序进行。

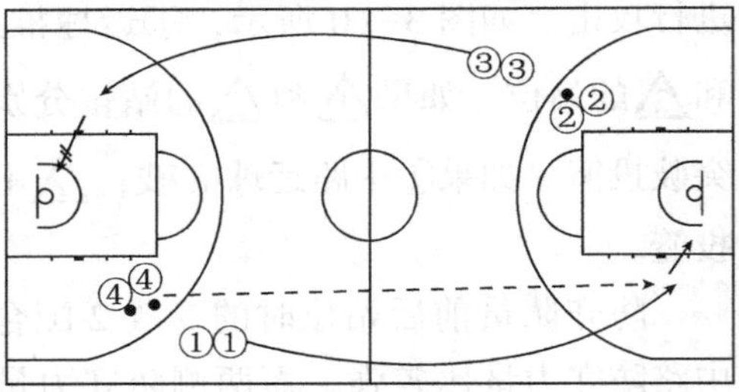

图 3-62

要求：长传球及时准确，飞行弧线适中，快下队员沿边线侧身跑时，随时准备接球投篮，接到球后直接行进间投篮。

练习二：抢篮板球结合长传快攻。

目的：练习抢篮板球后直接传球发动长传快攻。

方法：如图3-63所示，②位于限制区外罚球线延长线处，①持球碰篮板，当抢回篮板球后，立即将球传给快下的②行进间投篮，投篮者自己抢篮板。换位按①—②—①的顺序进行。

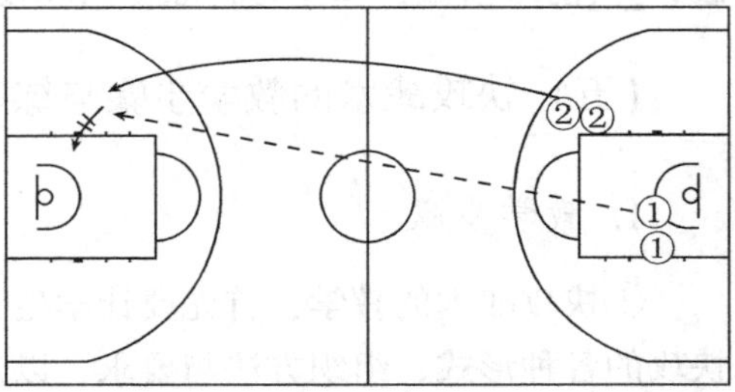

图 3-63

要求：抢到篮板球落地的同时，身体要侧对进攻方向，传球应及时准确，快下队员接球后直接行进间投篮。

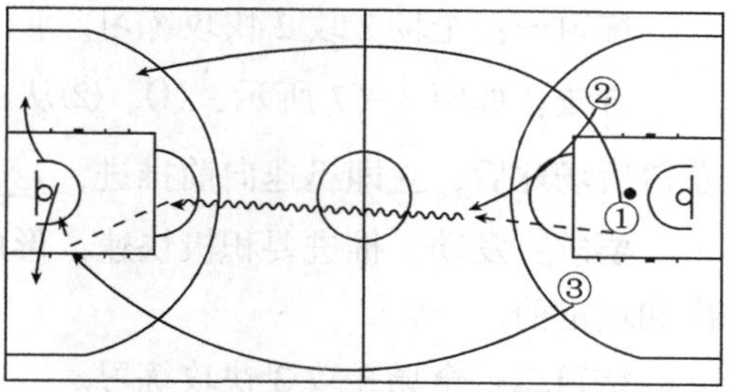

图 3-64

练习三：插上接应运球突分练习。

方法：如图 3-64 所示，3 人 1 组，②插中接应①的传球后快速运球推进，①从②身后绕切沿边快下，③也沿边快下，②运球过中线后传球给③投篮，①和③顺势溜底，②抢篮板；返回时，③插中接应，①和②沿边快下，③运球过中线后将球传给①投篮。

要求：插上和运球推进要快，传球落点要准。

（2）全场 2 攻 1 练习

练习一：2 攻 1 突分配合练习。

方法：如图 3-65 所示，①和②两人 1 组，快速向前场推进，③在前场进行防守。①和②进攻结束后，③和④接着向对面运球进攻，⑤或⑥进行防守。

目的：提高快攻结束阶段的 2 攻 1 能力。

要求：控球队员应利用运球突破吸引防守，为同伴创造切入的机会。

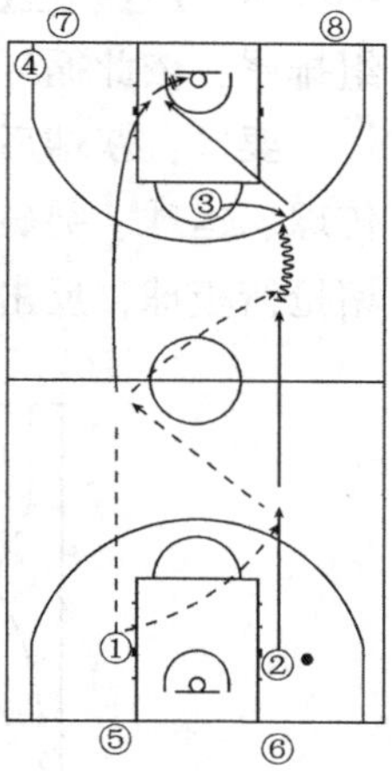

图 3-65

练习二：全场 3 攻 2 练习。

目的：熟悉快攻结束阶段的 3 攻 2 配合，提高攻防转换后的快攻反击意识。

方法：如图 3-66 所示，①、②、③快攻推进，④和⑤在前场进行防守，①、②、③根据④和⑤的防守站位情况进行快速攻击，④、⑤抢篮板后与⑥立即快速反击，由下一组的⑦和⑧进行防守。练习中可变换防守站位位置（平行、前后、斜线）。

要求：控球队员应利用运球突破吸引防守，为同伴创造切入的机会。

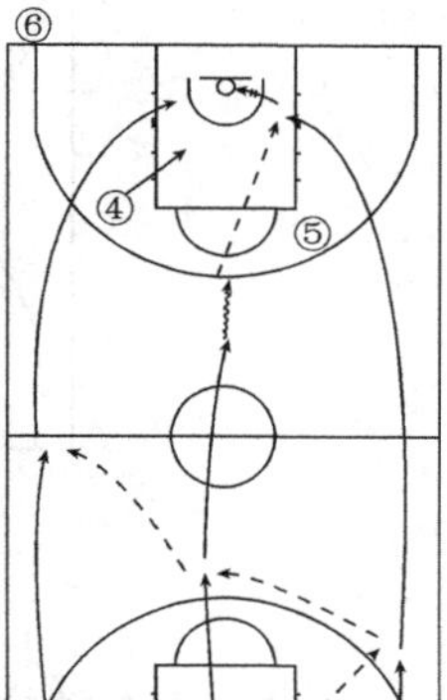

图 3-66

（3）攻守人数相等时的快攻练习

目的是熟悉快攻结束阶段进攻相等人数的各种局部配合，提高攻防转换后的快攻反击意识。

练习一：全场 2 攻 2 快攻练习。

方法：如图 3-67 所示，①、②从中场开始进攻，△4、△6防守，△4、△6获得后场球后，立即迅速向前推进，△3、△5防守。

要求：发动、推进要积极快速，形成两路进攻阵形，拉开防区，进攻注意层次和攻击面。

练习二：全场 3 攻 3 快攻练习。

方法：如图 3-68 所示，3 人 1 组，分别按图示站于篮下或端线外。练习开始时，①、②、③从中场向前场进攻，可采用传切、交叉、突分、掩护等配合组织进攻。△3、△4、△5防守获球后迅速反攻，进攻完成后退至端线，站于前一组排尾，依此循环。

要求：获球后掌握好发动、接应、分散、跑位、推进、跟上等配合的节奏，传球、运球、突破、投篮要果断，按快攻原则组织快攻，防守者要积极抢断球、堵抢篮板球，反击速度要快。

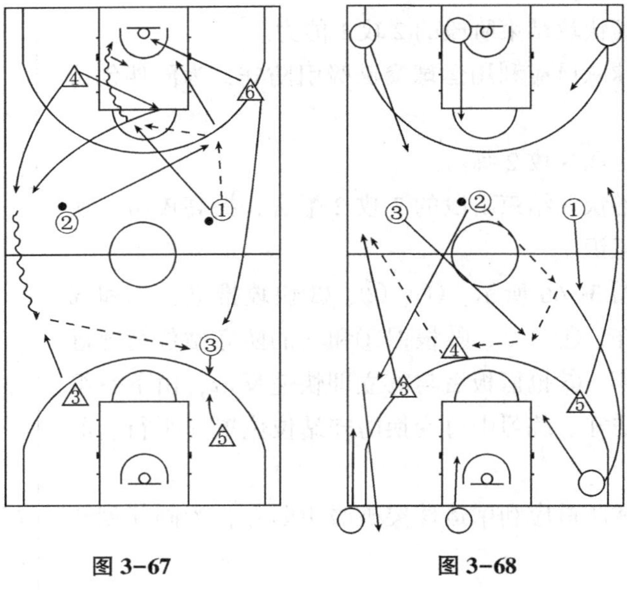

图 3-67　　图 3-68

（4）5 人快攻练习

目的：提高获球后由守转攻发动快攻反击的意识，熟悉各种情况下的接应与推进，以及 5 名队员的快攻路线与保持纵深阵形。

方法：固定接应 5 人快攻练习。如图 3-69 所示，5 名队员从联防站位开始，教练将球传给谁代表谁抢到篮板球，学生按固定区域和路线分散接应、快下、跟进、推进。

要求：内线球员抢到篮板球面向哪一侧，就由该侧的后卫拉边接应，另一侧后卫插中接应二传，其他队员快下，随时准备接球进攻。

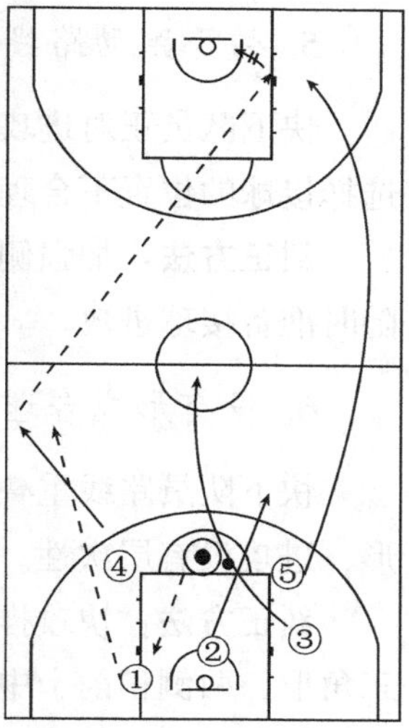

图 3-69

（六）快攻战术教学中易犯错误与纠正方法

1. 抢获后场篮板球与快攻的衔接不好

背对进攻方向或面向球场内侧转身，不能及时发现接应队友，一传不迅速，延误战机。

纠正方法：抢获后场篮板球后，尽量做到在空中就向外、向进攻方向转身，及时找到接应队友并传出一传。

2. 长传不正确

长传球时采用体侧传球而不是单手肩上传球，导致落点与球的飞行弧线控制不好，造成快下队员不容易接好球。

纠正方法：加强单手肩上长传球练习，规范技术动作，强调球的飞行路线和落点的准确性。

3. 没有把握合适的传球路线

进行掷后场端线长传球快攻练习时，发球队员处在篮板正后方，找不到合适的传球线路。

纠正方法：进行掷后场端线长传球快攻练习时，使发球队员养成不要在篮板正后方发球的习惯。

4. 接应点选择不正确

接应点距离近或接应点比较单一固定，易被防守者识破进攻意图并破坏。

纠正方法：拉边接应一传时，接应区域应在罚球线的延长线向前两侧；插上接应二传时，要求接应队员沿弧线，向前切进接球，接应点尽量靠前。加强改变接应区域、接应队员的练习，使接应更具机动性。

5. 快下跑动路线与方法不正确

快下队员正对进攻方向直线跑动，不能随时观察同伴的推进和场上的情况，选择接球的位置不合理。

纠正方法：加强侧身跑快下练习，在快速跑动的过程中观察场上的情况，并随时准备接球进攻。

6. 没有形成合理的进攻纵深队形

快下队员路线重叠、交叉，其余队员不能及时跟进，未能形成合理的纵深队形，进攻没有层次性。

纠正方法：快攻推进过程中进攻队员相互提醒，中路队员要与两侧队员形成三角形，两侧稍前，中路靠后，其余队员积极跟进，使进攻具有层次性，跑动路线不要交叉和重叠。

二、防守快攻战术

（一）防守快攻战术的特点

防守快攻是指由攻转守的瞬间，及时组织防守阵形，阻止和破坏对方发动快攻的防守战术。防守快攻战术是整个防守战术体系中的重要组成部分，必须根据对方快攻的攻势展开，有针对性地防守，力求延缓对方的进攻速度，打乱进攻节奏，推迟进攻的时间，以有利于迅速组织阵地防守。

（二）防守快攻战术的基本要求

①全队要始终贯彻“攻守平衡”的原则。

②在阵地进攻时，要让队员明确攻守的任务，以便失去控球权时能够迅速退守，并及时组织防守阵形。

③有强烈的防守快攻意识和良好的身体素质。在了解对方接应习惯和接应点的情况下，有准备地布置本队防守能力较强的队员，破坏对方接应，对控球队员进行紧逼和夹击，迫使其停球或失误，对无球队员进行严密防守，阻止接应和延缓快下。

④快攻防守过程中，全队要积极参与，5 人应分工明确、协同作战，始终保持层次性、连续性。

⑤全队具有积极拼抢的精神，当对方形成快攻时应加速追防，破坏进攻的流

畅性，并迅速转入阵地防守。

（三）防守快攻战术的分类

防守快攻战术是根据快攻战术的攻势展开的，可以分为防守快攻的发动、防守快攻的推进和防守快攻的结束阶段。

（四）防守快攻战术过程与方法

快攻的核心是争取时间、人数和位置上的优势，因此防守快攻要从全力拼抢篮板球开始，合理地运用封、夹、断等手段破坏对方的第二传和接应，并伺机夹击运球队员，降低其推进的速度。退守时要边退边防、前后照应，提高个人以少防多的能力，主动争取防守位置的优势，并迅速落位组织阵地防守。

1. 积极拼抢前场篮板球

现代篮球比赛由守转攻通过抢获后场篮板球发动快攻的概率最大，进攻队员提高投篮命中率能够有效减少抢篮板球的次数。在争抢篮板球的过程中，要运用挤、堵、挡等技术方法，抢占有利位置，减少对手参与抢篮板球的人数，积极拼抢、冲抢前场篮板球增加二次进攻的机会是制约对方发动快攻的有效方法。

2. 积极封堵快攻第一传

快速转换防守时，积极封堵快攻的第一传是防守快攻的关键环节。当对手抢获后场篮板球或抢断球后，就近防守的队员应立即迎前封堵第一传，有机会可夹击持球者，干扰其传球视野和角度，降低传球的质量，延误快攻发动的时机。其他队员要严密防守无球队员的摆脱，切断接应路线，伺机断球。一旦对手采用个人运球突破的方法推进时，应采用紧逼的方法堵中放边，为同伴的夹击和协防创造有利条件，给本队的退守和组织全队防守阵型争取时间。

3. 堵截快攻接应点和接应人

当对方采用固定接应时，应抢占对方的接应点，截断接应队员与第一传的联系，有效地控制固定接应人插上接应的意图与行动，让其在较低的位置接应，同时密切注意对方其他的接应人和接应点，从而破坏和延误对方发动快攻的时机和推进速度。

4. 控制对手推进

当第一传和接应已经发生，防守队员应马上控制有球队员的推进路线和推进速度，不能消极地后撤，应与对手保持一定的距离，边撤边防，抢占有利的位置，阻挠其运球与传球，达到减慢对手推进速度的防守目的，为本队赢得回防时间。其他防守队员要紧跟其他进攻队员，对快下的队员严密防守，破坏进攻队员之间的配合。

5. 防守快下队员

除了积极拼抢进攻篮板球、封堵第一传和接应、控制有球队员推进外，其他防守队员要边观察全场情况边迅速快下。严加防范快下的无球进攻队员，积极堵截中场，抢占有利的位置和移动路线，以防接球为主，破坏其接球后与下一个技术动作运用的衔接，控制对手快速切入篮下。

6. 提高以少防多能力

当快攻结束阶段出现以少防多的局面时，防守队员应当沉着冷静，根据进攻队的人数、位置、技术特点等作出判断，采用相应的防守方法，重点防守篮下。可利用防守的真假动作相结合、封盖与打断相结合、堵与跟相结合，以及协防、补防等配合，干扰投篮，破坏对手进攻的流畅性，为同伴回防赢得时间。

（五）防守快攻战术的教学步骤与练习方法

1. 教学步骤

①首先讲解防守快攻的一传与接应，再讲解防守推进和快下队员，最后讲解结束段以多防少、人数相等、以少防多的方法。其中，防守快攻各阶段的方法与要求，场上各位置队员的具体职责、任务及队员之间的相互配合为重点讲解内容。另外，封堵一传的方法、堵截接应点和接应人的方法、防守运球队员推进的方法、防守快下队员的方法和快攻结束阶段以少防多的方法要结合各种练习详细讲解。

②先练习封堵快攻的一传和堵截接应点、接应人，再练习防守快攻的推进和快下，最后练习结束段各种防守站位的防守方法。在分解练习的基础上进行全队防守战术练习。

③先练习防守固定区域和固定队员的接应，再练习防守机动接应。

④推进阶段先练习防守运球推进，再练习防守传球推进。

⑤结束阶段先练习以少防多的方法，再练习攻守人数相等时的防守方法。

⑥先练习防守长传快攻，再练习防守传球结合运球快攻。

⑦先在消极进攻状态下练习防守快攻，再逐渐增加防守的难度，最后在正式比赛中练习。

2. 练习方法

（1）封堵一传与接应练习

目的：掌握由攻转防时封堵一传与接应的方法。

方法一：2 对 2 堵截快攻的发动与接应。如图 3-70 所示，教练将球投向篮板，当防守队员△4抢到篮板球时，④立即转攻为守，迅速上前挥臂封其传球路线，而⑤则去堵截△5的接应。

方法二：3 对 3 人盯人封堵一传。如图 3-71 所示，教练将球投向篮板，当防守队员△4抢到篮板球时，④立即转攻为守，迅速上前挥臂封其第一传，⑤和⑥分别堵截△5和△6接应第一传。

要求：由攻转守时要迅速找到自己防守的进攻队员，对持球队员要迎前紧逼防守，干扰其传球视野及路线，对无球队员要防止摆脱，重点切断接应路线。

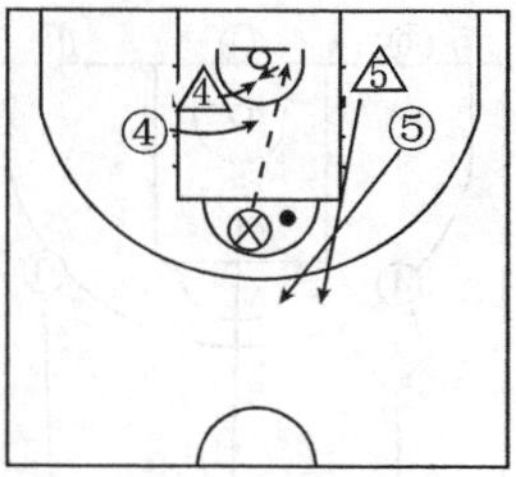

图 3-70

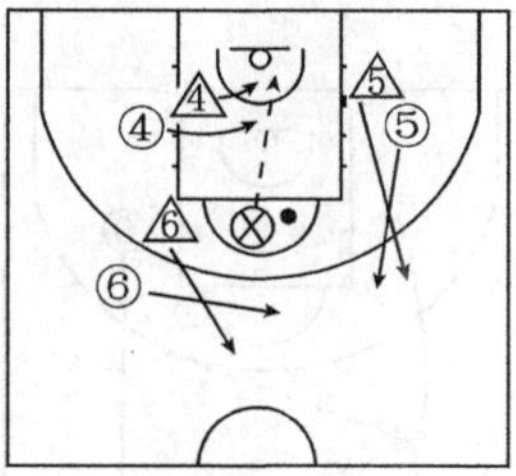

图 3-71

（2）防守快下队员练习。

目的：提高对快下队员的封堵能力。

方法：如图 3-72 所示，教练以打篮板为起动信号，⑤和⑥沿边线快下，随时准备接球，△5和△6根据进攻队员的移动情况，快速从内线退守，卡断对手的接球路线，并争取断球。

要求：防守队员内线卡位，防住快下队员的同时兼顾传接球的情况，果断断球。

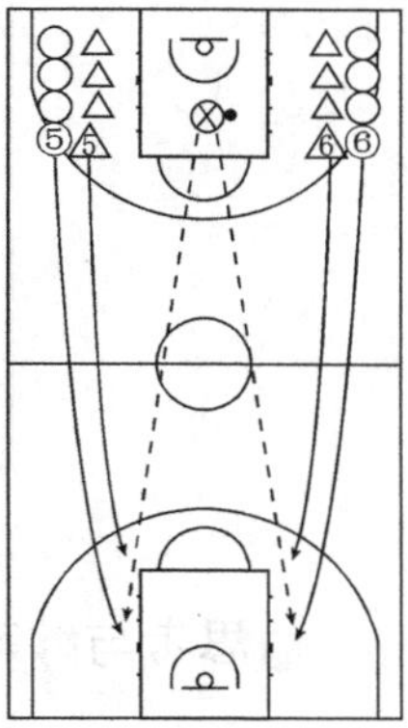

图 3-72

（3）全场1防2练习

目的：提高队员以少防多的能力。

方法：如图3–73所示，⑤和⑥传球快速向前场推进，△7迎前防守，⑤或⑥投篮后，△7跟进抢篮板与△5发动快攻，推进至前场后，⑨迎前防守，运用此法依次练习。

要求：利用各种假动作防守运球突破队员，重点保护篮下。

（4）全场2防3练习

目的：提高防守队员以少防多时协同防守的能力。

方法：如图3–74所示，④、⑤、⑥为一组，传球向前场推进，△7和△8在前场弧顶附近防守，当△7或△8获得球后，与△9一起发动快攻，后面队员运用此法依次练习。

要求：一人重点防守运球突破队员，另一名队员兼顾防守其他两名进攻队员，重点保护篮下，积极拼抢篮板球或伺机断球发动快攻反击。在练习过程中，两名防守队员可变换防守站位。

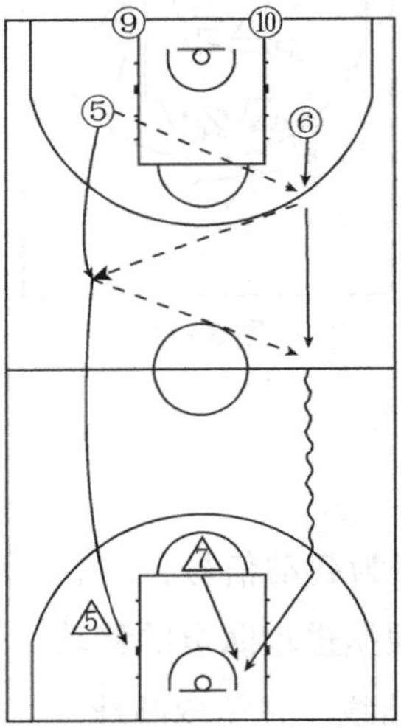

图3–73

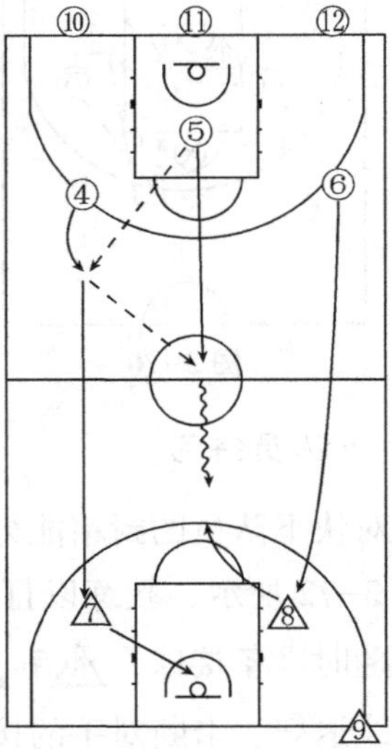

图3–74

思考与练习

1. 什么叫快攻？试述发动快攻的时机和快攻的组织形式。

2. 快攻的组织包括哪几个阶段？各阶段的要求是什么？
3. 简述防守快攻的教学训练步骤。
4. 图示并说明快攻结束阶段2攻1和3攻2的配合方法。
5. 快攻教学与训练应注意哪些问题？
6. 当防守方抢到后场篮板球后如何防守快攻？
7. 防守快攻的方法有哪些？

第四节 半场人盯人防守与进攻半场人盯人防守

半场人盯人防守战术是指由攻转守时，全队以最快的速度有组织地退回后场，在半场范围内进行人盯人防守，并根据全队防守策略组成整体的防守战术，是现代篮球比赛中重点运用的防守战术。

一、半场人盯人防守

(一) 半场人盯人防守战术的特点

半场人盯人防守战术的特点是以盯人为主、人球兼顾，防守的针对性、机动性强，分工明确，有利于破坏和控制对方的进攻战术配合；易根据对方进攻的情况及时调整防守部署，有效地控制对方进攻重点和外围投篮；能有效发挥个人的防守能力和集体防守力量。但是，个人防守能力弱、协同防守差的队易被进攻队各个击破，篮下防守略微薄弱，不易组织集体的抢篮板战术。

半场人盯人防守是全队战术的基础，成功地运用能够充分调动队员的积极性，发挥每个队员的特长，对培养队员积极主动、勇猛顽强的作风，提高体能，促进战术全面发展有着极其重要的作用。

(二) 半场人盯人防守战术的方法

半场人盯人可分为半场缩小人盯人防守和半场扩大人盯人防守两种。

1. 半场缩小人盯人防守方法

半场缩小人盯人防守是一种对有球队员紧，对无球队员松的防守方法，它的防区缩得较小（距离球篮6~7米的范围），有利于保护篮下，便于防守内线的进攻和外线的突破。防守的重点在内线，密集篮下，围守中锋。防守外围持球队员，要顶出去紧逼，防守无球的队员要向篮下收缩，严密封锁对手将球传入内线，积极阻止中锋在内线接球，切断内外联系和传接球通路，整体协同防守篮下，减少内线犯规，控制篮板球，争取快攻反击。

（1）强侧、弱侧的防守方法

以球场纵轴线为标准，有球一侧为强侧，无球一侧为弱侧。强侧的防守，对持球队员要紧逼防守，限制其投篮、突破、传球；对于近球者，采用积极的错位防守，不让其接球。弱侧的防守要回撤篮下保护、协防，同时注意抢断高吊球，及时堵截对方的背插和溜端线。

如图 3-75 所示，⑥持球时，△6进行紧逼，△7在内侧侧后防守⑦，△4紧逼防守④，△8回缩篮下防⑥的高吊球及⑧的横切等，△5可适当向强侧靠拢。如果弱侧队员⑤接球，则如图 3-76 所示，△5紧逼⑤，△7侧前或绕前防守⑦，△4错位防守④并准备协防，弱侧的△6向中锋一侧靠拢，保护中锋，△8错位防守⑧的接球或空切篮下。

要求：强侧紧逼有球队员，弱侧协防保护篮下。

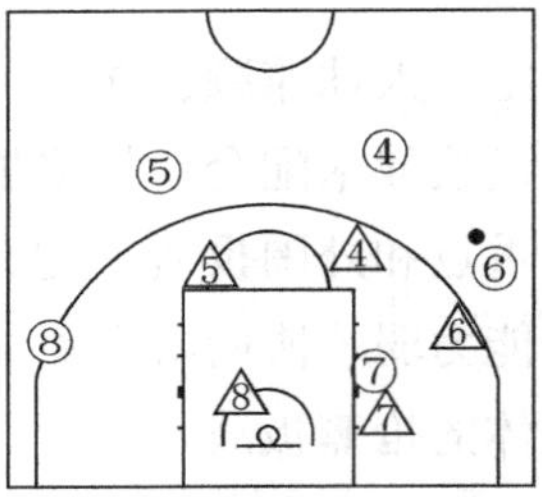
图 3-75

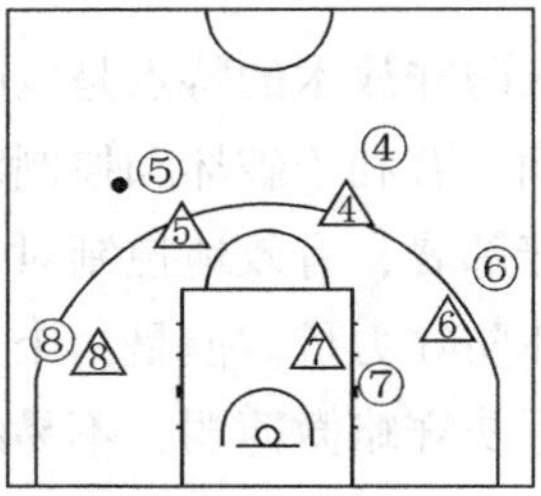
图 3-76

（2）防守掩护配合的方法

当对方进行掩护进攻时，合理运用挤过、穿过防守配合，尽量不要换防，特别是中锋与外围队员之间的掩护，要防止出现大防小、小防大的局面。如果外围无球队员在弱侧区域进行掩护时，可采用交换和穿过配合。

图 3-77

如图 3-77 所示，⑥持球，中锋队员④与⑤做掩护时，△4、△5不要换防，△5绕过掩护队员④继续防守⑤；左边的⑦、⑧掩护时，△7全力挤过或从内侧绕过继续防守。

要求：除防外围弱侧的无球掩护外，其余尽量不要换防。

（3）防守中锋进攻的方法

防守中锋进攻的关键是阻止中锋接球，如果中锋接到球，应及时围夹迫使其将球传到外围。

如图 3-78 所示，⑤持球时，△5进行紧逼，△9绕前防守中锋⑨，△7回缩篮下防守⑤的高吊球，如果⑨接到⑤的高吊球，△7必须与△9围夹⑨，迫使⑨将球传出，△6回缩篮下防守⑦空切，△8准备抢断⑨的传球。

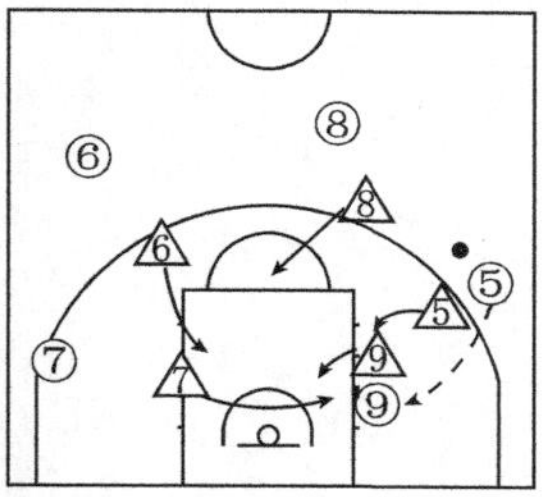

图 3-78

要求：尽量防好中锋接球，如果中锋接到球，围夹要及时，人员配备时要考虑到身高与能力。

（4）防守移动进攻的方法

移动进攻的特点是在球不断转移的过程中，无球队员利用连续掩护和个人技术摆脱防守，连续切入篮下接球进攻。防守时要做到积极移动，选位及时、准确，控制进攻的传球速度，堵截进攻队员的移动路线，延缓其进攻速度，为防守选位争取时间。当进攻队掩护时，应及时、合理地采用挤过、穿过、交换等配合方法，以破坏对方的进攻配合。

要求：保持充足的体力和高度集中的注意力，及时调整防守位置，强调整体防守。

2. 半场扩大人盯人防守方法

半场扩大人盯人防守战术是一种带有紧逼性的防守战术。由攻转守时，防守队员应首先控制对方的反击速度，迅速退回后场，立即找到自己防守的对手。当持球队员进入前场时，防守队员迎前紧逼，封锁其传球路线，阻止其突破，迫使其停球。防无球队员采取错位防守，切断其接球路线，破坏对方的习惯进攻配合。战术的主要目的是控制对方的进攻速度和外线的投篮与突破。

（1）进攻队员在中线边角停球时的防守方法

如图 3-79 所示，当④在中线边角被迫停球时，△6果断放弃⑥与△4协同夹击④。此时，△7积极向⑥移动补位，准备断球，△8向篮下回缩，准备抢断④的传球，△5稍后撤，准备断传给⑤的球。

要求：强迫有球队员往边角运球，掌握好夹击时机，及时补防和断球。

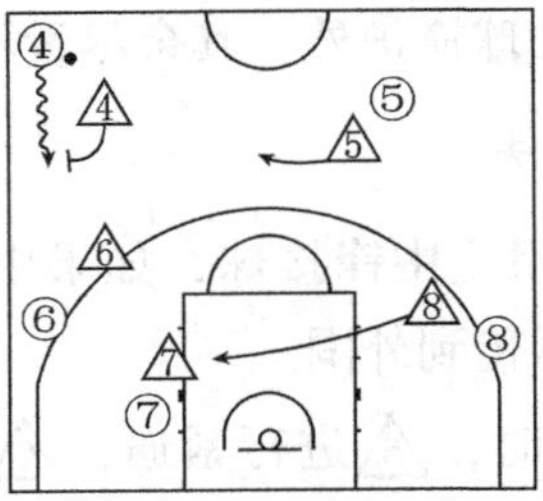

图 3-79

（2）进攻队员在底角停球时的防守方法

如图 3-80 所示，当⑦在端线场角被迫停止运球时，△4协同△7在底角夹击⑦，△8移动到强侧紧逼防守④并准备断⑦的传球，△6向纵轴线附近移动，防守⑥和⑧向篮下切入以及随时准备抢断⑦的传球，△5向篮下移动防堵⑤横切。

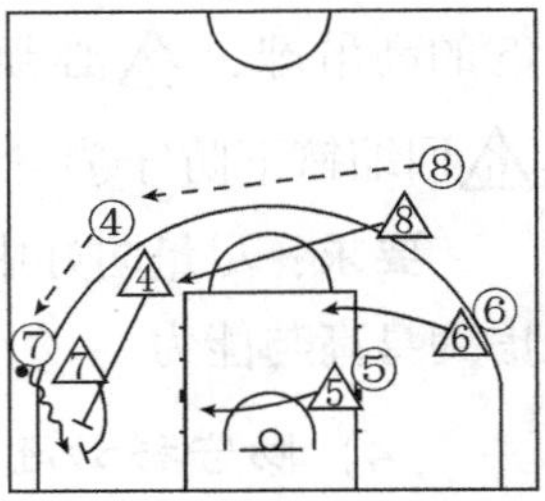

图 3-80

要求：掌握夹击时机，选好夹击位置，给同伴断球创造机会。补位、协防合理，人球兼顾，伺机断球。

（三）半场人盯人防守战术的运用

根据对手的实际情况，采取适合的防守形式。当遇到内线攻击力和外线突破能力强，而中远距离投篮欠准的队伍时，采用半场缩小人盯人防守；当遇到中距离投篮准，而内线进攻能力较弱的队伍时，采用半场扩大人盯人防守。

①根据进攻队的身高、技术特点、位置分工情况，配备实力相应的防守阵容，可以以跳球时的站位分工，也可以按强对强、弱对弱、高对高、矮对矮分工，但必须注重防守的整体性。

②防守要贯彻以防人为主的防守原则，对有球队员必须采用平步贴身紧逼防守姿势，扩大防守面积，积极拼抢，不让对方轻易投篮、突破和传球；对无球队员要错位防守，做到人、球、区兼顾，干预对抗，堵截其向球移动和空切篮下的路线，破坏其与有球队员和其他无球队员的任何配合行动，不让其有任何轻易获得球的机会。

③由于防区扩大，比赛的强度增加，要求队员有充沛的体力和良好的意志品质，比赛中要正确地观察、判断场上的攻守情况。在防守选位时，要做到“人动我动，球动我动”，在严密控制对手的基础上随时准备补防、夹击、断球及防掩护配合等，充分体现防守的主动性和攻击性。半场人盯人防守结束后，应立即转

入进攻，组织快攻反击或全队阵地战术配合。

（四）半场人盯人防守战术的教学步骤与练习方法

1. 教学步骤

①在人盯人防守战术教学训练中，应先教半场缩小人盯人防守，再教半场扩大人盯人防守。

②半场人盯人防守战术教学与训练应遵循从防进攻人、球移动的选位→局部防守配合→全队防守配合→特殊情况下防守配合的步骤进行。

③在半场人盯人防守战术训练的同时，要不断提高个人防守能力，加强防守基础配合训练。

④半场人盯人防守战术教学首先要让学生掌握完整的战术概念与形式、战术方法与要求，以及各位置队员的具体职责。运用战术沙盘或多媒体手段，分析防守的原则及运用要求，培养队员的战术思维能力。

⑤重视培养半场人盯人防守战术的整体作战意识，培养队员协调一致、顽强拼搏的防守风格和意志品质，并与体能训练相结合。

2. 练习方法

(1) 1防1练习（无球）

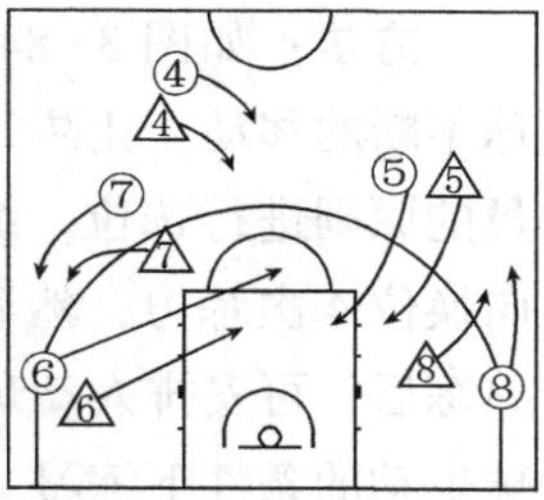

图 3-81

目的：提高个人防守意识与防守能力，以及抢占位置的速度。

方法：如图 3-81 所示，队员为人数相等的攻守两组，在教师指导下，进攻队员徒手随意在半场内跑动，防守队员要紧贴对手。

要求：防守队员要紧贴对手，只能采取“挤过”盯住自己的对手，并抢占内侧有利位置。

(2) 由攻转守半场1打1练习

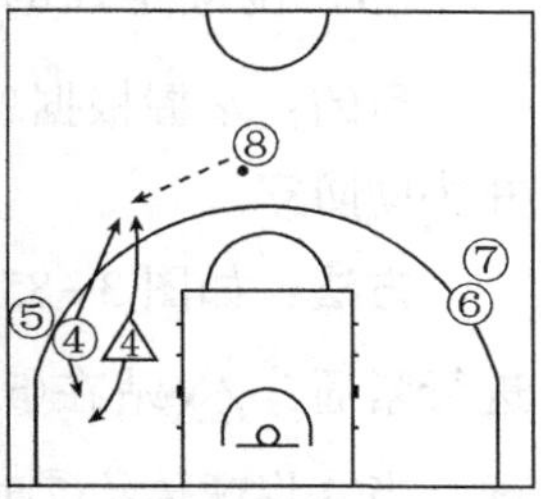

图 3-82

目的：提高由攻转守的速度与1防1的能力。

方法：如图 3-82 所示，进攻在半场进行，不能超过中轴。△4先防④的接球，然后1打1，不管是进攻队员还是防守队员抢到篮板后都传给⑧。△4防守完成后排到⑤的后面，④进攻结束后接着去防守⑥，防守完成后排到⑦的后面，依次反复进行。

要求：由攻转守要快，防守要紧贴进攻队员，防好接球；如对方接到球，迅速后撤防守，防好突破与投篮。

（3）4 人移动选位练习

目的：掌握根据人、球所在的不同位置，选择好防守的位置、姿势和方法，提高全队防守战术配合能力。

方法：如图 3–83 所示，学生每 4 人一组，⑧持球，△8进行紧逼，△1、△7选择在④、⑦的侧前方防守，做到既不让对手接球，又要阻止对手从背后空切，△6选择在远离对手⑥的位置上，要求既要防止⑥切入，又要进行补位、协防。练习若干次后，攻守交换。

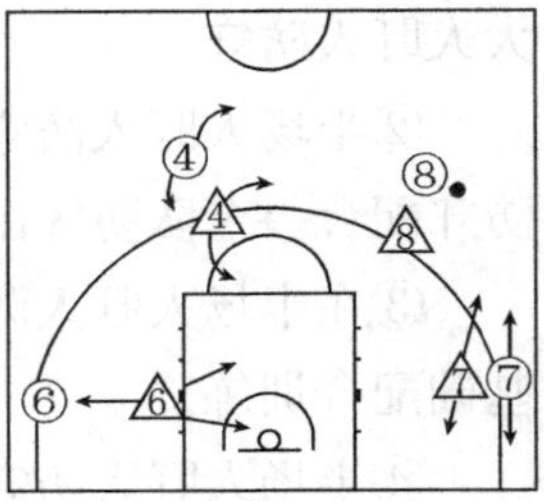

图 3–83

要求：防守队员应建立对有球者紧逼、对近球者错位防守的意识。

（4）在球动人不动条件下的选位练习

目的：掌握不同位置的选位方法。

方法：如图 3–84 所示，进攻队员基本不动，利用球不断的移动，让防守队员按照防守持球队员和无球队员的原则进行选位。练习数次后，防守队员按顺时针方向换位 4 次练习，然后攻守交换，依次进行练习。练习熟练后，可安排人动球不动条件下的选位练习和在人动球也动的条件下练习。

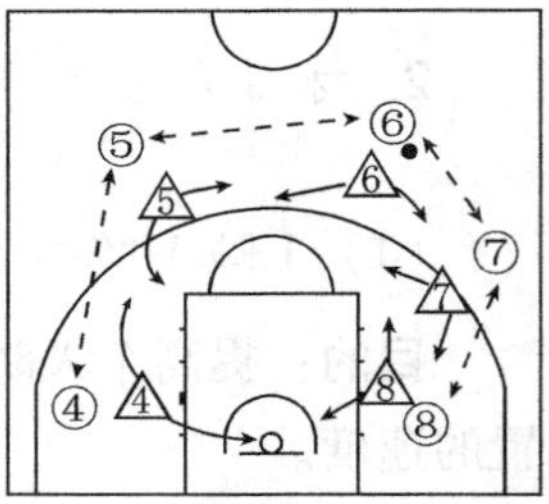

图 3–84

要求：防守只允许移动选位，不许断球，进攻不允许投篮，让防守队员选好位后再传球。练习熟练后加快传球的速度。

（5）围守中锋的练习

目的：掌握根据球在的位置选择好围守中锋的位置，并协助防守。

方法：如图 3–85 所示，半场 5 打 5，⑧持球，△8进行紧逼，△5站在⑤的侧后方，不让中锋⑤在原地接球。当⑧将球传给⑦时，△5要迅速从⑤的身后绕过，站在⑤的右侧前方，不让⑤接球。△4和△8要向罚球线伏击移动，协助△5防守，

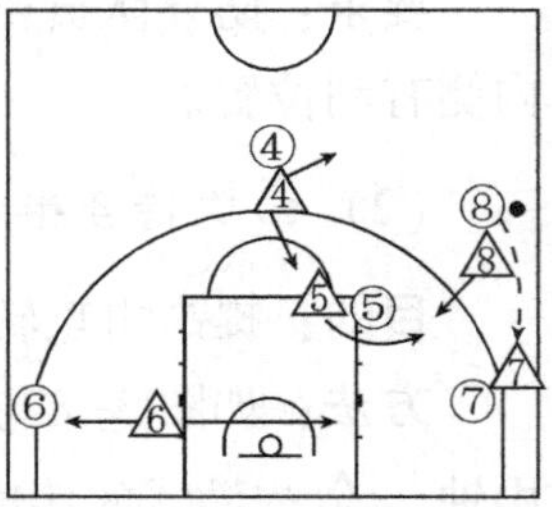

图 3–85

△6要远离对手，随时准备补防。先在消极的进攻下防守选位练习，逐渐到积极防守选位练习，若干组后，攻守交换练习，最后5打5对抗练习。

要求：防守中锋的队员要根据球的转移来选位，邻近的外围队员要及时伸缩，进行协作。

（6）防中锋接球与中锋接球后的练习

目的：掌握绕前防守及围守中锋的选位和方法。

方法：如图3-86所示，半场5打5，当⑦接到球时，△8应采取绕前的积极防守。同时，△7切断⑦向内线的传球路线，△9向球靠拢，随时准备抢断⑦传向⑧的高吊球，△4与△5回缩篮下。如果中锋⑧接到球，△8与△7围守中锋，迫使⑧将球传出去。可先在消极的情况下进行防守选位练习，逐渐到积极防守选位练习，练习若干组后攻守交换，最后5打5对抗练习。

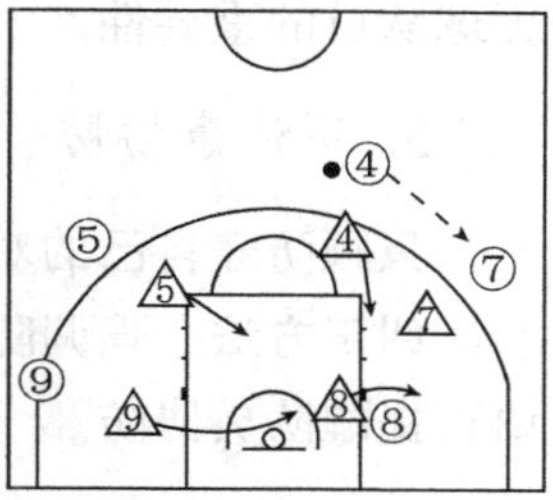

图3-86

要求：对持球人紧逼防守，切断外线给中锋的传球路线。中锋接到球时应及时围守，迫使其将球传出去。根据球的转移，防守的伸缩性要强。

（7）5对5往返攻守转换

目的：提高攻守转换意识及攻转守的退防速度，提高半场人盯人防守的运用、应变与实战能力。

方法：如图3-87所示，进攻队员在规则规定的条件下先开始进攻对方的缩小人盯人防守，防守获得球或进攻成功后对方由守转攻，进攻队退回后场控制自己的对手，进行半场缩小人盯人防守，依次往返进行。两次往返后换1组，或者分数钟换一次组。

要求：由攻转守要快，退防找人及时，在对抗中根据实际情况运用半场缩小人盯人防守战术。

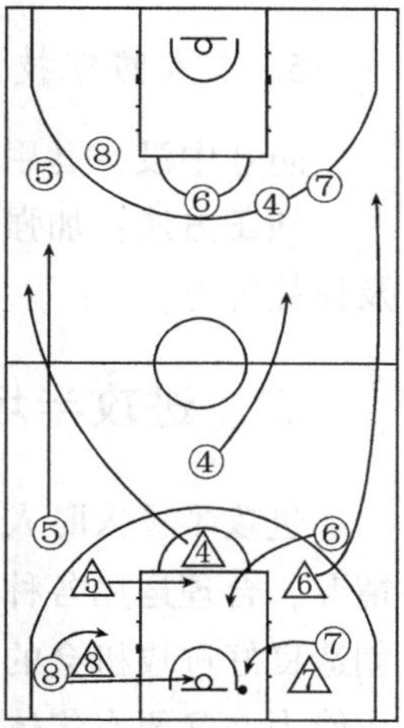

图3-87

（五）半场人盯人防守战术教学中易犯错误与纠正方法

1. 退守缓慢

由攻转守时退守慢，找人慢。

纠正方法：先做固定防守对象的练习，再做就近找人的防守练习，在练习中用口语强调快速退防与找人。

2. 战术意识差

战术概念不清楚，移动无规律；防无球队员时目光只注意球，忽视自己的防守对象。

纠正方法：教练讲解要与示范结合，讲清战术的概念、方法与要求，强调防无球队员的重要性。

3. 不注意协防

只顾防守自己的对手，不能兼顾相邻的对手。

纠正方法：强调防好自己对手的基础上，要与同伴进行协助；练习中经常用语言提醒队员协防。

4. 防守选位不正确

防守中没有正确选位，出现漏洞。

纠正方法：强化学生的选位及积极移动的意识，做到有球紧、无球松，近球近篮紧、远球远篮松。

5. 个人防守技术及能力差

防守中没有运用正确的防守方法。

纠正方法：加强个人防守技术的训练，掌握防守的基本方法后，多进行实战及体能练习。

二、进攻半场人盯人防守

进攻半场人盯人防守战术是针对半场人盯人防守战术的特点，结合本队实际情况，合理运用各种传切、突分、掩护、策应等基础配合，破坏对方防御部署，创造良好进攻机会的全队进攻战术。它要求队员既要有良好的战术意识、个人进攻能力，又要有集体协作精神，应当依靠队员间的互相配合，攻破对方的防线。

（一）进攻半场人盯人防守战术的阵型与配合方法

1. 阵型

根据本队队员的身体条件、技术特点、战术素养选择能够充分发挥本队特点的进攻阵型。最常见的进攻半场人盯人防守战术的落位阵型有单中锋进攻的“2-3”阵型（图 3-88）和“2-1-2”阵型（图 3-89），双中锋进攻的“1-2-2”阵型（图 3-90），中锋位于高策应区的“1-4”阵型（图 3-91）。

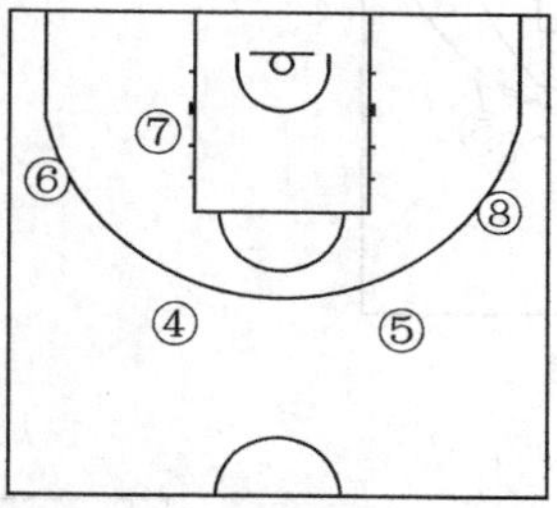

图 3-88

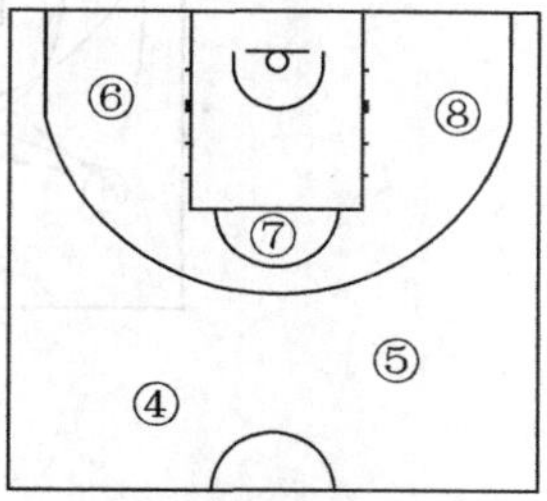

图 3-89

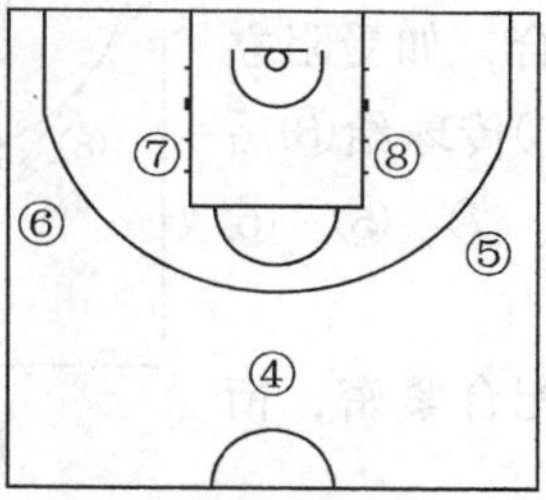

图 3-90

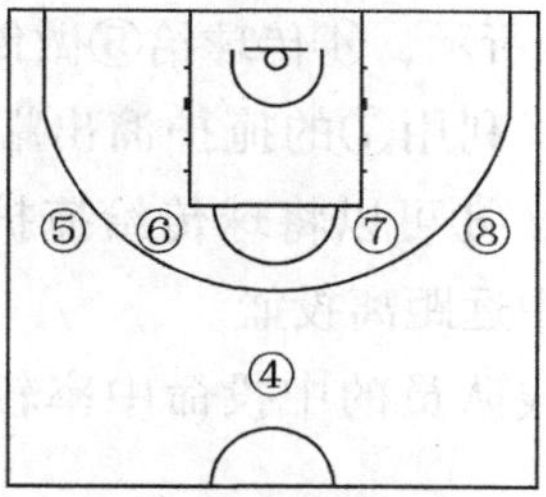

图 3-91

2. 配合方法

（1）以中锋掩护为主的配合方法

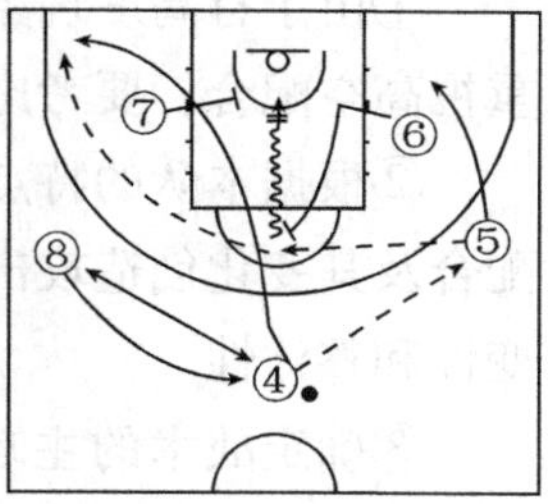

图 3-92

如图 3-92 所示，以“1-2-2”进攻阵型落位。④传球给⑤后，⑥上提与④做后掩护，⑤将球传给④直接上篮。如果④没有机会接球，⑤可将球传给⑥，④与⑦在端线做交叉掩护，④拉开，⑦横切接⑥的传球投篮，⑥也可个人进攻。

要求：以中锋掩护为主，灵活机动，要配备“二大”的内线。

（2）以中锋策应、掩护、空切、突分为主的进攻配合方法

如图 3-93 所示，队员以“2-1-2”阵型落位。⑤传球给④，④传球给⑥后给⑤做侧掩护，然后以⑥为中枢做交叉策应切入，⑥可将球传给⑤，或传给通过④掩护横切的⑦，⑤接球后可突破，如受阻可分球给⑧或⑦投篮，⑥在策应过程中也可以个人攻击。

要求： 每个队员要熟悉配合的方法、时机和任务，按规定的路线跑动。

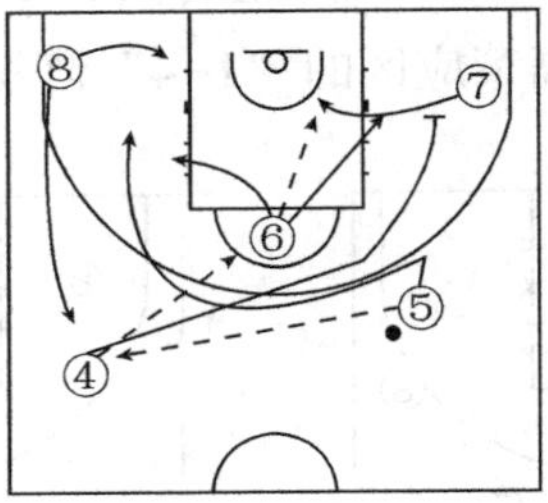

图 3-93

（3）外线传切、掩护的配合方法

如图 3-94 所示，④传球给⑤做传切配合，如受阻立即跑向另一侧，利用⑦的掩护溜出端线，⑤传球给⑧后与⑥进行掩护，⑧可以将球传给掩护的④、⑦、⑤、⑥投篮，或自己中远距离投篮。

要求： 外线队员的中投命中率较高，配合紧密，衔接性好。

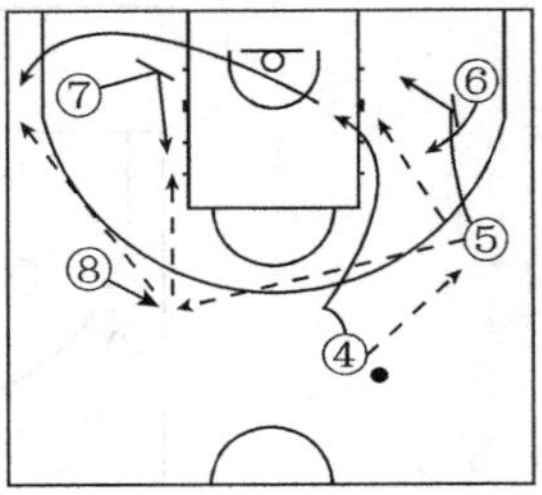

图 3-94

(二) 进攻半场人盯人防守战术的运用

①由于打高度现象的增多，组织进攻半场人盯人防守战术的人员配合中，要重视高空配合，要考虑到“三大二中”“二大三中”或“二大二中一小”等阵容。

②根据本队的特点和队员的特长选择和设计进攻战术，切合实际地运用基础配合及其变化创造攻击机会，保持战术配合的连续性，并使战术具有灵活性、应变性和整体性。

③确定战术的主攻方向和攻击点，内外结合，主攻与助攻结合，扩大攻击面，增加攻击点，注意配合之间的衔接，加强配合的攻击性。

④在组织进攻中要根据防守的实际，攻其薄弱环节，掌握进攻的节奏，做到动静、快慢相结合，提高攻守转换的速度，保持攻守平衡。

⑤明确进攻队员拼抢篮板球的配合和责任，积极组织拼抢篮板球，争取更多的进攻机会。

⑥在进攻结束时，应立即转入防守，阻止对方快攻，组织全队的防守配合。

（三）进攻人盯人防守战术的教学步骤与练习方法

1. 教学步骤

①先讲解进攻半场人盯人防守战术的概念、特点和作用，再讲解落位阵型、战术方法和配合时机。

②在教学训练中采用分解教学法，先提高个人进攻能力，再进行进攻半场人盯人防守战术局部固定配合练习，最后在实践中提高全队战术质量和战术运用与应变能力。

③在战术教学中，按照在无防守下的配合练习→消极防守下的配合练习→加强防守下的配合练习→实战练习的步骤进行，并注意把全场进攻与半场进攻有机集合起来，重视进攻的衔接。

④根据本队的特点与实际，设计出适合的进攻人盯人防守战术方法。

⑤通过教学比赛与检查比赛，检验战术的配合质量和教学训练效果，及时解决存在的问题。

2. 练习方法

（1）半场4对4摆脱练习

目的：提高无球摆脱防守的能力。

方法：如图3-95所示，队员在半场内进行移动摆脱练习，练习中防守者人盯人防守不换人，进攻者跑位摆脱对手，3分钟为一组。

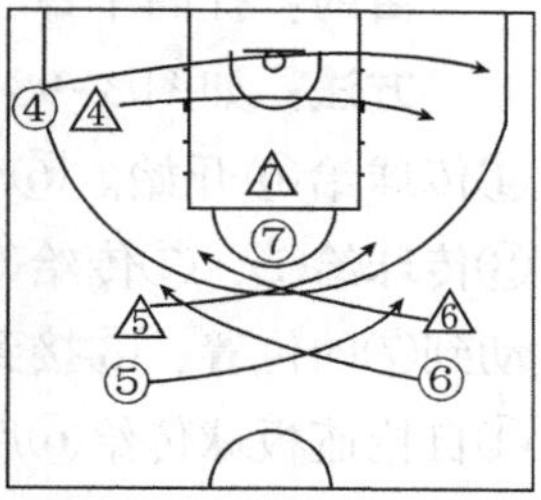

图 3-95

要求：教练给出“开始”和“停”的信号，有阶段、有节奏地进行练习。在停止练习后，队员不要移动，教练检查攻守双方是否摆脱对手和盯住对手。在练习中注意位置、路线、距离的选择，进攻者要利用掩护摆脱对手。

（2）3人交叉掩护与策应配合练习

目的：提高进攻基础配合熟练程度与运用能力。

方法：如图3-96所示，每3人一组，先在无防守情况下进行。④将球传给⑤后做假动作向⑤侧前方交叉跑动，⑤接球后将球传给⑥，然后做假动作向另一侧跑动，⑥将球传给④，④传给⑤上篮，④抢到篮板球拉出，换

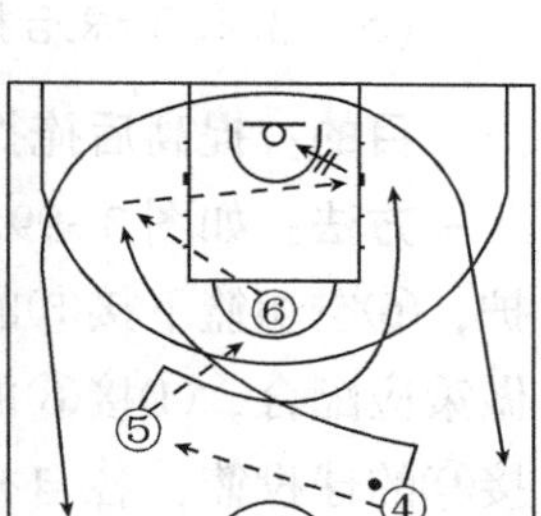

图 3-96

下一组练习。

要求： 路线熟悉后，先消极防守，然后积极防守进行练习。传球及时、准确、到位，假动作逼真，切入迅速积极，策应要做动作吸引对手。

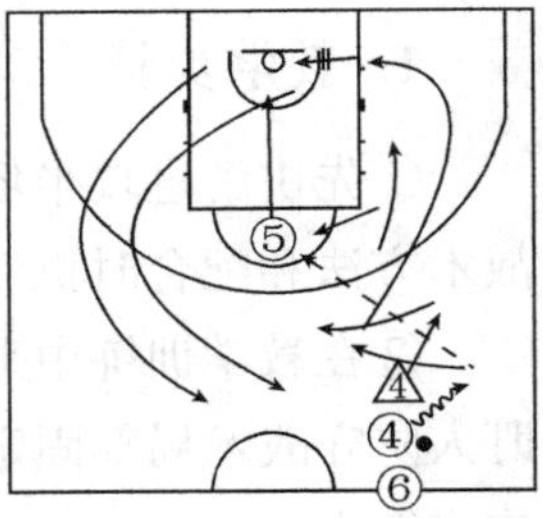

图 3-97

（3）通过中锋策应配合练习

目的： 提高策应配合意识和配合能力。

方法： 如图 3-97 所示，从中场开始 1 对 1 练习。中锋⑤站在罚球线外，④运球突破将球传给⑤后做假动作摆脱对手，切入到限制区腰上，接⑤的回传球上篮。然后⑤抢篮板球回到排尾⑥的后面，④变为防守防⑥，△4到⑤原来位置，依次轮换练习。

要求： 进攻队员要有 1 攻 1 的能力，摆脱对手后要及时将球传给中锋，切入要快速，传球及时到位，投篮准确，配合默契。

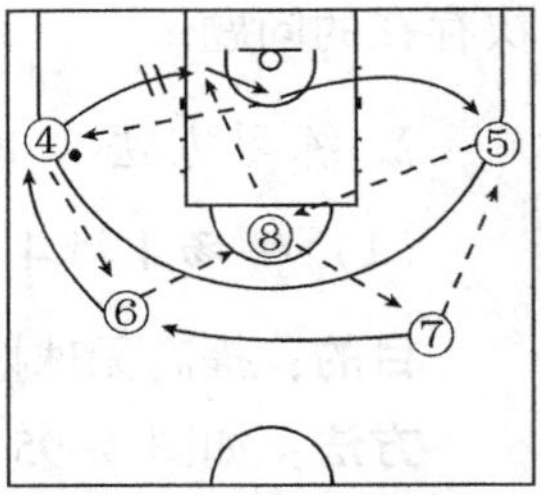

图 3-98

（4）通过中锋配合的练习

目的： 提高中锋与外界配合的熟练程度。

方法： 如图 3-98 所示，中锋⑧站在罚球线，练习从④传球给⑥开始。⑥传给策应的⑧后移动到④的位置，⑧传球给⑦，⑦传给⑤移动到⑥的位置，⑤传给⑧后移动到⑦的位置，⑧接到⑤的球后传给空切的④急停跳投，④自抢篮板球传给⑥后移动到⑤的位置，⑥接球后依次进行练习。练习数分钟后换下一组。

要求： 中锋策应后传球及时、准确，其他队员传球后快速移动到下一位置，练习要紧凑。

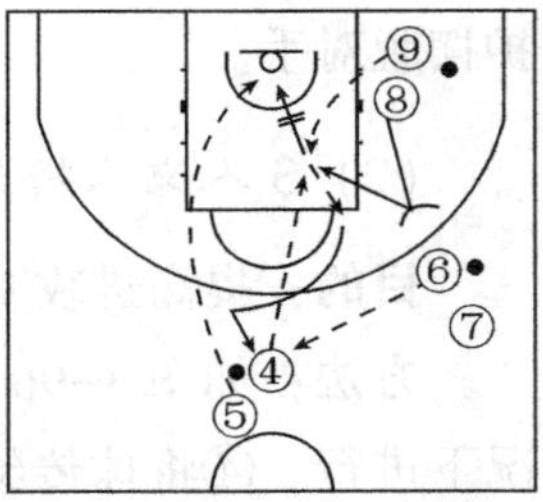

图 3-99

（5）3 人 3 球后掩护及策应练习

目的： 提高后掩护和策应配合的熟练程度。

方法： 如图 3-99 所示，⑥传球给④，⑧给⑥做后掩护，⑥空切篮下接⑤的球投篮，⑧横插接④的球并与④做策应配合，④接⑧的回传球投篮，⑧策应传球后转身接⑨的球投篮，各自抢篮板球后按顺时针方向换位，依次进行练习。

要求：④和⑧中投，⑥接球后行进间投篮，配合要默契，掌握好配合时机。

（6）全场5对5攻守

目的：形成掩护、策应、空切相结合的全队综合进攻战术。

方法：如图3-100所示，战术从⑤传球给④开始发动，中锋⑥上提给⑤做后掩护，然后横插，④可将球传给⑤或⑥，左侧的⑧给⑦做掩护，⑦上提补位，⑥接球后可与④做策应配合，也可个人进攻或传球给⑦、⑧、⑤。先在防守下练习跑动路线，路线熟悉后，在消极防守下练习，然后在加强防守下练习，最后进行实战5打5。

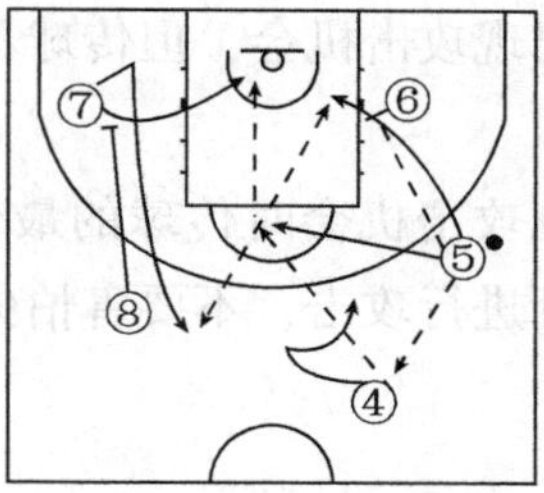

图3-100

要求：明确顺序和时机，跑动路线与配合方法要正确，注意观察场上情况，积极拼抢篮板球。

（四）进攻人盯人防守战术教学中易犯错误与纠正方法

1. 战术意识差

在战术训练时，全队思想不够统一，行动不一致，落位慢，使全队战术无法发动。

纠正方法：强调全队行动的一致性以及快速落位的重要性，反复进行由守转攻的练习，要求落位时队员要互相提醒和呼应。

2. 进攻急躁

在教学训练中不够耐心，当战术练习或运用不成功时，就不按战术要求进行。

纠正方法：让队员明白任何一套战术的形成与运用自如，不是一两次训练就可以达到的，必须经过反复多次的练习与实战运用。要求队员必须相互沟通，培养良好的战术意识与协作精神。

3. 战术目的、任务不明确

战术练习路线错误，过早或延迟移动；只顾自己跑动，没能与同伴协同配合。

纠正方法：讲解每一位置的移动路线、任务、配合方法、配合时机与要求，强调所有队员都要清楚每一同伴的移动路线与位置。多做无防守或消极防守下的全队战术练习，强化队员对全队战术的理解和运用。

4. 没有把握进攻机会

战术配合路线和位置上出现攻击机会，但传球不及时、不到位或不能大胆按照战术设计进行攻击。

纠正方法：讲清战术出现攻击机会时传球的最佳时机与最合理的传球动作，鼓励队员大胆地按照战术设计进行攻击，不要害怕失误，要坚信经过反复练习和运用是会成功的。

5. 运球过多贻误战机

在进攻全场紧逼人盯人防守时，持球队员盲目、低头运球或突破，贻误了破全场紧逼人盯人防守的战机。

纠正方法：运用半场或全场 1 防 1 运球突破，要求随时观察场上情况，只要有人发出扬手接球的信号，运球突破队员必须及时将球传给信号发出的队员，扩大队员的视野，并养成抬头运球的好习惯。

思考与练习

1. 试述半场扩大人盯人与半场缩小人盯人防守战术的特点与运用时机。
2. 绘图并说明半场缩小人盯人防守选位的方法与配合要求。
3. 半场人盯人防守战术的基本要求是什么？
4. 半场人盯人防守战术的教学与训练应注意什么？
5. 进攻半场人盯人防守战术的基本要求是什么？

第五节　区域联防与进攻区域联防

区域联防是由攻转守时，防守队员迅速退回后场，每个队员分工负责防守一定的区域，随着球的转移而积极地调整自己的位置，并与同伴密切合作，严密防守进入该区域的进攻队员，用一定的阵型把每个防区有机地结合在一起所组成的全队防守战术。

一、区域联防

（一）区域联防的特点

这种防守战术的特点是防守队员以球为主，随着球的转移和进攻队员的穿插移动，不断地选择有利的防守位置，对有球区域以多防少、无球区域以少防多，并在防守区域的同时，监视和限制对方队员的活动。

当对方队员外线中远距离投篮较差、内线队员攻击力较强时，运用区域联防能够发挥集体防守的优势，弥补本队个人防守技术的不足，限制对方的内线进攻，减少本方犯规，有利于组织抢后场篮板球发动快攻。当前，区域联防战术已扩大了防区，从单一、固定的防守队形向着综合多变的方向发展，并经常采用轮转换位、紧逼、夹击等手段，形成了“一攻一守”对位区域联防，使区域联防战术更具有针对性、攻击性、综合性的特点。

（二）区域联防的站位阵型

区域联防站位阵型有“2-1-2”（图 3-101）、“2-3”（图 3-102）、“1-3-1”（图 3-103）、“3-2”（图 3-104）等。其中，“2-1-2”是基本的站位阵型，图中阴影为联防的薄弱区。

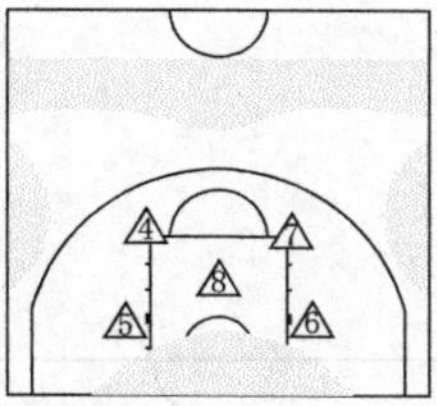

图 3-101

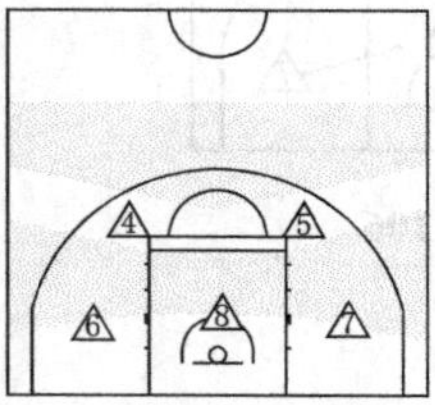

图 3-102

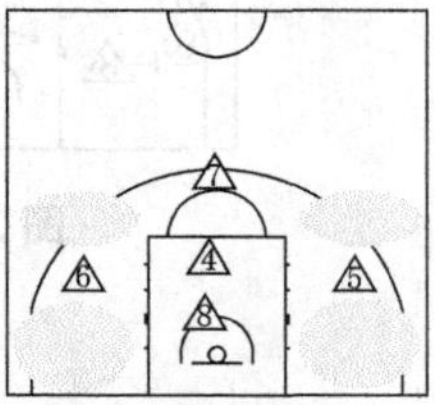

图 3-103

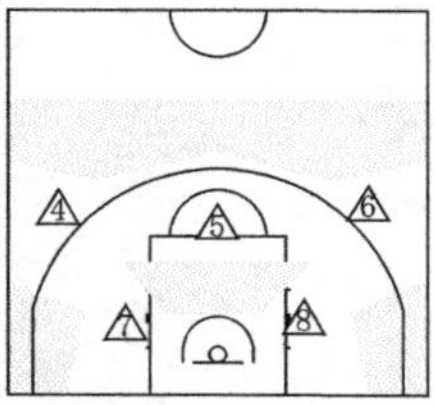

图 3-104

（三）区域联防的方法（以“2-1-2”阵型为例）

“2-1-2”阵型的队员分布均衡，移动距离近，有利协防和调整阵型，较适用于正面突破和篮下进攻威力大的对手，但防守两腰共管区和圈顶的投篮较困难。

1. 球在正面弧顶时的防守配合

④持球在外围弧顶时，△4、△6应根据对方的进攻阵型和对方中锋的位置决定两人的防守配合，△4上前防守④，△7向上移动防守⑦，兼顾篮下防守（图 3-105）。

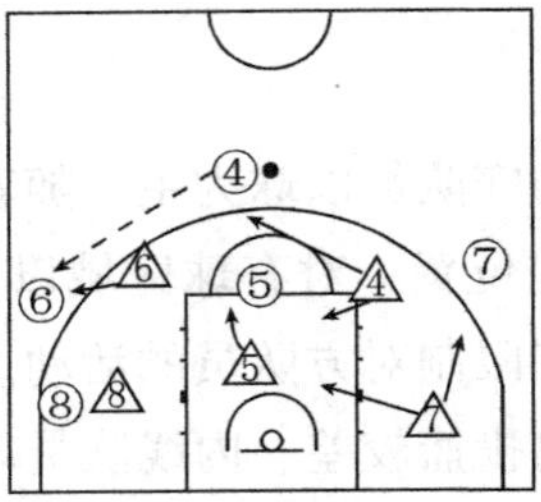

图 3-105

2. 当球传到底角时的夹击防守配合

当⑥传球给位于底角的⑧时，△8上去防守⑧，△6迅速跑到底角，与△8配合对⑧进行夹击，△4向下移动防止⑤接球，△5向斜后方移动保护篮下，△7向中间移动，防止⑦背插（图 3-106）。

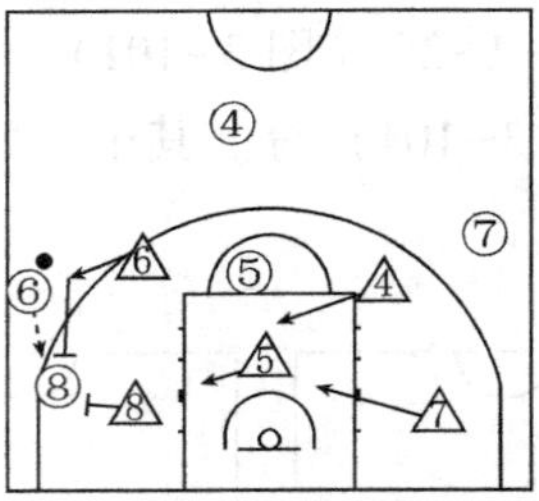

图 3-106

3. 防守溜端线的配合（图 3-107）

当④将球传给⑦时，⑧溜端线，△8应堵截⑧的移动路线，延误其配合时间，同时用余光掌握场上传球情况，不让其接球，一般要护送过中轴线并告知△7，等△4撤回防守⑦、△7退回防守⑧时，△8再回到原来的防守区

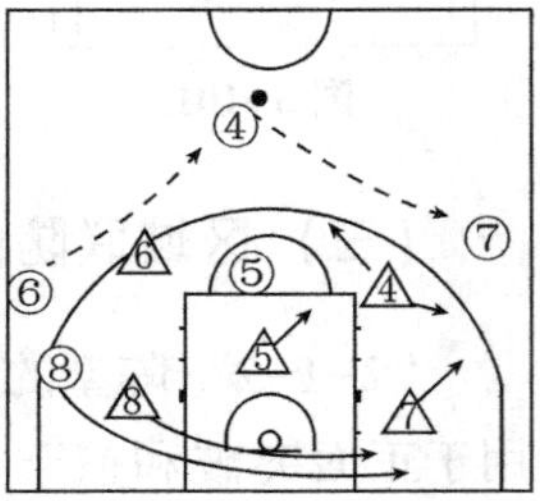

图 3-107

域。△5站在⑤的侧后方，防其接球和向篮下空切，△6向下移动，防守⑥背插。

4. 防守端线中锋的配合

当⑦把球传给篮下中锋⑧时，△4、△5向下移动，并与△7协同围守夹击⑧，△6向罚球区移动防⑤接球，堵截其向篮下空切，△8防止⑥向罚球区空切（图 3-108）。

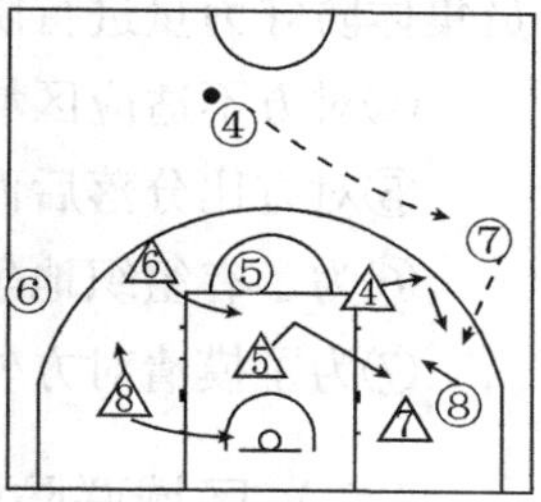

图 3-108

5. 防守策应的配合

当⑤接球时，△5上去防守⑤的投篮、运球突破，干扰其传球。△4、△6回缩协助△5防守⑤，△7防止⑧插入罚球区或溜端线，△8防止⑥横切或溜底线（图 3-109）。

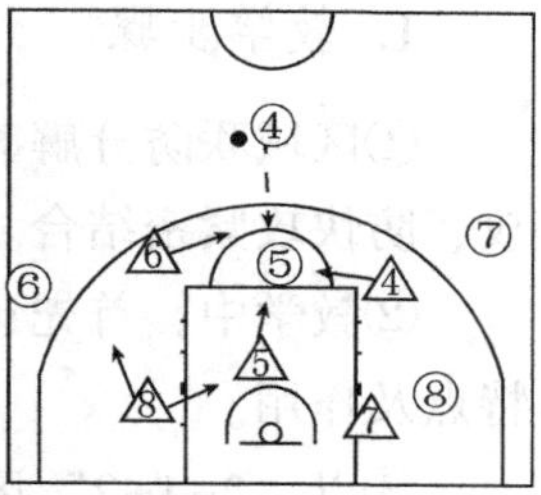

图 3-109

（四）区域联防的基本要求

①由攻转守时，封一传、堵接应，争取时间迅速退回后场，站好区域联防阵型。

②根据区域联防的特点和队员的身体、技术特长，合理地分配防区。把移动速度快的队员放在外线防守，把身材高大、补防能力强、善抢篮板球的队员分配在内线防守。

③在自己的防区内防守持球队员时，执行盯人防守的原则，积极干扰和破坏对方的投篮、传球、运球和突破。

④对无球区域的防守要贯彻“人、球、区”三位一体的要求。无球队员通过溜底线、背插、纵切等方式进入自己的防区时，要先卡防第一接球点，然后护送出自己的防区交给同伴防守。

⑤防守中，随时准备协助同伴进行“关门”“夹击”“补防”等配合，特别对篮下攻击能力较强的队员必须进行围守。

⑥要根据对方的进攻变化，调整防守队形。

（五）区域联防的运用

①对方外围中远距离投篮不准，而内线威胁较大时。

②对方频繁地采用穿插移动和运球突破，而本方个人防守能力不强或犯规较多。

③本方队员身高、技术和体能比对方差，而对方又善于进攻篮下时，需要队员集体防守力量进行防守。

④对方不适应区域联防战术或有策略地改变防守战术。

⑤对方比分落后而急于求成在篮下死拼硬打。

⑥为了有组织地争抢后场篮板球和发动快攻。

⑦为了摸清对方外围进攻的主攻意图。

（六）区域联防的教学步骤与练习方法

1. 教学步骤

①区域联防分解教学应安排在人盯人防守及进攻人盯人之后进行，并与快攻、防快攻紧密结合。

②教学中，首先让队员掌握区域联防的基本原理，明确各种防守形式、战术特点及作用。

③以“2-1-2”区域联防为教学和训练的重点内容，在此基础上学习其他的防守形式。

④先进行分解练习，待局部配合熟练后，再过渡到整体练习。

⑤在练习中，先做随球移动的防守和随进攻队员移动的防守，然后做随球和个人同时移动的防守，最后通过竞赛巩固和提高战术质量。

2. 练习方法

（1）1防2随球移动的防守练习

目的：提高个人判断、移动与防守能力。

方法：如图3-110所示，④与⑤在外围相互传球，△4防持球者。④将球传给⑤，当传球人球离手时，△4根据判断快速反应积极移动去防④或⑤。

要求：移动迅速，手臂张扬。

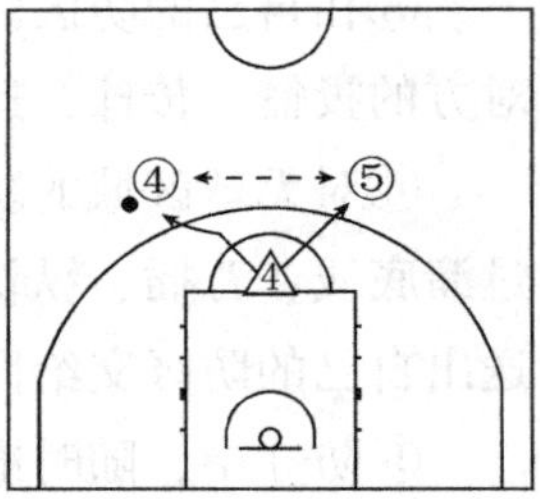

图3-110

（2）2防2移动选位练习

目的：提高防守队员之间快速移动、协同防守的能力。

方法：如图3-111所示，④、⑤相互传球，△4、△5快速移动选位防守，选位熟练后，进攻队员可以瞄篮

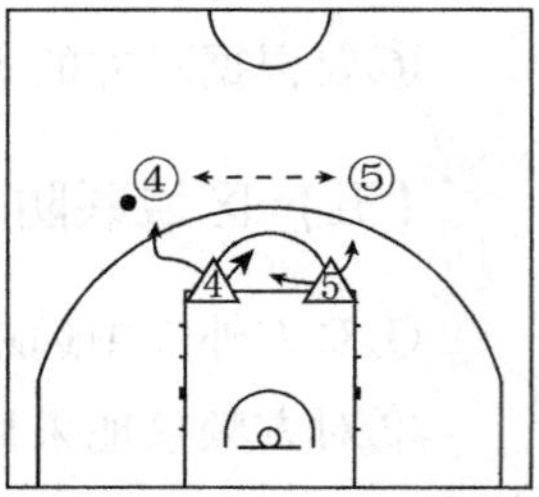

图3-111

或持球突破。

要求：紧逼持球队员；防无球队员时，准备与同伴协防或完成“关门”配合。

（3）2防3移动补位练习

目的：提高队员外围移动与防守选位配合能力。

方法：如图3-112所示，④、⑤、⑥在外围传接球，防守队员△4与△5积极移动进行防守补位。⑥持球时，△5上去防守⑥，△4向中间移动，防守④、⑤；当⑤持球时，△4上去防⑤，△5向中间移动，防④、⑥。当球传至④时，原防持球人随球移动去防守，另一防守人向内线下撤一步。

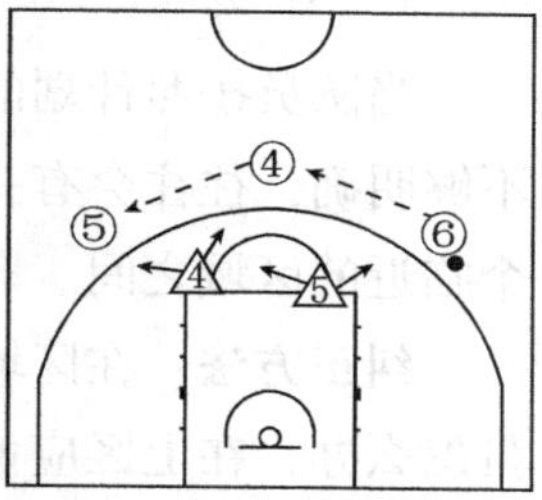

图 3-112

要求：移动积极，补位及时。

（4）3防3底角夹击防守练习

目的：加强防守端线突破，提高队员之间的协作防守能力。

方法：如图3-113所示，当⑥传球给⑧时，△8立即上去防⑧投篮或防其从端线运球突破。与此同时，△6迅速向下移动，与△8配合对⑧进行夹击防守，△4向后撤，准备防守④、⑥。

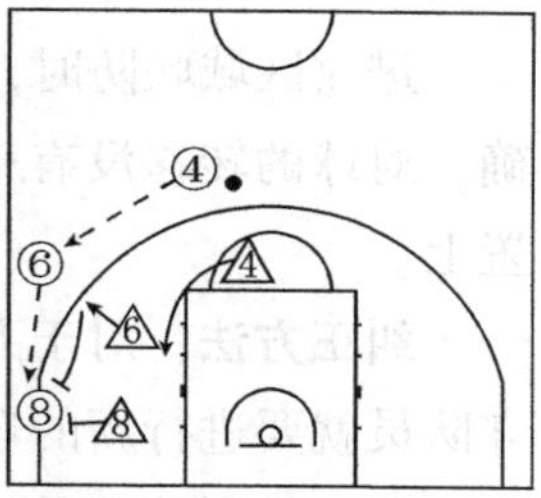

图 3-113

要求：积极移动，找准时机果断夹击。

（5）4防5移动选位练习

目的：提高防守队员移动与协防能力。

方法：如图3-114所示，④、⑤、⑥、⑦在外线传球，防守队员按照要求快速移动选位，持球队员可以突破，但不能投篮。

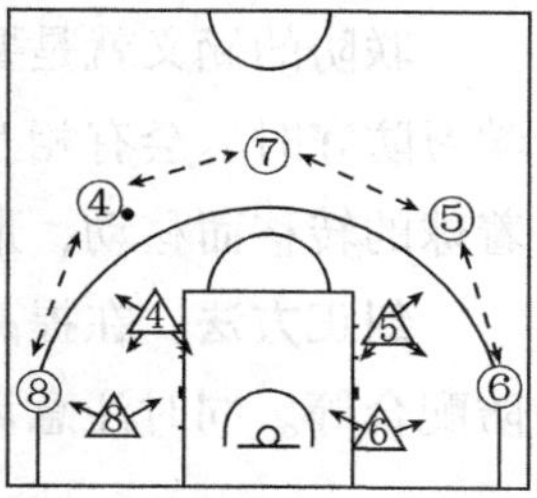

图 3-114

要求：积极移动，相互呼应，保持正确的防守位置与距离。

（6）半场5对5对抗练习

要求：进攻时以传球、接球突破、背插、溜底线、中锋进攻为主，以此提高个人防守意识和整体配合质量。在此基础上进行全场的攻守对抗练习。

（七）区域联防教学中易犯错误与纠正方法

1. 分工不明确

当队员按照计划的分工区域站位后，虽然有了区域的概念，但在分工负责上不够明确，往往会有一个区域有两个防守者，有的区域没有防守者，特别是在两个临近的区域之间。

纠正方法：在区域分工明确的基础上，让队员清楚当一个区域有两名进攻队员怎么办，在上区应该由谁负责，在下区应该由谁负责。特别是当进攻队员在两个区域之间的时候，更要明确防守的分工。随着训练水平的提高，分工任务应该更加明确和细致，要求每个队员都能十分清楚自己的区域和特殊情况的分工。

2. 选位不正确

进攻区域联防时，进攻队员往往会站在两防守者的中间，而防守者选位不正确，对球的转移没有一定的预判，选位时没有考虑站在靠近有可能转移球的位置上。

纠正方法：对于人和球的防守要时刻注意进行不断地选位，当球转移时，防守队员就要进行新的选位，而不能在原地不动。在有分工的情况下或在不同情况下，要经常训练队员选位。开始可以使用 2 防 3、3 防 4，逐步过渡到 5 人的整体联防防守。

3. 协防配合不到位

联防的涵义就是要互相协防，整体防守，对有球的队员进行围防。但在开始学习防守时，会有相互之间不协调的感觉，队员之间没有协防，防守队员不是随着球的转移而移动，形成了互相之间的脱节。

纠正方法：在提高 1 防 1 的基础上，进行协防训练，比如运用关门配合、补防配合等。同时注意训练队员的协防意识。

4. 防堵、防溜不够

进攻队员为了破坏联防，经常会运用穿插和溜底等行动，使联防不能保持相对的平衡。对于初学者来说，往往会让进攻队员随意跑动，而不是用身体和脚步来封堵和护送进攻队员的穿插和溜底。

纠正方法：加强防堵、防溜训练，反复进行。开始时，可以在 1 防 1 的情况下训练，逐步过渡到2防2和3防3，要增强队员防堵的意识，养成积极利用脚步动作和身体堵位的习惯。

二、进攻区域联防

进攻区域联防战术是针对区域联防的阵型和变化特点，结合本队的实际情况，组织相应的落位阵型，有目的地通过传球及队员的穿插，破坏方整体防御部署，创造良好的内外线进攻机会的阵地进攻战术。

（一）进攻区域联防的基本要求

1. 积极组织快攻

进攻区域联防的有效方法之一就是积极发动快攻。当由防守转入进攻时，应首先争取乘对方尚未退回后场或者立足未稳尚未组织好防守阵型之前进行有效攻击。

2. 选择有针对性的落位阵型，组织对薄弱地区的有效攻击

当防守队已经组织好区域联防阵型时，进攻队应根据不同的区域联防阵型采取相应的插空站位的进攻阵型来合理落位。要进攻位置合理、传球快、节奏好、频繁移动，有针对性地重点攻击对方的防守薄弱地区，逼迫防守队员出现失误和漏洞，创造良好的投篮机会。

3. 积极利用传球和穿插移动来组织进攻

在组织进攻区域联防战术时，应通过耐心地运用快速的多传球、快传球、突破分球和积极的穿插移动等手段来打乱对方的防守阵型，使防守处于被动应付的不利局面，从而寻找有利的进攻机会。

4. 多运用简单的进攻战术基础配合

在组织进攻区域联防战术时，应通过溜端线、背插、横切、运球突破等个人战术行动来充分运用传切、策应、掩护、突分等进攻战术基础配合方法，进行声东击西、内外结合的攻击，破坏联防的协同防守，造成局部地区以多打少的局面，创造投篮机会。

5. 有效组织中、远距离投篮

准确的中、远距离投篮是进攻区域联防战术的重要手段。要利用掩护、突破、端线穿插来有目的、有组织地压缩对方的防守区域，组织中距离投篮，尤其

要注意利用两个防区之间的空隙果断地进行投篮。还要利用远距离投篮来逼迫对方扩大防守范围，从而为争取篮下进攻的空间提供有利条件。

6. 内外结合，发挥中锋作用

要充分组织内线配合，发挥中锋策应的作用，创造内外线的投篮机会。要注意合理组织掩护投篮，尤其是在联防薄弱区域利用前掩护或定位掩护等来获得投篮机会。

（二）进攻区域联防的阵型

针对区域联防的阵型而采用的相应进攻阵型。确定阵型的原则是根据进攻的点、面，合理布置队员占据联防的薄弱地区，避免与防守队员形成 1 对 1 的站位，在局部区域形成以多打少的优势，并始终保持攻守平衡。常用的落位阵型有“1-2-2”（图 3-115）、“1-3-1”（图 3-116）、“2-1-2”（图 3-117）、“2-2-1”（图 3-118）等。

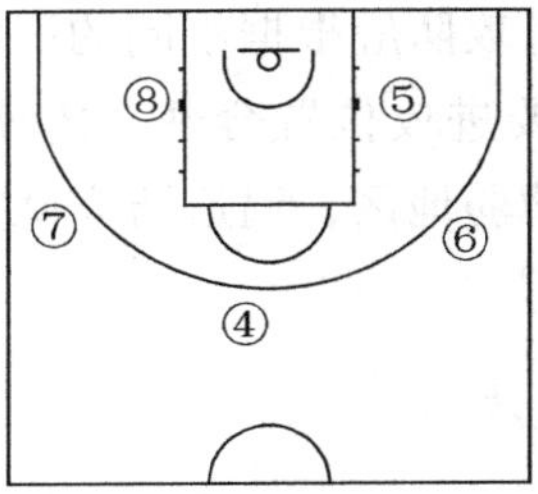

图 3-115

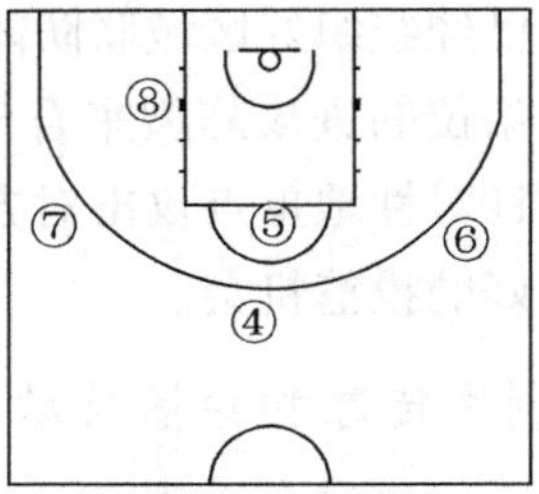

图 3-116

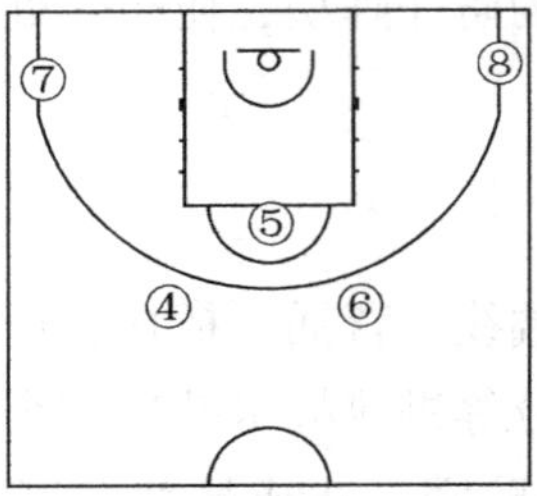

图 3-117

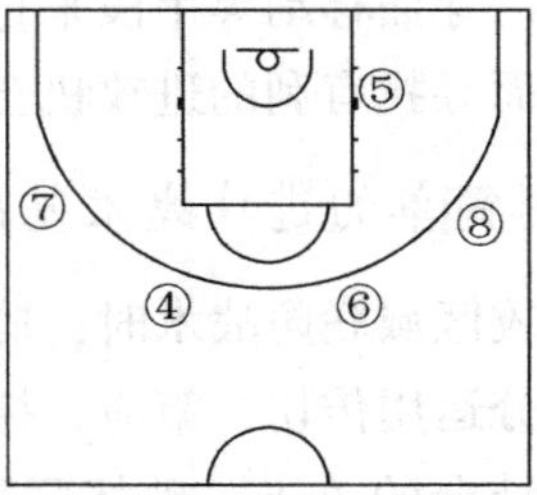

图 3-118

（三）进攻区域联防的方法（以“1-3-1”阵型落位进攻“2-1-2”阵型为例）

实施进攻区域联防战术行之有效的方法是组织快速反击，在对方立足未稳之时进行攻击。如果对方已部署好联防阵型，进攻时要及时采取相应阵型，组织阵地攻击。

1. “1-3-1” 阵型的落位

以进攻“2-1-2”联防为例，落位如图3-119所示。

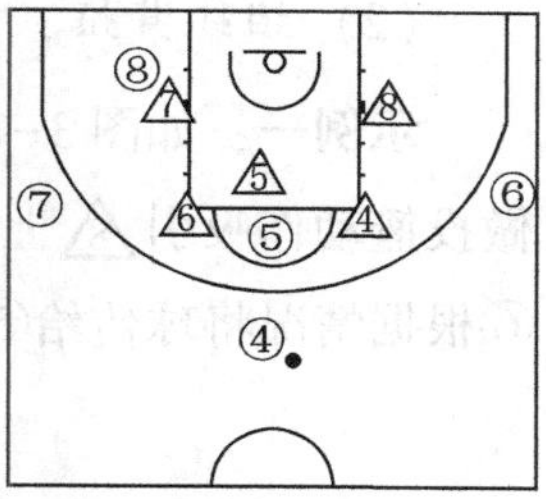

图3-119

2. “1-3-1” 阵型的特点

队员分布面广，④、⑤、⑥、⑦都占据防守的薄弱地区，攻击点多，内外结合，可在局部区域形成2对1、3对2的有利局面，有利于组织抢篮板球，保持攻守平衡，能在进攻的正面和两侧发动以多打少的攻势。在安排各个位置的队员时，要考虑④、⑥、⑦应该是反应快、战术意识强、技术全面、善于传球、中远距离投篮准确、切入篮下得分和冲抢篮板球能力强的队员，⑤应该是善于在罚球线附近进行策应和转身跳投的队员，⑧应该是篮下进攻和抢篮板球能力较强的队员。

3. “1-3-1” 进攻方法

(1) 通过中锋策应进攻

示例一：如图3-120所示，通过④、⑤、⑥、⑦之间相互传球来调动防守，使△4、△6不能及时到位防守，④、⑥、⑦果断地抓住机会进行中、远距离投篮，⑧、⑤冲抢篮板球。

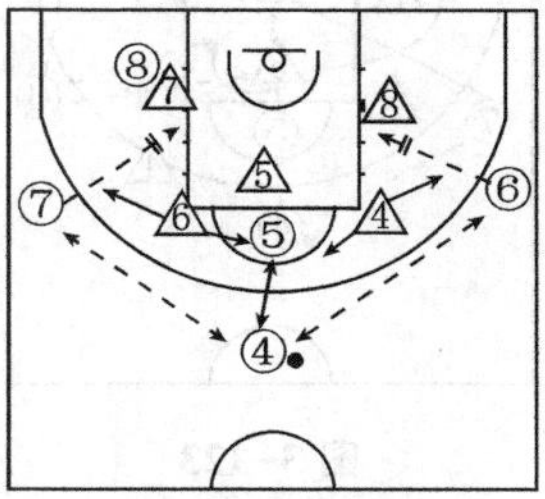

图3-120

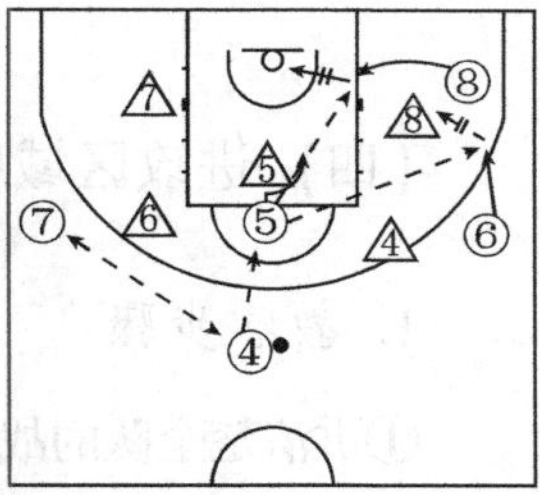

图3-121

示例二：如图3-121所示，进攻队员④、⑦相互传球吸引△4、△7上来防守，④将球传给⑤，⑤接球后，转身做投篮动作，与此同时，⑧溜底线，⑥向场底角移动，在右侧端线形成以多打少的有利局面。⑤根据防守情况，将球传给溜端线的⑧或场角的⑥投篮，⑧、⑤冲抢篮板球。

（2）组织背插，溜底线进攻

示例一：如图 3-122 所示，④、⑦传接球吸引防守，然后④把球传给⑥，⑥做投篮动作吸引△8上来防守，拉空端线，⑤向篮下切入，⑦同时向禁区背插，⑥根据情况将球传给⑤或⑦投篮，⑦、⑤冲抢篮板球。

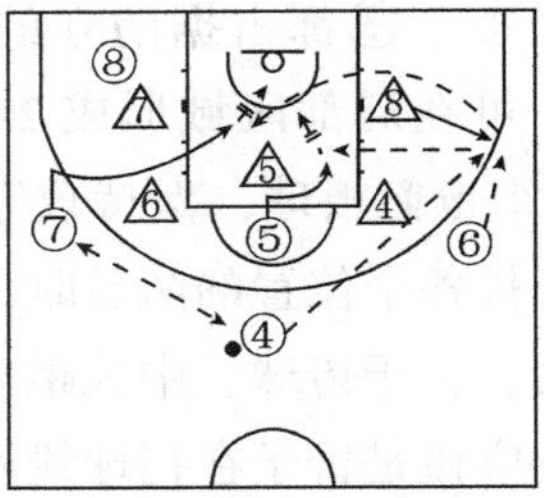

图 3-122

示例二：如图 3-123 所示，⑥接球后做投篮动作吸引△8上来防守，拉空端线，⑦斜插篮下接⑥的传球投篮。若没有进攻机会，⑦向场角移动接⑥的球，⑤趁机向篮下切入，拉空罚球区，⑧向罚球区横切，⑦根据△4△5的防守情况，决定自己投篮或是传球给⑤或⑧投篮，⑧、⑦、⑤冲抢篮板球。

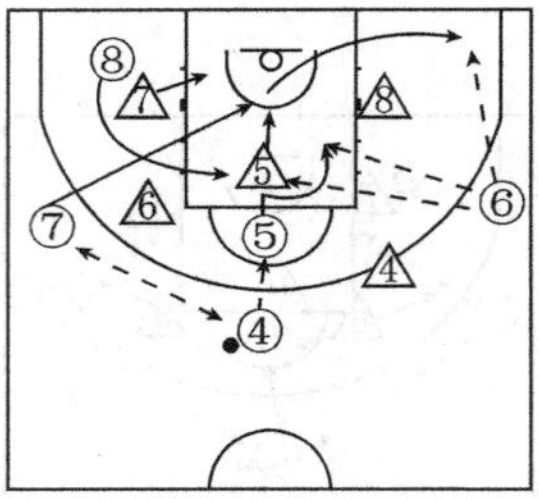

图 3-123

（四）进攻区域联防的教学步骤与练习方法

1. 教学步骤

①讲清楚全队的战术阵型和配合方法及变化规律，让队员建立完整的战术概念。

②从分解练习着手，让队员明确各个位置上的进攻配合方法，然后进行全队

的整体配合练习。先在无防守、消极防守条件下练习，然后在积极防守、对抗条件下练习，最后在教学比赛中巩固、提高。

③以“1-3-1”阵型落位，进攻“2-1-2”区域联防为重点教学内容，在此基础上学习其他战术配合。

2. 练习方法

（1）正面传接球投篮练习

目的：提高快速传球与把握时机投篮的能力。

方法：如图 3-124 所示，④、⑥、⑦相互传球，调动防守，使△4、△6不能及时地防守到位，④、⑥、⑦抓住机会果断投篮。

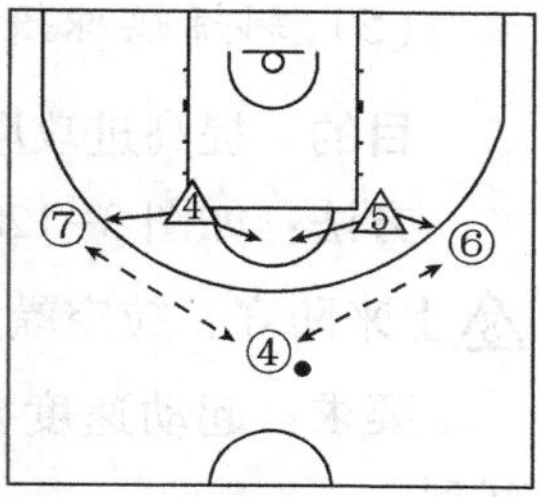

图 3-124

要求：传球迅速、及时、到位，进攻队员只许传球不许运球，要准确把握投篮时机，防守队员要积极移动配合进攻队员练习。

（2）策应传接球投篮练习

目的：利用中锋高位策应，提高队员之间传接球的配合能力。

方法：如图 3-125 所示，进攻队员④、⑤、⑦、⑥形成两个三角形，通过外围传球和⑤的策应传球进行里外、左右的传球配合，⑦、⑥抓住机会果断远距离投篮。

要求：传球迅速、及时、到位，进攻队员只许传球不许运球，要准确把握投篮时机，防守队员要积极移动配合进攻队员练习。

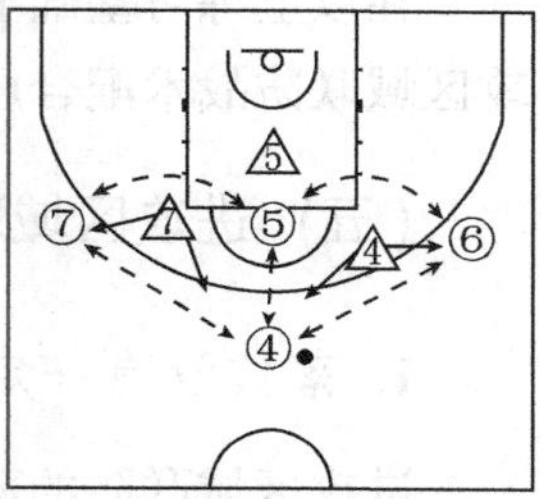

图 3-125

（3）中锋策应与溜底插角练习

目的：提高中锋的策应能力。

方法：如图 3-126 所示，④、⑥相互传球调动防守，⑤接球后转身做投篮动作，⑧溜端线，⑥插向场角，⑤根据的防守情况，将球传给⑧或⑥投篮。

要求：⑤策应要机动灵活，不要把位置站死，⑥和⑧要掌握好移动与投篮时机。

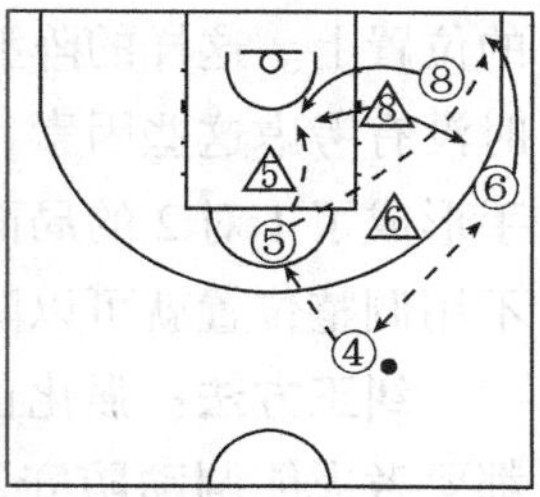

图 3-126

（4）横切、纵切接球投篮练习

目的：提高切入接球投篮的准确性。

方法：如图 3-127 所示，④、⑦传球吸引防守，然后④传球给⑥，⑥做投篮假动作，⑤向篮下切入，⑦同时向罚球区背插，⑥根据情况将球传给⑤或⑦投篮。

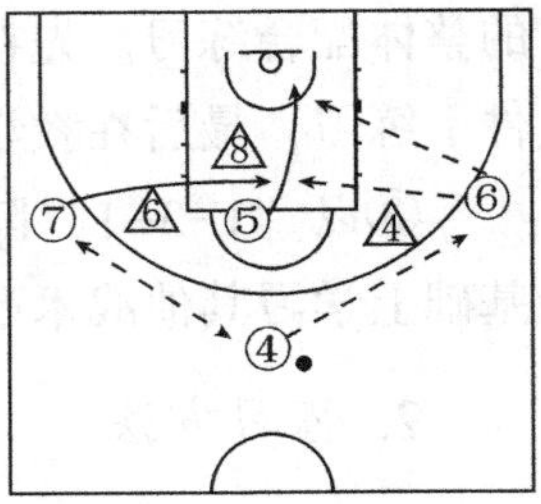

图 3-127

要求：摆脱移动迅速，持球人传球要做到及时、到位；少运球、多传球，要准确把握投篮时机。

(5) 斜插接球投篮练习

目的：提高进攻联防时的投篮准确性。

方法：如图 3-128 所示，⑥接球后做投篮动作吸引8上来防守，拉空端线，⑦斜插篮下接⑥的传球投篮。

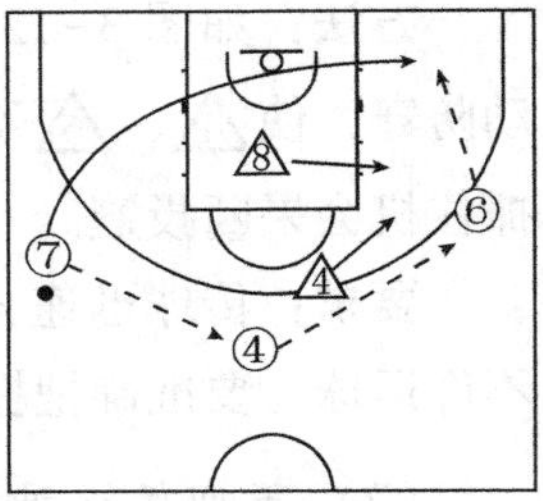

图 3-128

要求：起动速度要快，传球要及时到位，做到人到球到。

(6) 半场无防守情况下的 5 人练习

要求：熟练掌握配合的整体结构，明确各攻击点的任务、传球路线及队员穿插移动的配合时机。

在以上练习基础上可组织教学比赛，在实战中发现问题，及时解决，提高进攻区域联防战术配合质量和运用战术能力。

(五) 进攻区域联防战教学中易犯错误与纠正方法

1. 落位没有一定的威胁

进攻区域联防的落位一般是按“1-3-1”的形式，即一个后卫在上线，两个前锋和一个中锋站在罚球线及其延长线附近的位置，另一个是中锋站在底线附近的位置上。这样的阵型有利于进攻传球的转移和队员的移动。如果队员进攻站位时没有考虑这些因素，只注意个人的习惯，站在与对手对应的位置上，正好与对手形成了 1 对 2 的局面，这样就不利于攻击的展开，而防守正好可以与之对应，不用调整位置就可以防守对手。

纠正方法：强化正确的落位，训练队员习惯于站在有威胁的地方，每次站位都要考虑能调动防守，而不是与防守站在对应的位置上。开始时，可考虑运用“1-3-1”站位形式来进攻区域联防，使队员尽量习惯错位站位。

2. 传球目的性不够

对于进攻区域联防，每次的传球都应该有一定的目的性。传球是为了调动对方的防守，使其不能保持原有的队形，或是为同伴创造一个有利的进攻投篮的机会。但对于进攻区域联防经验不足的队员来说，这是一件很困难的事。初学者往往不能有目的地传球转移，而是盲目地将球传向一个方向，或是向两边传来传去。

纠正方法：提高快速转移球的能力，当进攻队员接到球，防守队员与之对上位时，要快速地转移球，把球传向防守还没有到位的进攻队员手上。全队要统一思想、齐心协力，要使球不停顿地转移，直到防守出现漏洞。

3. 左右移动、穿插不够

进攻区域联防需要进攻者通过左右移动、穿插来寻找空当和机会。所以，进攻移动少，没有左右穿插，进攻的机会就要减少，同时也容易防守。因此，要养成移动的习惯，通过移动来创造进攻的机会。

纠正方法：让队员从右向左，或是从左向右进行穿插移动，同时要结合传球和投篮。传球要与移动的时机联系，争取做到球在转移、人在移动，当人从右穿插移动到左时，球也应该转移到这个位置。人到球到，接球投篮，掌握好移动和传球时机。

4. 内外结合不够

当防守者扩大防区使进攻传球和投篮困难时，进攻队员应考虑尽快地把球转移到内线，想法让内线队员在篮下进攻；当防守队员积极协防内线进攻时，内线队员应主动把球传到外线，由外线队员利用中远投篮攻击对方，形成内外结合的攻击局面，以便主动破坏对手的防守。但主动将内线和外围的进攻结合起来却是十分困难的，这是教学中存在的普遍问题。

纠正方法：注重内外结合，训练中不仅要注意外围的投篮，也要考虑内线的进攻，要多采用插上和溜底的进攻行动。当防守队员积极协防内线进攻时，内线队员应主动把球传到外线，由外线队员利用中远投篮攻击对方，形成内外结合的攻击局面。

思考与练习

1. 区域联防战术的特点是什么？在采用“2-1-2”区城联防战术时，应如何安排队员？
2. 区域联防战术的运用时机有哪些？
3. 区域联防战术的基本要求是什么？

4. 在区城联防战术的教学训练中，应采用哪些教学训练方法？

5. 进攻区域联防战术的基本要求是什么？在比赛中如何针对区域联防来变化有利于进攻的战术阵型？

6. 试用“1-3-1”进攻阵型来设计一组进攻“2-1-2”区城联防战术。

第六节　区域紧逼防守与进攻区域紧逼防守

一、区域紧逼防守

（一）区域紧逼防守的特点

区域紧逼是防守方按预定的战术阵型在一定的范围内分区落位，守区盯人，连续组织封堵夹击，体现攻势防御的全队防守战术。它可以在全场、3/4 场和半场中应用，具有区域联防和人盯人的优点，体现了在区域中紧逼盯人、在紧逼盯人中守区。它是具有较强攻击性的一种整体防守的方法，也是区域联防和人盯人防守两大防守战术体系综合发展而形成的防守战术系统。

（二）区域紧逼防守的运用时机

①突然改变防守战术，达到出其不意、攻其不备的目的。

②身材比较矮小，但速度和灵活性较好的队，可用来对付身材高大而欠灵活性的对手。

③为了扩大战果或挽回败局。

④对方队员体力较差，为了有意消耗对方体力。

⑤对付经验不足或替补队员实力较弱的队。

⑥对付控制球能力差、切入少，但中投很准的球队。

⑦为了了解对方的进攻能力。

（三）区域紧逼防守的基本要求

①区域紧逼防守是一种攻击性防守战术，要达到理想的效果，就要求队员全力以赴地投入，要有声势、协调配合。

②在区域紧逼防守中，要求防守队员明确自己分工负责的区域，防守的重点是球，要主动向球进攻，不要轻易使球超越自己的防区。一旦球越过自己的防

区，就要迅速回防，重新组合全队防守，并再一次就近发起向球的攻击性防守。

③区域紧逼防守要体现“向球移动、控制中区、堵中放边、积极追堵、对球夹击”，并体现近球区以多防少、远球区以少防多的原则。

（四）区域紧逼防守的类型

区域紧逼防守战术可以按防守区域分为全场区域紧逼、3/4 场区域紧逼和半场区域紧逼 3 种类型。根据区域紧逼防守范围和落位阵型的不同组合，又可分为防守重点各不同的战术阵形，主要有：“1-2-1-1”阵型（图 3-129）、“1-2-2”阵型（图 3-130）、“2-2-1”阵型（图 3-131）、“2-1-2”阵型（图 3-132）。

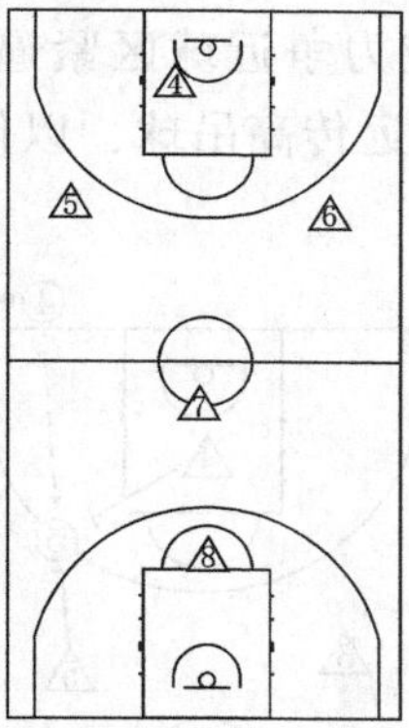

图 3-129

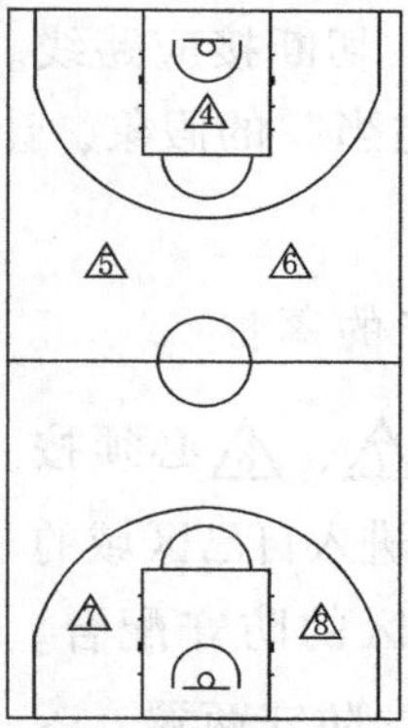

图 3-130

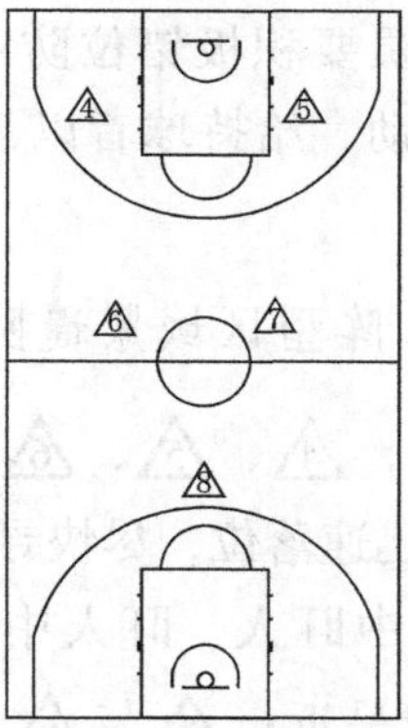

图 3-131

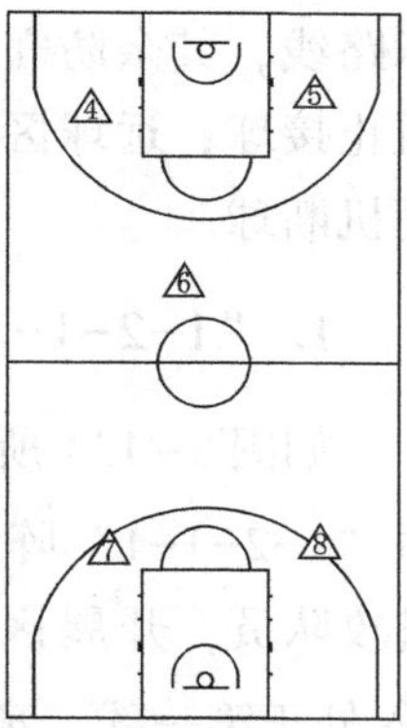

图 3-132

其中，“1-2-1-1”“2-2-1”“2-1-2”是主要的防守阵型，在运用中，队员只要向前后左右移动位置就可以变成其他的防守阵型。

“1-2-1-1”阵型是正面和中区的防守力量较强的阵型，在比赛中应用较广泛。这种阵型能有效地防止从正面和中区发起的进攻，其两翼防守也较强。它要求中间的队员有较强的灵活性、速度和比赛意识，能够积极地进行协同防守和补位。

“2-2-1”阵型的优点是既加强了两翼防守又有篮下的防守部署，又能成功地组织边线夹击，防止高大而灵活的队员在篮下活动。但缺点是中区防守力量不够，防守的稳定性差，容易被后场中区的策应队员所打破，所以它要求两翼和篮下队员有较强的防守能力。

“2-1-2”阵型的优点是两翼防守较强，对中区也有相应的照顾，但正面和中区相对薄弱，篮下防守力量不够，如果对方从正面和中路发起进攻，则要求两翼防守队员根据情况适时地进行补位和换防。它要求中间的队员有突出的补位能力。

(五) 区域紧逼防守的过程与方法 (以“1-2-1-1”阵型区域紧逼为例)

采用全场区域紧逼时，全队要协同一致，主动出击，迅速落位，控制防区，紧紧防住进入自己防守区的对手，努力阻止球越过自己的防区。以“逼球”“夺球”为目的，紧逼有球队员，迫使其按照防守意图运球推进或传球，控制球的走向和速度，打乱对方习惯的进攻部署。抓住时机组织临近同伴进行夹击，近球区的防守队员要与持球者的防守队员共同夹击持球队员，封堵其传球路线，其余防守队员要积极错位防守，切断接应路线。应力争近球区紧逼，阻止接球；远球区松动，给持球者以“空当”的假象，让其远传高吊球，以便伺机断球。

1. “1-2-1-1”阵型区域紧逼防守的落位

如图 3-133 所示，△4、△5、△6、△7、△8必须按照“1-2-1-1”阵型迅速落位，尽快寻找进入自己区域的进攻队员，开展区域中盯人、盯人中守区的防守配合。△4处于第一线，离球最近；△5与△6负责防守两翼，落位于△4的后面；△7防守中场，落位与中圈附近；△8处于最后的防区，离球最远。

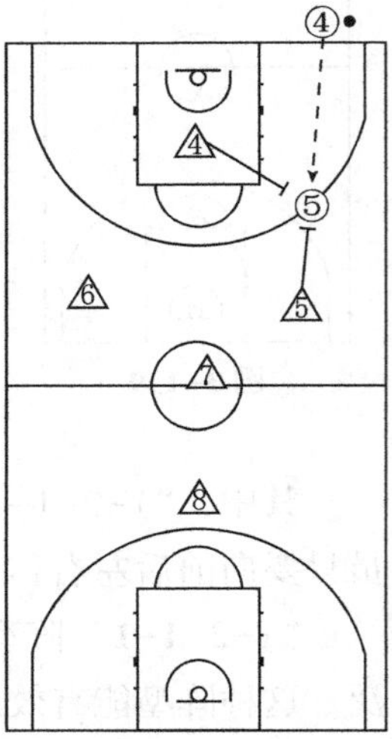

图 3-133

2. “1-2-1-1”阵型区域紧逼防守的分工配合

“1-2-1-1”全场区域紧逼战术一般可分为前、中、后场 3 段区域进行防守，球在不同的区域时，全队防守有着不同的要求。

如图 3-134 所示，根据全场区域紧逼防守的一般规律，由攻转守时△4处于第一线，要立即抢占前场，一是紧逼掷端线界外球的队员⑧，迫使其将球传向有利于夹击边侧的④；二是紧逼接球队员④，并与△5围守夹击，切断其接球路线。如果④在边侧接球，由△4、△5夹击；如果④向前运球突破，△5堵截追防。当球运至中场附近，△5与△7要在中场附近“死角”对④进行夹击，△6堵截⑤的

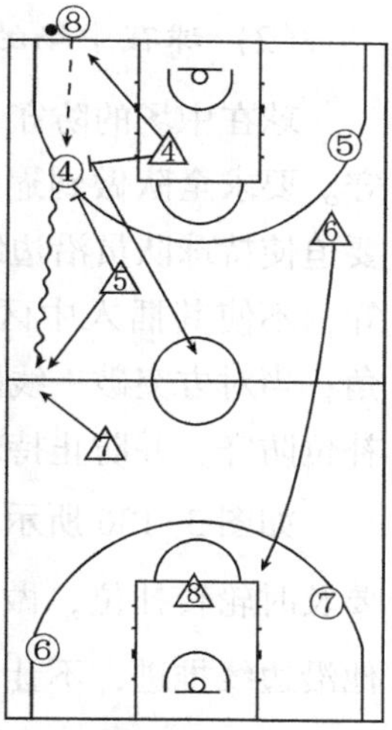

图 3-134

移动路线，切断其接应点。如果△8向有球一侧移动时，△6则退回后场补位防守。△8阻止⑥或⑦的接应，或与△5夹击④，或与△6夹击⑤。△5与△6处于两翼，由攻转守时，其防守任务是立即抢占各自的防守区域，并与△4保持三角阵型，努力协助△4阻止④或⑤接球，或与△4夹击接球者。如果④或⑤接到球时，则应迫使其沿边线死角运球，不让其向中路突破，以便与中场的△7进行夹击。当球已沿边线一侧推进时，另一侧的防守队员应迅速退回后场，协助后线队员防守篮下。△7处于中场区域，由攻转守时，其防守任务是控制中场区域，抢断传球，并与两翼的△5、△6保持三角阵型，堵截中场区域的运球，或与△5夹击④，或与△6夹击⑤。一旦球越过中场，当后场△8补防时，△7应退后到场协助篮下。△8处于后场，离球最远，由攻转守时，其防守任务是控制后场区域，抢断长传球。由于后场防守要以少防多，所以△8应以防守篮下为主。

（1）球在前场的防守

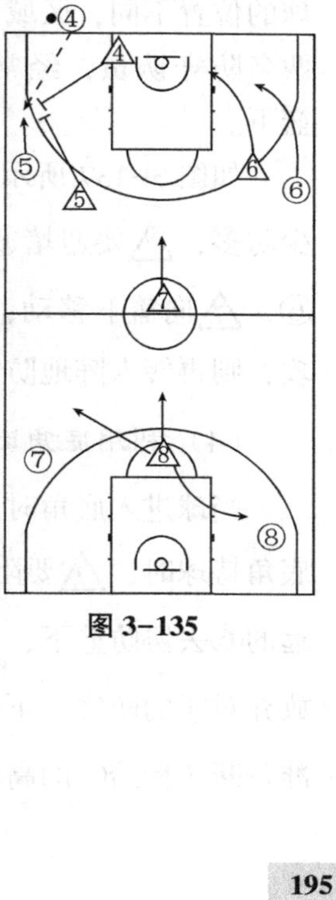

图 3-135

当对方在端线掷界外球或掷球进入前场时，防守队员应迅速对接球人进行紧逼防守，造成对方心理压力，使其紧张慌乱。

如图 3-135 所示，前场防守主要由近球的△4、△5、△6来完成。当④在后场端线掷界外球时，△4如果要迫使④从左侧进攻，就应站在他的左侧，阻扰其向右边传球给⑥，△4要抢前防守，使⑥接不到④的传球。如果球已按防守的意图传向左侧，△4应随球移动到⑤的左侧向中区移动，并与△5共同夹击⑤。此时，△6应向中区移动，重点防止④或⑥接应⑤的回传球。位于中、后场的△7、△8应根据情况，在必要时向前移动，做好抢、断球准备。

（2）球在中场的防守

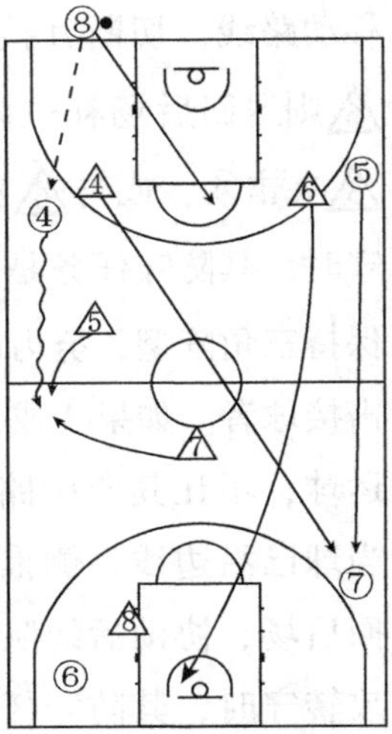
图 3-136

球在中场的防守主要是指对有球队员向前推进时的防守。要求全队做到逼向边线，堵住中路，及时调整位置，要迫使持球队员沿边线运球；对无球队员要抢前、错位防守，不使其插入中区接应；要轮转换位，防止传球到底角；当对方突破一线防守时，全队要向球的方向进行轮转补位防守，并防止持球者向对面底角或篮下空当处传球。

如图 3-136 所示，主要由△5、△7来完成，△4和△6要及时轮转补位，做好协防。当④运球时，△5要尽力逼他沿边线推进，不让他向中路变向。△7要及时果断地移向中线边角，迎堵④并迫使其传球，以便与△5进行夹击。此时，△8要抢占⑥的侧前方，控制其接④的传球。④开始运球时，△4、△6要及时以最短的路线回防到弧顶和篮下右侧进行协防，准备抢断持球者的长传球。

（3）球在后场的防守

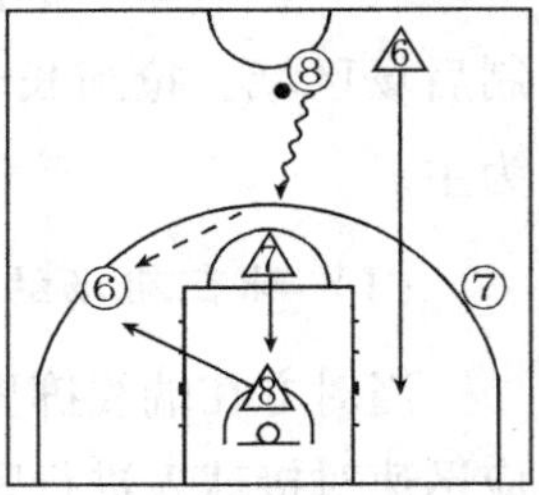
图 3-137

当进攻方把球推进到后场时，由于防守人数不同和球的位置不同，区域紧逼防守要求也不一样。在后场的两名防守队员，经常以垂直落位在后场罚球弧圈顶和篮下。

如图 3-137 所示，当球以越过中线时，两人往往以少防多，△7要迎堵⑧的运球，减低其运球速度。如果⑧传球给⑥，则△8防守⑥，△7向篮下移动，拖延进攻的投篮时机，让同伴△6追防；如能阻止对方快攻，则再转入阵地防守。

（4）利用底角进行夹击

当球进入底角时，后区防守队员可以组织夹击。如图 3-138 所示，⑦在右侧底角持球时，△7要阻止其端线突破，△8要错位防守⑧，△6要暂时放弃离球最远的⑥去协防篮下，全体防守朝持球者⑦做顺时针方向的轮转移动。△4果断地放弃对④的防守，下去夹击⑦，迫使⑦传高吊球给同伴。△5向夹击方向移动，准备断⑦传给④的高吊球。△6在断球路线上要随时准备抢断⑦传给⑥的长传高吊球，并注意协防中锋，打掉⑦传给中锋⑧的高吊球（图 3-139）。

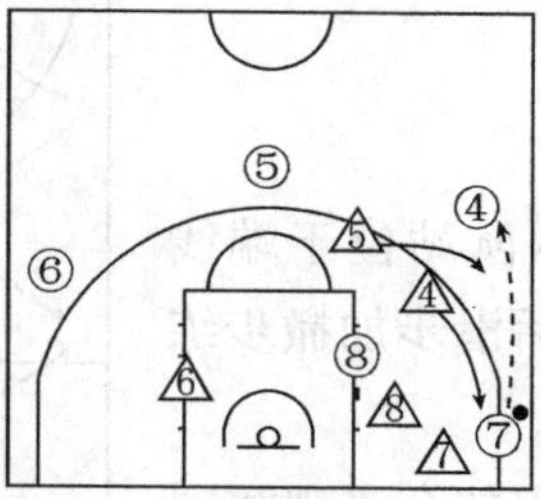

图 3-138

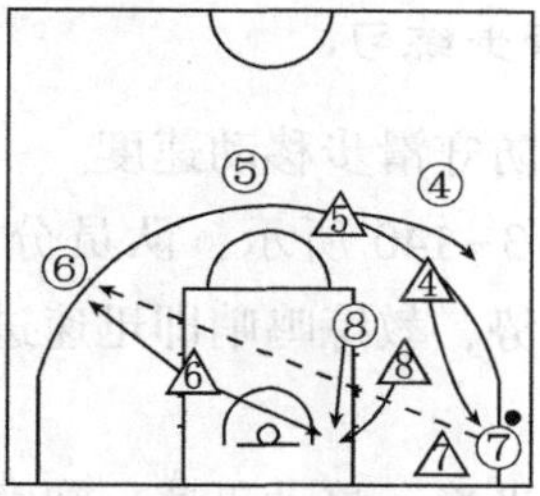

图 3-139

（六）区域紧逼防守的教学步骤与练习方法

1. 教学步骤

（1）明确区域紧逼战术的概念、原则与要求

区域紧逼战术的教学训练要根据所选择的防守阵型，讲明防守落位阵型的基本原则，明确各防区队员的职责，以及球在前、中、后场的防守要求，使队员对区域紧逼防守有完整的概念。

（2）分解与整体、局部与全场紧逼防守练习相结合

在区域紧逼战术的教学训练中，应先进行区域紧逼防守的落位练习，再进行球在前、中和后场防守配合的分解练习，然后进行各区域之间的衔接的紧逼防守练习。在以上练习的基础上，最后进行全场、3/4 场和半场区域紧逼的全队防守练习。

（3）区域落位由固定落位过渡到机动落位

在队员掌握了固定的区域落位以后，应逐渐要求由定人定位过渡到定位不定人，提高由攻转守的速度、灵活性和主动性。

（4）要加强在对抗中的防守练习

在区域紧逼战术的教学训练中，应要求进攻的速度由慢到快、移动路线和变化由少到多，要便于防守队员学习和掌握全场区域紧逼防守的方法和要求。待防守队员比较熟练以后，再由消极进攻变积极进攻，直到在正式比赛中的防守练习，在激烈的对抗中来检验和提高区域紧逼防守的质量。

2. 练习方法

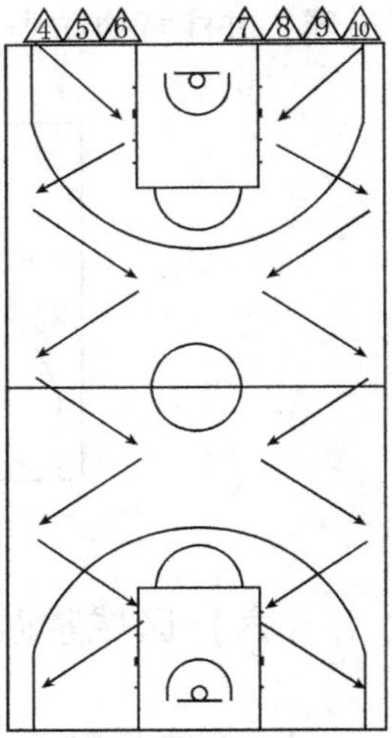

图 3-140

（1）全场滑步练习

目的：提高防守滑步移动速度。

方法：如图 3-140 所示，队员分成两队站位于端线外，做好防守姿势，教练鸣哨即迅速进行后滑步加撤步练习直至对面边线。

要求：重心平稳，移动迅速，注意用眼的余光观察同伴的位置，两人要行动一致。

（2）全场 1 对 1 防守运球练习

目的：提高个人防守运球的选位与防守能力。

方法：从端线开始进行 1 防 1 的防球练习，选择正确防守位置迫使运球队员向边线移动，不让其向中路突破。

要求：在防守过程中积极运用正确的防守动作对进攻队员施压，堵中放边，迫使其停球或向边角移动，以便创造在该区域和队友形成夹击的条件。

（3）1 对 1 前防守练习

目的：提高防守接球能力。

方法：在后场端线由教练掷界外球，防守者站于球与接球队员之间进行防守，迫使对方传出高吊球。防守者所站位置必须既能看到接球者又能看到球，看到球掷出立即进行抢断球。只允许接球者利用半场的左侧或右侧 1/2 场地接球。

要求：防守位置正确，判断准确，抢断球及时。

（4）半场中路夹击练习

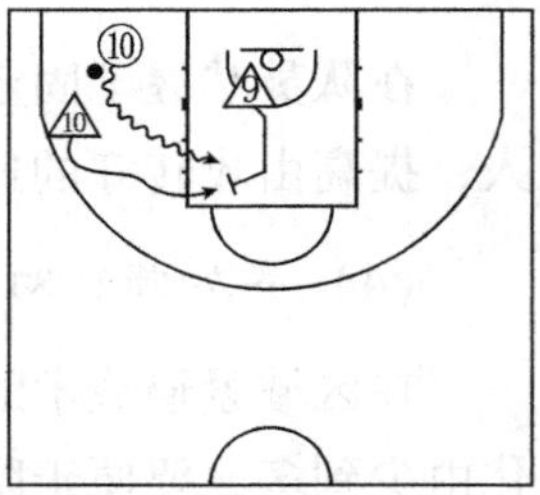

图 3-141

目的：提高夹击防守能力。

方法：如图 3-141 所示，教练鸣哨后⑩开始向中场进攻方向运球，防守者△9和△10必须尽快进行夹击。△10负责迫使⑩转向中路△9的方向运球，不得让其从边线突破；△9负责与△10合围一起夹击⑩，不得让其从所形成的夹击之间突破。

要求：防守移动迅速，选位正确，夹击时与同伴配合默契。

（5）半场场角夹击练习

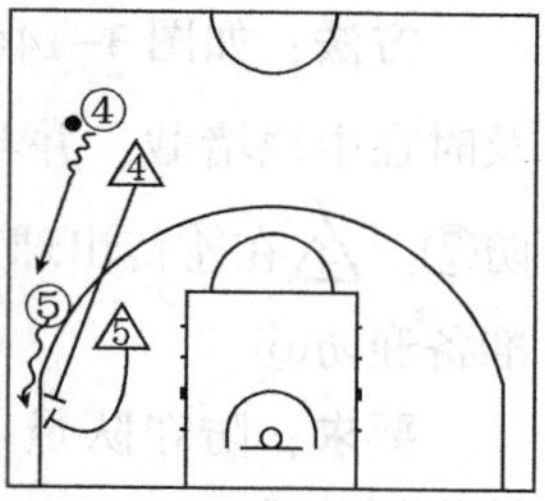

图 3-142

目的：提高利用夹角进行夹击防守的能力。

方法：如图 3-142 所示，进攻队员④将球传给⑤，与此同时，△4迅速后撤与△5夹击⑤。

要求：防守移动迅速，选位正确，要与同伴配合默契，合理地利用场角进行夹击。

（6）全场 3 防 3 轮转补位练习

目的：提高防守移动与夹击能力。

方法：如图 3-143 所示，△4紧逼④不让其中路变向运球，△5和△6后场分别防守⑤和⑥。当④运球到中线附近时，△5迅速迎前防守，把④堵在过中线的死角处，并△4与合作夹击④。此时，△6要移到⑤和⑥之间，并根据④的传球方向，决定自己的防守位置，尽可能抢断④的传球。如果④传球给⑤，△6去防⑤，△4去补防⑥；如果④传球给⑥，△6仍去防⑥，△5就返防⑤。

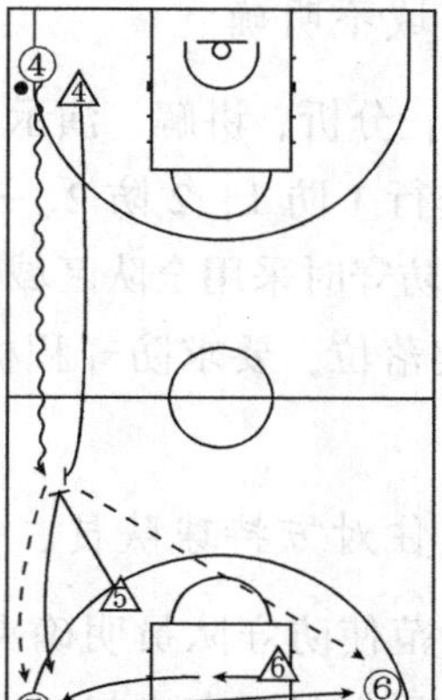

图 3-143

要求：防守队员移动迅速，注意夹击运用时机。夹击后积极相互补位，尽量少犯规。

（7）全场 4 防 4 轮转补位练习

目的：提高全场防守移动、夹击与轮转补位的能力。

方法：如图 3-144 所示，△4紧逼④沿边线运球，△5及时在中线堵截，并与△4合作夹击；△7补防⑤，△6补防⑦。△4在④传出球后，要放开④，撤到弧顶附近区域，准备迎防⑥。

要求：防守队员不要犯规，注意夹击运用的时机，补位要及时。

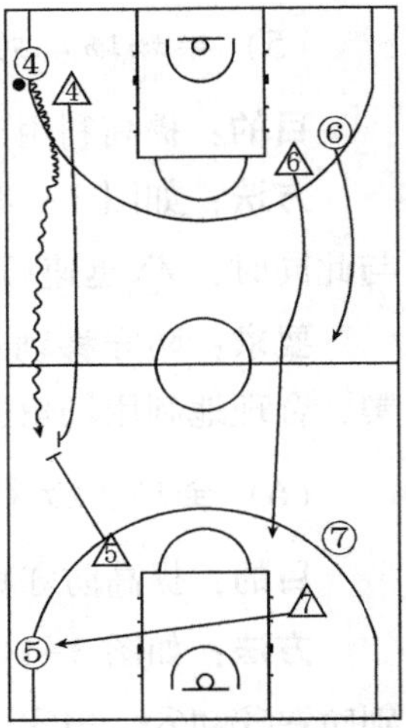

图 3-144

（8）固定阵型的全场区域紧逼练习

目的：掌握与提高全场固定阵型区域紧逼的防守能力。

方法：当本方投篮命中或攻方掷端线界外球时，迅速按区落位，按照某一固定阵型的紧逼要求进行全场区域紧逼防守，力争遏制攻方进攻速度，力争防守反击机会。

要求：落位正确，移动迅速，紧逼凶狠，配合默契。

（七）区域紧逼防守教学中易犯错误与纠正方法

1. 攻守转换慢，防守区域不明确

纠正方法：利用各种教具，分析、讲解、演示区域紧逼防守战术的特点、基本要求与正确的落位阵型，进行 1 防 1、2 防 2、3 防 3 和少防多的局部防守练习，在此基础上进行进攻转入防守时采用全队区域紧逼战术的迅速转换练习。练习中可提出要在 3 秒钟内迅速落位，要求防守积极凶狠，注意夹击与及时轮转补位。

2. 第一线防守没能控制住对方持球队员，防守失误多

纠正方法：通过讲解与示范使防守队员明确夹击和“关门”的时机。练习中注意判断时机能力的培养，反复强调夹击与“关门”的主要目的是造成对方失误。在练习中要强调尽可能积极防守，但又要努力不要犯规。要经常演示正确防守时的位置路线、防守动作，以及与防守同伴之间的协调配合。

3. 防守配合中协防效果差，轮转补位不及时

纠正方法：运用正误对比、分解正确示范等方法，明确防守中主防与协防的关系。通过反复练习中的信号刺激来体会正确防守中的防守位置、要求与方法，通过积极移动的追防练习体会轮转补位和协防等的正确防守配合方法与要求。

二、进攻区域紧逼防守

（一）进攻区域紧逼防守的特点

进攻区域紧逼防守是针对区域紧逼防守的特点所采用的一种进攻战术。进攻区域紧逼防守必须要保持沉着冷静的头脑，还要了解区域紧逼防守的特点，抓住其弱点，有意识地加以利用，组织全队有计划地进行攻击。由于区域紧逼防守是由攻转守时按固定区域落位，并且又是在近球区盯人，与人盯人紧逼防守相比其转换速度比较慢，不能及时地防止有组织的全队快速反击。因此，迅速的快攻是打破全场区域紧逼防守的有效方法之一。

（二）进攻区域紧逼防守的基本要求

①进攻区域紧逼防守首先要沉着冷静，不要被对方声势所压倒。造成慌乱和失误。

②由守转攻时要争取在对方队员未到区域落位展开堵截之前迅速发动快攻。

③进攻时要针对区域紧逼防守的规律，按“以快制逼，中路突破”的原则，采用相应的回传跟进、转移攻向、运球反跑、中区策应、组织空切等方法进攻。

④进攻中要多传短快球，少传长球和高吊球，少运球，特别是向边角运球，更忌在边角停球，防止对方的堵截。

（三）进攻区域紧逼防守的过程与方法（以进攻“1-2-1-1”全场区域紧逼防守为例）

1. 掷界外球抢攻

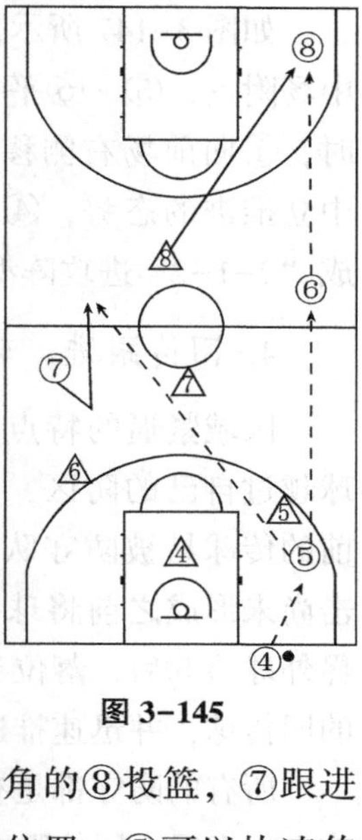

图 3-145

如图 3-145 所示，进攻队员⑤是核心后卫，具有较强的控制球和支配球的能力，④是最靠近篮下的中锋，⑥是后卫，⑧是快下的前锋，⑦是大前锋。当对方投篮得分后，④迅速拿球掷端线界外球，⑤争取在对方尚未落位、布阵就绪时抢接界外球，力争第二次传球就能越过第二线防区。如果二线防守队员△7进行堵截，⑤传给场角的⑧投篮，⑦跟进抢篮板球；如果二线队员阻止⑥接球，则△8处于 1 防 2 的位置，⑤可以快速传球给⑦或⑧攻破区域紧逼。④、⑤要有良好的强攻意识，在攻守转换瞬间快速掷界外球至场内展开进攻，尽量减少在后场做无谓的运球，以防对方夹击。

2. 斜传直插

如图 3-146 所示，④在后场端线掷界外球给摆脱防守的⑤后，立即进场接⑤的回传球。此时，⑥假装向前场推进，然后反跑回来在弧顶处进行策应，并根据当时的防守情况和同伴在场上的移动情况，决定传球目标。图中所示是④传球给⑥，⑥接球后传给由前场反跑回来接应的⑦。此时，⑦可以传球给由端线溜过来的⑧投篮，也可以传给由后场空切过中线的⑤，⑤接球后可以运球突破，如⑧补防，就传给沿边线空切下来的⑥投篮。

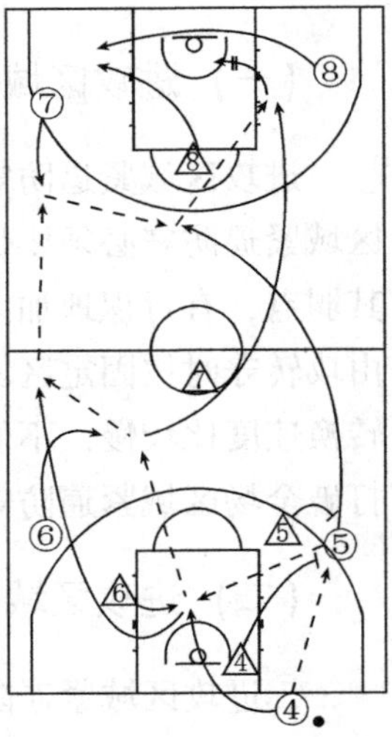

图 3-146

在进攻过程中要求运用回传跟进、转移攻向的方法把球推进至前场展开进攻。⑤在对方夹击时要及时将球传给跟进的④，球过中场后根据情况选择合理的进攻方式。

3. 中路推进

如图 3-147 所示，⑧位于前场左侧端线处，⑦位于中场附近，⑤、⑥平行落位，④掷界外球。当④传给⑤时，⑦向前场右侧移动，同时⑥插中接⑤传球，保持从中立推进的态势，④、⑤分别从左右两路快下，全队形成“2-1-2”进攻阵型。

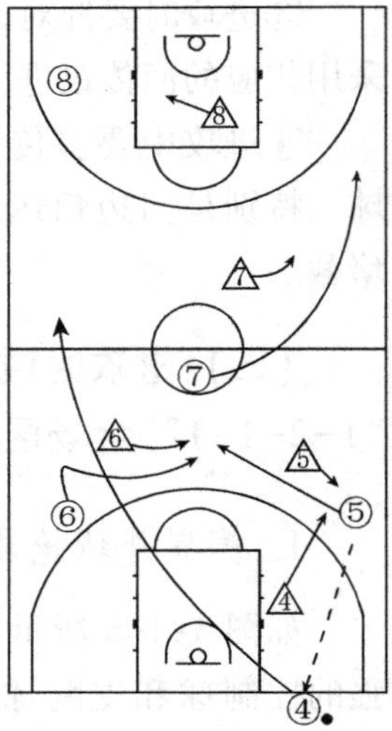

图 3-147

4. 回传跟进，转移攻向，远球反跑

区域紧逼的特点是分区落位、守区盯人，不轻易让球越过自己的防区，经常对持球队员进行夹击防守，向前的传球易被防守队员抢断。因此，进攻时应在对方夹击尚未形成之前将球传出。如图 3-148 所示，④掷端线界外球给⑤后，落位于⑤的后方，在⑤遇到对方的夹击防守时，随时准备接应他的回传球，并迅速推进至前场。

所有的防守都是有弱点的，进攻中应该抓住区域紧逼战术的弱点，对其实施攻击。当用“回传跟进”破坏了对方的夹击之后，要有目的地转移进攻方向，④传球给⑥，向防守阵型地薄弱环节进攻。为了配合迅速、安全地转移进攻方向，迫使区域紧逼防守做较大的移动，处于远球位置地队员⑥、⑦、⑧应进行反跑，回来接应转移进攻方向的传球。

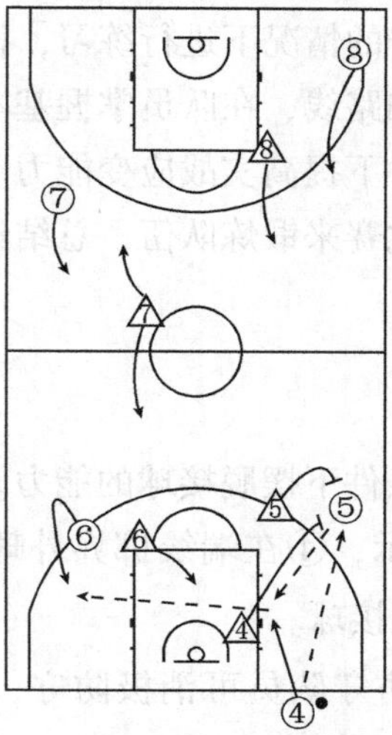

图 3-148

(四) 进攻区域紧逼防守的教学步骤与练习方法

1. 教学步骤

①在学习进攻区域紧逼战术之前，首先向学生讲解区域紧逼战术的特点及薄弱环节，然后进行进攻战术的讲解，全面了解进攻区域紧逼战术的规律，明确攻击重点和战术的机动变化。在教学过程中，以进攻“1-2-1-1”全场区域紧逼防守战术为教学重点。

②加强个人控制球技术的练习。练习中要培养学生强烈的进攻意识与配合意识，要求学生养成积极主动迎前接球的习惯，接球后要注意保持身体平衡，以便迅速衔接进攻动作。

③从分解练习开始，进行 1 对 1 至 3 对 3 的全场攻防练习，要避免盲目地运球或停球，尤其是在边线或场角附近停球，减少对方夹击的机会。也可在局部进行 2 对 2 至 4 对 4 的半场模拟进攻配合练习，多进行策应与掩护、传切与掩护等练习，让学生明确各个位置上的进攻配合方法。

④在分解练习的基础上，进行组合练习。加强快速反击和各种推进配合紧密

衔接的练习，明确接应点和战术的机动变化，掌握配合的时间、节奏和连续性。由于区域紧逼防守是一种对抗性较强的防守战术，在教学和训练中要培养学生沉着、冷静的态度，克服紧张、急躁情绪。

⑤进行全队完整配合的攻守练习。先在无防守的情况下熟悉配合路线、节奏和进攻方法，然后在消极防守的情况下进行练习，提高配合质量，让队员明确进攻区域紧逼防守的配合方法和路线，在队员掌握基本的进攻方法之后再加强防守力度，最后在接近实战的条件下提高实战应变能力。

⑥通过正式比赛或教学比赛来锻炼队伍，总结经验，不断改进。

2. 练习方法

（1）摆脱接球练习

目的：提高在夹击防守条件下摆脱接球的能力。

方法一：如图 3-149 所示，④在端线掷界外球，⑤在△4和△5的夹击下练习摆脱接球。

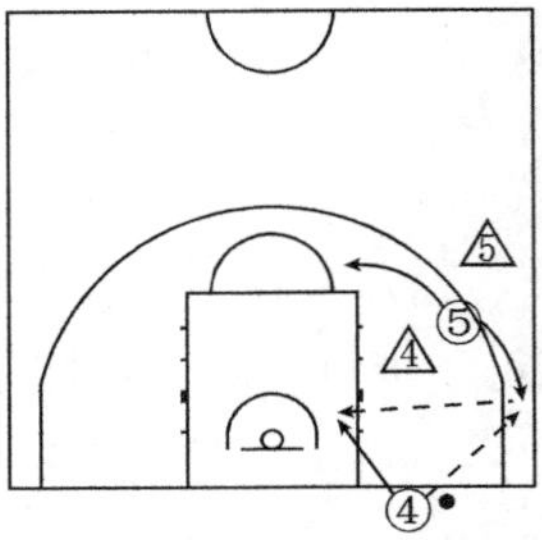

图 3-149

要求：练习刚开始时，防守队员可消极防守，随着熟练度增加，逐渐加大防守力度。

方法二：如图 3-150 所示，④在端线掷界外球给⑥后，立即利用⑤做定位掩护，沿边线快速跑向前场准备接球。△4发现⑥将要接到球时，立即移动配合△6来夹击。当⑥被夹击时，⑤向中间空区移动接应⑥的传球，⑥及时将球传给接应的⑤或快下的④。

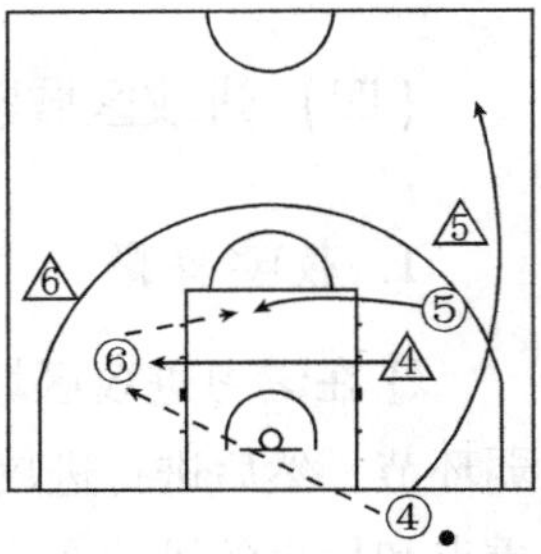

图 3-150

要求：摆脱迅速，传球到位。

（2）3 防 2 掷端线界外球练习

目的：提高掩护配合与接界外球的能力。

方法：如图 3-151 所示，④在端线掷界外球时，△4、△5、△6防守⑤和⑥。⑥给⑤做掩护，⑤利用掩护接球，如果△6积极抢前防守⑤，⑥就在掩护后转身跑动接球。

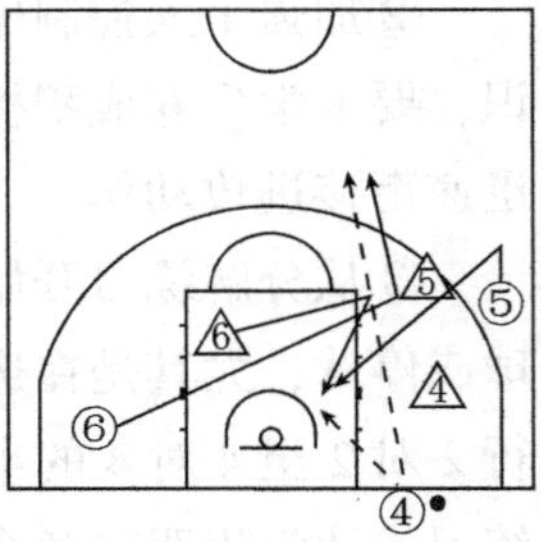

图 3-151

要求：掷界外球时要配合假动作进行练习，练习中⑥要注意给⑤做掩护的时机，掩护完成后迅速转身要球向前场推进。

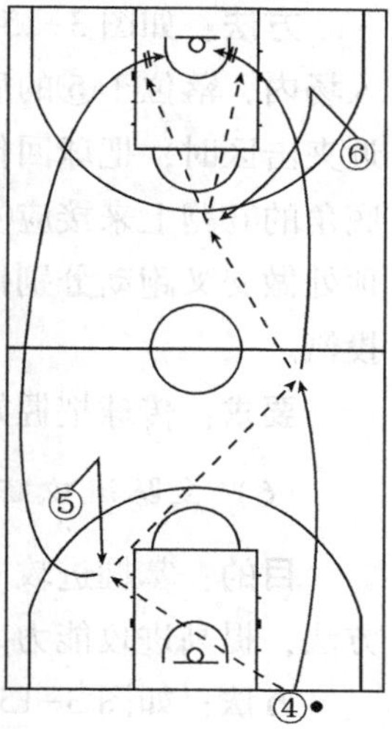

图 3-152

(3) 全场反跑传切与策应练习

目的： 提高传切与策应的配合效果。

方法： 如图 3-152 所示，④在端线掷界外球，⑤摆脱接应④的传球，并传给插上的④。在④接球的同时，前场的⑥摆脱到弧顶附近进行策应，接④的传球后，根据情况传给边线空切到篮下的⑤或④投篮。

要求： 练习时先在无人防守的情况下进行，练习熟练后，加上防守队员；要注意摆脱防守提上策应的时机。

(4) 全场回传跟进两人传切练习

目的： 提高两人运球与传切的能力。

方法： 如图 3-153 所示，④掷端线界外球，⑤接球后运球向前场突破，在中线附近停球，回传给中路跟进的④后加速向篮下空切，接④的传球上篮。

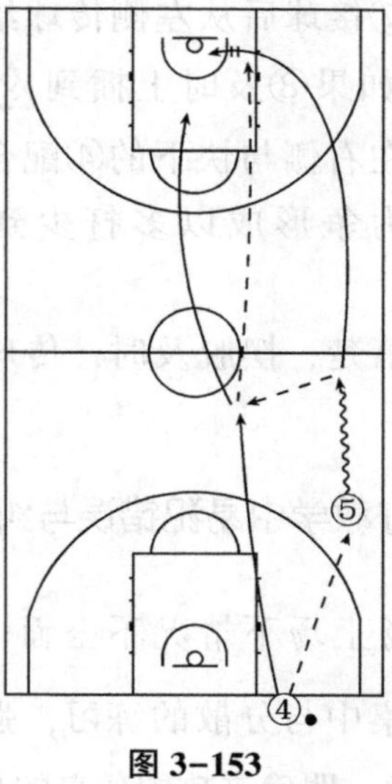

图 3-153

要求： 先在无人防守的情况下练习，熟悉传球路线，再在有人防守的情况下练习。练习时注意把握传球时机。

(5) 球推进前场的衔接练习

目的： 提高球推进到中场时处理球的能力。

方法：如图 3-154 所示，④在端线掷界外球给⑤后进入场内，落位于⑤的后面，⑤运球向前突破到接近中线附近夹击区时，把球回传给跟进的④。与此同时，处于左侧底角的⑥跑上来接应④的传球。④和⑤传球后，在前场弧顶处做交叉跑动分别插向篮下，⑥根据情况传球给④或⑤投篮。

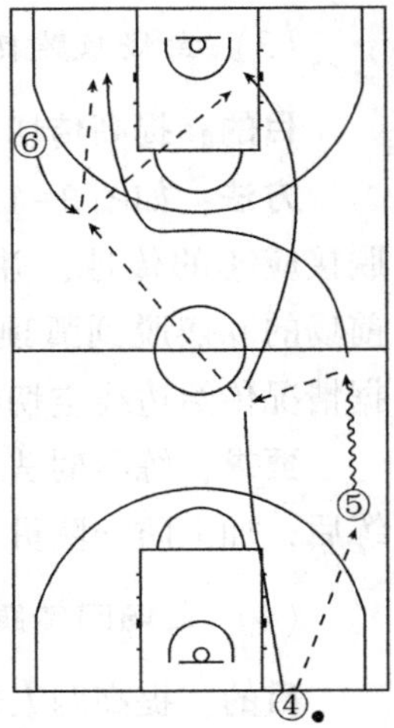
图 3-154

要求：传球把握好时机。

（6）全队进攻练习

目的：掌握进攻"1-2-1-1"区域紧逼防守的战术方法，提高进攻能力。

方法：如图 3-155 所示，对方采用"1-2-1-1"区域紧逼防守，⑤和⑥交叉移动换位，④根据两人的摆脱移动情况将球传给⑤或⑥，无论谁接到球都要将球传给折回中场的⑦。传球后，⑤沿左侧边线快下，⑥从中路快下，④沿右侧边线快下。⑦接球后从左侧传球给快下到前场的⑤，或者观察⑥。如果⑧及时上插到△8的前面策应，则可传球给⑧，⑧在右侧与快下的④配合，也可与中路快下的⑥配合，力争形成以多打少到篮下投篮。

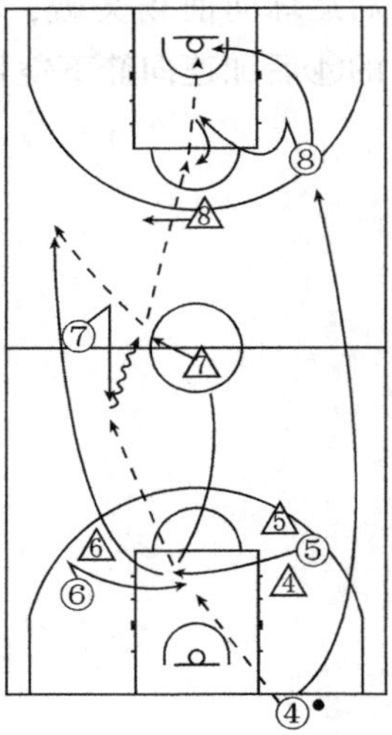
图 3-155

要求：移动迅速，路线清楚，摆脱及时，传球及时到位，配合默契。

（五）进攻区域紧逼防守教学中易犯错误与纠正方法

1. 头脑不冷静，观察场上场下情况不全面

纠正方法：加强注意力集中与分散的练习，强化进攻区域紧逼防守时要沉稳冷静，明确进攻中各自的分工与职责。

2. 快攻意识差，守转攻不迅速，没有抓住战机

纠正方法：反复强调区域紧逼防守战术的弱点及进攻区域紧逼防守的基本要求和战术方法，明确进攻区域紧逼战术的意图，强化快攻和抢攻意识，力争在对方未形成防守阵型之前把球推进到过前场来组织进攻。

3. 进攻时全队配合不够默契，容易被对方夹击和抢断球

纠正方法：多进行全队进攻的模拟练习。在布置战术前，明确各人的任务和相互之间的配合战术，不要轻易在边线或夹角区域停球或运球，要在对方形成夹击之前，将球传给处于空档位置的同伴。

4. 没抓住区域紧逼防守的薄弱环节，造成进攻的失利

纠正方法：要培养队员能迅速根据防守阵型的部署而采用相应的进攻阵型，并主动占据防守的薄弱地区，创造在局部形成以多打少的局面。在练习中，要多讲解区域紧逼防守的薄弱地区，指出在该区该如何运用战术。加强无球队员的移动训练。

5. 运球多、传球少，长传多、短传少，盲目停球

纠正方法：可进行限制进攻技术运用的进攻推进练习，规定练习中尽量不要运球，更不能长传球，只能采用短传、传切、策应来完成进攻配合。在练习中提高传球意识，掌握传球的时机。处于防守弱侧的队员要及时回撤做策应，使球顺利通过中场。

思考与练习

1. 区域紧逼防守的定义和基本原则是什么？区域紧逼防守与人盯人紧逼防守有哪些区别？

2. 区域紧逼防守运用时应注意哪些问题？

3. 进攻区域紧逼防守的要求有哪些？

4. 根据区域紧逼防守的原则，绘图说明进攻“1-2-1-1”区域紧逼防守的战术方法。

第四章 CHAPTER 04 篮球教学

【本章提要】本章主要运用现代体育教学理论，重点阐述篮球教学理论与原则、篮球教学方法、篮球教学课的组织与管理工作，以及篮球教学文件的制定。

第一节 篮球教学理论与原则

一、篮球教学理论

现代教学论认为，任何教学过程都是以认知活动作为核心的复杂信息交流系统，因此，必须依据一定的科学理论来组织实施。篮球运动属于身体直接接触的集体对抗性项目，教学过程较为复杂，社会学、生理学、心理学和运动技能学等科学理论都对篮球运动教学具有重大的指导意义。

（一）认知的理论

篮球教学不仅要组织学生进行身体运动，而且要传授大量与之相对应的操作性知识，因此，篮球教学是促进学生认知能力发展提高的过程。学生对篮球教材的感知、体会、理解、巩固、运用和评价等认知活动有其固有的规律，篮球教学必须遵循这些规律。在教学实践中要特别注意使篮球技术表象之间建立起巩固的联系，使身体练习在高质知识——表象的定向作用下进行，同时要通过认知活动来激发学生学习篮球运动的动机和兴趣。

（二）动作技能形成与发展的理论

篮球运动技能的形成与发展一般经历粗略掌握、改进提高、巩固运用和创新发展阶段。生理学和运动技能学机制是运动技能学习的刺激在大脑皮层相应的运动神经中枢之间建立暂时性神经联系的过程。这一过程分为泛化、分化和自动化3个阶段，是大脑皮层相应的运动中枢兴奋与抑制由扩散趋向集中、分化抑制逐步建立的过程，其本质是建立复杂的、连锁的和本体感受的运动条件反射。

（三）运动过程中人体生理机能活动变化的规律

篮球教学是教师组织学生进行运动实践的过程，身体练习是掌握篮球技术技能的主要途径。进行篮球技能的身体练习，就必须遵循人体生理机能活动变化的规律。运动练习中人体生理机能活动变化的规律是由安静状态进入工作状态，人体工作能力由逐步提高进入最大限度的水平，最后又逐步降低。经过长期的身体活动练习，既提高了篮球运动技能和身体素质，又使身体的运动机能能力得到适应性改善。遵循规律组织篮球教学，不但可以提高教学的质量，而且可以增进健康，减少运动损伤的发生。

（四）篮球运动技能开放性和对抗性的理论

体育运动技能分若干种类，各类技能的性质存在一定的区别。篮球是直接对抗性运动项目，其技术的运用完全取决于实战中攻守关系的变化，没有固定的模式，因此，篮球技能属于开放性运动技能（非周期性技能）。在体育教学中，开放式技能与封闭式技能（周期性技能）在学习上有各自的认知规律，篮球教学必须遵循篮球运动技能学习与认知的规律，采用与之相适应的方法，要把培养应变能力、对抗能力、配合能力及意志品质放在重要的地位。

二、篮球教学原则

篮球教学原则是篮球教学规律的总结和概括，是从事篮球教学活动必须遵守的准则。篮球教学过程既要遵循一般的教学规律和原则，又要遵循篮球教学所特有的规律和原则。篮球教学原则是长期教学实践经验的总结和概括，是篮球教学客观规律的反映。正确地理解和贯彻篮球教学原则，可以进一步掌握和运用篮球教学的客观规律，对加速教学过程、提高教学质量、完成体育教学任务具有重要意义。随着篮球教学实践的深入发展，以及人们认识的提高和教学经验的积累，教学原则也不断地得到充实和完善。

（一）一般教学原则

1. 自觉性和主动性原则

在篮球教学中，教师处于主导的地位，而学生是学习活动的主体，唯有学生的积极参与，教学方可成功。因此，必须培养学生对篮球的兴趣，调动学生学习的自觉性和主动性。

2. 直观性原则

在篮球技能的教学过程中，学生获取有关信息的主要途径是观察，而观察必须借助各种直观的手段。直观的手段很多，除示范外，把各种多媒体技术广泛运用于技战术教学，都可收到较好的效果。

3. 渐进性和巩固性原则

篮球知识技能的学习是一个渐进的过程，技术技能的掌握要由浅入深地进行，学到的知识技能如果不练习巩固就会被遗忘或消退。因此，要采用有效的方法，及时巩固新学习的知识技能。

4. 合理安排运动负荷原则

运动教学的主要特征是身体练习，学生是在承受运动负荷的情况下学习掌握篮球技能，同时要促进学生身体机能能力的适应性改善。因此，合理安排运动负荷不但是技战术训练的需要，更是促进学生运动素质提高的需要。

5. 学生主体原则

学生主体性教学原则是指在篮球教学过程中，学生始终是篮球学习的主体，教师、教练的一切活动应根据学生主体的需要和特点来安排。学生应在教师、教练的指导下积极主动地参与教学活动，充分发挥自身的主动性和创造性。

6. 身心全面发展原则

在篮球教学中，教学的重点不仅指向学生的技能掌握，更要指向学生的心理发展与完善，以传授运动技能为手段，促进学生身心协调、德育、美育、智育的全面发展。

（二）专项教学原则

依据篮球运动技能的群体性、对抗性和攻防的两重性理论，深入研究篮球运动的特点和篮球教学的实践经验，从认知策略的角度可以提出如下特有的教学原则。

1. 专门性知觉优先发展的原则

篮球是以球为工具的运动，场地、器材和同伴等要素构成了特有的运动环境，对环境和器材的感知是专门性知觉发展的过程。其中，手指、手腕对球的控制能力对篮球教学至关重要，教学中常常采用大量的熟悉“球性”的练习来优先发展这种能力，以确保技术动作的学习。因此，专门性知觉优先发展是篮球运动所特有的教学原则。

2. 兴趣先导、实践强化原则

在篮球教学过程中，首先要着力引发培养学生的学习兴趣，然后在教学实践中有意进行强化、引导，使这种动力保持长久，使篮球教学得以顺利进行，圆满完成教学任务。

3. 学习技术动作与实战对抗运用相结合的原则

篮球技术的对抗性和开放性决定了其教学过程必须把实战对抗能力放在重要地位。从认知策略上来说，技术动作的学习与实战运用相结合发展，符合开放性运动技能教学的规律。学生在学习篮球技能时，首先需要建立起对抗和技术实效的概念，而不是把技术仅视为固定程序的身体操作。从某种意义上来说，从实战中学和在适应中学是篮球技能形成与发展的普遍规律，因此，必须把技术动作的学习与实战运用能力的培养发展结合起来。

4. 技术个体化和区别对待原则

技术动作的规范性是篮球教学普遍追求的目标。规格和规范是指动作的基本结构符合人体运动学特征，达到节省和实现的目的。由于学生在身体形态、行为习惯、身体素质、智力和篮球运动经历等方面存在区别，使得“技术的规范化”的个体表现也存在较大的差别。教学的目的是使初学者通过练习，形成符合自身条件的动作完成方式。因此，篮球教学要在规范化的基础上遵循技术的个体化原则，允许学生之间存在技术动作上的细微差别。由于个体差异的存在，篮球教学必须根据对象的不同来选择不同的教学方法，要照顾不同能力的对象的学习速度，贯彻区别对待原则。

5. 技能教学为主原则

在篮球教学过程中，利用有限的教学时间重点向学生传授必要的运动技能和健身方法，并在教学实践中使学生尽快掌握，为课后的学习锻炼乃至终身体育打下必要的基础。

第二节　篮球的教学方法

篮球运动是学校体育课的重要内容，其教学的本质是着眼于以人为本，通过篮球教学过程对学生进行全面的综合素质、技能、智能、体能等教育。从广义上来说，凡是学习与传授篮球知识技能相关的有组织的活动都可以称作篮球运动教学；从狭义来说，在特定条件下通过篮球知识技能的学习和传授活动来实现特定教育目标的教学过程可称作篮球运动教学。

教学方法是教学过程中师生之间进行信息交流，教师向学生传授有关知识技能时所采用的技术手段。依据现代教学理论和篮球教学的实践经验，篮球教学方法可分为常规的方法和现代的方法。常规方法是现代方法的基础，是广大教师多年教学实践中行之有效的经验总结和概括，任何时候都不能忽视常规教学方法在教学过程中的作用。现代方法是近年来发展起来的以现代教学理论为依据的教学方法，它针对传统教学中存在的某些弊端，通过合理的教学设计，在教学双边活动中发挥学生的主体作用和教师主导作用，采用启发和诱导的方法，调动学生学习的自觉性和积极性，使教学的效率得到提高。近年来，电子化教学手段的广泛运用，使教学方法革新的速度越来越快，声像技术、电子技术和多媒体技术等已经在篮球教学领域广泛运用，篮球教学手段的现代化、科学化已经成为必然的发展趋势。但是，在篮球教学中无论采用哪种方法，都必须重视信息反馈并强化这个环节。

一、篮球教学的常规方法

篮球运动常规教学方法的理论基础是传统教育中关于教学过程的理论，其特点是注重教学双边活动中教师教授知识技能的方法。该教学方法的程式比较简单，各种方法相互配合，构成了以“教”为核心的教学方法体系。

（一）演示的方法

篮球教学中实时地进行技术动作和战术配合方法的示范，运用投影和录像等手段，使学生通过观看来直观地感知教学内容。实践中示范要与讲解相互配合，示范的内容要正确。

（二）讲解的方法

篮球教学中采用简练准确的语言来分析技术动作的方法和要领、战术配合的方法和要求及运用过程中的注意事项等，使学生通过听来感知教学的内容。实践中讲解要与示范相互配合，讲解的内容要与学生的接受程度相适应，要掌握好讲解的时机，突出重点，避免冗长枯燥。

（三）练习的方法

在讲解与示范的基础上，组织学生进行身体练习是掌握篮球技能的最重要的方法。根据练习的形式可分为分解练习、完整练习、简单条件下的练习和复杂条件下的练习；根据篮球运动特点可分为个人技术练习、配合性练习和对抗性练习等。运用练习的方法要讲求实效，合理安排练习的强度、密度和运动量，使学生承受适当的运动生理负荷。

（四）纠正错误的方法

在练习的过程中，学生不可避免地会做出错误的动作，教师必须及时地采取相应的措施予以纠正。教学实践中，纠正错误首先要找到产生错误的原因，然后再采用相应的措施进行纠正。实践中经常采用的方法有诱导法和条件限制法。

二、篮球教学的现代方法

篮球现代教学方法的理论基础来自现代科学理论中关于学习理论的研究成果，如认知心理学中的发现学习理论和掌握学习理论，新行为主义心理学中的程序学习理论和社会学习理论等。这些方法的共同特点是把当代系统论、信息论和控制论运用于教学实践，强调教学过程中学生的主体作用，使学生成为教学过程中的主人，而教师处于主导的地位。现代教学方法能够最大限度地调动学生学习的积极主动性，在传授知识技术的同时，注重对学生能力的培养。在当前普遍重视对学生能力培养的社会背景下，篮球教学方法既适应了社会的要求，也适应了篮球运动发展的要求。

（一）指导发现教学法

教师通过指导语的方式对所授篮球教材内容进行改造，使之成为学生通过努力可以自行解决的问题，同时向学生提供大量的观察和分析的直观感知材料。学生在课前根据自己对篮球知识、经历的理解进行预习，带着遇到的问题，到课堂上寻找解答方案，在学生解决问题时教师给予必要的指导，最后采用分析和归纳的方法共同进行总结。此方法在学习篮球技术、理解攻防关系、掌握技术要点时应用更为有效。

（二）掌握学习教学法

依据教学目的任务和初始测量结果，把所教授的篮球教材内容分解成为具有不同层次的目标体系，称目标分类体系。然后依据目标分类体系制定出相应的评价标准。在教学的开始、过程中和结束，分别对教学状态进行若干评价——开始阶段为初始评价，过程中为形成性评价，结束时为终结性评价。评价结果作为反馈信息提供给教师和学生，使教师始终了解教学目标的达成度，通过重复教学、调整、强化和个别辅导等措施，使教学目标分层次地实现，最终达到所有学生都得到提高和发展的教学目的。

（三）程序教学法

程序教学法又称学导式教学法或小步子教学法。将篮球技战术教学内容依据认知规律和技能形成的规律，分解成为若干个相互联系的小步骤，使之成为便于学习的逻辑序列，同时建立相应的评价信息反馈系统。教学开始以后，学生依据小步子进行学习，学习后及时进行评价，依据评价结果对学习效果进行及时反馈。如果达到了预定的标准，则进行下一步学习；如果没有达到标准，则返回去重新学习，并配以相应的校正措施。

（四）案例教学法

依据教学大纲的要求，选择篮球比赛中比较精彩的典型案例作为教学内容，教学中通过对案例的分析，可以形象生动地进行教学，有助于使学生建立概念，归纳出要掌握的有关知识和要求，然后组织集体学习，最后达到掌握的目的。此方法通常在篮球战术配合、篮球规则与裁判法和篮球竞赛组织编排等内容的教学中采用。运用案例教学法时，要注意案例的选择能反映教学内容，并具有典型意义，同时要求学生具有一定的篮球运动基础。

（五）合作学习教学法

依据社会学习的理论，把篮球教学组织作为社会活动的过程。教学中依据自愿的原则把学生分成人数不等的若干个小组，练习时要以小组为单位结成“伙伴对子”，小组内发挥技术骨干的作用，优生帮助差生。教学过程中多运用小组练习、小组竞赛和小组评价等方法进行活动，在小组和伙伴的合作活动中学习掌握篮球教学的内容，使学习成为学生之间合作的活动，在和谐的人际关系和愉快的合作环境中完成学习任务。

（六）发挥学生主体作用教学法

在篮球教学过程中体现出学生的主体地位，改变以前老师的主导地位，让篮球教学发挥塑造人的作用。通过克服传统篮球教学中的不足，充分体现“以人为本”的理念，以篮球为载体，加上老师正确的指导，让学生在课堂上情绪得以释放，满足学生的身心需要，促进学生更好地发展，使学生对篮球的兴趣得到激发，并树立终身体育的意识。首先，老师一定要有以学生为主体的意识。在课堂上离开了学也就不存在教了，所以教师必须树立学生的主体地位，要具有“一切为了学生”的思想。其次，要求教师要有关注学生全面发展的意识。学生全面发展的前提是学生能够发展，全面发展不是某一方面或某一学科的发展，对于学生在训练时候的心理变化更要重视起来，让学生的主动性充分地发挥出来，从而让教学质量和学生的身体素质都得到提高。

（七）改变以教师“教”为主的传统教学方法

改变过去培养学生被动学习的意识，要充分地遵循学生是课堂主体的思想，让学生喜欢篮球而不愿意上篮球课的奇怪现象不再出现。在篮球教学中学生是中心，老师的教学办法要让不同层次学生的需求得到满足，让处于不同层次水平的学生都可以真正地学习到一些知识，让学生的特点和优势充分地发挥出来，让篮球教学效果不断提高，从而让学生学习的主动性和创造性得到不断提高。使学生能掌握篮球的理论、方法和技能，确保处于不同水平的学生能够共同进步，而且让学生参与篮球运动的能力得到更好的培养。

（八）构建合理评价体系的方法

在篮球教学中，教师对每位学生一定要公平对待，按照每个学生的发展状况，开展合理的篮球教学评价。出台的评价体系一定要科学，能够让学生全面认识自己。有针对性地进行教学评价，对学生成绩的提高和改善非常有帮助，让学生获得的成功体验也就更多，使学生的学习兴趣得到激发，从而充分提高篮球教学的有效度。

第三节　篮球教学课的组织与管理

一、篮球教学课的组织

篮球教学的组织形式主要是课堂教学，包括实践课、理论课、观摩讨论课和实习课等。

实践课的基本手段是实际操作，即通过不同的练习去完成篮球技战术的学习；理论课是通过讲授，向学生传授篮球运动的基本理论和方法；观摩讨论课是通过对技战术或教学训练课的观察，然后进行讨论来提高学生分析问题和解决问题的能力，一般用于技战术和规则裁判法分析等；实习课的目的是提高学生的教学训练能力、裁判能力，往往和讨论相结合。

（一）实践课

实践课的结构由 3 部分构成，即准备部分、基本部分和结束部分，它们既是一个紧密联系的整体，又有其各自的目的、任务、内容和组织教法要求。因此，教师必须根据实践课的任务和学生的实际情况，选择适宜的练习手段，提出明确的要求。

1. 准备部分

目的：使学生尽快从生理和心理上进入教学过程，为顺利地完成基本部分和全课的任务做好准备。

任务：组织学生，使学生明确课的具体任务，集中注意力；使学生的神经系统、内脏器官和各肌肉群迅速进入工作状态，适当兼顾身体素质和机能的发展。

内容：整队，班长或值日生向老师报告出席人数；教师考勤，讲解本课的内容、任务和要求，检查服装，布置见习学生的任务；要求学生集中注意力练习，包括走跑、做徒手操和活动性游戏，以及进行篮球的专门性练习等。

组织方法：准备部分的练习应全面且具有针对性，一般采用集体作业形式，教师要善于引导和鼓励。准备活动的时间一般是15~20分钟，根据学生的身体情况和气候条件等，可略做增减。

2. 基本部分

目的：使学生形成、改进和巩固篮球技战术能力，发展其身体素质，培养其道德品质。

任务：根据教学进度安排，使学生掌握或改进规定的篮球技战术，提高理论水平和篮球意识，发展身体素质，进行意志品质培养。

内容：根据教学进度，围绕本课教学内容和任务，选择适宜的练习方法，提高学生的技战术水平和实战能力等。

组织方法：集体或分组作业。一般来讲，先学习新教材，然后复习旧教材。也可以根据教学进度，先安排复习内容，然后引入新教材。教学比赛或发展身体的练习应安排在基本部分的结束之前。组织教法要注意课与课、练习与练习之间的联系，循序渐进、由简到繁，逐渐增加完成技术动作或战术行动的数量、速度、难度和对抗条件等。教师要善于观察，用改变练习形式、增减练习次数、讲解示范与练习结合等，来提高或降低练习的密度和强度，从而调整学生的运动负荷。基本部分是课的主要部分，活动时间应在75~80分钟。

3. 结束部分

目的：有组织地结束教学活动。

任务：使学生逐渐地恢复到相对安静状态，简要地进行课的小结，布置课外作业等。

内容：根据最后一个教材的内容，选择一些逐步降低运动负荷的练习，如放松跑、简单放松的投篮练习、按摩肌肉等。然后进行课的小结与评价，布置课外作业，预告下次课的内容等。

组织方法：一般采用集体形式。评讲时要求队伍整齐，表扬与批评相结合，恰当地评价课堂学习情况，激发学生学习的积极性，也可以重点指出练习中普遍存在的错误及纠正方法，以利于学生课后练习。结束部分的时间应在5分钟左右。

（二）理论课

理论课一般在教室里进行。在篮球教学中，理论课的比例虽然小于实践课，但是系统的理论讲授可以使学生将实践中获得的感性认识迅速上升到理论层面，促进学生技战术水平和实际能力的提高。除了根据课的内容传授基本理论知识外，理论课还要对学生进行素质教育，如爱国主义教育、遵纪守法教育、集体主义教育、艰苦奋斗教育等，促进学生全面素质的发展。

教师要认真编写讲授提纲和讲稿，安排好每一个讲课步骤，利用讲授、提问、讨论、答疑等形式，使理论课上得生动活泼。

（三）观摩讨论课

观摩讨论课多在进行篮球教法、技战术分析、规则裁判法等教学时采用。这种形式比较自由，可以发展学生的观察、分析能力，激发学生的创造性思维，提高学生的表达能力。

观摩讨论课前，教师要对学生宣布观摩的内容、观察的重点、要解决的问题，以及纪律等方面的要求。观摩对象可以是某次篮球课或篮球比赛，也可以是篮球技战术电影或录像片等。观摩中要求学生做好笔记，及时记下自己的感想、体会、疑问等。

观摩结束后，要及时组织讨论，一般先由教师引导性发言，然后学生围绕议题进行发言。讨论应在民主气氛中进行，鼓励不同意见的发表，甚至可以展开争论。教师应在讨论结束时作总结性发言，对讨论的问题和学生的讨论情况进行评述，未能得出结论的问题可以留待课后继续讨论。

（四）实习课

实习课的目的是为了提高学生的教学训练能力、裁判水平和组织竞赛能力等。

课前要确定实习学生人数，并指导学生做好充分的准备工作。实习过程中要做好观察记录，实习结束时要及时进行讲评，尤其要鼓励其他学生参与讲评和讨论。实习生要写出实习总结，这样有利于学生能力的提高。

二、篮球教学课的管理

（一）篮球教学课管理的基本要求

1. 教师要善于做育人工作

教书育人是教学工作的中心环节，篮球教学亦然。由于篮球运动具有对抗性、集体性强的特点，学生在学习篮球技战术中必然会出现各种矛盾，可能影响篮球课堂教学的进程和效果。因此，教师要根据篮球运动的特点，把育人工作渗透到课堂管理的全过程之中，使学生在团结协作、互相帮助的良好气氛中完成教学任务。

2. 管理严而不死、活而不乱

一般来讲，学生比较喜欢上篮球课，这是篮球课堂教学管理有利的一面，但如果教师不严格要求，则易出现放任自流的不良倾向。这就要求教师根据课堂教学内容特点，选择合理的教学方法和手段，充分发挥教法、手段在课堂教学中的组织管理作用。

3. 教师必须为人师表、以身作则

在篮球课堂教学管理中，凡是要求学生做到的，教师必须首先做到，要充分发挥榜样的作用。因此，教师作为课堂教学的管理者和组织者，必须有热爱篮球教学、诲人不倦的高尚情操；必须要有严谨治学、锐意进取的职业素养，这样才能发挥教师的潜能，采用科学、合理的管理方法和手段，把课堂教学组织好，管理好。

（二）篮球教学课管理的基本手段

1. 课的结构是课堂管理的基本环节

一节篮球教学课通常是由几个部分组成，各部分有不同的教学目的、内容和要求。这种课堂结构的划分是根据人体机能活动变化规律提出来的，因此，不同部分应采取不同的管理措施和方法，而且所采用的管理方法必须严格按照课的结构顺序来考虑，与本部分的特点和实际相符。

2. 课堂常规是课堂管理的重要依据

健全完善的课堂常规，能使课堂教学有条不紊地进行，确保教学任务的完成。因此，在课堂教学中，教师应高度重视课堂常规的管理功能。课堂教学常规一旦建立，就要严格要求，贯彻始终，尤其是教师应以身作则，认真遵守。这不仅是课堂教学管理的需要，也是教师教书育人的具体表现。

3. 学生是课堂管理的主体

课堂教学的管理人员主要是教师，但是一个班（组）学生多、活动范围大的话，有时教师会照顾不过来。因此，教师应结合课的特点，从教材内容的实际情况出发，把课堂管理人员分成一定的层次，进行组织和管理。

(三) 篮球教学课管理的基本程序

1. 课前管理

课前管理的主要内容包括教师通过适当的方式，将本次课的内容告知组长或技术骨干，并对他们参与管理的形式进行指导；教师应将上课的辅助教具和球的数量通知有关人员，做好上课的准备；遇到上课地点有变动也应事先告诉学生，以免出现混乱，延误上课时间；教师必须提前到达上课场地并准时上课，给课中管理创造一种良好的气氛。

2. 课中管理

(1) 分合原理

一堂篮球课就全班（组）学生来说是一个整体，但这个整体根据课的进程有时要分散，有时又要集中，分分合合是篮球课堂教学的特点之一。教师实施分合教学时，一定要掌握好时机，用严密的组织手段来进行。对教师来说，分合管理的水平是教师组织能力和管理水平高低的具体反映。

(2) 能级原理

能级是物理学中的一个科学概念，把它引用到篮球课堂教学管理中，是指由于教学对象的年龄、体质、篮球基础、心理状况的不同，对完成练习会出现差异性。例如，学同一动作时，有的同学掌握得快且好，而有的同学则很长时间学不会。因此，教师在课堂管理中，应充分考虑学生在学习能力上所表现的差异性。

(3) 动力原理

动力原理是指激发和驱动学生的内部动力和学习的积极性。在篮球课堂教学中，有些管理性的工作可以让学生轮流来做，如裁判员、记录员、讲解和示范某个技术动作、充当游戏的组织者和指挥者。通过这些方法和手段，使学生产生自豪感，也是激发他们学好篮球课程的动力。

3. 课后管理

篮球课程教学是依据教学进度按课时进行的，在课后（即上次课与下次课之间的时间里）师生之间的教学活动并未停止。教师还必须采用多种组织形式，搞好课后管理，以克服课堂上个别对待、因材施教等方面的不足，作为课堂教学的补充。课后管理的组织形式主要有作业、自练、观摩等。

（1）作业

教师要根据教学的进程，随时布置一定量的课外作业。学生独立完成课外作业，对篮球教学具有重要意义。教师在组织课外作业时，应根据教学的需要，有计划、有目的、有重点地向学生布置。教师对学生的课外作业要认真批改，写出评语，指出优、缺点；评定分数，作为平时考核的成绩；及时返回给学生，使学生获得反馈信息，以利于继续努力学习。

（2）自练

组织好学生自练，对课后管理有重要意义。通过学生自练，有利于教师因材施教，区别对待。此外，自练能调动学生学习的积极性，充分发挥其主观能动性，让学生在自练中进一步理解、巩固和运用课堂上所学知识、技术和技能，为过渡到下一次课的学习做好准备。

（3）观摩

观摩是对课堂教学的重要补充，一是观摩能使课堂教学同篮球竞赛的实际紧密联系，给学生大量的篮球运动实践知识，有利于学生更深刻地领会课堂教学所学到的理论知识和技能；二是能扩大学生的眼界，开阔视野，启迪思路，激发学生进一步学好篮球课的兴趣；三是使学生目睹高水平篮球运动员的风采，体会良好体育道德和积极进取顽强拼搏的精神，有利于加强对学生的思想教育。

三、学习成绩的考核

学习成绩的考核是教学工作的组成部分，也是教学管理的重要内容。教师要根据教学大纲所规定的考核内容和办法，在教学结束时进行考核。

（一）考核的内容

篮球学习成绩的考核主要根据教学大纲所规定的考核范围和方式，参照对不同年级、不同教学阶段的要求，选择那些最基本的理论知识、技术和战术作为考核内容。除此之外，还要分别考核组织教学训练、组织竞赛和裁判等方面的能力。

（二）考核的方法

1. 技战术考核的方法

（1）达标测试

根据学生完成技术动作的速度和准确性，运用统计学原理制订评分标准，可以采用10分制或百分制。例如，对投篮技术的考核，以投中数量打分，投中次数多者则得分高；对行进间运球投篮等综合技术，可以用完成技术的时间长短评分，时间越短评分值越高。达标测试可以用于单个技术动作考核，也可用于组合技术考核。表4-1是半场运球往返投篮技术测试达标评分表。

表4-1　半场运球往返投篮技术测试达标评分表

男生（秒）	16	16.5	17	17.5	18	18.5	19	19.5	20	20.5
得分	10	9	8	7	6	5	4	3	2	1
女生（秒）	18	18.5	19	19.5	20	20.5	21	21.5	22	22.5

（2）技术评定

根据学生完成技术动作的质量进行评分。考核前把所考核的技战术按动作结构和配合过程分为若干环节，根据各环节完成情况予以评分。评分标准可以用10分制或百分制，也可以用等级制，最后转为具体分数。表4-2是原地跳起投篮技术评分表。

表4-2　原地跳起投篮技术评分表

完成情况	准备姿势重心降低，持球手腕后仰，五指自然分开	身体和篮圈平行，前臂和地面接近垂直	跳起投篮滞空明显	全身协调用力	手指、手腕拨球柔和	球的运行抛物线适中，并伴随旋转	出手跟随动作稳定	技评总分
分值	1	1	2	2	2	1	1	
得分								

(3) 比赛评定

主要通过比赛的方法考核学生技战术的运用能力。比赛可在全场或半场进行，可全队比赛，也可以采用半场2对2、3对3的形式进行比赛。为了客观地反映学生的实践能力和技战术水平，可以进行常规技术统计，根据统计数据加以评定。

考核可采用上述3种方法中的一种，也可采用达标和技评相结合的方法，或同时采用上述3种方法评定成绩。采用何种方法，要根据考核对象、考核目的的不同而有所区别。

2. 理论考核的方法

(1) 笔试

笔试分为闭卷和开卷两种。闭卷主要用于考核记忆的基本理论知识，适用于低年级；开卷主要用于考核学生分析和解决问题的能力，适用于高年级。

(2) 口试

通过专题答辩的形式进行，考查学生对理论知识掌握的深度和广度、分析问题和解决问题的能力，以及语言表达能力等。

3. 基本技能的考核方法

学生基本技能考核主要通过实践来进行，如通过教学实习考核学生的组织教学能力，通过训练实习考核学生的训练能力，通过组织篮球竞赛考核学生的组织竞赛、编排和裁判能力。根据学生的实际工作表现来评定成绩，可以采用百分制或等级制。

第四节 篮球教学文件的制定

篮球教学活动是一个有组织、有目的的教育过程。为了使教学工作顺利进行，必须要制定出相应的教学文件，把为完成教学任务而采取的组织策略，通过文件的形式表达出来。这些文件包括教学大纲、教学进度、课时计划和教学工作总结等。

一、教学大纲

(一) 教学大纲的作用

篮球教学大纲是依据学校专业教学计划而制定的课程教学纲领性文件，它反映出篮球课程在学校专业教学培养计划中的地位，是篮球课程组织（教研室、组）和教师个人组织篮球课程教学工作的基本依据。在教学大纲中规定了课程教学的基本任务，体现了课程教学工作的主导思想，限定了教学的知识范围，确定了课程的考核标准和方法，是衡量教学任务完成情况的基本依据。科学合理地制定教学大纲可使本门课程的教学为学校的培养目标服务，同时教学大纲的建设也是课程建设的主要内容之一。

(二) 教学大纲的结构与内容

1. 说明

主要阐述大纲制定的依据和课程的性质，扼要阐明编制大纲内容的主要原则，提出教学中确保大纲完成的措施等。

2. 教学目的与要求

阐述本门课程在教育、教学及教养方面的具体任务，一般包括篮球课程专业知识技能方面的要求、发展学生身体素质方面的要求和思想品德教育等方面的要求。

3. 教学内容及时数分配

阐述课程中理论、技战术及规则裁判法和相关的基本能力培养等不同教学内容的时数划分比例、理论教学与实践教学的比例、理论教学的题目和课时等，通常以表格的形式来表述。

4. 教学内容纲要

教学内容纲要是教学大纲的主体部分。它通过知识点的形式把教材中各章节的内容，包括政治素质教育、体能素质教育和实际能力培养等详细罗列出来，并根据教学的要求，确定一般教材、重点教材和介绍教材等。

5. 考核方法

依据教学的目的确定课程考核方法与标准。

6. 教材及主要参考书

列出本门课程使用的教材和主要教学参考书。

(三) 制定教学大纲的基本要求

①从实际出发，体现教学计划中规定的培养目标和要求，准确地提出篮球教

学的总任务。

②根据教学任务合理地精选教材，要把主要的、基础的和先进的知识内容列入教学大纲，要主次分明，注意科学性、系统性和实用性。

③合理地分配教学的时数，注意理论教学与实践教学的适当比例，以确保教学任务的完成。

④重视考核的内容与方法，合理地确定理论知识与技术实践在总成绩中所占的比例，使考核结果能够有效地衡量学生学习的水平。

二、教学进度

（一）教学进度的作用

教学进度是根据教学大纲所规定的任务、内容和时数分配，把教材内容具体落实到每次课的教学文件中。它是依据篮球知识技能认知学习基本规律而确定的教学内容的逻辑序列，是教学方法和教学策略的反映。合理地制定教学进度对提高教学的质量与效果具有重要作用。

（二）教学进度的格式

教学实践中，通常采用的教学进度有两种格式。

1. 表格符号式

把教材内容按编号顺序逐个列入教学内容栏，然后按出现的先后顺序在相应的课次栏内做“√”号，科学地排列组合，从而反映出每次课的教材安排和整个教材的排列顺序及数量（表4-3）。

表4-3

编号	教学内容	时数	出现次数	课次							

续表

编号	教学内容	时数	出现次数	课次							

2. 顺序名称式

按课次的顺序将各类教材的名称填入表格的教学内容栏内，在课程类型内填写采用的组织方式，如理论讲授、实践教学和研讨等。其他事项填入备注栏，如表 4–4 所示。

表 4–4

课次	教学内容	课程类型	备注
1			
2			
3			

（三）制定教学进度的基本要求

1. 全面安排，突出重点

教学进度要根据教学大纲的要求和运动技能形成的规律，把教材内容安排到适当的位置。要在全面考虑的基础上，增加重点教材内容出现的次数，使整个教学过程科学、合理地进行。

2. 遵循逻辑关系，合理利用迁移的原理

教材的排列要体现篮球运动和篮球教学的自身逻辑特点，知识单元和技术的排列要体现合理逻辑关系，还要使教材之间在学习时产生积极的迁移，防止消极的干扰。

3. 理论与实践要密切结合

理论课与实践课要合理安排、相互配合，要本着理论指导实践的精神，有针对性地安排好理论课教学；实践课的教学要采用多种形式，使学生的多种技能得到发展。

4. 注意新旧教材相互搭配

教学进度中要合理分配每次课的不同教材的分量，各类教材合理搭配，充分体现循序渐进的原则并反映出课型种类模式。

三、课时计划（教案）

（一）课时计划的作用

课时计划是教师为完成教学任务而制定的文件之一，是教师经过备课，以课的组织形式编制的教学实施方案，是教师上课的具体依据。

（二）课时计划的基本形式和结构

1. 表格式

课时计划的格式与写法多种多样，篮球教学的实践课通常采用表格式课时进度（表4-5）。表格式课时计划的特点是结构固定、简单，教学内容和组织教法一一对应。在课的部分栏内，一般应注明课的结构，使准备部分、基本部分和结束部分的内容各有侧重。教学内容与组织教法要一一对应，前后之间要相互衔接。在时间栏内要注明每个组织环节所分配的时间。

表 4-5

班级________　第________次课　时间________　任课教师________

教学内容		地点	
课的任务			

续表

课的部分	时间	教学内容	次数	组织教法
器材				
小结		布置课后作业和下次课内容		

2. 条文式结构

条文式课时计划一般用于理论课的教学，除填写表格式课时计划规定的项目之外，以讲授提纲与组织教法的方式配合理论课讲稿共同使用。

(三) 编写课时计划的基本要求

1. 教学任务的提出

依据培养目标的要求、教学进度的安排、教材内容的性质和学生的实际情况来提出具体教学任务。要提得准确，便于检验教学的效果，不同的教材内容可提出不同的任务，如“初步掌握”“基本掌握”“改进提高”和“初步运用”等。总之，要反映学生的认识过程，要有针对性、符合实际，能够全面体现篮球教学在教育、教学和教养方面的任务。

2. 教学组织模式的确定

针对课的任务来合理确定教学的组织形式。实践课的教学可采取常规教学或现代教学的模式，理论课可采用讲授为主、讨论为辅的模式。在组织有序的情况下，问题式和讲演式也可收到较好的教学结果。

3. 教学方法的选择及合理安排

要依据教学内容、学生的实际情况和场地设备条件来选择教学方法。讲解、示范、练习、纠正错误和反馈与强化等手段在不同课中运用要有所侧重，教法要灵活多样、相互配合，防止简单枯燥。

4. 运动负荷的确定

课时计划中要对运动负荷作出估计，通过练习的安排使运动的量和强度反映出课的高低潮，有利于学生掌握篮球技能和发展身体。

5. 注意课程之间的衔接

在课时计划中要体现出前后课次的衔接，学习新内容时要复习前面学过的内容，做到温故而知新。

四、教学工作总结

课程结束时，教师要向教研室和上级主管部门提交教学工作的总结性文件，它是教师自身评价教学任务完成情况、总结经验和找出差距的文字教材。在提交教学工作总结时要实事求是地反映教学过程，特别要注意总结教学规律，发现影响教学质量的新问题，为在下一轮教学中进行深入研究提出课题，促使教学质量不断提高。教学工作总结一般包括 4 个部分。

①课程的性质和任务、教学的时数、学生的人数及所在的系和班级、教学的条件等基本情况介绍。

②教学过程中采取的教学改革方案或措施，并实事求是地对执行情况作出自我评估分析，总结出改革的成功之处，指出存在的问题和原因。

③学生学习状态的总体评价，特别要分析教学中学生的主体作用的发挥情况。同时，要对学生的学习成绩作出客观的分析，必要时可进行比较，以数据和事实根据对教学过程作出准确的评价。

④根据本阶段或学期任务完成情况和对教学中所遇到的问题的分析，对下一

轮教学工作提出改革的设想和建议，必要时可建议教研室和教学主管部门组织进行专题研究。

第五节　中学篮球的教学

一、中学篮球教学的任务和要求

中学篮球教学及课外篮球活动是培养学生“终身体育”观念的手段之一，也是贯彻“健康第一”的学校教育指导思想和培养篮球爱好者的主要手段。目前，我国全日制中学体育教学大纲中规定篮球运动属于基本教学内容，在《九年义务教育全日制初级中学体育教学大纲》中篮球也是必选内容。

（一）中学篮球教学的目的

根据学校体育教育的总任务，中学篮球教学的目的是：以健康第一的思想为指导，运用篮球这一特殊的身体活动形式来增强中学生的体质、促进身心发展、提高健康水平、培养“终身体育”观念，使他们在德、智、体、美、劳等方面全面发展，成为社会主义事业未来的合格建设者与保卫者。

（二）中学篮球教学的任务

1. 培养和建立“终身教育”的观念

篮球教学是以各种形式的篮球技战术等内容作为增强学生体质、培养“终身体育”意识的一种特殊教学手段。而“终身体育”观念的形成过程是“兴趣—喜欢—爱好—参与—终身从事”。篮球运动本身具有趣味性、集体性、多变性、综合性等特点，这就有助于通过篮球教学培养中学生进行体育锻炼的兴趣，从而逐步树立“终身体育”观念。因此，在中学篮球教学过程中必须注意把技战术、身体素质等内容的教学与培养“终身体育”的观念结合起来，使中学生从喜欢篮球运动，了解篮球运动对自身全面素质提高的积极作用，逐渐达到爱好和自觉参与篮球活动或其他体育活动，并养成终身参与体育活动的习惯。

2. 提高基本活动能力和增强体质

通过篮球实践教学课，提高中学生的走、跑、投、跳等基本活动能力，促使其速度、力量、耐力、柔韧性、灵敏性等身体素质不断提高，从而增强其体质，提高其对外界环境变化的适应和抵御疾病侵袭的能力，为顺利完成学业提供有力的保证。

3. 学习和掌握篮球基本技术、简单战术配合

通过学习篮球的基本技术和建立在技术基础上的一些简单战术，如移动、进攻、防守、攻守转换等，使学生初步学会如何打篮球，并体验到篮球运动的乐趣和魅力，从而养成通过篮球活动来培养自觉锻炼身体的习惯和自我锻炼的能力，为“终身体育”观念的建立创造条件。

4. 培养团队精神和提高社会交往能力

团队精神和社会交往是现代社会对人类活动的最基本要求。篮球实践课不仅要教会学生通过身体活动发展人的自然属性，而且要通过全队配合活动发展人的社会属性，增强个人社会交往的能力，同时形成“个人是社会大家庭的一个微小的组成部分，任何事业的成功除了个人努力之外，必须发扬团队精神和奉献精神，善于与社会其他成员合作”的观念。另外，篮球教学还有利于培养学生勇敢顽强、机智果断、胜不骄败不馁等优良品质。

（三）中学篮球教学的要求

1. 运用理解教学法

传统的篮球教学观念和方法通常侧重于技术传授，教师教学会很自然地从技术动作开始，遵循体育教学的一般规律和篮球运动自身的规律进行教学。这种方法是以教师和技术为中心的，但对培养学生“终身体育”意识是不利的。理解教学法提出以“游戏性比赛”代替以单纯技术为重点的教学方法，这样整个篮球教学过程便自始至终充满乐趣。学生在游戏性比赛中既掌握了简单战术，也知道了为何要改进技术和如何运用技术。当然，理解教学法的掌握需要较长的时间，教师要保持良好的敬业精神与职业道德。

2. 从实际出发

中学篮球教学受学校客观条件影响较大，如学生人数较多、场地器材较少、学生篮球技术基础差异性大等。教师应该根据实际情况安排好课，积极改变教学观念，探索改革教学方法，大胆运用理解教学法，使学生在比赛中熟练地运用技战术。

若男女生混合编班，应根据年龄、性别和心理特点有针对地进行分班或分组；无法进行室外实践课教学时，无论选择哪些内容作为理论课教材，都要结合篮球特点，发挥主观能动性，针对性地组织教学。

从实际出发的另一个重要含义是根据不同类型的学生安排好教学进度和活动形式，使每个学生都能有活动机会。因此，教师是根据性别、体质、体形、体能分组，还是根据技术水平、兴趣爱好分组，是混合分组还是按性别分组，身体有残疾者如何分组等，都要统筹兼顾。

3. 课内与课外结合

教师组织教学时要重视课内与课外结合，充分利用课外体育活动时间和各种可能的社会篮球活动机会，增多学生接触篮球的时间，才能在提高篮球水平的同时不断增强他们的“终身体育”观念。课内与课外相结合，积极开展课外篮球活动，是完成篮球教学任务的重要保证。课外活动具有较大的灵活性和选择性，可以满足不同学生的兴趣和要求，发挥他们各自的特长和弥补课内教学的不足，真正使体育课面向每个人。

4. 处理好各种教育、教学关系

中学篮球教学课的任务决定了体育教师必须在工作中处理好诸如培养“终身体育”观念和贯彻“健康第一”思想与掌握技术、技能、增强体质、趣味娱乐、课内课外、教学竞赛等方面的关系。其中，首要把增强学生体质和培养学生“终身体育”观念放在重要的位置上。中学篮球教学中，技术、技能的传授，既要强调增强体质，也要注意篮球运动的特点，使两者在联系过程中相统一。

二、中学篮球教学的方法

篮球教学方法是完成教学任务的重要手段。教师在选择教学方法时，首先要重视时代性、篮球学科的前沿知识和学校拥有的设备与条件，以及自身学习掌握体育教学方法的特点及其教学效果，从中优选具体教方法。应根据教学大纲和教学进度安排的内容及其主次地位和教学原则，并考虑到不同年级、性别的学生及其身体素质、技术基础的差异性，以及学校的场地、器材与设备等因素来选择教学方法，因地制宜、因材施教，最大限度地调动学生的积极性。

（一）讲解与示范法

讲解与示范法是篮球教学采用的最基本方法，也是体育教学中使用最多的教学法之一，由讲解法和示范法组成。

1. 讲解法

讲解法属于言语法的一种。中学篮球教学中常用的讲解法有直陈法、分段法、概要法、对比法、提问法和联系法。讲解法在中学篮球教学中是指教师用形象、生动、精练的语言讲述篮球技术动作、技战术配合方法，使学生对其有初步的了解，通过实践逐步形成技战术概念。要求讲解层次要清晰，重点突出，通俗易懂。对中学生可运用教学口诀来精炼语言，如进行接球教学时，用口诀“伸臂去迎球，手形如漏斗，指腕肘后收，握球肩放松”；双手胸前传球教学时，用“双臂前伸手腕翻，手指弹拨把球传”的口诀可以收到良好的效果。教师清晰的讲解有助于学生对技术动作和动作过程留下深刻的印象，与运动表象相结合，学生技术动作的形成时间会大幅缩短。

2. 示范法

示范法主要是教师（或指定的学生）以自身的动作作为教学动作范例，用以指导学生进行学练的方法。它可使学生了解所学动作的形象、结构、技术要领和完成方法，便于建立正确的动作表象。在中学篮球教学过程中，用正确、轻快、优美、清晰的动作向学生展示将要学习的部分或全部篮球技术动作，能启发学生学习的兴趣。示范与讲解相结合，有助于学生理解动作的特点和结构，建立完整的动作概念。

中学篮球教学示范要注意以下 4 点。

（1）示范要有明确的目的

示范要突出教学的重点和难点，对中学生示范还要注意适度。尤其是对中学低年级学生，过多的示范反而会影响他们对动作的识记、辨别和记忆，其结果往往是提取信息失败。因此，教师在教学的开始阶段应抓住关键动作进行示范，给学生留下清晰的动作表象和动作记忆。例如，进行单手肩上投篮技术教学时，在学生初步掌握了正确的握球、持球以后，示范的重点应放在最后出手的指拨动作上，使学生能在较短的时间内掌握关键动作。

（2）示范要正确、熟练

中学生模仿力和好奇心强，信息接受快，因此，教师做示范时应严格按动作技术的规格要求完成，对动作的起始、行进方向及结束时间的把握等都应保证准确无误。只有保证示范的正确性，才能使学生建立起正确的动作表象和概念。正确的动作示范，可以避免产生畏难情绪，如进行单手肩上投篮教学，教师示范时必须注意持球时肘关节不外展，否则会影响投篮动作的掌握和最后出手的稳定性及投篮的命中率。肘关节外展是投篮教学、学习、示范时易犯的错误，教师必须加以重视。示范可以展现显示教师对技术动作掌握娴熟和完成动作流畅的程度，也是教师自信心的流露和体现，对学生形成整个动作的概念和表象有着极大的推动和促进作用。

（3）示范要有利于学生观察

为了便于学生观察动作示范，教师要注意选用适合的示范面、示范速度，以及学生观察示范动作的距离和视角。示范面要根据需要确定，可采用正面、背面、侧面或镜面。进行单手肩上投篮、双手胸前传球教学时，示范宜采用侧面，而进行滑步和后撤步的教学时则宜采用镜面或正面示范。示范与讲解时教师还可运用正误对比的方法，采用各种直观教具，通过演示和提示，启发学生观察、对比、分析，明辨正确与错误动作，以便更好地掌握正确的技术动作和战术方法。为建立完整正确的动作表象，最初的示范应按完成动作的常规速度进行；为突出动作结构的某些环节，则应采用慢速示范。学生观察动作示范的距离，可根据示范动作的活动范围、学生人数和安全需要而定。示范距离不论远近，均应以学生能看清楚为准。

（4）示范、讲解与启发学生思维相结合

在学习技术动作过程中，只有视觉和听觉器官同时起作用时效果才会较佳。示范是通过视觉器官作用于人体，而讲解则是通过听觉器官起作用，两者的结合可使技术动作的内在联系得以准确揭示，学生获得感知效果比单独运用一种方法要好。因此，教师示范时应根据教学需要，及时、恰当地结合讲解进行，同时要善于启发学生的积极思维，否则，无论动作示范或是讲解，对学生来说都难以达到最佳效果。

（二）表象练习法

表象训练又称念动训练或意象训练，指用语词唤起表象，并借助表象进行动作练习的方法。运动表象主要有运动视觉表象和运动动作表象，前者主要反映客观体的运动视觉形象。例如，学生在篮球教学课上观看教师单手肩上投篮时的持球动作、投篮用力顺序，以及最后出手时手腕甩动、手指拨球等一系列用力的动觉形象，学生虽然身体并未作单手肩上投篮，头脑却“体会”到了单手肩上投篮时的一系列用力的动觉形象。学生既观看过，又亲自做过的动作形象在头脑中重新呈现出来，成为“视-动联合表象”。学生在练习和教学比赛中表现出来的所学习的动作，是根据头脑中形成的表象完成的，如果学生对已学动作表象唤起失败，他就很难再做好该动作。

因此，教师在做完示范动作以后可根据实际情况，首先要求学生先进行对示范动作的想象，然后再开始模仿练习。以后每示范一次新动作后都要想象2~3秒开始动作的学习过程，让学生形成正确而清晰的运动表象及通过再造想象，使动作得以巩固、熟练而达到自动化。表象训练法不仅可以用在单个或组合动作的学习中，而且可以结合理解教学法运用于技术教学中，甚至还可以用于培养学生的创造能力。为保证表象训练的有效性，教师必须注意讲解示范的准确和清晰。

（三）重复练习法

这种练习法是指通过身体和思维活动对动作进行反复练习的方法，也是中学篮球教学中采用的最基本、最有效的方法。它的特点是练习中机体要承受一定的运动负荷并消耗一定的体力，产生一定的疲劳。

传统的篮球练习法仅从单个技术练习开始，然后是组合技术练习和对抗练习。但篮球的对抗性特点要求练习时要充分考虑把单个、组合及综合技术练习放在对抗条件下进行。采用理解教学法既要考虑中学生的特点，又要从有对抗的比赛条件下入手，进行单个、多个和综合技术练习，同时又结合战术教学以达到更好的效果。然而，无论何种教学法的运用都离不开实际操作练习这一基本教学环节，练习是提高篮球水平最主要、最基本的手段。因此，中学篮球教学应从对抗性练习入手，启发思维，使学生理解篮球运动中各种技战术之间的逻辑关系和必然联系，培养学生浓厚的兴趣。

（四）游戏教学法

游戏教学法是指在游戏中学习技术、技能、知识的一种教学方法。面对传统教学法中存在的问题，游戏教学法能充分发挥球类项目的特征，加强技战术运用及能力培养方面的比重，让学生在游戏中体会和学习技术、技能，可以大幅提高学生的学习兴趣和教学效果。

游戏教学法的特点是在教学时，以从易到难的游戏主线安排内容，而不是传统教法中以单个技术为主线安排内容。在每个游戏中，安排学习基本技战术，完全取消单个动作的枯燥练习，在游戏中启发和诱导学生主动钻研技术动作和战术配合，教师再因势利导和加以辅导，逐渐提高学生的篮球水平。

（五）竞赛激励法

竞赛激励法是充分利用中学生争强好胜的特点，在篮球教学中培养与激励学生的学习积极性，以竞赛为形式的教学方法。中学篮球教学中竞赛激励法的一般形式有速度竞赛，如运球比快、传球比快等；次数竞赛，如投篮比多、传球比多等；准确性竞赛，如传球比准、投篮比准等；成功率竞赛，如在一定时间内比投篮命中率等。

教学竞赛是中学篮球教学大纲中规定的内容之一，也是篮球教学的主要形式。按照中学教学大纲的规定，篮球教学竞赛有 3 种形式，即复习提高已学过的基本技术的教学竞赛；结合已学过的基本技术进行简单规则的教学竞赛；运用简单战术进行的数学比赛。可根据不同年级的教学要求，组织不同形式、不同要求的半场或全场教学竞赛。

（六）变化规则法

变化规则法是指在中学篮球教学中根据实际情况，为提高学生兴趣、增强学习积极性，有意识地对篮球规则进行临时性变化以适应教学需要的方法。例如，“三人制”篮球比赛目前在国内外开展非常广泛，尤其为中学生所喜欢，该比赛实质上就是一种变化规则的比赛，其比赛规则主要有以下变化。

①比赛时间可根据实际情况而定，可分为上下两半时。比赛开始和投篮命中后，均在发球区（中圈弧线后）掷球入场。

②每次投篮命中后，由对方发球。所有犯规、违例及界外球均在发球区发球。发球队员必须将球传给队友，不能直接投篮或运球。

③守方断球或抢到篮板球后，必须迅速将球运或传出三分线外，才能组织进攻，否则为违例。进攻方抢获篮板后可直接进攻。

④比赛中，每个队员可有 4 次犯规，全队场上队员不足 2 人时，比赛终止并判该队失败。任何队员被判夺权犯规，该队员所属球队的继续比赛权即被剥夺。

⑤每队累计犯规达 5 次后，以后的每一次犯规都必须罚球（控制球队犯规除外）。双方只能在死球时换人，被替换的队员不能重新替换上场（队员受伤或 4 次犯规时除外）。

总之，教师在篮球教学过程中如能合理地运用规则变化法，往往能达到良好的效果。

（七）电化教学法

电化教学法是指将现代教育媒体运用于篮球教学过程之中，并与传统教育媒体恰当结合传递教育信息，以实现教学最优化的方法。中学体育教师在进行篮球教学时，不仅要能熟练地运用传统的教学设备，如教科书、粉笔、黑板、篮球、球场、障碍架等，还必须能自如地使用各种现代化的视听教学设备，如照片、图表、模型、仪器、幻灯、电影、电视、录音、录像等进行教学和教育活动，更要能驾轻就熟地将现代多媒体技术运用于篮球的理论与实践教学。当今的中学体育教育和教学是由现代体育教育观念、先进的教育学设施、高知识层次的体育教师队伍与现代体育教育技术4个因素共同支撑的立体化体系。在中学篮球教学中运用多媒体和电化教育手段，可以引导人们的思维方式，从而推动篮球教学改革进一步向现代化、科学化方向发展。

（八）技能迁移法

迁移是一种学习对另一种学习的影响，这种影响既包括积极的促进作用（正迁移），也包括消极的干扰作用（负迁移）。有效地利用和控制这种影响，能减少学习过程中的探索时间，可以少走弯路，提高学习的效率。迁移理论比较流行的是转化理论、学习定势理论、认知迁移理论等。运动技能学习的迁移有两侧性迁移、语言—动作迁移、动作—动作迁移。

思考与练习

1. 篮球教学应贯彻哪些教学原则？
2. 在篮球教学中如何发现和纠正错误？
3. 篮球课各部分的内容、任务和要求是什么？
4. 如何编制教学大纲？
5. 如何编写篮球教案？
6. 中学篮球教学的基本教学方法有哪些？

第五章
CHAPTER 05

篮球训练与比赛指导

【本章提要】本章主要介绍篮球运动训练的理论、步骤、方法和特点，篮球队的管理原则，赛前准备及临时指导工作，以及中学生篮球队训练与比赛指导等内容。

第一节 篮球运动训练理论基础

篮球运动训练是竞技能力的提高过程，是指在教练员的指导和运动员的参与下，为不断提高和保持运动员的技术水平而专门组织的教育过程。在这个过程中，教练员要根据运动项目的特点及发展趋势，遵循教育及教学训练的原则，运用科学的训练方法和手段，对运动员的身体、技术、战术、心理、智力和恢复进行有计划的训练，为在比赛中创造运动成绩做充分的准备。在我国，篮球训练不仅在国家、省、市、企业等高水平运动队和职业性俱乐部中开展，而且在各级各类学校和社会体育群体领域中也开展业余训练，只是训练的目的和要求各不相同。

一、篮球运动训练理论

篮球运动训练理论是以发展运动员的竞技能力，提高专项运动成绩为目的，研究运动训练过程的规律与相应的原则和方法的一种专项性理论，并以这些理论作基础指导训练实践。篮球运动训练理论研究的具体内容概括起来就是“练什么、怎么练、练多少”。练什么，就是根据篮球运动员竞技能力和运动成绩的诸因素确定训练的内容；怎么练，就是根据确定的内容，运用多学科知识和训练的物质条件，筛选出适合运动队和运动员特点的最有效的方法与手段，合理地安排各项内容比例和程序；练多少，就是合理确定训练过程中的运动负荷问题，解决负荷的定向、定量、节奏、负荷量与强度的有机配合、最大负荷的恢复等。

（一）周期训练理论

周期训练理论是训练安排和制订训练计划的基础。周期训练理论的提出，源于人们对运动训练规律的深刻认识，其依据是训练适应性的形成规律、竞技状态发展规律、疲劳与恢复规律。周期性运动训练过程是以循环往复、周而复始的方式进行。每一个循环往复都不是简单的重复，而是在前一个循环的基础上不断提高训练的要求，从而使运动员不断提高竞技能力与水平。周期性是运动训练的基本规律之一，它的实质在于系统地重复各个完整的训练单元，包括训练课、小周期、中周期、大周期。以周期为基础来安排训练就能把训练任务、方法和手段系统化，并能保证其连贯性。

（二）训练调控理论

1. 超量恢复原理

超量恢复是指在运动后的恢复过程中，被消耗的能源物质含量不仅能恢复到原有水平，而且在一段时间内还出现超过原有水平的情况。

超量恢复理论在调控中的作用是对于未来重复进行较大运动负荷时，对能源物质再一次耗尽的一种预防性、保护性机制，是机体对运动负荷产生训练适应的第一阶段。它对训练调控具有重要的理论意义和实践意义。

2. 应激性原理

应激是人体对于外部强负荷刺激（包括生理和心理刺激）的一种生理和心理的综合反应，它是指当有机体受到异常刺激时，身体就会引起一种紧张的心理状态。在运动训练中，运动负荷不可能始终停留在一个水平上，要想不断提高运动竞技能力，就要不断地提高运动负荷水平，打破机体对原有负荷的平衡状态，达到一个新的负荷水平，在稳定一段时间后，再增加负荷。如此循环往复，从而达到提高训练水平的目的，这就是“超量负荷原理”，而这一原理的生理学基础就是应激学说。

应激学说应用于运动训练中，不单是为了防御机体的衰竭过程发生和避免过度训练，更重要的在于对运动负荷后恢复期中如何改变酶的活性和细胞的通透性，从而对恢复过程进行调整，以加强合成代谢，加速适应的过程。

3. 恢复性原理

身体机能在恢复过程中的各个阶段基本是一致的，但在恢复的时间上却表现出明显的异时性特点，这种异时性对运动训练的安排与调控具有极为重要的作用。

在运动训练中和运动之后运动员的机能恢复过程具有时值不等现象，即机体各种机能的恢复和超量恢复不是同时发生的。教练员要善于运用这一科学理论进行训练中的调控和训练后的机体恢复。

4. 运动恢复训练原理

运动恢复是指运动训练中运动员对于机体承受运动刺激并由此产生的机体内部生理效应和心理效应的一系列变化的应答过程。应答训练恢复的特征是给运动员的负荷能冲击自身的“生理极限”，最大限度地挖掘其内在潜力。

二、篮球运动训练步骤

（一）技术训练的步骤

1. 单个技术训练

篮球技术是由大量的单个技术动作组成，单个技术训练的目的主要在于掌握、提高单个技术的动作技能。单个技术是掌握复杂技术和创新的基础，运动员应该坚持进行单个技术训练，不断提高技术水平。

2. 组织技术训练

篮球组织技术是指两个以上单个技术动作有机衔接所形成的各种特殊的技术群的总称。在进行组织技术训练时，要从实战出发，分析和提炼比赛中出现的各种复杂情况，设计不同的组织技术练习手段。掌握各种组织技术，能为在对抗条件下运用技术打好基础。

3. 位置技术训练

篮球比赛中队员的位置分为中锋、前锋和后卫，不同位置的队员在比赛中承担着不同的职责和攻守任务，教练员必须根据队员的位置和攻守任务，有针对性地强化位置技术训练。

4. 攻防技术的对抗训练

篮球技术训练的主要任务不仅是形成动作技能，更重要的是学会如何在比赛条件下运用已形成的动作技能达到一定的战术目的。为此，必须有计划、有要求地进行攻守技术的对抗运用训练。在掌握单个技术、组合技术及位置技术的基础上，学会在攻守对抗的情况下克服对手的阻挠和制约，达到及时、准确、合理地运用运动技术的目的。

(二) 战术训练的步骤

1. 基础配合训练

篮球比赛的战术形式繁多，但都离不开基础配合。基础配合是全队攻防战术训练的基础，只有熟练地掌握和运用这些基础配合，才能在运用全队战术时更加灵活机动，更有效地发挥战术的作用。

2. 全队战术配合的衔接训练

在局部基础配合的训练有了一定基础的情况下，可以进行战术配合的衔接训练，包括局部战术配合衔接训练和全队战术配合的衔接训练。局部战术配合的衔接训练就是将局部的基础配合进行组合训练，要强调主次配合的衔接，进行过程中的连接性和变化。全队战术配合的衔接训练，就是在局部战术配合训练有了一定基础后，所进行的全队完整战术训练。通过这种训练提高全队配合的整体观念，明确在全队配合下自己的行动，以提高行动与配合的合理性和攻击性。

3. 战术配合的综合应变训练

在掌握两个或两个以上全队战术的基础上，需要进行各种战术综合变化的组合练习，提高运用战术的应变能力。一方面要提高进攻与防守战术的转化能力，另一方面要掌握综合运用战术的能力。

4. 战术配合的比赛训练

战术配合的比赛训练是检验战术训练水平的重要手段，具有很强的对抗性。通过比赛训练，可以发现战术配合训练中存在的问题，提高队员的运用能力。

三、篮球运动训练方法

篮球运动训练是教练员与运动员合作的双边活动，教练员组织、指导、教育的主导作用和运动员积极参与的主体作用相互依存、相互促进，得到充分发展与发挥。篮球运动训练不仅是运动技能不断提高的过程，也是一个复杂细致的教育过程，只有遵循专项训练与思想教育相结合的原则，采用科学而合理的训练方法与手段，才能使训练顺利进行，达到既定目的。

（一）重复训练法

训练过程中，对某种动作采用同一运动负荷和相同的间歇时间进行多次练习，以达到增加运动负荷和巩固技能的目的，称为重复训练法，如篮球运动训练中的连续投篮、传球等。重复次数的多少，对身体的作用不同，对巩固机能的作用也不同，重复次数的多少须依据学生所承受的运动负荷量和完成动作所需的练习量而定。重复训练法可以分为连续重复训练法和间歇重复训练法。

（二）变换训练法

变换训练法是在变化的条件下进行针对性训练的方法，对训练的环境条件、速度、强调动作等进行变换，这样对机体的影响也必然随之而变化。这种方法对学生中枢神经系统的协调性和机体调节的灵活性具有特殊的作用。变换既可以是周期性活动的连续变换训练，也可以是非周期性的间歇变换训练。

（三）循环训练法

循环训练法是综合了重复法、间歇法等一系列练习方法的综合方法，它是把多项活动内容设计成若干个站点，让学生一站一站地进行练习，通过连续完成多种不同项目的循环，按照学生自身的负荷指标，使负荷量逐步提高，以达到增强体质的目的。这种方法对增强学生的肌力和发展身体素质，以及增强心肺机能等都有显著作用。

（四）比赛训练法

比赛是调动学生积极性的有效手段，它可以激发学生的斗志，促进学生积极向上，克服困难获得优良成绩。篮球运动训练中比赛法的种类多种多样，有教学比赛、检查比赛、测验性比赛等，无论采用哪种比赛法，都要根据教学任务来决定，必须注意运动负荷的调节，严格按照既定的规则要求进行。

在篮球运动训练中，必须根据本项目的特点和内容，以及运动形式去选择训练方法组织训练，在具体实施中应注意以下特点。

1. 针对性

在不同的训练时期、阶段中，针对全队和个人的不同情况，采用不同的手段、负荷及间歇时间。

2. 综合性

在实践中，运用不同的训练方法是便于分析、理解和掌握知识与技能，运用中的综合性是经常的，每一项技战术的训练都必定会融入多种训练方法。

3. 共轭性

共轭性是指某一训练方法操作后对几个方面的竞技能力都将有所提高，如两人传球上篮，它对技术动作的快速性、准确性、配合性及发展专项运动素质都有较好的作用。

训练方法随着实践经验的积累和现代科学技术的进步，从理论到实践到方法手段都在不断推陈出新、日新月异，为提高教学训练质量提供了新保障。目前，我国篮球运动训练已普遍借助系统论、信息论、控制论的理论作依据，运用新的模式训练法，改变过去传统的经验训练法，把训练工作上升到以科学化训练为主导的层次上，从而能对运动训练过程进行有效的控制。

四、篮球运动训练特点

（一）技战术能力特征及训练特点

技战术能力在篮球运动员竞技能力系统中起着决定性作用，要求运动员技术全面有特长、熟练、准确而实用；战术特征则表现为战术方法、比赛阵型和比赛意识有机结合，整体攻防战术协调发展，个人、组合与全队战术协调发展。在全队训练中强调提高整体攻防技能，注重攻守内容的同步化。在个人技术训练中重视训练内容的专门化，使个体特长更为突出。同时，还要特别强调技术动作的动力定型，提高在激烈对抗条件下运用技术的准确性和稳定性。

在战术训练中，由于篮球攻守速度明显加快，快速反击战术及防反击战术在进攻与防守打法的训练中占有重要位置；由于双方攻防能力的日趋平衡，阵地进攻与防守战术也更加受到重视。同时，要有目的地训练运动员独立思考的能力（“用脑子打球”），加强主变与应变能力的培养。

（二）体能特征及训练特点

篮球运动员除身高要求外，还应具有身体健壮，小腿肌肉细长且富于弹性，以及踝关节围度小、跟腱清晰、足弓高等形态学特征，以满足快速、灵活、激烈对抗等比赛要求。另外，须具备良好的血液循环和呼吸系统功能。由于篮球运动的特点，运动员须具备全面的身体素质，主要有力量、速度、弹跳、灵敏与柔韧、耐力等。在体能训练中，要强调提高完成动作的速度，即反应速度、移动速度和完成技术与战术行为的速度，强调训练的负荷强度和加速疲劳后的消除，注重训练内容的全面化和内容组合的最佳化。

（三）心理、智能特征及训练特点

篮球运动员心理特征主要包括球感、情绪、注意力和意志品质等；而智能特征主要表现在3个方面，即观察记忆能力，抽象思维能力及独立、创造性地解决各种技术与战术问题的能力。“创造性”是篮球运动员达到较高水平的重要标准。除自我心理控制能力、稳定的情绪、广泛的视野等“常规性”心理训练外，如何培养运动员高度的“创造性”，是心理与智能训练需要解决的重要问题。

第二节　篮球队的管理

各个篮球队的情况不尽相同，特别是职业俱乐部球队更有其特殊的产业经营性质，因此，只有根据现代体育管理原则，遵循一定的管理原则，举一反三，结合实际，才能达到管理的基本目标。

一、系统管理原则

为了达到管理的优化目标，必须对管理进行充分的系统分析，根据球队的不同性质，制定系统的运筹规划，形成一个考虑周详的管理模式。

（一）整体分合原则

现代高效率的管理者，必须在整体规划下明确分工，在分工基础上进行有效整合。就一个具体的篮球队而言，合理的分工和有力的协作，是保证管理活动有序进行的关键。

（二）相对封闭原则

球队管理是以竞赛活动为中心的周期性行为。在一个管理周期内，作为主要责任者的主教练，应运用相对封闭原则，适度控制运动员训练外的非合理性活动。我国部队俱乐部篮球队依靠特殊化管理，取得了较好的效果，说明相对封闭原则在篮球队的管理中，对提高球队竞技水平起着积极作用。

二、动态管理原则

篮球队管理的主要对象是运动员，运动员的思想、行为状况是复杂多变的，因此，管理过程也必然是动态的。这就要求管理者准确把握管理对象的变化情况，不断调节各个管理环节，以实现整体目标。

（一）反馈原则

管理实质上是一种控制，必然存在着反馈问题。反馈的最终目的是要求管理者对各种变化作出应有的反应，而对永远不断变化、客观实际的管理能否有效，其关键是是否具有灵敏、正确、有力的反馈。篮球队的管理是一项非常艰巨、复杂的活动，应该努力提高信息反馈的效率。在篮球队的管理中，大量需要的是缩小和消除同既定目标存在差距的负反馈，根据负反馈来调节和控制管理行为，使偏离目标的行为倾向收敛、稳定的目标。

（二）弹性原则

管理必须保持充分的弹性，及时适应客观事物各种可能的变化，这样才能有效地实现动态管理。管理活动中碰到的问题，从来都不是单因素的，也不是少量因素，而是众多因素千丝万缕地联系在一起。但是，抓住主要矛盾才是根本。管理是人的社会活动，管理者和被管理者都是活跃而复杂的人，所以，某种管理方法在某种情况下可以获得最佳效益，但在变化了的情况下，就有可能导致效益下降，甚至会使管理本身破裂。管理者在处理具体问题时，应把握好“必须”和“灵活”的尺度，给运动员留出一定的心理空间，让他们有思考的余地，努力消除“情绪障碍”，才会有更大的收获。

三、控制管理原则

现代体育管理的核心是要实现对体育领域的最佳化控制。篮球队的控制管理，表现为在训练和比赛中的组织、指导和指挥。

(一) 信息统计

运动员在训练和比赛中，统计人员（通常由助理教练承担）在现场借助一些统计表格来获取个人和全队或参赛双方客观的技战术运用情况，包括投篮、罚球、抢篮板球、抢断球、失误、违例、快攻、助攻、犯规等。

(二) 分析统计资料

教练员根据信息统计资料，对运动员的训练和比赛进行有效控制。通过对统计资料的研究，可以了解运动员在训练和比赛过程中的长处和短处，以便扬长避短，发挥球队的最佳机能，对运动员的成长进行有效的控制，以便达到最佳效果。

四、人本管理原则

现代管理的核心和动力是人和人的积极性，尤其在高水平的职业俱乐部球队，职业化会带来种种经济利益矛盾。因此，一切管理都要把人的因素放在第一位，以调动人的积极性、做好人的工作为根本，这就是现代管理的人本原则。

(一) 运动原则

管理运动队必须有强大的动力才能持续而有效地进行下去。当前，物质保障是市场经济条件下不可忽视的有效杠杆，但要倡导思想修养，只有将精神与物质正确结合才具有巨大的战斗威力。所以，每名运动员均应有良好的文化修养、丰富的精神生活及高层次的民族自尊心和为国争光之心。总之，做好人的思想工作，调动每个人的积极性、创造性，是搞好篮球队管理工作的重要动力，这也是在现代市场经济条件下加强篮球队管理迫切需要解决的问题。

(二) 激励原则

激励原则是指对运动员的多种行为进行科学分析，激发其动力，最大限度地调动其积极性，体现在管理中包括民主激励、奖惩激励、榜样激励、领导行为激励、竞赛激励、感情激励、反馈激励、目标激励和赏识激励等各种激励方式。在篮球队的管理中，有针对性地灵活运用激励手段是充分挖掘运动员潜力、决定球队训练和比赛实效、实现目标达成的重要因素之一，具有极为重要的作用。

第三节 篮球比赛的赛前准备与临场指挥工作

篮球比赛的全过程是一项复杂的系统工程，教练员必须周密设计与预测比赛全过程可能的结果，采取可行性部署。

一、组织与思想准备

（一）组织准备

组织准备是指在比赛前数个月内将参赛队的各类主要人员确定下来，注册报名。如果球队原有管理、训练、组织系统完备，则可根据联赛性质、任务、参赛球队对象的实力，对比本队人员、制度存在的不足，略进行完善调整；如果是原管理、训练、组织系统不完备的俱乐部队，则在正式比赛开始之前根据竞赛组委会的要求及时地补充调整，对涉及的领队、教练员、运动员及相关的工作人员、外聘人员等按照规定办理相关的手续，以免延误注册报名时间；对于制度建设不完备的球队，要制定或修订相关的签约、训练、比赛胜负奖惩制度等。只有在组织上做好参赛准备，保障赛前的训练安排和整体磨合，才能形成一支坚强队伍的整体形象。

（二）思想准备

思想准备是指参赛前在日常思想教育的基础上，根据球队组建、训练目标方案、主力阵容配备、比赛任务和相互实力对比，以及球队中产生的不同思想状态等情况，进行针对性的思想工作。特别是职业比赛推向市场以后，球队成员的来源已经多样化，比赛性质不同、比赛场地更换、比赛对象多次移地交锋、胜负奖励各俱乐部形式与额度不统一等，都会影响球队参赛的思想活动，并会以各种形式在赛前、赛中、赛后得到反映。为此，作为俱乐部负责人、总经理、领队、教练员等人应该在比赛前对所存在的思想干扰，摸清真实情况，有针对性地做疏导工作，抓主要矛盾，以便在大原则、大问题上（如对成绩的要求，引进内、外援的态度，阵容的确定与赛前训练方案的实施，薪酬奖励及实施的办法等）取得全体参赛队员的共同认识，形成一种全队上下任务明确、保障到位、思想统一、团结奋进、积极争优、士气高昂和精神饱满的迎战局面。

二、技术与战术准备

赛前技战术训练是日常训练的深化，是针对性极强的精雕细刻，是一种强化性、特殊性的训练阶段，其根本目的是完善本队基本打法，发挥优势，重点改进不足。因此，训练既带有强制性，又讲求实效性，更重视针对性。为此，赛前技战术训练准备通常要做好以下 3 项实际工作。

(一) 采集信息、制定总体方法

赛前运用各种手段采集、侦查、掌握彼此的情况，特别是对方的情况格外重要。现代篮球比赛过程始终贯穿着制约与反制约、发挥与制约发挥、争夺与反争夺的激烈对抗，比赛双方都尽力发挥自身的技战术特点和风格，限制对方的特长，要真正做到"用己所长、攻彼所短"，力争局部和全局的主动。

收集信息以直观信息和视频分析为最好。直观资料分析印象深刻，容易记忆，便于捕捉关键环节分析研究。所以，要求教练员千方百计地创造条件观看对方的训练、比赛，并布置运动员分工观看与统计对手技术特点、战术风格，配合着较系统地观看比赛录像、电影及图片资料，并发动全队进行集体分析、研究，群策群力，鼓励运动员大胆表述自己的见解，使教练员能集思广益，制定出切实可行的作战方案，调动运动员积极性、自觉性，使球队实力得到充分发挥。

另外，在获得直观资料后，要密切注意队员的反应，防止出现两种偏差：一是轻敌麻痹思想，队员会私下议论"稳赢"的轻敌思想；二是遇到强手出现想赢怕输的"恐慌症"。这两种偏差都会束缚自己的手脚，教练员要及时抓住苗头，正确做好思想工作，落实到策略打法上，鼓舞士气投入赛前训练。

收集信息的具体情况包括如下内容：

①对方的全队情况，主力阵容和替补队员的身体条件。

②全队整体的竞技状态，基本打法与风格、配合特点。

③特殊队员的攻守习惯动作、得分手段、区域活动范围、技战术应变能力。

④战斗作风和心理承受能力。

⑤战绩资料、伤病情况等。

⑥要掌握对方教练员的临场指挥的素养、胆识、暂停与调度队员的习惯、应变战术的时机，以及其他能反映其指挥决策的谋略行动。

（二）制定具体训练、比赛方案

制定赛前训练准备和与对手的作战具体方案，是赛前工作进入细致部署阶段，也是对即将比赛的总体策划、总动员和总部署。

全国及洲际以上的大型比赛，赛前制定作战方案既要整体考虑又要分段部署，抓住重点，逐个研究解决。要一场一场地部署、瞻前顾后设计，要坚定自己球队的指导思想、风格特点，坚决贯彻方案意图。

1. 制定策略

从实际出发确定每场比赛的指导思想。不同对手、不同场次的比赛，其指导思想和基本打法应不同，策略应从全局着手，要建筑在自己球队的实际基础之上。必须要注意发挥战斗作风优势，力争主动。例如，确定进攻突破口的选择、主要战术的运用、创造打出小高潮的阶段、攻守转变的强攻时机、策略运用中的应变等，都要建立在知己知彼和以我为主、积极主动地消灭对方有生力量、争取主动的指导思想之上。但通常在自己处于以弱打强的情况下或均势时，要重视抑制对方进攻的特长，格外加强防守，突出解决对方重点人的具体防守手段和战术形式应变的时机等环节上。

2. 扬长避短

制定比赛作战方案的基本原则之一是扬长避短，全队与每名运动员的战术行动都不能偏离这个原则。所以，在训练与实战进程中要以计谋制约对方的优势，攻击对方的弱点，主动引导对方暴露短处而进行制约；或者在防守时放弃对手的短处，以此来协助同伴加强另一局部的防守力量。

3. 阵容组织及应变

比赛的技战术运用主要表现在限制与反限制上，攻守有相持阶段，也会有进攻势如破竹、防守一泻千里的阶段，关键在于教练员能否审时度势，调配阵容的组织和采取应变的战术，如果阵容配合运用恰当就能产生意想不到的效果。现代篮球比赛拼斗激烈，仅仅5名主力队员打球肯定适应不了比赛需要，赛前战术打法、阵容的组织应针对不同类型球队，适时调配不同特点的队员上场，这样会让对手感到不适，从而取得出奇制胜的效果。所以，及时变换阵容就能提高战斗力，教练员善于以变争取主动、以智争取胜利，就可以在赛事指挥中做出许多有声有色的“好文章”。

4. 准备应急的打法

赛前要做好各种克服困难的准备。例如，当比赛出现低潮时，教练员应意识到恶战开始，决不能束手无策、优柔寡断、失去信心，而应临危不惧，当机立断地采取特殊的打法以求过渡，缓和局势。这时打法上应简练实效、任务明确具体，尽量发挥优势搏斗。若防守上一时失利，对手全面攻击，换人也不见效时，要立即利用暂停稳定队员情绪，变换战术打法，控制攻防速度，强调打成功率，并明确攻击重点，集中力量强攻，积极创造和把握三分球的机会。若仍不成功，则可改为整场破坏性打法，不惜力量加强防守，在转攻时猛冲猛打几个回合，以求心理上后发制人，抢占上风，试探可能获得摆脱困境的效果；或者以自己最熟练、最有把握的固定配合变换运用。总之，充分做好思想和打法变化上的准备，就能临危不惧。临场比赛中队员只要耐心组合，针对性强、作风硬、决心大，连续打出两三个有效配合，可能就会起到扭转局面的作用。

5. 应用智慧、设计谋略

教练员在比赛中，要充分应用自己的篮球智慧，确定比赛的整体谋略和适时地调整、转变谋略。不仅要有准备在战机成熟时作出出奇制胜的战术部署，而且也要有防备对手派“黑马”、出“绝招”、发“冷箭”的准备。

(三) 组织模拟训练

模拟训练即模仿对方的攻防打法特点和队员配备变化，进行针对性的实战训练。

1. 我强彼弱的情况

教练员首先要注意在赛前训练安排时的言行举止，决不能盲目自傲，产生轻敌麻痹思想，以导致队员斗志松懈的情绪。在这种情况下，教练员要注意坚定战略指导思想，严肃认真地做好赛前准备、模拟训练及针对性的思想教育工作。

我强彼弱的模拟训练：比赛实战中，强弱转化是经常发生的，模拟的重点是要全队警惕和防止强变弱的转化。模拟训练时要一丝不苟，认真进行。在熟悉对方战术打法、阵容配备的基础上，还要预见其攻守的套路变化，不能忽略其变化中每个配合的关键细节。特别要强化本队防守意识，并部署具体防守任务，因为思想放松通常是从防守松懈开始的。模拟比赛中要重视模拟突发情况出现，思想上要事先有所准备，要有针对性地做好思想工作和实战部署。

2. 我弱彼强的情况

教练员要首先承认其强，但必须具有遇强不妥的精神，从战略上藐视对方，在战术上重视对方，树立敢打敢拼、力争胜利的信心，并严密组织赛前训练，落到人、区、位的实处。鼓励队员扬长避短，努力发挥优势，振奋士气，全力以赴。同时，在策略、打法和人员配备上要注意出其不意地排兵布阵，使对方措手不及，力求最大限度地打出水平，缩小比分差距，激励队员在强手面前磨炼成长。

我弱彼强的模拟训练：训练要建立在以弱胜强的指导思想上，树立不畏强手、敢打敢拼的精神，心理上要有与强队打比赛的挑战愿望，在此前提下认真研究对策。演练战术时要根据对手的整体和主要队员的技术特点，一个个、一环环地进行模拟练习。要善于抓住对方两三个攻守特点反复练，破坏其习惯配合、习惯动作。如果对方强于快攻得分，则练习堵截其路线，分段堵发动、堵接应、堵推进，影响其速度，迫使其改变方向，这样就会降低得分率；如果对方内线强、实力雄厚，则专门练习破坏其内线攻击的习惯打法，全力破坏其向内线输送球的路线，派人埋伏在传球区与传球点上干扰，以减少其内线得球机会，并制造其强攻犯规。同时，也可以缩小防区，加强防守伸缩性，使对手在狭小的区域内很难得分。演练进攻时要坚持打成功率和针对性配合，也要演练突然打出高潮和低潮的模式，紧紧抓住攻守转换的环节咬紧比分，并乘对方急躁、盲目之际扩大战果取而胜之。

3. 势均力敌的情况

教练员要坚定决战胜利的信心，要格外重视彼此情况的科学对比分析，切实把握对方整体和个人的特长优势，并精确地采取对应的制约措施，把具体任务明白、扎实地落实到每名队员身上。同时，要强调随时做好战术应变和人员调配的准备，全员同心协力做好各种最艰难的作战准备。

势均力敌的模拟训练：比赛双方实力相当而且彼此很熟悉，赛前模拟训练首先应在策略上先胜一筹，一切战术部署都要在保持本队的实力、状态的基础上进行。对过去本队常规的重点攻守打法要略加改进，补充一些新的变化，使其更完善、更富于攻击性，使对方捉摸不透，打乱其战前部署。同时，尽力找出以往比赛中本队曾遇到的不利或不顺的环节，如防守中控制不住对方某个重要得分手等，对此则要采取换人防守，并注意解决防守的细节问题，准备两三名队员轮流追防。在整体战术上，如果对方已较适应本队打法，则应主动在攻守区域、位置、人员上做某些调换，给对方产生意想不到的变化。比赛实践证明，在一两个环节上采取主动都会对全局产生主动作用。

4. 遭遇战的情况

当教练员在赛前无法了解与掌握对方实力和具体打法部署的情况下，比赛则出现遭遇状态，对此准备赛前训练时，应确定以我为主的决策原则，力争打好开局。为此，赛前训练应设计几套打法进行模拟实战比赛训练。具体战略部署上，首发阵容通常宜以主力出战为主（也可以组织试探阵容），战术安排可选择某种最有把握的阵容，以求在比赛开局时的最短时间内占有攻守优势，并在掌握对方的基本打法后随机应变。

遭遇战的模拟训练：由于双方过去没有直接交锋，这种比赛的模拟会有一定的难度，因此，教练员应尽量根据对手的阵容、战术、队员的技术特点，确立模拟性具体战术打法，并尽可能设计组织陪练阵容模拟实战对抗，以求强化自己的打法，形成形象意识。在模拟训练中要边练习、边探讨，建立初步概念后，即可进行真实性很强的战前比赛对抗加深直观印象。在演练过程中，要与资料、信息、情报反复对照，并实验自己的攻守效果，在具有一定感性认识的基础上，确定比赛作战的明确方案。方案要留有余地，主力队员出场要讲策略，既要力求先发制人，又要有后发制人的部署。总之，要尽快发挥本队的攻守威力。

三、开好准备会

（一）准备会的目的

1. 进行实战思想动员

内容应宏观简明，但对联赛实际进程、战绩、胜负名次排列也应客观分析。对其他相关的能影响队员心理情绪和调动积极性的因素，要以正面引导鼓舞士气、解除思想包袱为主。

2. 明确战略指导思想

重点部署落实比赛方案，确定具体打法与应变谋略，组织好首发阵容及梯队人员配备，使每名队员都清楚了解自己在本场比赛中的攻守任务，做到个个心中有数，随时准备上场迎战。

（二）准备会的形式

①在准备会前，可以先召开小组会，教练员分别下组听取意见，然后将小组会上队员的不同意见和建议汇总，由主教练归纳分析，提出初步方案，然后召开全队成员会，由主教练进行明确部署。若在作战指导思想和打法与部署上仍存在不同意见，可以在全队会上进一步让队员畅所欲言地发表意见，求得统一认识后予以确定。

②在准备会前，教练员分别向主力队员征求意见，然后由主教练进行归纳，提出初步方案，再和球队的主要成员共同研究决策，统一认识后再召开全体成员会，进行具体部署。

③召开在现场进行实战演练式的准备会，教练员边听取意见、边归纳、边部署。这种形式也可以与其他几种形式结合进行。

准备会主要目的是统一思想，明确打法，部署力量发挥优势，力求打出水平，争取最好效果。因此，准备会一定要充分发扬民主，听取队员意见，以求决策正确。至于采取何种方式，应从实际出发，各种准备会的形式都有一定的优点和缺点，教练员应因人、因时和因事采用为宜。总的要求，会议时间不宜太长，教练员表述要简明扼要，决策态度要坚定，充满信心，重点部署要突出，形式与内容要有利于调动积极性。一定要避免准备会开的压抑、紧张，使队员背上思想包袱上场打比赛。

四、临场指挥

无论赛前训练模拟预演实战有多么的逼真，准备会上所预定的战略战术有多么的详细和具体，总是不能完全包括比赛中队伍所遇到的所有复杂情况，所以在比赛中“一条路走到底”的作战方法必然会吃亏。激烈的比赛错综复杂、瞬息万变，这时教练员的临场指挥能力就显得尤为重要，如果教练员在此时出现任何的错误和大意，都可能对比赛的结果产生致命的打击。所以，在临场指挥环节中，教练员不但要时刻注意场上局势的变化，掌握每一战机，而且要随时保持冷静的头脑和活跃的思维，能够根据场上比赛的具体情况，果断冷静地做出新的战略战术计划部署，主动争取比赛的主动权和优势地位，从而取得比赛的最终胜利。

（一）开局阶段

临场指挥比赛，首先要打好开局，这是两队开始进行初步试探对方的过程，也是整场比赛的关键时刻。开局的战略、战术部署的成功与失败，直接关系着整个队伍的士气，比分领先则士气高涨，也会给对方造成很大的心理压力，影响对方正常的技战术水平的发挥。无论开局阶段是领先还是落后，教练员都应细致观察并熟悉对方进攻与防守战术的部署情况，密切注意战局的发展变化和对方攻守特点，能够迅速看透对方的战术目的，及时冷静地作出客观的正确判断。另外，还要快速验证本队的作战计划部署的是不是妥当。教练员要善于利用对方意想不到的攻击方法，出其不意地对对方造成打击，使对方无法快速地适应策略和战术的变化，从而陷入被动的局面。教练员不该因个别球的得失而产生激烈的情绪，而应及时鼓励队员保持良好的心态和状态，指出突破点，抓住战机，适时调整战术部署。

（二）中间阶段

篮球比赛场上的情况往往是千变万化的，优势可能会从一个队转移到另一个队，产生这种规律的因素是各种各样的。领先的一方要试图扩大战果，控制场上局面，而落后的一方，要想方设法地转变战略、战术来争取缩小比分差距，挽回败局，这是篮球场上基本的对抗规律。因此，形成了剧烈的竞争，也就形成了临场指挥目的的核心，双方都力争抓住稍纵即逝的战机随时变化战术，控制比赛的主动权。

1. 比分处于优势时

比分领先反映了本队目前的作战部署是符合当时场上的实际情况的，队员在执行教练员所预定的战术计划时，运用的称心如意并暂时占领了场上的优势地位。此时的教练员应保持冷静的头脑，时刻提醒队员不能大意轻敌，要密切关注对方战略部署的变化并能够迅速预测到对方有可能要采取的应对战术。同时，还要抓住比赛中的每一时机，仔细观察寻找对方的弱点，积极大胆地放手拼搏，主动变化场上比赛的速度、强度和节奏，从而能够继续扩大战果，巩固当前的大好形势，给对方队员和教练员施加更大的压力，把比赛的优势和主动权牢牢把握在自己的手心里。教练员必须在日常的训练中对自己球队的每一位队员都十分了解，并且能够清楚地知道球队何时会出现进攻高潮，何时会出现“拉锯”状态，何时会出现低潮，才可能成为“泰山崩而色不变”的指挥员。

2. 比分处于落后时

教练员要冷静地思考比分落后的实质原因，密切地关注场上局势的变化，快速果断地明确球队是在哪一环节上出现了问题，是进攻手段的问题还是防守布局的问题，是战术上的问题还是战略上的问题，是技术水平问题还是队员体力消耗过大的问题。教练员要大胆地调配阵容、改变战术，提高攻防的质量，更要保持沉着冷静，做到不乱阵脚、从容不迫，切忌急躁，要随时鼓励自己的队员，激发他们的斗志，打出信心、打出效率，力争将被动转化为主动。

3. 比分处于相持时

教练员是否能够果断地下决定就成了这个时间段的重中之重。当双方形成“拉锯”战的时候，场外的教练员要保持极大的耐心和清晰的头脑，认真仔细地观察对方队员正在采取的战略战术。要冷静地对待每一分的得失和每一个球的机会，更要在场边不断地高声鼓励场上的队员们胆出手，敢于承担责任，勇于拼搏，切忌急功近利。更不应该消极怠工，听之任之，让自己的队伍放任自流。教练员要密切注意场上的形势，冷静地思考应对措施，掌握每一个能够反击的时机，组织最强的力量，快速明确作战目标，争取先发制人，打破相持局面，以求扩大本方优势。

（三）最后阶段

在一般情况下，比分落后的一方可使用全场紧逼或犯规战术来争取更多的时间，采用打三分球的进攻战术来尽可能地追赶比分；比分领先的一方可以采取打够24秒的进攻战术，消磨时间，减少对方的进攻机会。

总而言之，篮球比赛中教练员的临场指挥能力，不仅被认为是决定比赛最终输赢的关键因素，而且也是构成现代竞技篮球运动的关键环节。所以，当教练员在临场执教时，必须善于思索，勤于动脑，密切关注并把握篮球比赛场上的基本定律，把握每一个战机，善于发现对方的弱点，充分利用好策略性换人和暂停战术，调整队伍的核心力量，适时改变作战方案，争取比赛的优势和主动权。这是作为一名优秀的篮球教练员应该必备的指挥才能。

（四）暂停与换人

1. 暂停

暂停是教练员根据当时比赛中的具体情况，利用短暂的休息时间，解决场上出现的主要问题，并重新布置技战术任务，鼓舞队员士气的重要时段。虽然暂停的时间十分短暂，但它的作用却十分重要。比赛从头至尾，教练员必须密切地、敏锐地观察场上局势的改变，要有一定的预判性，要透过事情的现象看到本质，要具体问题具体分析，要快速地对问题作出冷静且客观的分析。不能消极怠工、冷眼观战、一拖再拖，等到队员体力耗尽、局势不可挽回的时候再叫暂停。所以，场边的教练员是否能够适时而恰当地运用暂停战术进行临场指挥，对扭转比赛的局面及被动与主动的转化起着关键的作用。

2. 换人

策略性换人的战术在篮球比赛中是比较常见的，是教练员为了改变场上战略、战术的部署，重新架构场上兵力的举措之一。换人战术运用的是否得当并且及时，对整场比赛局势的变化发展乃至最终的胜负都起着十分关键的作用。教练员要根据场上的实际情况和对队员的比赛状态，以及本方队员的体能储备来重新配备和组织队员的战斗力。教练员必须在平时的训练中就对自己的队员特点有充分的了解，才能在临场指挥中巧妙地利用每个队员的优点，避免队员的缺点，才能保证“知人善用”“知己知彼”，才能通过策略性换人而达到预期的效果。

第四节　中学篮球队训练与比赛指导

中学篮球队的训练和比赛指导工作是学校为增强学生体质，发展学生身体素质，提高篮球运动技术水平，推动群众性篮球运动的开展，为篮球运动培养后备人才的一项具有深远意义的工作，也是学校开展课外体育活动的一个重要的组织形式。

一、中学篮球队训练

中学篮球队训练是面向中学生的课余训练，对于推动学校篮球活动的开展，吸引广大学生从事篮球运动，促进学校篮球运动保持较高水平，有着积极的作用。

(一) 中学篮球队训练目的与任务

中学篮球队训练是在教师（教练员）的指导下，全面发展学生身体素质，提高篮球运动技战术水平，为不断提高篮球运动成绩而进行的专门的、系统的、有组织的教育过程。它是中学体育教学过程的延续，对推行素质教育，落实普及与提高相结合的方针，有极其重要的意义。

1. 中学篮球队训练目的

中学篮球队训练是我国篮球运动训练体制中现行三级训练网络中的最低一级，也是最基础的训练形式。其运动训练所应达到的目的主要包括以下 3 个方面。

①充分调动学生的生理心理潜能，提高运动技术水平，创造优异的篮球运动成绩，为学校争得荣誉。

②以国家制定的教育方针为指导思想，在学生完成好学习任务的前提下，坚持课余训练，并在完成好体育教学任务的同时，完成训练任务。

③根据学生的实际情况，制订合理、科学、较系统的训练计划，加强并突出篮球训练的基础内容，为上一级运动队选拔优秀篮球人才创造条件。

2. 中学篮球队训练的任务

中学篮球队训练与学校其他运动项目训练一样，都是实践我国体育运动发展战略目标的重要途径之一。其基本任务主要包括以下 4 个方面。

①培养学生从事参与体育锻炼活动的意识，促进身体发展，增强体质，提高全面身体素质和人体基本活动能力及运动素养。

②学习篮球运动的专项基本知识，提高基本技术和基础战术，并通过不断的训练和比赛实践提高学生运用技战术的能力。

③充分发挥教育的功能，在篮球队训练过程中注意对学生加强思想政治教育，有针对性地通过训练培养他们具有高尚的思想品德、优良的作风和坚强的意志品质。

④教师要通过不断的学习，掌握组织、指导运动训练的有关知识和技能，通过工作实践不断提高运动训练的质量和效果，为篮球运动的发展贡献自己的力量。

中学篮球队训练任务的完成，是教师与学生共同努力的结果。因此，要求教师作为教练员要充分发挥主导作用，尽可能地调动学生的训练积极性，从基础训练出发，制订并贯彻执行训练计划，坚持训练的科学性、计划性和系统原则，不断改进训练方法，提高训练质量，争取为我国培养更多的篮球运动的后备力量。

二、中学篮球队的选材与组织

中学篮球队的组成要根据篮球运动的特点和要求，经过考察和测试后，挑选适合篮球训练的、品学兼优的学生组成运动队，要根据篮球项目的需要和运动队位置的分工确定队员名额，在班主任及有关教师、学生家长等积极配合下选拔队员。选拔的途径一般利用平时教学课对学生的测定和考核，也可通过校内比赛来选拔，还可在新生入学时了解、发现有发展前途的“苗子”。

(一) 中学篮球队的选材

中学篮球队队员的选材，要根据运动队的发展方向、任务、队员条件等情况选拔爱好篮球运动，有一定基本技术基础的学生。

1. 身体形态和遗传因素

一般以身材较同龄人高大、身材匀称、腿长躯干短、手臂长、手大、脚略大、脚弓隆起、肩宽、胸厚、腰细、跟腱长而清晰、踝关节围度小的学生为最佳。

在选材时还要比较详细地了解学生的遗传因素。也就是说，首先要看学生的身体形态是否符合要求；其次，视学生的生理特征和发育规律来判断其未来身高；最后，以调查学生父母身高和有无体育运动史等遗传因素来预测其未来身高和运动能力的发展。

(1) 身体素质

要重视选拔起动速度快、反应灵敏、具有一定爆发力的学生。

(2) 身体机能

要选择身体健康，心肺功能较好，关节柔韧性、视觉、听觉、位觉和本体感觉功能正常的学生。

(3) 心理素质

要选择那些心理稳定、善于控制情绪、判断和接受能力强、有思维创造能力、想象力丰富、精力充沛、好胜不服输的学生。

(4) 神经类型

中学篮球队的组成，应考虑选拔不同神经类型的学生。根据篮球运动项目是一个集体项目的特点，要求一个队主要选拔活泼型和兴奋型的学生，同时也应考虑选拔一些安静型的学生，但要尽量避免选拔抑制型的学生。

2. 中学篮球队的组队

中学篮球队的组队根据各个中学开展篮球运动的不同情况，一般分为篮球传统学校和非篮球传统学校。

（1）篮球传统学校组队

篮球传统学校是指篮球运动开展具有比例悠久的历史，校篮球队长期坚持课余训练，有定期的竞赛任务，经常参加各级各类比赛，学校训练场地、设备条件好，学校领导和上级领导重视，师资力量强，经费来源稳定的学校。这一类学校在组建篮球队时，为保证球队的连续性，应考虑年龄层次、位置结构等因素，要留有筛选、流动、补充的余地。组队时可按年级分组，一般有初中组和高中组，每队人数放宽到 15 ~ 18 人，正式参加比赛时，可按竞赛规则规定的报名人数，从中选择参赛。运动队训练可分为一般训练（每周 3 ~ 4 次）和集训（一般是在有比赛任务时安排较多的时间训练）。

（2）非篮球传统学校组队

这类学校篮球运动的开展有一定的基础，没有定期的竞赛任务，一般是临时组队参加比赛。这类学校组建篮球队前，可在校内先组织一次班级之间或年级之间的比赛，从中选拔篮球水平相对较高、具有较好篮球基础并能比较合理地运用基本技术，有一定战术意识的学生组成校代表队，然后利用课余和节假日进行集训。在这种情况下正式参加比赛时，只按竞赛规则规定的报名人数组队参赛。

三、中学篮球队训练计划的制订

训练计划是对未来的训练过程预先做出的设计方案，是进行训练工作的重要依据和计划文件。制订训练计划可使训练工作有目的、有组织、有步骤地进行，并在实践中严格地执行和检查，增强训练的科学性和实效性，避免盲目和片面。同时，也可积累资料，总结经验，不断提高训练质量，使训练工作朝着一个明确的目标和方向迈进。

中学篮球队训练计划主要包括多年训练计划、学年训练计划、阶段训练计划、周期训练和课训练计划等。

（一）多年训练计划

根据中学学制限定，一般把多年训练计划定为 3 年。对于这一计划的制订，要做到目标明确、任务具体，体现逐年提高训练量和进度措施的要求；标明训练指标、测验手段、负荷安排、应用数据和比例，体现训练计划的系统性，以及参加比赛的粗略安排，反映多年训练的发展前景。

（二）学年训练计划

根据中学学年分配现状，把学年训练计划分为两个阶段实施。这一计划在训练的要求、内容、方法和手段上要能符合运动队和运动员的实际需要，指标要具体、数据要明确，注意训练计划的完整性、针对性和连续性及阶段的划分，明确比赛安排和训练的考核、检测等。

（三）阶段训练计划

阶段训练计划要按照学年计划中各个训练周期或训练时期的实际情况制订。内容的安排、运动负荷、阶段检测的项目，要具有明确的针对性，时间的安排要详细到位，并注意留有机动时间。

（四）周训练计划

制订周训练计划要以综合内容为主，技战术和素质训练、运动强度和负荷的安排要合理，具有实效。每次训练内容要突出重点，选用不同的训练手段和方法，训练次数、运动负荷分配、测验和比赛安排都要按阶段训练计划的具体安排分别落实和充实于周训练计划之中。

（五）课训练计划

制订课训练计划要根据周训练计划确定课的类型、任务、顺序和时间分配，做到内容衔接、节奏鲜明、指标落实。内容包括准备部分、基本部分、整理部分，训练选择运用的方法、手段、运动负荷大小，以及各项内容的时间分配等。

中学篮球队训练计划的制订要从实际情况出发，根据运动队训练的目的、任务、要求及运动员各方面状况，提出明确的训练目标，并根据比赛任务和学校场地、设备及气候条件等，提出明确的训练任务和指标，要有完成任务和指标的具体措施，并作出细致安排。解决好训练中的有关问题和矛盾，制订出切实可行的计划。

四、中学篮球队训练内容与要求

中学篮球队训练内容与要求是根据业余训练的特点而定的，是按篮球运动训练的一般规律及中学篮球队实际的水平，严格在训练计划中实施的，其训练的内容与要求包括以下6个方面。

（一）身体训练

篮球运动技战术的掌握和运用是以身体素质为基础的，身体素质的好坏直接影响着技战术的发挥。身体训练有一般身体训练和专项身体训练两个方面，要根据中学生的年龄、性别、生理特征等，对身体素质加以科学合理的训练。一般来说，身体训练应以提高速度、灵敏性和柔韧性为主，力量和耐力为辅，主辅结合，合理安排。

1. 速度训练

速度训练包括移动速度，反应速度和运动速度，速度的表现程度取决于人体中枢神经系统的灵活程序，因此，速度训练要与身体素质的全面发展同步进行。在此前提下，重点进行反应速度和动作速度的训练。速度训练要长期坚持，不能停止或间断。

2. 灵敏性训练

灵敏性素质是人体综合能力的表现。它取决于人的大脑皮层神经系统的灵活程度，人体速度、爆发力等其他素质的发展，以及运动员掌握技能的数量和质量。通过灵敏训练能提升运动员的动作能力、反应能力、平衡能力、观察能力和节奏感，要注意训练手段的多样化，避免模式化。

3. 柔韧性训练

篮球运动中各种跑、跳、投、封盖等技术动作都对运动员的柔韧性提出了较高的要求。柔韧性取决于关节的装置结构，胯部肌肉、肌腱及韧带组织的伸展性，训练中应注意保持肌肉的弹性，既柔不软、有韧不僵。柔韧性训练要保持经常化。

4. 力量训练

篮球比赛中力量是对抗的基础。力量训练的着眼点应放在发展肩、腿、踝、腕、指的快速力量反应，以及运动员的爆发力量上。训练中应注意提高运动员神经系统的兴奋与抑制过程迅速转换的灵活性方面，以及肌肉工作迅速收缩和舒张的能力。在中学篮球队的训练中力量训练不宜过多，负重不宜过大，静力性练习不宜过早。

5. 耐力训练

篮球运动项目的特点要求运动员必须具备良好的速度耐力以适应比赛激烈对抗的强度。训练过程中要在一般耐力的基础上加强速度耐力训练，加强呼吸节奏和动作节奏的协调一致，可作为消除疲劳的恢复手段，使大脑皮层兴奋与抑制有节奏地交替进行，使呼吸系统和心血管系统的机能得到发展，为其他几种身体素质的发展提供质基础。耐力训练可结合专项身体训练和技战术训练进行。

（二）技术训练

中学篮球队的技术训练包括基本功训练和常用基本技术训练。

1. 基本功训练

篮球运动基本功包括手部动作、脚步动作、腰胯动作、观察能力、篮球意识等。

（1）手部动作

手部动作的训练包括手对球的感受，手指、手腕、手臂的合理用力及用力技巧，手对球的控制支配能力等。训练中要重点解决好投篮、运球，以及传接球时，手腕和手指的握、翻、转、抖、拨等快速动作。

（2）脚步动作

脚步动作的训练包括蹬、伸、起、停、转、碾、滑等动作，以及控制身体重心的转移和平衡。训练中要重点解决好在快速移动中完成动作，以及动作转换时的连贯性。

（3）腰胯动作

腰胯动作的训练包括腰胯、腹、背、胸等部位弯、转、倒、侧、含、收、挺的用力技巧和用力习惯。训练中要重点解决好腰胯的弯、转时机和动作的连续性。

（4）观察能力

观察能力对于运动员战术意识的培养具有重要作用，是运动员采取合理的战术行动的前提。观察能力的训练与运动员技术动作运用的熟练程度有关，技术训练水平越高其视野范围就越大，因此，必须结合技术训练进行。训练中要重点解决好扩大场上视野范围，提高观察能力和判断能力。

（5）篮球意识

篮球意识的训练与培养是基本功熟练程度及比赛经验积累的集中表现，也反映出运动员能动地、自觉地适应比赛情况的能力。训练中要把意识的培养有计划地落实到每次的训练课中。

2. 基本技术训练

中学篮球队训练要使运动员全面学习并掌握移动、投篮、运球、传接球、突破和防守等基本技术动作，确立以速度为中心、以投篮为重点、以基本功为基础的全面技术训练，鼓励运动员尝试学习并掌握先进技术，做到全面、正确、熟练、实用。

（1）移动技术

在单个移动技术动作训练的基础上，结合身体训练和其他技术进行，要求能在有对抗的情况下较熟练地掌握各种移动技术。

（2）投篮技术

根据中学生不同的年龄特征、身体条件等，要求掌握几种最基本的投篮技术，进行动作的规范化训练，加强投篮准确性和结合其他动作的运用能力训练。

（3）运球技术

掌握各种运球技术，并能够在对抗中熟练运用，可进行一些变向、变速等运球技术的难度练习，提高控制、支配球的能力，发展弱手运球能力。

（4）传接球技术

掌握常用的传接球方法，通过系统训练提高传球的速度、准确性、隐蔽性，养成摆脱对手接球和接球后迅速衔接下一个动作的习惯。

（5）持球突破技术

要求两脚都能作为中枢脚，两侧都能进行突破，并掌握好突破时机和技巧，提高个人的攻击能力。

（6）防守技术

不断强化防守意识，积极主动、合理地运用攻击性较强的防守技术，提高防守能力和防守的实效性。

（三）战术训练

中学篮球队训练中的战术训练是在运动员掌握了一定的技术动作，具备了一定的基本功后才进行的。战术训练首先要从战术意识的养成做起，落实到战术训练的具体方法之中。

①战术训练要在个人战术意识形成的基础上，确立一套适合本队的攻防战术体系，并逐步渗透到战术训练的各个环节中，不断加以完善。

②在掌握攻防战术基础配合的基础上，重点训练人盯人防守和快攻两种全队战术，要求在快中求准、在狠中求活、在稳中求变，逐步形成符合本队实际的、具有鲜明特点的攻防战术体系。

③战术训练要与身体、技术、心理、智力等训练有机结合，并通过实践逐步提高战术运用质量。

（四）心理训练

心理训练以培养运动员良好的心理品质为目的，使其在比赛的特殊条件下具备积极稳定的心理状态。

中学篮球队的心理训练应以意志品质训练为主，包括确立目标，培养顽强、果断的意志品质和自控能力。心理训练主要是通过专项运动训练的过程获得。运动员要在训练中学会有意识地对自己的行为和活动进行自我控制和调节，并渗透于身体训练、技战术训练、作风训练等内容之中。

心理训练的方法主要有模拟情景训练、自我暗示训练、集中注意力训练、放松训练等。在安排心理训练时，教练员要根据全队实际情况和需要，选择正确的、切合实际的方法进行。

（五）智能训练

智能训练是为了提高运动员的智力，通过有目的、有计划地向运动员传授篮球运动的知识等，从而使其较深入地理解篮球运动的规律，提高比赛中的分析判断和战术运用能力，以巧制胜争取比赛的胜利。因此，智能训练是通过对理论知识的掌握和各种手段方法的运用逐步提高的。在对运动员进行智能训练时，应根据对象接受知识的能力，确定方法，选择内容。智能训练可通过篮球理论课、技战术分析课、规则裁判课等进行，也可通过写训练日记、训练体会，赛前和赛后的发言、提问等途径开发运动员的智能。

（六）作风训练

作风训练是篮球运动训练与思想教育结合的一个重要方面，它直接关系每个球队风格特点的发展方向，也直接关系到每个运动员的人格养成训练任务的顺利完成。因此，教练员应要求运动员在训练中树立不怕苦、不怕累、不怕困难，勇于挑战困难、战胜困难的信心和决心，练出过硬的本领，在比赛中树立敢打敢拼、勇猛顽强、敢于竞争、胜不骄败不馁、团结协作、互相促进的良好品质。

五、中学篮球队的训练方法

中学篮球队的训练一般以基础训练为主，利用课余时间进行。基本训练方法主要有以下 3 种。

（一）完整练习法

完整练习法是指教练员在训练中要求运动员对一个技术动作不分总分和段落一次性地完整完成的一种练习方法。这种练习方法主要是根据篮球技术动作结构的特点，为保持动作结构的完整性和提高完成动作的协调性、节奏性，使该技术动作的练习能与技术动作的运用相一致而采用的，一般适用于比较简单的一些技术动作练习。

（二）分解练习法

分解练习法是指教练员把完整的动作或战术配合，合理地分成若干部分或几个段落，要求运动员逐个进行学习和掌握的一种练习方法。这种练习方法主要用于一些技术动作较复杂，一般难以一次性完成或教练员为纠正错误动作及在进行战术练习时。

（三）重复练习法

重复练习法是指教练员为有效地巩固提高运动员的机体机能和技战术动作质

量而在相对固定的条件下，按照一定的要求反复进行同一动作的一种练习方法。这种练习方法是在运动训练中经常采用的基本练习方法，无论哪种技战术动作的掌握都必须经过反复的练习，才能运用自如。因此，在运用中要掌握控制好距离和持续时间、速度和负荷量指标、数量和练习数量、重复和间歇时间之间的关系，在做每个或每项具体练习时不宜对上述4个基本因素同时提出要求。

思考与练习

1. 篮球队的训练目的与任务是什么？
2. 篮球队教练员如何进行赛前准备工作？
3. 针对电视中或者身边的比赛，讨论该比赛的临场指挥情况。
4. 中学生篮球队的训练目的与任务是什么？
5. 如何进行中学生篮球队的组队工作？
6. 简述中学篮球队的训练方法及其运用。

第六章 CHAPTER 06 篮球游戏

【本章提要】本章主要阐述篮球游戏的概念、特点、创编的原则，组织游戏教学的步骤与要求，并介绍不同类别的篮球专项活动性游戏方法，以培养学生对篮球运动的兴趣。

第一节　篮球游戏的理论基础

一、篮球游戏的特点

篮球游戏除了体育游戏和篮球活动的一般特点外，还有其自身所固有的特点，即目的性、娱乐性、竞争性、可变性和趣味性。只有认识和了解篮球游戏自身的特点和规律，才能充分发挥其应有的作用。

（一）目的性

篮球游戏是一种有意识的活动，其主要目的是增强体质和提高技术。不同的游戏其侧重点不同，有的侧重提高篮球专项素质和技能，有的重在发展体力和智力，有的是为了提高心理素质和道德品质，有的侧重于调节情绪和状态。此外，篮球游戏还具有合理安排运动负荷的作用。

（二）娱乐性

篮球游戏由于本身的趣味性、休闲性，可使人们在轻松愉快的气氛中调节情感、娱乐休闲。开展趣味性游戏的竞争，可使人们在不知不觉中愉悦精神，领悟篮球运动的精髓，从而吸引不同人群参与篮球活动，这就是篮球游戏的魅力所在。

（三）竞争性

篮球游戏同其他体育活动一样具有竞争性，但它与竞技体育的竞争有所区别。竞技体育的竞争是一种在统一严格的规则制约下，强者的竞争，只有体能好、专项技术和战术水平高的运动员，才可能在竞争中获胜。而篮球游戏竞争的内容可以随意变通，可以比体能、技能、智力，比与同伴协作的能力，比集体的力量，比应变能力，出现的结果也是多种多样的。篮球游戏的这种竞争性，可以使弱者有成功获胜的可能，给强者提出新的挑战，只要全力以赴，参加者就有夺标的希望，可以更好地挖掘人的潜力。篮球游戏在竞争过程中，以量化为指标决定胜负，所以篮球游戏不仅能提高参与者的活动能力，还能培养思维、创造、应变能力和进取精神。

（四）可变性

篮球游戏的活动方法、动作路线、主要规则可以根据参与者的实际情况有不同的设计与变化，场地器材也可以根据实际情况选用。游戏中的动作可以根据参加者的情况进行调整，可以是正常的跑、跳、投，也可以是变异的跑、跳、投；可以徒手进行，可以采用篮球及辅助器械；可以提出严格的动作规范，也可以淡化动作规范，这与竞技篮球严格的技术规范形成了鲜明对比。篮球游戏中的规则不需要过分精细，只要几条主要规则即可。规则可根据篮球游戏的目的，对活动的路线作不同限制，能产生不同的游戏效果。篮球游戏对场地器材要求较低，可以根据实际情况因地制宜。

（五）趣味性

篮球运动本身就是由游戏发展形成的，趣味性是篮球游戏的显著特征。由于篮球游戏是参与者自由选择的活动，所以参与者能轻松、自由、平等地参加活动，从而获得自由表现的机会，把注意力集中于活动过程的乐趣上，使参与者拥有一种轻松愉悦的心境。篮球游戏的变通性使游戏创编更具有灵活性，从而赋予游戏引人入胜、精彩纷呈的色彩。

二、篮球游戏的设计和选择原则

设计和选择篮球游戏时，应注意贯彻针对性、科学性、合理性、教育性、安全性和创新性原则。

（一）针对性原则

篮球游戏的设计和选择应注意提高趣味性，可以根据本次教学和训练的目的和内容，有针对性地设计和选择游戏的内容、方法、规则。

（二）科学性原则

篮球游戏所设计和选择的内容、方法，可以根据课的密度、强度进行科学的安排，如安排大强度、小密度或小强度、大密度的篮球游戏。

（三）合理性原则

篮球游戏在时间、内容和方法上可以根据需要安排。可在准备活动后、课的基本部分、课的结束部分前进行，来活跃课堂气氛和调动参与者的积极性，提高和增强篮球专项素质。合理地安排篮球游戏的内容方法，才能体现篮球游戏的价值，达到预期的效果。

（四）教育性原则

开展和组织篮球游戏，应重视培养参与者的道德品质、顽强作风、团结友爱和集体主义精神，以及自觉约束自己行为的能力。因此，设计和选择篮球游戏时，必须注意教育性原则。

（五）安全性原则

篮球游戏所使用的场地一般是平整的篮球场，使用器材大都是篮球、标志杆等，一般能够保证参与者的安全，但是设计某些针对性强的游戏时，一定要注意贯彻安全性原则。

（六）创新性原则

篮球游戏是伴随篮球运动的发展而不断发展和创新的，设计和选择篮球游戏也应重视将篮球技战术的内容有机地融入其中，使游戏更受参与者的喜爱。

三、篮球游戏的组织和教法

篮球游戏应根据课程内容的具体要求，制定采用的游戏内容和步骤，同时还应根据参与者的年龄、身体状况、技术掌握的程度、气候和季节、场地和器材条件等具体情况，有目的、有计划地组织教学。

篮球游戏的组织和教法是做好篮球游戏的重要保证。为了达到游戏的目的、提高游戏的教学质量、完成教学任务，应从课前的准备、做好预案、讲解示范、进行分组和确定领头人等方面认真考虑。

(一) 课前准备

1. 备课

上课前对篮球游戏的内容、方法、要求和规则等，要做细致的准备，特别是对游戏中的技术动作的规格和规则要做认真地研究，仔细推敲。不同类型的篮球游戏都具有独特的性质，只有保证游戏质量，才能达到游戏目的，取得预期效果。

2. 准备场地和器材

游戏前应画好场地，如圆圈、起点线、终点线等。上课前应认真清点游戏器材，如球、标志杆、实心球、彩旗等。如果准备不充分，不仅会影响参与者的积极性，而且会直接影响游戏的效果。

(二) 做好预案

科学合理地做好预案，可以保证游戏的顺利进行。例如，在组织快速追逐、躲避、投掷等篮球对抗游戏时，应该预见可能发生的问题，就应该远离固定器械、墙壁和窗户，以免发生意外。

(三) 讲解示范

1. 要简明扼要、条例清晰

讲解示范时要做到能够使参与者听了、看了就懂得怎样做。对游戏中的一些特殊规则要讲清楚，以免参与者做游戏时出现不应有的失误。

2. 要注意调整好参与者队形

组织者应根据游戏的内容、方法和要求合理布局，队形要有利于全体参与者听讲和观察比赛场地。注意在比赛时，要避免后面参与者因看不到比赛情景而移动位置，导致队形错乱。

（四）合理分组和确定领头人

做游戏时合理分组和确定领头人，对游戏的效果和气氛起着重要作用。一些竞赛性篮球游戏，参与者对胜负的竞争往往超过对游戏内容的关注。如果组织者在分组时忽视了各组人数、实力及男女生平均分配等，参与者往往会因对游戏结果有意见而影响游戏的效果。领头人应对每组能起到组织和鼓励的作用。

第二节　控制球游戏

一、原地抛接球

目的：提高手指控球能力及快速反应能力。

方法：原地双手体前持球垂直向上抛起（两脚并拢或前后开立），球在空中时，两手快速做体后、体前依次击掌。如图 6-1 所示，在球未落地前将球接住，看谁击掌次数最多。

规则：向上抛球高度不限，但两脚不能移动。

图 6-1

二、后抛前接，前抛后接

目的：增强球感，熟悉球性。

方法：两脚并拢，双手持球于背后，用力将球经头上抛向体前，双手于体前接到球，再由体前经头上向背后抛球，双手背后接球（图 6-2）。

规则：前后抛球时，球必须经过头上，失败者原地纵跳 2 次。

图 6-2

三、胯下两手前后颠接球

目的：熟悉球性，提高接球能力。

方法：两脚左右开立，深蹲两手持球于体前跨下，如图 6-3 所示。游戏开始时，将球稍向上颠抛，两手迅速移至身后在胯下接球，然后将球稍向上颠抛，两手又迅速移至体前胯下接球。

规则：①在膝前后接球时，不准接球触击地面。②目标是在 30 秒内做 60 次以上，先完成者为胜。

图 6-3

四、两手胯下交叉颠接球

目的： 增强球感，培养处理低球能力。

方法： 如图 6-4 所示，两脚左右开立、深蹲，右手在体前胯下，左手在体后胯下握住球。游戏开始时，双手将球稍向上颠抛，两手迅速交换握球位置（右手在后，左手在前）接球。依次连续进行。

规则： ①下蹲，两眼向前看，双手前后接球时不准使球触及地面。②在规定次数内，先完成者为获胜。③练习中间失败者接着练习。

1　2　3

图 6-4

五、环绕颈、腰、腿间交接球

目的： 熟悉球性，增强球感。

方法： 两脚并拢，用右手持球，先在头部周围绕 1 圈后，左手将球转到腰右侧，把球交给右手绕腰 1 圈，继续再绕两腿 1 圈，然后按腰、头的顺序逆向绕球（图 6-5）。

规则： ①交接球动作要快，手心相对，不得用手托球。②目标是在 30 秒内转 45 次以上，失败者继续练习。

1　2　3　4　5

图 6-5

6　　7　　8　　9　　10

图 6-5（续）

六、胯下“8”字交接球

目的：增强球感，提高动作协调性。

方法：如图 6-6 所示，两脚平行或前后开立、屈膝下蹲，双手持一球放到腿间，做两腿间的“8”字形围绕。反复进行，反方向（从后往前）的绕球动作也要做。

规则：①两脚平行或前后开立稍大于肩，下蹲时头部抬起。②失败 1 次罚做 2 个俯卧撑。③目标是在 30 秒内做 50 次以上，失败者接着练习，不准停球。

1　　2　　3　　4

5　　6

图 6-6

七、弓箭步胯下交接球

目的：发展髋关节灵活性，提高协调性。

方法：左腿在前做弓箭步，同侧手将球绕胯下传至另一手，然后交换腿进行（图 6–7）。

规则：在规定时间内，次数多者为胜，失败者做前压腿 5 次。

1　2　3　4　5

图 6–7

八、原地背后换手变向运球

目的：掌握控制球的反弹方向。

方法：如图 6–8 所示，队员两脚平行站立，两膝微屈呈半蹲姿势，上体稍前屈两手伸向腿后，在身后运球。

规则：①抬头看前方，不要回头看球。②运球失误者，重新计算。

1　2　3　4　5

图 6–8

九、胯下“8”字运球

目的：熟悉球性，培养在腿间控制球能力。

方法：如图 6–9 所示，队员两腿左右开立，双手持一球放到两腿间，两手交换运球在腿间“8”字形围绕，反复进行。

规则：①两脚平行或前后开立稍大于肩，下蹲头部抬起，双眼只盯住球者一次罚 2 个俯卧撑。②目标是在 30 秒内做 35 次以上，失败者接着练习，不准停球。

1 2 3 4 5 6

图 6-9

十、原地体前持球“8”字形内肩绕环交接球

目的：提高手指手腕的控球能力。

方法：队员两脚自然开立，单手持球做“8”字形肩绕环，运行轨迹为右下—右上—左下—左上（图 6-10）。

规则：抬头看前方，不要看球。

1 2 3 4

5 6 7

图 6-10

十一、原地体前持球“8”字形外肩绕环交接球

目的：提高手指手腕的控球能力。

方法：队员两脚自然开立，单手持球做“8”字形肩绕环，运行轨迹为右上—右下—左上—左下（图 6-11）。

规则：抬头看前方，不要看球。

图 6-11

十二、身后侧平举交接球

目的：熟悉球性，增强球感。

方法：两脚并拢，身体直立，双手轮流在身后摆动交接球（图 6-12）。

规则：①交接球动作要快，手心相对，不得用手托球。②目标是在 30 秒内转 45 次以上，失败者继续练习。

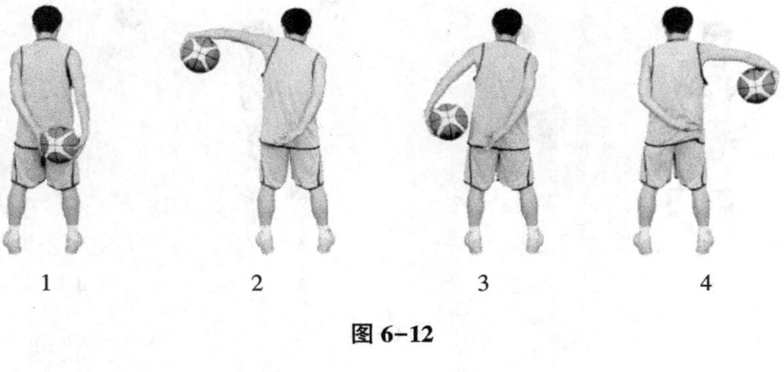

图 6-12

十三、身前侧平举交接球

目的：熟悉球性，增强球感。

方法：两脚并拢，身体直立，双手轮流在身前摆动交接球（图 6–13）。

规则：①交接球动作要快，手心相对，不得用手托球。②目标是在 30 秒内转 45 次以上，失败者继续练习。

1　　2　　3　　4

图 6–13

十四、直立单手托球旋转

目的：熟悉球性，增强手指、手腕的控球能力，提高腕、肘关节的柔韧性和灵活性。

方法：两脚平行，身体直立，单手托球于体侧下部，手腕和肘关节向身体内侧旋转，后将球托举至头上（图 6–14）。

规则：身体尽量保持直立。

1　　2　　3　　4

图 6–14

十五、直立身后抛球换手接球

目的：熟悉球性，增强手指、手腕的控球能力。

方法：两脚平行，身体直立，单手托球于体侧下部，用手指、手腕力量将球从背后抛至另一侧肩的外上方后，另一只手接球（图 6–15）。

规则：身体尽量保持直立，双脚不能移动。

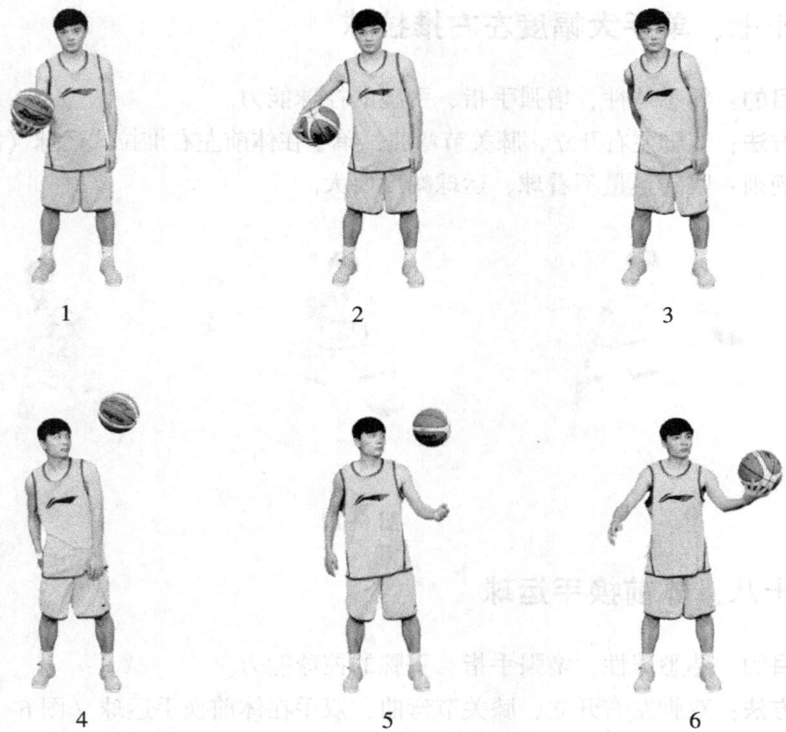

1 2 3

4 5 6

图 6–15

十六、单手大幅度前后推拉球

目的：熟悉球性，增强手指、手腕的控球能力。

方法：两腿前后开立，膝关节弯曲，单手在体侧前后推拉式运球（图 6–16）。

规则：眼睛尽量不看球，运球幅度要大。

1　　2　　3

图 6-16

十七、单手大幅度左右推拉球

目的：熟悉球性，增强手指、手腕的控球能力。
方法：双脚左右开立，膝关节弯曲，单手在体前左右推拉式运球（图 6-17）。
规则：眼睛尽量不看球，运球幅度要大。

1　　2　　3

图 6-17

十八、体前换手运球

目的：熟悉球性，增强手指、手腕的控球能力。
方法：双脚左右开立，膝关节弯曲，双手在体前换手运球（图 6-18）。
规则：眼睛尽量不看球，运球幅度要大。

1　　2　　3

图 6-18

十九、原地双手胸前抛接双球

目的：提高双手协调配合及控制球能力。

方法：如图 6-19 所示，两脚分开，双手各持一球于胸前。左抛右接，球抛出后右手将球递给左手，循环进行。

规则：左手抛球右手接球与右手抛球左手接球轮换交替进行。

1 2 3 4 5

图 6-19

二十、一抛一腰间围绕

目的：提高游戏者抛球接球及观察判断能力。

方法：如图 6-20 所示，两脚平行或前后开立与肩同宽，双手各持一球于胸前。左手上抛球 1 次，右手持球腰间围绕 1 周，左右手轮换进行。

规则：①上抛球和腰间绕球所需时间相等，两手和两球配合协调。②失败者接着做，失败次数少者获胜。

1 2 3 4

图 6-20

二十一、一抛一腿间围绕

目的： 提高双手协调配合及接球能力。

方法： 两脚平行或前后开立与肩同宽，双手各持一球于胸前。左手上抛球 1 次，右手持球腿间围绕 1 次，左右手轮换进行（图 6–21）。

规则： ①上抛球和腰间围绕所用的时间基本相等。②失败者接着练习，失败次数多者为负。

2　　3　　4　　4

图 6–21

二十二、身后抛球身前换手

目的： 培养在视野之外困难的情况下抛球时双手的协调配合能力。

方法： 如图 6–22 所示，两脚平行或前后开立与肩同宽，双手各持一球，一球身前一球身后。右手转至身后利用手指手腕部力量向上抛球后，又回身前接左手递来的球，左手举左肩前上方接右手上抛来的球。

规则： ①身后向上抛球高度不要超过头部。②失败者接着练习，失败次数少者为胜。

1　　2　　3　　4　　5

图 6–22

二十三、原地双手同时运两球

目的：培养双手运球和控制球能力。

方法：如图 6-23 所示，两脚稍分前后、左右开立，膝微屈，两手各持一球。练习时两手同时放球，按同一节拍两手运两球。

规则：①两手必须同时运两球。②运球必须用手指、手腕控制球。③运球中失误丢球时，拾起球继续进行。

1　　　　2

图 6-23

二十四、原地双手同时前后推拉球

目的：培养双手前后控制球和支配球能力。

方法：两脚前后开立，双手各持一球于体侧前后同时推拉球（图 6-24）。

规则：①运球时必须下蹲，用手前后推拉球。②双手同时做或先后做都可以。③掉球失误，拾起球继续练习。

1　　　　2　　　　3

图 6-24

第三节　移动游戏

一、起动追拍

目的：改善灵敏性及提高快速起动能力。

方法：如图 6－25 所示，队员分成甲、乙两队，双方在中线面对站立，相距约 2 米。学生根据教练的手势信号做起动追拍，如果教练举左手，则甲追乙，举右手，则乙追甲。

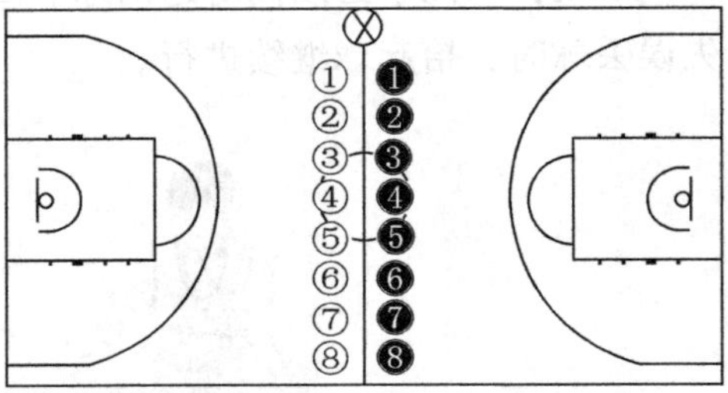

图 6－25

规则：①看信号起动，追拍路线为直线，以跑出端线为胜，场内被拍击者为失败。②两臂必须侧平举，不能以高举而缩短间隔距离。③每人必须按规定通过每一空隙，违者重做。

二、前后反追逐

目的：发展在快速移动中的急停、转身能力。

方法：如图 6-26 所示，队员相隔 2~3 米分散站立于球场的边线和端线上，并按顺（或逆）时针方向快跑，后者抓前者，听教练鸣哨后马上急停转身，变为原来的前者抓原来的后者，再听到哨声后再次急停转身反追逐，如此反复进行。计算各人被抓次数，被抓次数多者受罚。

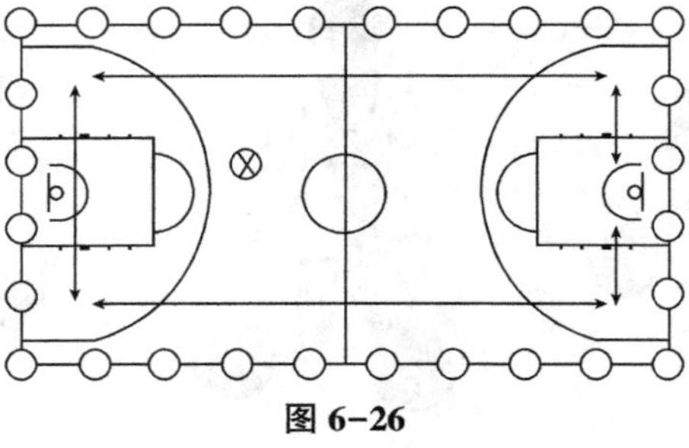

图 6－26

规则：①全体参加游戏者必须沿球场的界线跑动，转角处亦然，不得跑成

"圆圈"，否则按犯规处理。②只有"抓住"对方才算有效。③凡犯规者必须退出比赛，直到下一轮开始才能重新参加。

建议：①如参加游戏的人数多，可分批进行或允许在场内各线交点处变方向跑动。②如参加游戏的人数少，可只在场内沿各线跑动。

三、圆圈追拍

目的：提高弧线跑、侧身跑、急停、转身技术质量，发展反应和快跑能力。

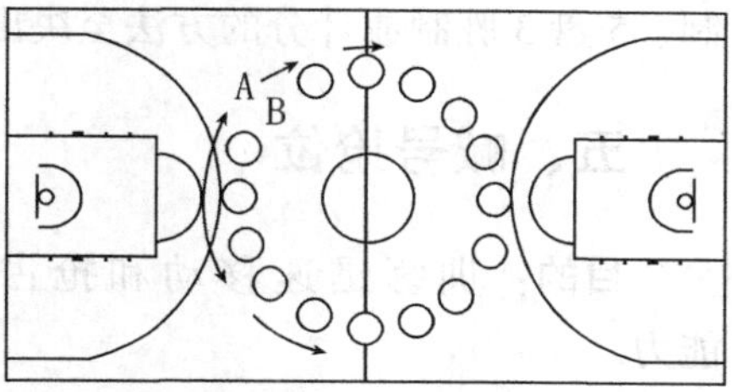

图 6-27

方法：如图 6-27 所示，队员在球场中间围成一圆圈面向圆心站立，指定其中的"A"为引导人。游戏开始，"A"在圈外沿顺（或逆）时针方向跑动，突然用手轻拍站在圆圈上的任一位队员（如"B"）的背，然后迅速急停、转身反方向快跑；被拍的队员"B"立即起动沿"A"原来的方向快跑，两人分别从两个方向抢占"B"原来的位置。先到者为胜，负者则按前述方法再去轻拍另一人并抢占其位置。

规则：①某一抢位者的一脚先到为有效。②两人必须从相反方向抢位，谁违犯规定谁负。

建议：①可视参加游戏的人数多少决定场地大小。②若参加人数多，可分成内、外两圈，两圈间距 3 米左右，各圈自行按上述方法抢位。③可以要求"引导人"在抢位过程中随时做出任何一个动作，而被拍者则必须模仿"引导人"的动作后，方能继续抢位。

四、见线折返跑

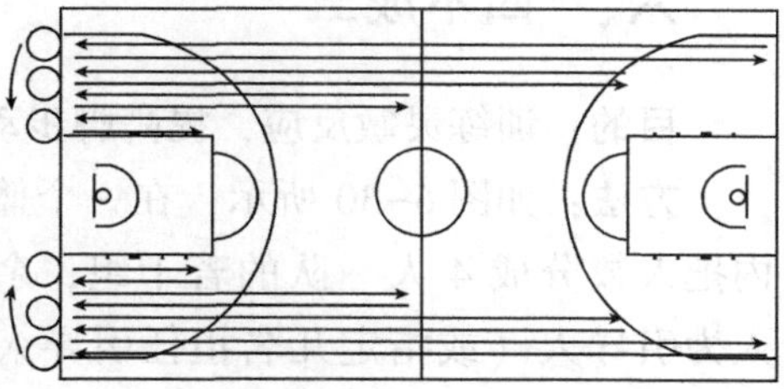
图 6-28

目的：提高起动速度，练习急停和转身技术，发展快跑能力。

方法：如图 6-28 所示，把学生分为人数相等的两队。游戏开始的信号发出后，两队排头第 1 人立即起动，快跑到罚球线—急停转身—跑回原端线—急停转身—快跑到中线—急停转身—快跑返回原端线—急停转身—快跑另一罚球线—急停转身—快跑返回原端线—急停转身—快跑到另一端线—急停转身—快跑返回原端线与该队第2人击掌，该队第2人按同样方法和路线快跑，以后全队顺次进行，直至全队轮完。先轮完的队为胜。

规则：①必须跑到规定位置用一脚（或用一手摸地）触线才能折回。②前后交接必须击掌为号，否则返回击掌后再起动。③必须完成规定的折回次数。④违反上述规定者为犯规，凡犯规者罚其在最后重跑一次，否则取消比赛资格。

建议：①如参加游戏的人数多，可多分几个队进行比赛。②可采用3盘2胜制、5盘3胜制或计分的方法至决出最后胜负。

五、喊号抢位

目的：训练迅速移动和抢占位置的能力。

方法：如图6-29所示，在场地上画一个大圆圈，直径大小按参加人数而定，先指定一个喊号的队员，其余队员分别均匀地站立在圆圈上。在圆圈上的学生1—3报数，自己记住号数。游戏开始时，喊号人站在大圆圈中间叫号，被叫到同号的人，必须离开原位并设法抢占他人的位置，喊号人也趁机抢占一个位置。没有占到位置的队员就担任喊号人，在规定时间内，没有担任过喊号人的或者喊号次数少的队员为优胜者。

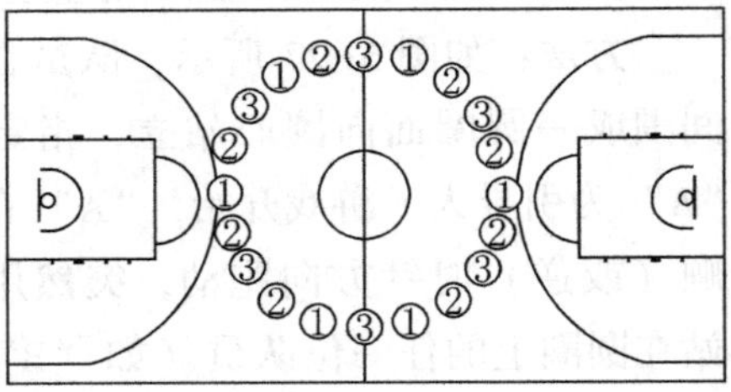

图6-29

规则：①喊号后，被喊到号的必须离开原位去抢占他人的位置。②换位时不得以推拉动作将已抢到位的人推离而自己占据，以脚先到为准，违者按未抢到位论处。

六、"四不成五"

目的：训练灵敏反应，提高脚步动作的灵活性。

方法：如图6-30所示，在一个篮球场内把人数分成4人一队的若干组，余下的人为引导人（或指定几名担任引导人）。4人成纵队，后一人拉住前一人的衣服。游戏开始，4人组可以在场内任意跑动，引导人则设法抱住某组的最末一名队员的腰。如被抱住了，则该组排头为引导人，在游

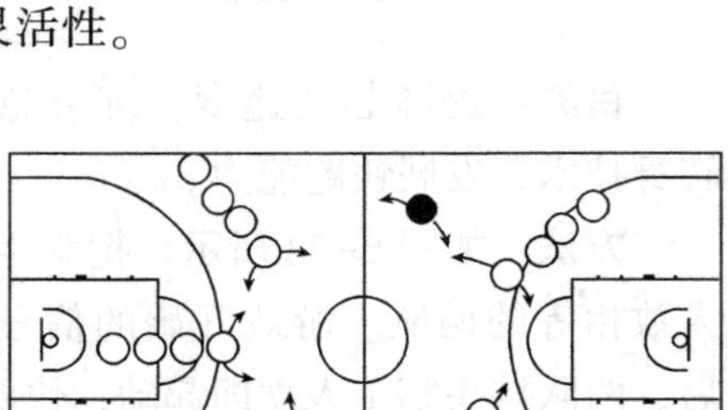
图6-30

戏进行过程中排头可以伸臂保护排尾不让其被抱住。

规则：①排头可以伸臂阻止引导人，但不能采用推、拉、抱等动作，违者担任引导人。②4 人组不得松手脱节，违者为引导人。③活动范围限于篮球场内，跑出界线为违例，由排头担任引导人。

七、“掩护同伴”

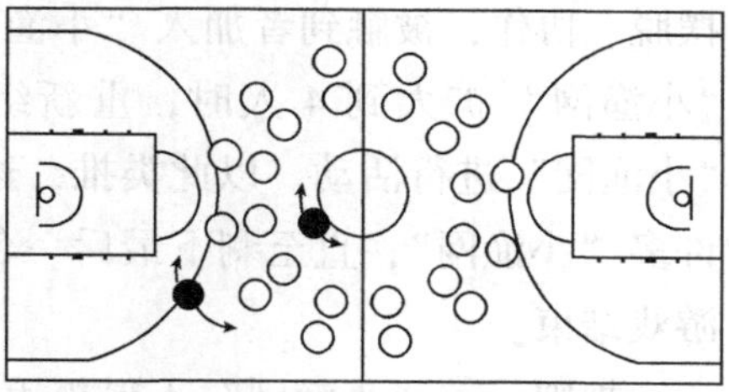

图 6-31

目的：训练灵活多变的脚步动作，提高判断力和灵敏性。

方法：如图 6-31 所示，在场地上画一个直径为 10 米的圆，将参加游戏者分成两人一组，重叠并面向圆心围绕圆圈站位，先指定两名分别担任追者和逃者。游戏开始时，追者设法利用假动作和速度来捉捕逃者，逃者则可以利用圆圈上的成员做掩护躲闪追者，也可以站到某一组前表示要求掩护。此时，追者必须捉捕第 3 名，第 3 名就替代逃者，如此进行。在追逃过程中被拍击到时，追者与逃者互换位置。

规则：①逃者不得远离圆圈，违者按被捉到论处。②追者只能利用积极的脚步动作去追拍对方，不能推拉圆圈上的成员。

八、“大渔网”

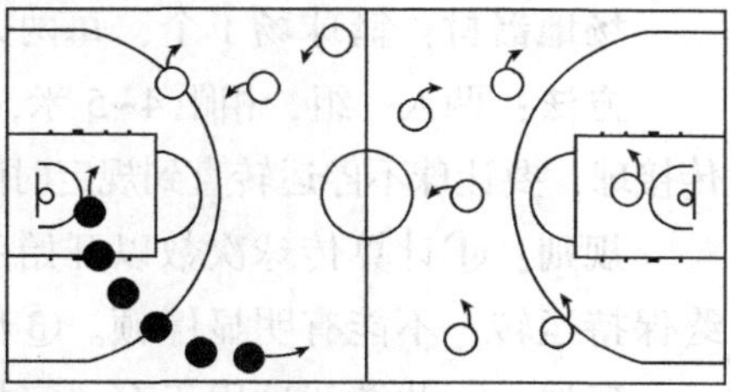

图 6-32

目的：训练灵敏反应和脚步动作的灵活性，培养集体的配合能力。

方法：如图 6-32 所示，先指定两名队员担任“渔网”，其他人在场内可以任意跑动。游戏开始，担任“渔网”的两名队员手拉手在场内跑动，并设法用手触及其他人，被触到者加入“渔网”队伍。如此“渔网”逐渐扩大，直至场上剩下最后一名队员为止，游戏宣布结束。

规则：①“渔网”不得松手触人。②不得离开球场跑动，被迫出界的按触到论处。

九、“小渔网”

目的：训练灵敏反应，提高脚步动作的灵活性。

方法：如图 6-33 所示，先指定 3 名队员手拉手担任“小渔网”。担任“小渔网”的队员在场内用手触及正在跑动的其他队员，其他队员在场上积极跑动用各种躲闪摆脱、协作，被触到者加入“小渔网”。当“小渔网”扩大到 4 人时，重新组成两个“小渔网”进行活动。以此类推，逐渐组成许多“小渔网”，直至剩下最后一名队员时游戏结束。

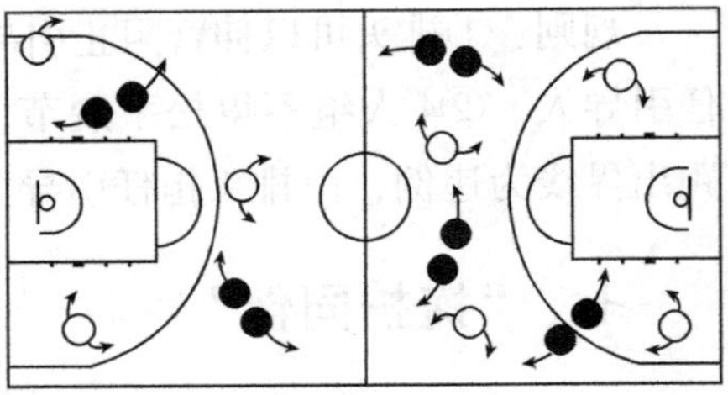

图 6-33

规则：①“小渔网”不得松手触人。②在追拍过程中，不得逃出界线，被迫出界按被触到论处。

第四节 传接球游戏

一、两人传三球

目的：提高快速反应和手对球的控制能力。

场地器材：篮球场 1 个，每两人 3 个篮球。

方法：两人一组，相距 4~5 米，面对面站立。两人用 3 个球做原地的单手体侧传接球，要让球不停运转直到规定时间为止，累加传球次数，多的组为胜。

规则：①计算传球次数以开始手持两球的队员传球次数为准。②3 个球要始终保持运转，不能有明显停顿。③传球失误时从失误处继续累加下去。

建议：①此游戏适用于有一定技术水平的队员进行。②可根据球的数量，几个组同时开始或一个一个组进行。

二、运-传球接力

目的：发展传接球与其他技术结合运用的能力。

场地器材：篮球场 1 个，篮球 4 个。

方法：如图 6-34 所示，把队

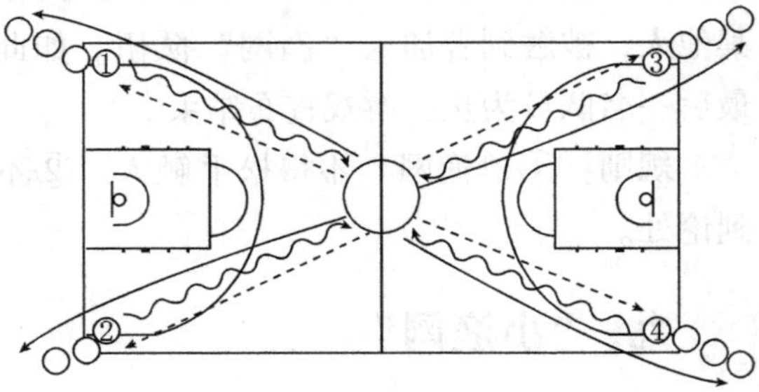

图 6-34

员分为人数相等的 4 队，分别成纵队面向中圈站立于球场的 4 个场角，各队排头手持一球。游戏开始，4 队排头同时起动向中圈运球，运至中圈后，立即转身用规定的传球动作原地把球传给本队第 2 人，然后返回本队队尾，第 2 人在原地接球后以同样方法运至中圈再把球传本队第 3 人，如此连续下去，直至全队每人做完一次，以速度最快的队为胜。

规则：①传球人必须运球至双脚进入中圈才能把球传回本队下一人，必须是原地传球，否则为传球失误。②接球人必须站在以场角为圆心，半径为 50 厘米的半弧内接球，离开该半弧即为失误。③传接球失误判其该次无效，由失误的两人在最后重做 1 次。

建议：可指定的传球方式有原地双手胸前传球、原地单手肩上传球、原地双手头上传球、原地反弹传球。

三、抛球换位

目的：培养快速反应中接球的能力。

场地器材：篮球场 1 个，篮球 6 个。

方法：如图 6-35 所示，把队员分成人数相等的两队，每队前 3 名队员手持篮球分别站在一个圆圈内。发令后各队站在圆内的 3 人将球抛起，并向逆时针方向迅速向前跑，跑到前一个圆内接住他人抛起的球，6 个人都接住球后再发令继续进行。如有一人失误，则判给对方队得 1 分，并换 3 人继续进行，最后以得分多的队为胜。

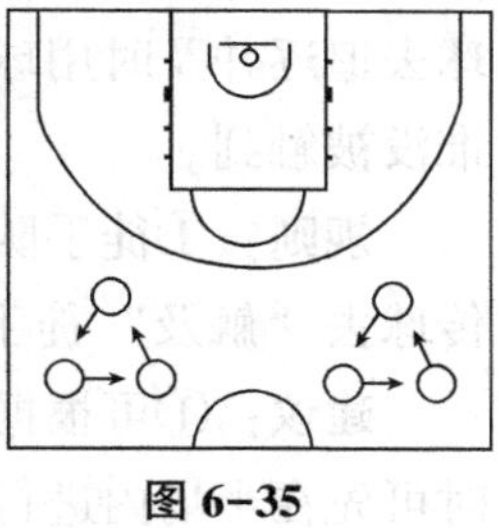

图 6-35

规则：①两队同时失误，都不计分。②在圈外接住球无效。③应垂直向上抛球，2~3 米高，便于后面队员接球。

四、连续跳传跟进

目的：提高跳起空中传接球和补篮的能力。

场地器材：半个篮球场，2 个篮球。

方法：如图 6-36 所示，把队员分成两组，面向篮板成两路纵队站在篮筐下的两侧，距球篮 3~4 米，排头各手持一球。游戏开始，排头队员首先把球抛向篮板然后迅速跑到本队队尾排队准备继续跳起接球；第 2 人在球碰板的瞬间立即上步起跳，在

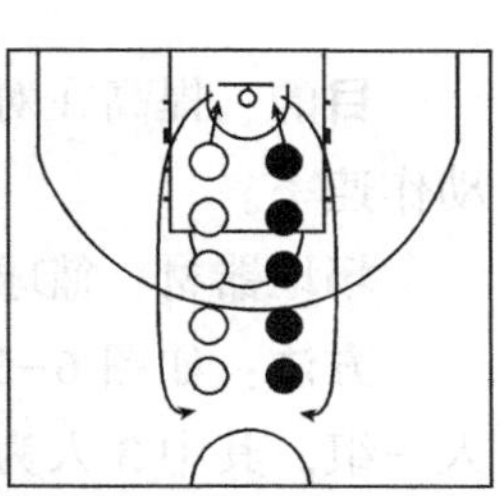

图 6-36

空中将从篮板上反弹回来的球接住并把球再次碰向篮板，然后排到队尾；以后队员依次用同样方法连续完成。首先连续跳传完成规定次数的队为胜。

规则：①两组之间以篮筐为界，不得相互干扰。②球落地或接球人落地后再抛球向篮板为失败，传球次数重新再计算。

建议：①根据不同的技术水平可对空中传接球提出不同要求，如空中单手接、传球和空中点拨球等。②根据队员情况提出恰当的连续跳传次数指标，例如50次、100次等。③可把跑动距离加至全场。

五、传球触人

目的：提高快速传接球的能力和躲闪的灵活性。

场地器材：篮球场1个或平整的空地1块，篮球1个。

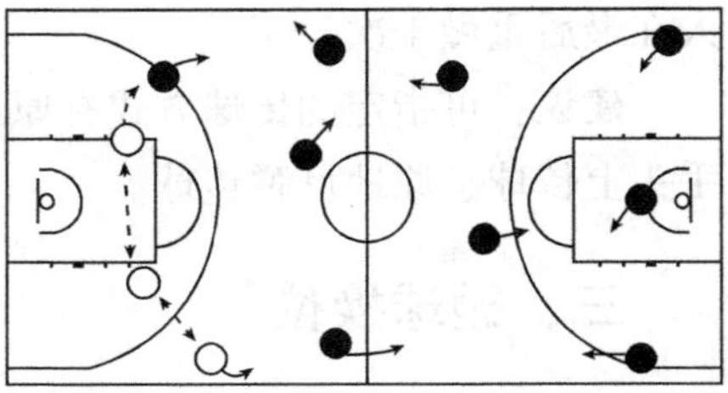

图6-37

方法：如图6-37所示，参加游戏者分散在场内任意跑动，指定两人传球，在不准走步、运球的情况下，传球人通过传球去追逐并及时用球去触及场上跑动的人，被触到者加入传球人的行列，最后看谁没被触到。

规则：①徒手队员不准超出规定的场地线，否则算被触到。②传球人只能用传球去“触及”徒手队员，否则无效。

建议：①可根据参加的人数多少决定开始时的传球人数。②场地范围在开始时可先在半场内进行，以后随着传球人的增加可扩大至全场。③可根据学生的水平规定传球方式，如双手、单手、反弹传球等。

六、圈内“2防3”传接球

目的：提高在对抗中传接球的准确性和动作速率。

场地器材：篮球场1个，篮球1个。

图6-38

方法：如图6-38所示，把队员分为5人一组，其中3人为传球者，其余2人为防守者，位于三角形内准备抢球。游戏开始，外围3人用各种方式传球，不让2名防守人抢到球，2名防守人则积极防守抢断传球人的球，直到球被防守者抢到或传接球失误，2 名传接球失误的传球人与原来的 2 名防守人互换攻防继续进行游戏。

规则：①外围 3 个传球人不得拉大相互间的距离，但可以用运球避开防守的抢球。②可用任何方式传球，但球在手中停留不得超过 5 秒。③2 名抢球者只有把球抢到手才算有效。

第五节 投篮游戏

一、篮下投篮

目的：在快速中保持投篮的稳定性。

场地器材：篮球场 1 个，篮球 2 个。

方法：把全队分为人数相等的两组，每组用半场练习。每组先派代表两名，每人持一球，站于篮下两侧，听比赛开始的信号后两人交替一起一落地进行投篮，在规定的 1 分钟内，看哪组投进的次数多。然后换另外两名队员，重复做上面的比赛练习，直至两组都做过一遍，按总分计算胜负。

规则：同组投篮的两人必须交替一起一落进行投篮，一人不能连投两次。

建议：两人配合协调，投篮速度越快越好，在快速中保持稳定，争取每投必中。

二、投篮"追逐赛"

目的：施加心理压力，提高投篮命中率，改进投篮技术。

场地器材：篮球场 1 个，篮球若干个。

方法：学生一列横队位于端线处站好，按 5 个点依次进行投篮，采用原地或跳起投篮均可（图 6-39）。

规则：每点投中后方可轮转到下一点，当后面的学生超过前面的同学时，前面的队员被罚，罚则自定。

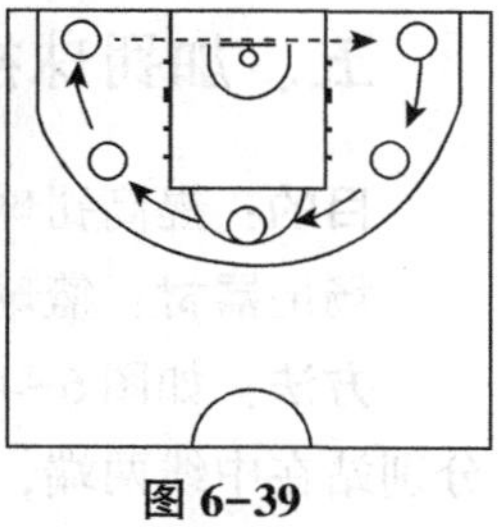

图 6-39

三、上篮连中比快

目的：提高快速运球上篮技术运用能力。

场地器材：篮球场 1 个，两人 1 个篮球。

方法：分为甲、乙两人一组的若干组，每组 1 个篮球。比赛开始，各组的甲首先上场，在两个球篮间快速运球上篮，如甲能按规定连中4球则算完成一组，可由本组的乙再上场以同样方法进行；若甲未能按规定连中4球则算该组未完成一组，由乙上场以同样方法进行，直到甲、乙两人完成规定的组数。先完成的组为胜。

规则：①只能是“上篮”，否则投中无效。②凡出现走步、两次运球等违例现象，违例者已投中的次数取消并罚其重做。

建议：①此游戏适用于人数少的队训练时用，但若参加人数多，可3~4人一组或分成若干队进行对抗。②不一定要求上篮时连中，可要求每人投中若干个或两人累加投中若干个即可。

四、加罚球接力

目的：提高在快速奔跑后的罚球命中率。

场地器材：篮球场1个，篮球2个。

方法：分为人数相等的两队，分别站在球场中线两端靠近边线一侧各面向1个球篮，排头队员各持一球。游戏开始，排头队员运球至前场上篮投中后，再到罚球线罚中一球，然后再运到另端篮下上篮投中，再加罚一次投中后，把球传给本队下一个队员。按同样方法全队依次进行，直到全队做完，先做完的队为胜。

规则：①跑动路线必须按预先规定的顺时针或逆时针方向进行，不得干扰对方的运球或投篮队员。②上篮或罚球必须投中，罚球时要执行篮球比赛的罚球规定。

建议：可根据实际情况，改为不一定要求投中，即规定时间内以投中次数多的队为胜。

五、加罚球接力

目的：提高罚球命中率。

场地器材：篮球场1个，篮球2个。

方法：如图6-40所示，全队分为两组，分别站在中线两端，排头队员各持一球。游戏开始，两队排头队员向相反方向快速运球到篮下投篮，然后抢篮板球快速运球到罚球线罚球一次，罚中后快速运球返回中线交第2个人重复进行练习。先做完的组为胜，输

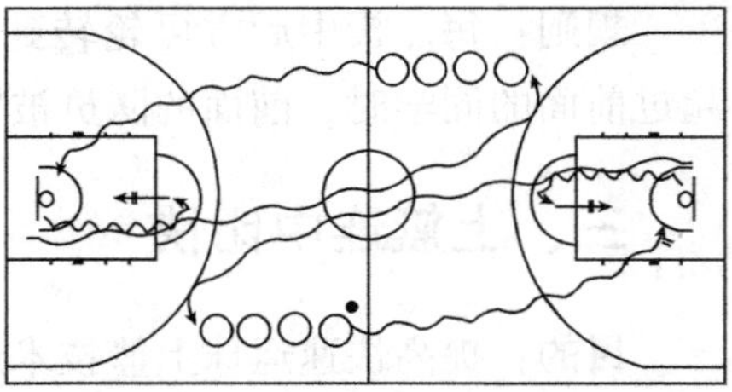

图6-40

的组在中线排队向胜利者敬礼。

规则：必须投中和罚中才能运球返回，交接球必须在中线上。

六、抢先罚球

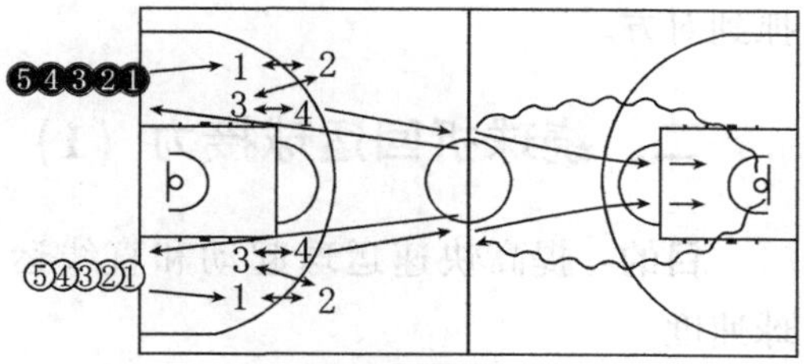

图 6-41

目的：提高适应比赛情况下的罚球能力。

场地器材：篮球场 1 个，篮球 2 个。

方法：如图 6-41 所示，将人数分成相等的两组，成纵队面向场内排至篮球场端线后，在后场限制区两侧用白粉画上用 1、2、3、4 标志的号数，号数间的距离为左右 3 米、前后 2 米。在中圈两侧置 2 个固定篮球（用绳圈将球固定）。

当游戏开始的信号发出后，两组排头迅速起动跑至标志号数 1 号位，并按规定路线做上滑步—后撤滑步—上滑步—侧滑步后，接着起动跑至中场取固定球。运球至罚球线后进行罚球，罚球投中后（不中跟进补中为止）将球运回放在原处，然后按相反滑步路线进行滑步移动回 1 号位后直接加速跑至队伍拍下一名队员的手，第 2 名队员同样进行。游戏规定当一名队员拿到球运球至罚球线后投篮时，另一名队员不得影响对方投篮。

规则：①不按规定要求进行游戏者，该组重做 1 人次。②发生走步、二次运球违例，该组重做 1 人次。③如在放固定球而球滚走时，要取回放到原处后再进行下一个动作。

第六节　运球游戏

一、运球追拍

目的：提高快速运球中控制球和身体的能力。

场地器材：篮球场 1 个，篮球若干个。

方法：队员每人 1 球，3 人结成一组，分别编为 1~3 号，所有队员都在半场范围内分散开，听到教练的哨声后开始追逐：1 号追 2 号，2 号追 3 号，3 号追 1 号。每个人都要大胆去追，又不要被别人追到自己，不许出界，练习 50~60 秒为一组。

规则：①队员要抬头观察，不能只顾追别人或逃避追击。②只能在规定的球场内进行，跑出球场界线算为被追拍到。③追拍者触拍到对方身体任何部位都算抓到对方。

二、绕球折回运球接力（1）

目的：提高快速运球起动和直线运球速度。

场地器材：篮球场 1 个，篮球 6 个。

方法：如图 6-42 所示，将队员分为人数相等两队，在同侧端线外成纵队站好，每队前、后场罚球线的延长线上各放一球。发令后，两排头队员各持一球，分别按图示路线，绕第 1 个球运回，再绕第 2 个球运回，到端线交给第 2 名队员重复第 1 名队员的做法。依次进行，先结束者为胜，交换场地进行第 2 局比赛，5 局 3 胜。

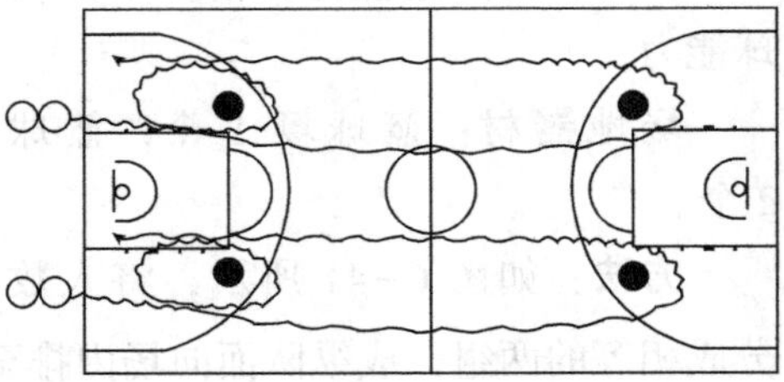

图 6-42

规则：①运球时不许脚踢球，交接球时只能用手递手的方式。②运球丢失时，失误队员必须把球捡回在失误地点重新运，否则该次运球无效。

三、绕球折回运球接力（2）

目的：提高折返起动速度，发展速度耐力。

场地器材：同上。

方法：方法同上。发令后，两排头队员分别按图 6-43 所示，运球到第 2 个球绕球折回至第 1 球，绕后再到第 2 球，绕后折回归队，下一名队员重复前一名队员的做法。依次进行，先结束者为该局胜，交换场地开始第 2 局，5 局 3 胜。

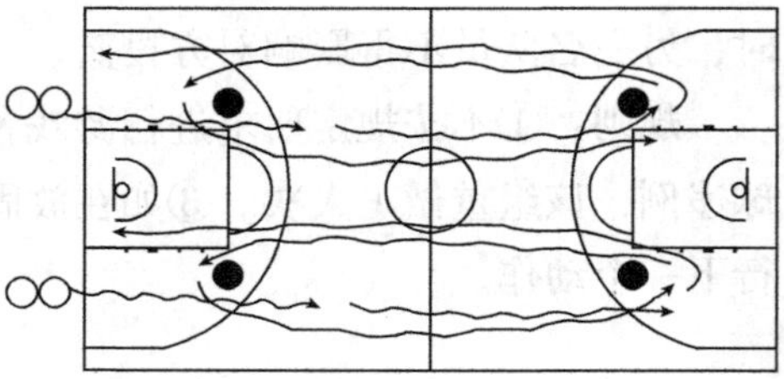

图 6-43

规则：同上。

四、绕球折回运球接力（3）

目的：提高折返起动速度，发展速度耐力。

场地器材：篮球场 1 个，篮球 8 个。

方法：每队前、后场罚球线延长线上及中线上各放一球。发令后，两排头如图 6-44 所示路线，运球到中线绕第 2 球折回至罚球线，绕第 1 球后再跑到前场罚球线，绕第 3 球折回归队。依次进行，先完成者为该局胜，每局结束交换场地，5 局 3 胜。

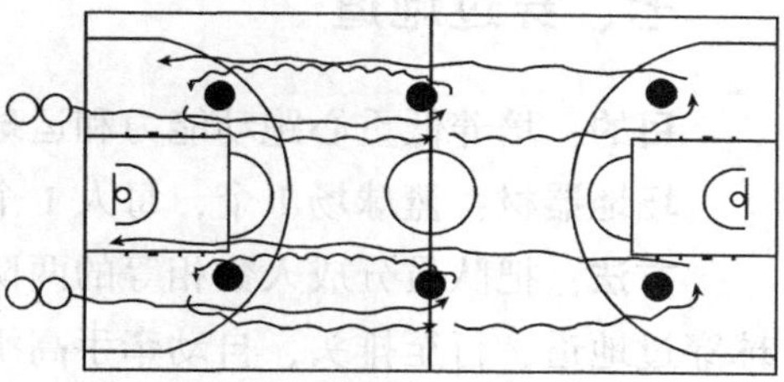

图 6-44

规则：同上。

五、运球互相拍打

目的：熟悉球性，提高控制、支配和保护球的能力。

场地器材：篮球场 1 个，每人 1 个篮球。

方法：全体队员人手一球分散于半场或三分线以内，自己运球并随时伸手拍打周围同伴的球，同时注意保护好自己的球不被别的同伴拍打。凡拍打到同伴的球者得 1 分，持续 3~5 分钟后统计各人得分，分数多者获胜。

规则：①只准在规定区域内相互拍打，否则算自动退出比赛。②拍打到同伴的球 1 次得 1 分，被同伴拍打到 1 次失 1 分，统计时把得分减去失分即为个人得分。

建议：①可进行几个 3~5 分钟，以提高游戏难度。②可在计算个人得分同时计算全队得分，全队得分高者获胜。③可用每局淘汰最后 3（或 5）个得分最低的队员出局的方法，以增加游戏的竞争性。

六、站蹲坐躺运球

目的：提高原地运球和控制球能力。

场地器材：篮球场 1 个，每人 1 个或两个人 1 个篮球。

方法：将队员分成 3 组，每人持一球在 3 个争球圈外面站好。听教练口令“站运球，蹲运球，坐运球，躺运球”，再依次起立，连续 3 次。

规则：①听教练口令，同时做运球动作，不准抢先和落后运球。②从站立到躺下，再站起来，一直不停运球，失败者退出运球或自罚两个俯卧撑，再重新运球。

建议：先采用 1 组运球示范，后 3 组同时运球。

七、穿过地道

目的：培养低重心跑动能力和运球能力。

场地器材：篮球场 1 个，每人 1 个篮球。

方法：把队员分成人数相等的两队，手拉手高举做“地道”，排尾两人先运球穿过地道，行至排头，自动牵手高举接搭地道，以此类推。每人做 1 次后，先完成组为胜。

规则：①穿过地道时两人要先后依次进行，不要两人并肩进行，防止拥挤。②搭地道的两人必须手牵手，高举。③穿地道的人不能碰搭地道人的手臂。④两组对抗赛，3 局 2 胜，负者鼓掌为胜者祝贺。

建议：先徒手，后运球钻地道。

思考与练习

1. 试述篮球游戏在篮球教学中的任务、作用和意义。
2. 组织教学中采用篮球游戏应注意哪些要求？
3. 请从中学篮球教学实际出发，围绕传接球、运球、投篮各编写出一个游戏。
4. 如何根据学生的年龄和性别差异运用篮球游戏教学？

第七章
CHAPTER 07

篮球运动常见损伤的处理、治疗、预防与康复训练

【本章提要】 本章主要介绍篮球运动中常见的损伤种类、部位及影响因素，使学生初步了解和掌握几种常见损伤的治疗、康复和训练原则。

随着现代篮球运动不断向高强度、高速度和高空优势对抗方向发展，对运动员的素质和技战术水平提出了更高的要求。由于篮球运动本身所具有的高空争夺特征，拼抢激烈凶悍，攻防转换速度进一步加快，也使运动员在训练和比赛中的受伤概率升高。如何采取有效的预防措施，避免或降低运动损伤的发病率，应用科学的康复手段，改善和提高伤愈复出时的机能状态，是现代篮球运动伤病防治面临和需要解决的实际问题，这对确保运动员和锻炼者的身体健康，促进篮球运动发展具有重要的现实意义。

伤病防治不仅仅是医务人员针对训练和比赛的保障工作，作为篮球运动的直接参与者，教练员和运动员在此工作中也发挥着不可替代的积极主动作用。强化自我保护意识和专门技能的训练，讲究“保强补弱”“养伤不停训”的康复训练原则，掌握正确的现场急救处理知识，是现代篮球运动教学训练工作者应具备的能力之一。

第一节　篮球运动常见损伤

一、篮球运动常见损伤的种类

（一）扭伤

扭伤是篮球运动中发病率最高的一种运动损伤，轻者关节囊、韧带撕裂，重者可致断裂。常因运动员猛然转身时，动作幅度过大、技术动作僵硬或对方队员的冲撞等因素，致使关节活动超出其生理范围而引起关节周围软组织损伤，如膝关节内的韧带扭伤、急性腰扭伤、踝关节韧带扭伤等。调查研究显示，我国运动员关节囊、韧带扭伤占各种运动损伤发病率的首位。

（二）拉伤

拉伤是运动员在训练或比赛中，由于准备活动不充分、技术动作不合理、肌群协调性差等自身原因所致的主要运动性损伤之一。当运动员突然发力，在肌肉强烈收缩或被动牵拉，加载于肌肉（肌腱）上的牵拉应力或牵拉幅度超过其能承受的范围时最易发生，可造成肌肉、肌腱突然撕（断）裂，或肌腱附着处撕脱的损伤，如常见的股二头肌拉伤、跟腱断裂等。

（三）挫伤

挫伤是篮球比赛中外部暴力致伤的主要运动性损伤之一。尤其是随着比赛激烈程度的提高和对抗性增强，双方队员频繁的身体接触、冲撞，或接球时手指动作不正确和来自对方队员的伤害性行为（如用膝、肘部顶撞），使发病率明显增高，如股四头肌挫伤就是进攻队员持球做交叉步突破时，其大腿前外侧部受到防守队员的膝部顶撞而最易发生的运动损伤。此类伤病可致肢体皮下脂肪、筋膜或肌肉、肌腱等软组织受到不同程度的损害。

（四）陈旧性损伤

篮球运动员的陈旧性损伤常因受伤后治疗不当或不及时、新伤未愈重复受伤、慢性劳损（损伤）等因素所致，临床上多表现为病程长、疗效差、常复发，如髌骨软骨病、腰肌劳损等。此类损伤在训练程度较高（年限长、水平高）的老运动员身上表现较为突出，并对运动员的情绪和在比赛（训练）中技术动作的正常发挥，均有较大的影响。

（五）骨折和脱位

骨折和脱位类损伤也常发生在篮球比赛和训练过程中，如运动员移动中突然蹬地跳起做抢篮板球或投篮等腾空动作后，因落地发生意外（踩在他人脚上或被踩所致的第五趾骨结节骨折）或落地自我保护动作不合理（失去平衡落地前臂后撑所致的肘关节脱位）等情况下，发生损伤。骨折的骨组织多为肢体受应力作用较集中部位的异形骨和短骨，如腕舟骨、掌骨、趾骨等。

二、篮球运动常见损伤的部位

（一）下肢部位

1. 膝关节

膝关节的伤患在篮球运动损伤中高居第一位，是影响运动员正常训练、比赛和技术发挥的最主要伤病部位之一。由于现代篮球运动具有快速、争夺激烈等特点，要求运动员降低身体重心，经常处于屈膝位，以便有效地完成突然起动、急停、迅速转身、移动中突破跨跳等各种技战术动作，从而会使膝关节局部受到很大的瞬时冲击力、持续应力和剪切应力作用，其受伤的概率也就很高。

膝关节是人体最复杂的关节，构成此关节的肌肉、韧带等附件最多，受伤时累及的部件也就较多，加之受伤机制极为复杂，故其伤病具有多发性（多个附件同时受伤）、复合性（扭伤、拉伤等多种损伤类型同时发生）、综合性（急、慢性损伤同时存在），以及难治愈性的特点。

2. 踝关节

踝关节是韧带扭伤的易发部位，尤其是运动员在身体腾空抢篮板球或跳起投篮后，因落地时踩在他人脚上或落地缓冲动作不正确而失去重心控制时最易发生此类损伤。踝关节病案在篮球运动损伤中居第三位。由于篮球运动制空拼抢技术向凶悍性方向发展，运动员对篮板球的争夺日趋激烈，很多技术动作都是在空中或激烈对抗的情况下完成，在人体腾空后，踝关节因其解剖学特点而处于一种“J”字形的自然趾屈内翻位，如果落地时稍有不慎，极易造成踝关节韧带的扭伤，重者还可伴有其他肌腱的断裂或骨折。踝关节损伤的类型多为韧带扭伤，受伤具体部位以关节的外侧韧带为主。

（二）躯干部位

运动员的腰部是完成一切身体动作的枢纽，现代篮球比赛中贴身攻守对抗都以腰部用力来完成，因此，腰部伤病在篮球运动损伤中占第二位，是影响运动员正常训练、比赛和技术发挥的主要伤病之一。正由于腰部是人体活动的枢纽，具有负重大、活动多、用力集中等生物学特点，在急转身、跨步过人和个人防守、跳起空中拼抢等技术动作中运用十分频繁，所以极易受伤。最常见的腰部损伤有急性腰扭伤和腰肌劳损。

篮球运动员腰部伤病的原因很多，多为间接暴力所引起。具有急、慢性损伤同时存在的综合性特点，且因受伤部位较深而不易治疗，训练与治疗又必须兼顾，因而常表现出难治愈性特点。另外，在训练比赛年限较长的高水平运动员群体中，普遍存在不同程度的腰部疾患，有些运动员甚至因腰伤而不得不退役。腰部的陈旧性损伤是困扰篮球运动员的最主要腰部伤病。

（三）上肢部位

现代篮球技术动作很多都有“以肩作轴，带动上肢”的技术特点，从而加大了上肢的活动范围，对肩、肘和腕、指关节提出了更高的要求，同时增加了这些部位负荷和受伤的概率。据统计分析，篮球运动员的肩、肘部损伤仅次于膝、腰部，是篮球运动中常见的损伤之一。由于篮球比赛具有高空争夺的特点，要求运动员在投篮和拼抢篮板球时尽可能伸展上肢，故伤患多为因外力过度牵拉所致的肩袖损伤和肘关节内侧部韧带受伤，以及指关节的挫伤。

第二节　篮球运动常见损伤的病因与影响因素

一、篮球运动常见损伤的外在病因

（一）间接作用力

由于篮球比赛中队员之间身体接触频繁、对抗性较强，间接作用力（包括传导作用力、扭转和剪切应力及杠杆作用力）就成为篮球运动员软组织损伤的首要致伤因素，常引起扭伤、拉伤等，重者也可导致骨折和脱位。运动员因间接作用力而受伤的最主要原因之一，是队员缺乏自我保护意识和行之有效的自我保护专门训练。

（二）慢性劳损

慢性劳损是运动员身体局部过度活动、长期负重，或某部受到持续、反复的外力作用而造成的慢性积累性损伤，在老队员的伤病因素中最为突出。慢性劳损致病多发于人体活动枢纽的腰部和反复受到牵拉、应力作用的髌骨，具有病因较难祛除、伤病不易治愈和队员又不能停训的特点。慢性劳损还与不科学的运动训练、新伤的不彻底治疗，以及重复受伤有关。

（三）直接暴力

直接暴力致伤具有突发性的特点，常由于对手的无意识习惯动作，或有意犯规动作造成，最常出现的作用力点是与对手的肘或膝部发生直接冲撞，造成身体某部位的损伤。所引起的损伤类型多为挫伤，受伤局部多伴有皮下出血而形成的血肿和淤瘢，如胸壁挫伤、股四头肌下血肿等。

（四）教练员科学训练水平不高

因训练科学化水平低，直接导致运动员训练程度不高而受伤的病案在年轻（新）运动员中最为突出。主要表现在许多年轻运动员完成技术动作时存在不规范、不合理，主动肌与对抗肌收缩不协调，以及自我保护能力较差等因素，故而受伤的概率比老运动员明显要大。所以，教练员对于年龄较小、个子很高、体形单薄、动作迟缓的运动员尤其要注意协调性方面的专门练习。

二、篮球运动常见损伤的内在病因

（一）运动员生物学机能状态不佳

由于过度训练、生物节律性低潮期、疾病、女运动员经期等因素使运动员的生理机能处于不良状态，运动员在训练时往往注意力不够集中，动作协调性下降，肌肉、关节的本体感受性降低，竞技状态低下。此时，对抗能力和运动能力减弱，因而在激烈的拼抢过程中极易受伤。另外，在大强度、大运动量的训练中也容易造成心血管、呼吸等系统的“内伤”，如过度疲劳综合征。

（二）肌肉收缩力

肌肉收缩力引发的损伤在年轻运动员的伤病中较为普遍，受伤过程往往是队员技术动作僵硬和不合理、主动肌群和被动肌群收缩不协调，或身体大、小肌群力量的不匹配而造成。受伤较多为撕裂（拉）伤，累及部位多为肌腹、肌肉与肌腱过渡部位，以及肌腱附着处。

（三）缺乏充分的准备活动和整理活动

运动员在比赛和训练前充分做好准备活动，是预防外伤和内伤的一个关键环节。在篮球比赛（训练）的开始阶段，由非对手因素所致的扭伤、拉伤病例中，绝大多数属于运动员自己没有充分做好准备活动。特别是在环境温度较低、停训时间较长的情况下，肌肉的黏滞性大，动作僵硬，肌肉及其纤维结缔组织更易被拉伤。在训练或比赛开始后，随着双方的激烈拼抢，生理负荷强度在很短的时间里急剧升高，运动员的内脏机能跟不上运动系统的需要，从而会出现“极点”现象，影响队员技战术水平的正常发挥。充分做好准备活动，在心血管机能中留下一个“强度痕迹”，能有效地克服内脏机能的生理惰性，将“极点”现象造成的不良影响降低到最小程度。此外，高度重视训练后的整理活动，也是获取训练效果，防止肌肉僵硬，消除体内运动性代谢产物，促进心血管、呼吸系统机能的快速恢复，预防运动性疾病的重要途径之一。

三、篮球运动常见损伤的其他影响因素

（一）场地、器材条件

篮球运动中，场地滑和不平坦、灯光不适宜是造成运动员摔伤和扭、拉伤的重要影响因素。灯光暗淡影响运动员视力判断，会造成移动、完成技术和战术动作出现身体失控而受伤。地面过硬则极易诱发运动员出现胫、腓骨疲劳性骨膜炎和跟（底）痛症，也会间接地加重损伤的程度。篮架未用软物包裹、球场边线外障碍物过分靠近，也是运动场所的不安全因素，有时也会引发意外伤害。排除场地、器材条件中存在的隐患，虽是后勤保障部门的本职工作，但对于教练员和运动员而言，养成在训练和比赛前有意识地检查灯光、场地、器材的安全性的习惯，对于预防运动损伤的发生具有重要的实际意义。运动员服装与运动鞋袜不合适，也会导致意外伤害事故，必须予以重视。

（二）医务监督

调查研究资料表明，医务监督工作较为薄弱的球队，其新队员出现过度训练综合征和意外受伤、老队员出现慢性积累性损伤的病案，不仅数量较多，而且在该队运动性伤病总数中所占的比例，也明显比伤病监测工作较好的球队高。因此，提高教练员和运动员的医务监督意识，使其主动配合医学科技人员开展运动性伤病的监测工作，将有助于教练员准确掌握运动员的生物机能变化规律，及时了解运动员的身体状况，合理安排运动量，从而有效地防止运动性伤病的出现。

第三节　篮球运动常见损伤的治疗与康复训练原则

一、篮球运动常见急性损伤的现场处理原则

（一）闭合性软组织损伤处理原则

肢体急性闭合性软组织损伤在篮球运动中经常发生，正确的现场处理不仅可以防止受伤局部的进一步出血，减缓疼痛，而且有利于伤病的后期恢复。现场急救处理的总体原则为局部制动休息（Rest）、冰疗（Ice）、压迫包扎（Compress），以及抬高患肢（Ele-vation），又称 RICE 原则。

1. 局部制动休息

伤肢制动是急性损伤现场处理的重要措施，可以有效地减轻伤病疼痛和组织出血，防止再次活动而加重损伤程度。当队员受伤时，必然产生一种保护性自我制动的条件反射，此时切忌为了急于诊断和达到手法治疗的目的，使用按压、揉捏、转动、牵拉等方法，否则将加剧伤肢疼痛、局部出血和炎症。通过分析过去一些伤患部肿胀严重、愈后关节周围软组织增生明显的病例，其中一个重要的原因就是受伤早期的制动处理不当。为了加强制动休息的疗效，除患者自我控制伤肢不动外，还可使用钢丝托板、支撑保护带等。受伤后 48 小时内应连续执行制动休息的原则，禁止使用转动、牵拉等可能导致重新出血的治疗方法。

2. 冰疗

在比赛现场，受伤急救时的冰疗常采用氯乙烷配制的雾化降温剂做局部喷

涂，旨在降低局部组织的温度和痛觉感受器的敏感性，促使受伤血管收缩，以产生明显的止痛，减轻伤部出血，以及阻止液体渗出的作用，能降低局部组织的代谢率，缓解受伤状况，有利于受伤组织的后期恢复。在条件较差的情况下，可先用凉水冲洗 15~20 分钟，但离开球场后，需继续使用冰袋进行半小时的冷敷。伤后 48 小时内，禁用温度较高的热水冲洗（或热敷）患部。

3. 压迫包扎

这是伤病现场处理措施中最关键的一步。加压包扎不仅是伤病急性期中减少组织出血，防止伤部组织过度肿胀的有效方法，而且也是防止在恢复期中伤患组织内的结缔组织过度增生，受伤关节在恢复后明显比对侧健（肢）部肿大的疗法之一。在冰疗后最好用弹性绷带对受伤部位进行包扎，包扎所用的绷带宜宽一些，松紧也应适度。在包扎 5 分钟后，应检查一次伤部远端肢体（或甲床颜色）有无发绀、发麻、发胀的现象。如果不易分辨时，可与对侧健肢进行比较，以便确认有无包扎过紧而出现的肢体远端缺血症状。一般在受伤急性期内，局部均有不同程度的进行性肿胀。因此，运动员自己也应注意观察远端肢体的颜色，如出现皮肤发紫、肢体麻木、疼痛加剧的症状，应立即报告，以便及时调整包扎带的松紧度。

4. 抬高伤肢

适当抬高伤肢能有效地改善血液循环，有利于淋巴液回流，促进肿胀的消退。肢体受伤后，由于疼痛保护性反射或软组织本身的伤病，使肌肉收缩对血液（淋巴液）回流的推挤（压）功能暂时不能发挥作用，致使大量的血液因重力作用而滞留在受伤部位和四肢远端的静脉中，从而加重了局部出血和肿胀的病理过程。抬高伤肢的措施，充分利用了血液的重力作用，弥补了肌肉收缩“挤压泵”功能的不足，在一定程度上消除了血液回流不畅的影响，促进了滞留于伤肢局部和远端肢体皮下疏松结缔组织中的液体回流入血液循环的过程，因而具有防止进一步肿胀和消肿的功效。一般而言，运动员下肢受伤后，身体宜取半躺位或坐位，足踝部垫（抬）起的高度应超过大腿部水平；取躺位时，下肢垫高应超过心脏水平。上肢远端受伤后，手腕部应抬高，并超过心脏水平。

（二）开放性软组织损伤处理原则

开放性软组织损伤是指伴有皮肤、黏膜的完整性受到破坏，伤口直接与外界相通的软组织损伤。篮球运动中最常见的有擦伤、挫裂伤等。此类损伤的现场处理原则是有效止血，保护创面和防止感染。

在基地训练时，若场地离医务室不远，原则上不要用任何未经严格消毒的物品覆盖在创面上，应快速到医务室进行清创等处理。若创面上有异物时，禁用嘴吹或用一般水冲洗，以防进一步感染。若运动队经常在远离医务室的训练场地（赛场）训练（比赛），且又无随队医务人员时，建议助理教练员随身准备一个常规外伤小急救包，以便应急。急救包内至少应有碘酒和酒精各一小瓶，以及消毒橡胶手套、棉签、棉垫、纱布、胶布、绷带、止血带、三角巾、上肢小夹板（一副）等。局部消毒操作时应特别注意由创面中心逐步（画圆圈式地）向外周消毒。

（三）骨折与脱位处理原则

当发现受伤局部出现明显畸形、剧烈锐痛时，原则上应立即按骨折脱位的病案进行现场处理，切忌在未弄清楚伤病的情况下擅自实施手法复位等治疗。闭合性骨折和脱位的现场处理原则主要是：临时夹板固定、肢体制动，以减轻疼痛，避免再伤以及便于转送；当环境温度较低时，还要注意保暖。对于开放性骨折或脱位，除止血、保护创面、防止感染外，也应对患肢进行临时制动与固定。固定时最好按患肢受伤后的自我保护性姿态进行，尽量不要移动伤肢，以免加重运动员的疼痛和伤情。

二、篮球运动常见损伤的康复训练原则

（一）区别对待原则

区别对待原则是指在康复训练过程中，根据运动员不同的伤病情况和个人特点，有针对性地制定和实施康复训练计划（训练的内容、方法和手段，以及生理负荷量、注意环节）的原则。从伤病恢复的角度出发，康复训练必须依据运动员受伤的类型、部位，以及损伤愈合（早、中、晚期）的不同阶段，分别采用相应的康复训练方法。如踝关节（外侧韧带）急性扭伤的早期应以局部制动（静止）休息为主，而晚期则应注重踝关节周围的韧带、小肌肉的抗阻训练，以加强关节的稳定性和抗再受伤的能力。运动员个性特征、训练程度和心理素质，也是教练员在康复训练过程中应考虑到的方面。由于不同运动员上述特点的差异，他们对受伤后早日恢复的渴望程度和对伤病的态度有所不同，因而落实在执行康复训练（练习）计划的行动上，其表现也不尽相同。如毅力品质较好、训练热情

较高的运动员，他们往往能更快、更好地战胜伤病痛苦，积极配合教练员全力投入康复训练。但对于这类运动员要特别注意再度受伤的问题，在制定和实施康复训练计划时，应有意识地适当控制其练习强度，以防止再度受伤。

（二）动静结合、“保强补弱”原则

动静结合、“保强补弱”原则是指在康复的不同阶段，将静止的休息与动态的训练合理地搭配起来，并在康复训练过程中注意尽量保持自己原有的机能和竞技状态，同时弥补自己在技战术方面不足的立体性康复训练。这是现代体育康复训练的一大特点。

动静结合原则具有广泛的内涵，如早期以静态休息为主，中、晚期以动态练习为主，伤患局部制动与整体训练结合，上肢受伤练下肢，技术不能练则练素质，恢复与保持机能状态相结合等。

“保强补弱”原则是在“养伤不停训”思想指导下的现代体育康复训练学的一大发展趋势。损伤给运动员带来的最大负面效应，不在于伤病本身，而在于运动员对伤病的态度所导致的整体机能水平和竞技状态的大幅度快速下降。这也是现代体育康复训练的一大课题。有些运动员一旦受伤，情绪低落，把“养伤”看成是一个绝对静止休息的医疗过程，从而放弃了积极康复训练和充分利用康复期间弥补自己技战术不足的宝贵时机。注重康复过程中的保强补弱训练，也是优秀教练员和运动员的特征之一。如美国某优秀篮球运动员平时比赛时的罚球命中率不高，但在某次受伤后的康复训练期间，他在接受局部伤病治疗的同时，特别注意了罚球线处的投篮练习，因而在伤愈复出后，不仅能很快进入竞技机能状态，而且其罚球命中率明显提高。

（三）综合训练原则

在康复训练过程中，采用多种训练手段和内容，对受伤部位和相关肢体进行全面训练即为综合训练。综合训练是康复训练的重要组成部分，它在促进损伤愈合、缩短康复时间、防止再度受伤等方面具有重要的作用。在篮球运动中，关节损伤最为突出，围绕受伤关节的综合训练应包含以下 3 个方面。

1. 等张与等长练习相结合

在训练的手段选择上要注意肌肉动力性和静力性抗阻练习的合理搭配，尤其要注重在某些力量最为薄弱的关节角度上的静力性力量练习，以加强跨关节肌

群、韧带在各个运动角度上对抗牵拉和扭转的能力。阻力（负荷）大小的把握应以在练习中受伤局部不产生明显的疼痛为原则。练习中要特别注意逐渐发力，先慢后快，切忌重复受伤动作。

2. 跨关节大、小肌群的协调训练

在发展篮球运动员腿、臂、腰部大肌群力量的同时，特别要注意对在运动中发挥协同作用的小肌群的力量训练是促进伤患尽快恢复、防止再次受伤的重要康复训练环节。调查研究显示，篮球运动员在关节损伤的病案中，跨关节韧带、小肌群的拉伤后较难愈合是影响伤患全面康复的重要因素之一。因此，在进行肌肉力量训练时，要遵循先练大肌群、后练小肌群的顺序原则，以取得最佳的训练效果。

3. 肌肉和韧带的同步训练

篮球运动是身体全方位各关节、肌群整体协同活动的过程，关节运动功能是由围绕（跨）关节的肌肉和韧带共同执行的，关节的损伤程度与关节肌肉和韧带的牵拉能力密切相关。因而，在康复训练中应注意跨关节肌肉和韧带的同步训练，尤其要针对这些相关关节肌肉和韧带的抗阻力量进行训练。如果是踝关节外侧韧带扭伤后的康复训练，在注意跨踝肌力训练的同时，要特别强化踝关节外翻、背屈（勾脚尖）动作的抗阻练习，这对于加强跨踝肌肉和韧带的力量，防止再度受伤，具有积极的意义。

（四）循序渐进原则

损伤局部修复后的新生组织（如肌肉、韧带等）的抗牵拉、扭转能力较弱，需要一个逐步强化的适应过程，尤其是伤情较重、卧床休息时间较长的运动员，不仅整体运动能力下降，而且其心血管、呼吸等内脏系统机能在一定程度上也会降低，与运动系统的动态平衡关系也要在康复训练中重新建立。因此，在整个康复训练过程中，不同恢复阶段的运动强度和生理负荷（强度）量的安排应体现逐渐加量、循环交替的原则，并应特别注意观察运动员对训练的反应，随时根据伤情反应调整训练计划。如训练后出现受伤部位疼痛、肿胀加剧，或整体机能水平恢复时间明显延长，应迅速调整训练负荷，防止再度受伤而延长康复过程。

（五）整体康复原则

整体康复原则是指对受伤运动员从伤患局部到整体的生理、心理、竞技状态等方面实施全面康复训练的原则。运动员受伤停训后，除伤患局部的病理改变外，其整体生理机能、情绪（心理）、竞技状态等方面也会发生相应的一系列变化。因此，教练员在制订和实施康复训练计划时，不能单纯着眼于受伤部位的康复，还应意识到运动员是一个完整的机体，从损伤的治疗、生理和心理机能的调整，到竞技状态的恢复等方面需进行综合考虑，使运动员从伤病复出时，能很快适应严格训练和激烈比赛的环境。

三、篮球运动常见损伤的预防原则

（一）提高自我保护意识，强化自我保护技能的专门训练

提高自我保护意识和强化自我保护专门技能的训练是现代篮球运动训练的重要内容之一。由于篮球运动属于身体直接接触、高强度对抗、空中动作很多的竞技性运动项目，提高自我保护意识、强化保护动作的专门训练，是积极预防出现意外损伤的一个关键环节，具有很强的自我保护意识和很高的自我保护技能是优秀篮球运动员的特征之一。因此，将自我保护意识和动作（技巧）的训练，作为技术训练课必不可少的一个内容来抓，对于提高和保持球队战斗力具有十分重要的意义。

1. 自我保护意识

自我保护意识包括运动员对对方队员可能使用的伤害性动作（如快攻突破上篮时，对方可能从身后做“推人”的动作）的预见和对其他情况（如自我动作的合理性等）的预见两方面。运动员的思想上始终应有一根自我保护的“弦”，但同时也不要因为怕受伤而不敢拼搏和不敢大胆完成技战术动作。

2. 自我保护动作

自我保护动作有两方面，一方面包含了运动员在掌握和完成技术动作时所具有的（规范、协调及合理等）自我保护性。如运动员在完成运球（左）后转身摆脱对方的动作时，当头部转动带动躯干转向后，作为中枢的右脚应随同及时地使脚跟微离地，以前脚掌为轴心随身体向左侧快速转动。如果队员忽略了脚步的这一正确动作，以右全脚为轴心，全脚（黏滞）拖拉外旋或滑动转向（“拖脚”），右膝处于外翻位，当急转身用力过猛或受到对方从右侧方向而来的推挤力量时，极易造成右膝关节内侧副韧带、内侧半月板损伤，以及右腿内侧肌群的

拉伤。另一方面，自我保护动作还包括了运动员抵抗对方伤害性动作的能力。通过专门的训练，使运动员具备能有效地“避开”“化解”或“扛住”来自对方伤害性行为的素质和技巧，也是自我保护技术训练的重要内容。

（二）加强全面身体素质训练，注意对跨关节小肌群和韧带的专门训练

现代篮球运动竞赛对运动员的身体素质提出了更高的要求。运动员既要具有凶悍拼斗的顽强作风，又要具有强壮的体格和较好的素质，这些不仅是在比赛中充分发挥良好的技战术水平和夺取最后胜利的生物学基础，也是在训练和比赛中有效地避免或减少运动伤病发生的物质保障。根据现代篮球运动的发展趋势和针对我国篮球运动员专项技术训练较早、体格普遍较“单薄”的实际情况，教练员更应加强对队员的全面身体素质训练。

抓全面的身体素质训练，不但要强化大肌群的力量、耐力、柔韧等训练，而且还要特别注意对跨关节小肌群的训练。一方面，随着篮球技术的发展，以大关节作为运动轴完成的技术动作（如以肩为轴的运球技术）日益增多，而跨关节小肌群在投篮、运球时控制球的“球感”方面，在与大肌群协同发力，以及技术动作的控制与精细调节等方面，发挥着越来越重要的作用。另一方面，疲劳往往从小肌肉开始，伤病往往在弱组织发生。跨关节小肌群因体积小和肌力不足，在训练和比赛中最易疲劳和受伤，从而保护性地直接或间接影响大肌群作用的发挥。因此，围绕跨肩、肘、腕，以及膝、踝关节的小肌群，教练员应专门安排有针对性的训练，以改善运动员的整体身体素质条件。

（三）充分做好准备活动和整理活动

充分做好准备活动是预防运动损伤的重要措施之一。在准备活动中除采用动力性辅助练习外，还应特别提倡使用静力性牵张练习。在使用静力性牵张练习时应注意以下3点。

①缓慢牵拉，逐步到位。尤其是对跨关节小肌群、韧带，以及曾经受过伤的肌肉、韧带，以防止出现微牵拉伤或不易察觉地再受伤。

②大、小肌群和韧带的并重牵拉练习，即不可忽略对围绕容易受伤的关节周围的小肌群、韧带的牵拉练习。

③按照先牵拉小肌群、韧带，后牵拉大肌群的原则进行牵拉练习。但对大肌群、韧带进行牵拉，由于牵拉的力量和动作幅度较大，要注意可能造成大肌群周围的小肌群、韧带因未充分活动，肌肉组织黏滞性又较高而出现的牵拉伤。跨关

节牵拉顺序应是腕、肘、肩、踝、膝、髋。动力性准备活动练习中的瞬时（短暂）生理负荷强度应适当提高，最好接近比赛时的负荷强度，以使机体内脏植物神经系统的机能水平快速动员起来，并留下强度“痕迹”，以适应篮球比赛一开始即进入强对抗状态的需要。

使疲劳、僵硬的肌肉充分放松，内脏系统工作水平逐步恢复到安静状态，是整理活动的主要内容。它对于促进人体疲劳的消除、防止肌肉失去良好的本体感受性、预防运动性疾病（“内伤”）的发生具有重要的意义，教练员应当高度重视。

（四）加强医务监督，防止过度训练

加强医务监督既是科学化训练的重要组成部分，又是使训练和比赛顺利进行的医学保障。因此，国内外许多优秀的教练员历来都十分重视这项工作。医务监督工作主要包括3个方面。

①督促和检查运动员坚持进行常规的自我检查，使他们养成自测晨脉和体温、书写训练日记的良好习惯。在运动员的训练日记中，应记录晨脉和体温的数据，以及对训练的身体反应、主观感受、食欲、睡眠、运动情绪等内容，女运动员还应记录月经的情况，从而使运动员的自我医务监督习惯化和制度化。

②注意观察运动员在训练中和训练后的机能反应，如训练时的动作灵敏性、反应速度、协调性等，一旦发现异常反应，应及时采取相应的调整措施，如减小运动强度等。每次训练前，还应有意识地检查一下训练场地、器材的安全性能，尤其是在较为陌生的环境进行训练或比赛时，更要高度重视，以防止意外伤害的发生。

③定期常规医学检查是医务监督中不可忽略的内容，也是教练员获取每一名运动员生理机能状态数据的重要途径。通过对运动员的血红蛋白浓度、激素水平等一系列生理生化指标的系统医学检测，教练员可深入了解运动员的机能、营养状况，及时调整训练计划，有效地防止过度训练。

（五）经常使用保护支持带

对于曾经受过伤的关节部位，应在确信已完全康复，且肌肉、韧带的抗牵拉、扭转的力量已足够强大之前，在训练和比赛时经常使用保护支持带（如使用胶布带、弹性绷带等），以防止重复受伤，拖延病程，影响训练和比赛。

第四节　篮球运动常见损伤的处理、康复训练与预防

一、膝部常见损伤的处理、康复训练与预防

篮球运动员膝部损伤约占身体各部位伤病总数的40%，主要有膝关节韧带损伤、髌骨软骨病、髌尖末端病、半月板损伤，以及股四头肌挫伤等。膝部伤病的发病机制与现代篮球运动技战术特点对运动员身体素质的特殊要求，膝关节的自身解剖结构、生理功能，以及在身体运动中所发挥的重要作用等因素密切相关。

（一）膝关节韧带损伤

膝关节内、外侧副韧带损伤是膝关节韧带中最常发生的损伤。内侧副韧带的损伤机理与膝外翻有关，如运球后转身时，因中枢脚及小腿固定，大腿随躯干突然内收内旋，在膝关节处形成了一个扭转力，或来自膝外侧的——个向内侧的冲撞力所致。外侧副韧带损伤发病率远比内侧副韧带损伤低，其受伤机理与膝内翻有关。内侧副韧带不完全断裂后临床上常表现为膝内侧短暂剧痛，韧带受伤局部有明显的压痛点，常伴有半腱肌、半膜肌痉挛。

现场处理：氯乙烷局部麻醉降温，弹力绷带做“8”字形（内侧交叉）压迫包扎，再继续用冰袋冷敷。经此处理后可酌情继续上场比赛。韧带完全断裂者则病情症状明显加重，在做上述处理的基础上，用棉花夹板固定，急送医院处理。

康复训练：可在伤后3天配合局部治疗的同时开始进行。康复训练主要包括保持伸膝肌（股四头肌）和屈膝肌（股二头肌）的肌力，防止因伤制动导致肌肉萎缩而出现的膝关节“不稳感”现象；加强膝关节伸屈抗阻练习，防止因局部损伤的瘢痕粘连影响关节的活动度。训练时应特别注意先做无阻抗静力性收缩和伸屈膝练习，再逐渐过渡到抗阻动力性伸屈膝练习。单纯性内侧副韧带不完全断裂经10~20天的康复训练后，即可恢复训练，甚至参加比赛。

预防：内侧副韧带损伤的发病率远比外侧副韧带高，且内侧副韧带的严重损伤常合并内侧半月板的撕裂伤，故为预防的重点。除采用一般常规预防措施外，还需注意以下3点。

①改进后转身技术动作。对于技术水平不高的运动员，克服后转身技术动作中的“拖脚”现象，是预防内侧副韧带损伤的关键环节之一。严格要求队员在完成后转身动作时，作为中枢脚的跟部应微离地面，脚的受力点一定要落在前脚

掌，切忌出现“拖脚”动作，这样可有效地化解膝关节处的扭转力，避免膝外翻受伤机制的形成。

②强化准备活动中的静力性牵拉练习。在进行其他动力性练习的基础上，预防内侧副韧带损伤可采用膝外翻静力牵拉练习（脚尖向外，分腿，膝内扣，半蹲位）3~5 分钟，预防外侧副韧带损伤可借用“盘腿”练习。

③对于曾受过伤的运动员，一方面在做准备活动时不可重复（或过度用力）受伤机制动作；另一方面在训练和比赛前，还应使用弹力绷带在膝部做“8”字形（内侧交叉）加固包扎，并在鞋跟（或鞋垫）内适当楔形垫高，以有效防止膝关节外展外旋时再度受伤。

（二）髌骨软骨病

在篮球运动中慢性损伤发病率最高的伤病之一是髌骨软骨病，又称髌骨劳损。髌骨劳损的主要病理变化为髌软骨的一种退行性病变，其发病原因主要与局部外伤和疲劳损伤有关，尤其是运动员双膝因篮球运动特点而经常处于半蹲位，反复伸屈扭转，致使髌、股两骨对应关节软骨面相互异常错位、撞击，以及捻转摩擦，构成了该病的主要损伤机制。篮球运动员常为双侧发病，主要表现为膝痛或膝软（尤其是大运动量训练之后）、半蹲痛，以及过伸痛的“三痛”症状。临床检查的髌骨压痛和髌骨周围指压痛率极高，单足半蹲试验均为阳性。

康复训练：以增强股四头肌的力量为主，可采用直抬腿练习、非痛感角度静力半蹲练习等发展肌力的等长训练方法。静力半蹲练习的下蹲深度应逐步加大，连续下蹲时间要逐渐延长，直至达到每次 15~20 分钟。与此同时，还应加强股二头肌的力量训练，使腿前、后侧肌群力量得到平衡发展。康复训练时应特别注意，避免在有疼痛感的膝半蹲位角度进行各种发力练习，训练的强度和量及练习方法，应以不产生明显疼痛和加重髌骨症状为准则。

预防：除采用一般常规预防措施外，训练中应避免使用可造成髌骨过度负荷的“单打一”训练模式，如在 1 次、1 周或一段时期训练课内，安排的下肢半蹲练习过多或过分集中，均可使膝关节局部负担过重而导致劳损。另外，在准备活动中增加 3~5 分钟的静力半蹲练习内容。对已患髌骨软骨病的队员，在训练和比赛时，若有条件，可使用髌骨侧方推压的特别护具和膝软支具。

（三）髌尖末端病

髌尖末端病又称“篮球膝”，是髌腱腱围炎的一个分型，是由慢性劳损、外伤（髌腱微拉伤和髌尖撞击伤）所引起的损伤性改变伤病。运动员患此病后可表现为跳痛、上下楼痛、半蹲痛以及打软腿等，并伴有髌尖加长、髌尖压痛和股四头肌萎缩等体征。加强负重静蹲练习、发展蹲起力量和改善跳跃技术动作是使髌尖结构逐渐适应牵拉力量和预防髌尖末端病发生的最主要措施。练习中，负荷重量和跳跃运动量应逐步增加，尤其是对新队员和已患此病的队员，也应避免"单打一"的训练模式，以预防局部负担过重而致劳损。

（四）半月板损伤

半月板处于股骨髁和胫骨平台之间，是膝关节重要的静力性稳定装置之一。当膝关节突然做伸屈运动，同时又受到扭转力（如脚和小腿外旋外展、大腿内旋内收、膝内扣）的作用时，半月板则处于不协调的运动之中，受到上下两骨的挤压、研磨及捻转，从而造成内、外半月板的撕裂伤。例如，运动员做转身跳起投篮动作时，从屈膝、转身，到伸膝跳起，若脚步动作稍有不协调或防守队员冲撞，其作轴腿的膝关节半月板极易发生撕裂。严重的膝关节内侧副韧带断裂也常伴有内侧半月板的撕裂。半月板受伤时常伴有滑膜、韧带的损伤而出现伤侧剧痛，且疼痛恒定在受伤一侧，但确诊往往需做进一步临床检查。膝半月板损伤因现场不易确诊，其现场急救处理可参照膝关节韧带扭伤的处理原则进行，即氯乙烷局部麻醉降温，弹力绷带压迫包扎，制动，抬高伤肢，继续用冰袋冷敷。

康复训练：可在手术两周后开始。训练要点除参照膝关节副韧带损伤后的康复训练外，还需特别注意3点。

①经常将患侧"膝眼"与健侧进行比较，以鉴别观察伤侧关节有无肿胀积液现象。若出现此症，应酌情减小运动强度和量。

②先进行周期性运动，再做非周期性练习。

③运动强度和量以伤患关节不出现明显的疼痛和肿胀积液为度。

预防：预防要点参照膝关节副韧带损伤的预防措施。

（五）股四头肌挫伤

股四头肌挫伤是篮球运动中特有的直接暴力所引起的运动损伤。多因激烈比赛中，进攻队员持球做交叉步突破时，被防守队员用膝盖顶撞大腿前外侧所致。受伤处剧痛、肿胀、皮下瘀血，不能行走，严重时可形成股四头肌下血肿。

损伤较严重者，现场迅速用氯乙烷喷湿海绵垫或较大的棉花垫后，在受伤部位做压迫包扎，平卧、抬高患肢、制动，用较大的冰袋继续冰敷，能有效地制止损伤处继续出血和肿胀，促进伤肢静脉回流，对于防止形成股四头肌下血肿具有重要的临床治疗意义。损伤较轻，需继续上场比赛者，必须进行适当的压迫包扎（或使用护腿），而不能只是用氯乙烷麻醉降温处理完事。这对于防止受伤肌组织继续出血和进一步损伤，加速赛后的恢复，同样具有积极的治疗作用。

康复训练：需视损伤程度在受伤静止休息两天后逐步进行。避免过早地进行膝关节被动屈曲练习和大力推拿引起的再伤，防止继发股四头肌损伤性化骨性肌炎是康复训练中应特别注意的问题。开始练习时应躺在床上做轻微的膝伸屈活动（不可放在床沿和负重伸屈），逐步过渡到下地行走。恢复膝关节的正常伸屈功能和股四头肌力量训练，一定要以局部不产生疼痛为原则，切不可急躁和蛮干。

预防：伤愈后投入训练时，为预防再伤，必须采取一定的保护措施，如局部包扎或使用护腿。由于股四头肌挫伤主要来自对方队员的直接外力，故强化自我保护意识，提高自我保护技能，是预防本伤病的关键。

二、足踝部常见损伤的处理、康复训练与预防

（一）踝关节韧带损伤

踝部损伤的发病率在篮球运动中少于膝部，以踝关节外侧韧带损伤较为突出，多与运动员跳起落地时踩在别人脚上，或身体失去平衡、被踩等原因造成踝关节内旋、足趾屈内翻位受力作用的机制有关。损伤后踝关节外侧疼痛，局部肿胀，皮下瘀血，有明确的压痛点，不能立即行走。由于踝部关节、韧带结构较为复杂，受伤后在未仔细检查确诊前，不得盲目使用手法治疗。

现场急救处理步骤：

①迅速用氯乙烷喷湿海绵垫或较大的棉垫后，在外踝受伤部位做压迫包扎。通过降温、加压包扎能有效地制止损伤处继续出血和肿胀，对后续的检查、治疗和防止后期外踝结缔组织过度增生等都有重要的意义。同时，压迫包扎的“8”字形交叉点应在足外侧，以防止踝关节内翻（踝内侧韧带损伤时交叉点应在内侧）。

②患肢制动。有条件时可使用钢丝托板，将受伤足固定于稍外翻、趾伸位，以减轻局部韧带张力和防止进一步出血。

③抬高患肢。可促进伤肢静脉回流，防止局部肿胀。

④冰袋冷敷。若无条件可用凉水降温。

康复训练：一般受伤1周后在配合临床治疗的同时，可开始康复训练。早期

练习内容包括，在热水浸泡中和仰卧抬高患肢的条件下，进行踝伸屈练习（切忌做环转、内翻动作），以促进局部血液循环，消除皮下淤血和肿胀，防止局部粘连；在不产生疼痛的前提下，进行踱肌、膝肠肌等的被动牵拉练习。中期应加强以锻炼和恢复足、踝部肌肉运动精细调节功能为主的训练，如蹬功率自行车、足滚圆木练习等。后期应以增强踝周肌肉、韧带力量和足伸屈肌群的力量为主，尤其要注重与踝外旋、外翻、趾伸功能有关的肌群和韧带的力量训练，如起踵练习、足踱伸（踝屈）抗阻练习等。康复训练后伤踝部常有不同程度的肿胀，此时应平卧抬高患肢。

预防：强化踝周和跨踝肌肉、韧带的力量训练，进行踝外旋、足外展外翻、趾伸的抗阻专门练习。在训练和比赛前，认真进行各3~5分钟的足内翻（踝内旋、足内收内翻）和足外翻（踝外旋、足外展外翻）的静力性牵拉练习。

（二）第五趾骨结节骨折

第五趾骨结节骨折的受伤机制与踝关节外侧韧带损伤较为相同，常引起腓骨短肌的结节部撕脱，有时可合并踝外侧韧带损伤。受伤后局部有明显肿胀和压痛，足外翻抗阻试验有锐性疼痛。

现场急救方法与踝关节韧带扭伤相同，即在伤患局部压迫包扎，抬高患肢，托板稍外翻趾伸位固定（以减轻腓骨短肌肌腱对结节部的牵拉，便于断端的对位愈合）及冰敷。康复训练与预防仍可参照踝关节韧带扭伤的措施进行。但若骨折有错位时，功能锻炼应适当推后。

（三）跟腱断裂

篮球运动员的跟腱断裂多数因间接外伤所致。发病前多有跟腱腱围炎病史，跟腱及腱周组织有不同程度的变性。训练或比赛中，由半蹲位（踝处于过趾伸状态）突然发力起跳，跟腱因突然受强大牵张力作用而发生断裂或不完全断裂。受伤时跟部有被踢感，运动员自己常能听见断裂声，继感跟腱部疼痛，腓肠肌麻木、发胀，足踝运动失灵，即刻便不能站立。检查可发现踝关节不能自动伸屈，踝背伸位跟腱外形消失下陷，扪之有凹陷和敏锐压痛。现场急救处理仍按 RICE 原则，即压迫包扎、局部制动、冰疗及抬高患肢，急送医院手术治疗。使用托板固定时，应让踝关节处于趾屈位，以减轻跟腱的牵张力，防止进一步撕裂。

康复训练：从手术 1 个月后去掉石膏托开始，分 3 个阶段进行。早、中期训练旨在松解踝、跟部伤，术后粘连，恢复踝关节伸屈活动度和精细运动调节功能。早期阶段（术后4~6周）以床上踝关节的非阻抗伸屈功能活动为主。中期（术后1.5~3个月）应下地走路和进一步做功能锻炼，如向前和向后走路、蹬功率自行车、足滚圆木练习等。初下地训练时，鞋跟应适当垫高，以减轻对跟腱的牵张力，待适应后再逐步将鞋跟减低。后期（术后3~6个月）以恢复跟腱抗牵拉张力的肌力训练为主，如负重起踵练习、踝背伸抗阻练习等，为重返训练场做最后准备。

预防：

①除采用一般损伤预防措施外，应高度重视和积极治疗跟腱腱围炎，避免盲目地经常使用封闭治疗。

②加强踝趾屈、伸肌群的专门力量训练，如负重起踵、踝背伸抗阻练习等。同时，也应避免“单打一”的强度负荷过大、过分集中的踝关节背伸位发力练习。

③训练和比赛前应进行跟腱静力性牵拉练习3~5分钟。

④运动员应经常进行踝跟部和小腿三头肌、腱的自我或相互放松按摩，尤其是在大运动量训练后。

三、腰部常见损伤的处理、康复训练与预防

（一）急性腰扭伤

急性腰扭伤主要指发生于腰部、腰骶部和骶髂部的肌肉、筋膜、韧带损伤及关节扭伤，常因运动员在力量训练提重物时腰部动作不正确，或比赛中腰部伸屈伴扭转（如进攻队员在持球突破中使用交叉步）动作不协调，加之腰背肌力不足而突然受伤，并常反射性引起下肢或臀部疼痛，腰不能伸直。当以腰肌拉伤和棘间韧带捩伤为主时，局部常肿胀，伴有压痛，不能弯腰；若小关节及附件扭伤，则表现出腰部突然不能活动。

在未确诊损伤的具体部位和类型前，现场处理切忌盲目使用手法治疗，应让队员平（俯）卧休息，冰袋冷敷局部。

康复训练：康复训练中应逐步加强腰、腹肌力量的练习。早期应以徒手练习为主，阻抗负荷要缓慢加量，练习动作的幅度和速度应由小到大，循序渐进。练习结束后应特别注意放松腰部肌肉，如经常性地自我腰部按摩。

预防：除采用一般预防措施外，应加强腰腿和腹部肌力的训练，强化腰部伸屈扭转复合动作的合理性和协调性训练（如在进行负重力量练习的提铃发力时，

应屈膝、屈髋、直腰）。近期曾有受伤史的队员在训练和比赛时，以及未受伤队员在进行腰部力量训练时，建议使用护腰带，以加强保护预防措施。

（二）腰肌劳损

现代运动医学认为，篮球运动员的腰肌劳损是急性腰扭伤后未得到及时根治、腰部活动量和负荷量过大，以及运动中出汗受凉等因素逐渐所致的腰部肌肉、筋膜、韧带等组织的慢性损伤。患者多有腰部酸、胀、痛症状，尤其是大运动量训练后更为明显，甚至放射至臀部和大腿，影响训练和比赛。劳损局部有明显的压痛点，有时可扪及硬结或肌肉痉挛，直抬腿试验阳性。

康复训练：腰肌劳损病程长，无特效疗法，持之以恒的体疗康复训练是关键。有针对性的训练方法主要有两类。

①以加强腰、腹肌力量，代偿伤患局部肌力不足为主的训练，如俯卧"飞燕点水""拱桥架势"和负重仰卧举腿等。训练以不出现疼痛、肌肉痉挛为原则，练习后应特别注意放松腰部肌肉。

②以松解腰部肌、筋膜粘连，改善局部血液循环为主的训练，如仰卧抱膝、膝胸卧展、直抬腿、旋腰蹬脚等。练习中，松解动作到位后应保持3~5分钟，以增加松解牵拉的效果。动作的幅度、速度应由小到大，逐渐增加，以防止局部出血或再度拉伤而影响疗效。腰肌劳损急性发作期应暂停训练，并采取必要的对症治疗。

预防：高度重视、积极治愈急性腰扭伤和其他腰部急性损伤，防止重复受伤，强化腰、腹肌群力量训练，避免"单打一"训练模式，是预防腰肌劳损的关键环节。除采用一般损伤预防措施外，注重腰部肌肉弹性，提倡运动员经常性地进行腰部自我按摩，防止训练出汗后受凉，对于预防腰肌劳损也十分有益。

四、肩部常见损伤的处理、康复训练与预防

篮球运动中进攻是在对抗条件下完成各种传、投、接、抢、运等动作，容易发生肩袖损伤。肩袖损伤又称肩袖损伤性肌腱炎，发病机理与肩关节外展、内旋或过伸，肱骨大结节长期超常范围急剧转动、劳损、牵拉、摩擦有关。患者常感肩痛，尤其是上臂外展60°~120°区间，肩部活动受限，肌肉萎缩，肱骨大结节处有压痛。急性发作期间，应暂停训练，肩关节制动，上臂外展30°固定，以减小有关肌肉张力而减轻疼痛症状。

康复训练：急性期后即应进行有针对性的康复训练，如肩关节的回旋、旋转

运动和肩外展90°位负重静力练习等，以改善局部血液循环，增强肩部外展肌群，尤其是三角肌的力量，防止肌肉萎缩。康复训练要以肩部不产生疼痛为原则。

预防：积极治愈肩部的微小损伤、强化肩部外展肌群的力量训练（如前臂侧平举抗阻练习等）和注重力量训练后的放松练习是预防肩袖损伤的3个关键环节。

五、肘部常见损伤的处理、康复训练与预防

（一）肘关节内侧软组织损伤

篮球运动中肘关节内侧软组织损伤，多因双方队员空中（单臂）同时争球时，一方队员用力较猛，造成前臂力量较弱的对方队员的肘关节被动外翻和过伸，或因摔倒时前臂保护性外展、外旋支撑而致伤。伤患最为多见的是内侧韧带撕裂伤，严重受伤时往往合并其他组织的损伤，如尺侧关节囊撕裂、肘脱位等。受伤后肘关节尺侧疼痛、肿胀，关节功能障碍，肘内侧有明显的压痛点。现场用氯乙烷喷湿局部后压迫包扎，前臂旋前、肘屈90°位，用托板或三角巾固定于胸前，冰袋敷局部。

康复训练：受伤1周后，配合临床治疗，逐步开始康复训练。主要目的在于防止关节粘连和逐步增强前臂肌力。练习中，一方面必须采取保护措施，如使用护肘、粘膏支持带等；另一方面避免重复受伤机制的动作，阻抗负荷也应逐步增加。

预防：关键在于加强前臂屈、伸肌群的力量练习，可经常使用弹簧拉力器发展前臂肌群力量和腕、肘关节的控制能力。另外，在运动前应进行3~5分钟的前臂屈肌群静力性牵拉练习。

（二）肘关节脱位

肘关节脱位多因队员倒地时前臂保护性外展、外旋、后支撑所致，其中后脱位最常见。伤后局部疼痛，关节畸形，功能障碍。现场急救可进行氯乙烷局部麻醉降温，绷带包扎，依肘受伤后的肢体位（角度）托板固定，用三角巾挂于胸前，冰袋续敷局部。

康复训练：整复后第2天即可开始握拳、转肩的康复练习，以促进前臂的血液循环，有利于消肿。去固定后，要坚持进行肘关节的屈伸和前臂旋转运动，防止和松解损伤后的关节粘连。肘伸屈训练时，动作的幅度必须适可而止，逐渐加

大，直至恢复到原有的角度，切忌大力扳拉，以防发生骨化性肌炎，这是康复训练的关键环节。

预防：强化倒地时正确的保护性技术动作是预防肘关节脱位的最重要环节。身体向后倒地时，前臂应外展、稍内旋（禁忌外旋），肘关节微屈（禁忌过伸）后支撑，膝关节微屈，在身体着地的一瞬间用力向后蹬，以分解倒地时的垂直作用力，避免肘关节脱位和尾椎骨受伤。

思考与练习

1. 简述篮球运动中受伤期间的训练原则。
2. 简述篮球运动中常见的损伤及处理方式。
3. 简述篮球运动中常见损伤的预防原则。

第八章 CHAPTER 08 篮球场地器材设备与维修

【本章提要】本章重点阐述了篮球场地与设备规格、篮球场地的画法及修建与维护，目的是使学生了解篮球场地设备与维修的基本知识。

第一节 篮球场地与设备规格

一、标准篮球比赛场地的规格

（一）球场尺寸

篮球场是一个长方形的坚实平面，无障碍物。国际篮联主要的正式比赛，篮球场尺寸是长 28 米、宽 15 米，球场的丈量是从界线的内沿量起，天花板或最低障碍物的高度至少 7 米。对于所有其他比赛，国际篮联的适当部门（如地区委员会对地区或洲的比赛，国家联合会对所有国内的比赛），有权批准最小尺寸为长 26 米、宽 14 米的现有篮球场，只要其变动互相成比例。篮球场照明要均匀，光度要充足，灯光设备的安置不得妨碍队员的视觉。正式篮球场地的全部尺寸如图 8-1 所示。

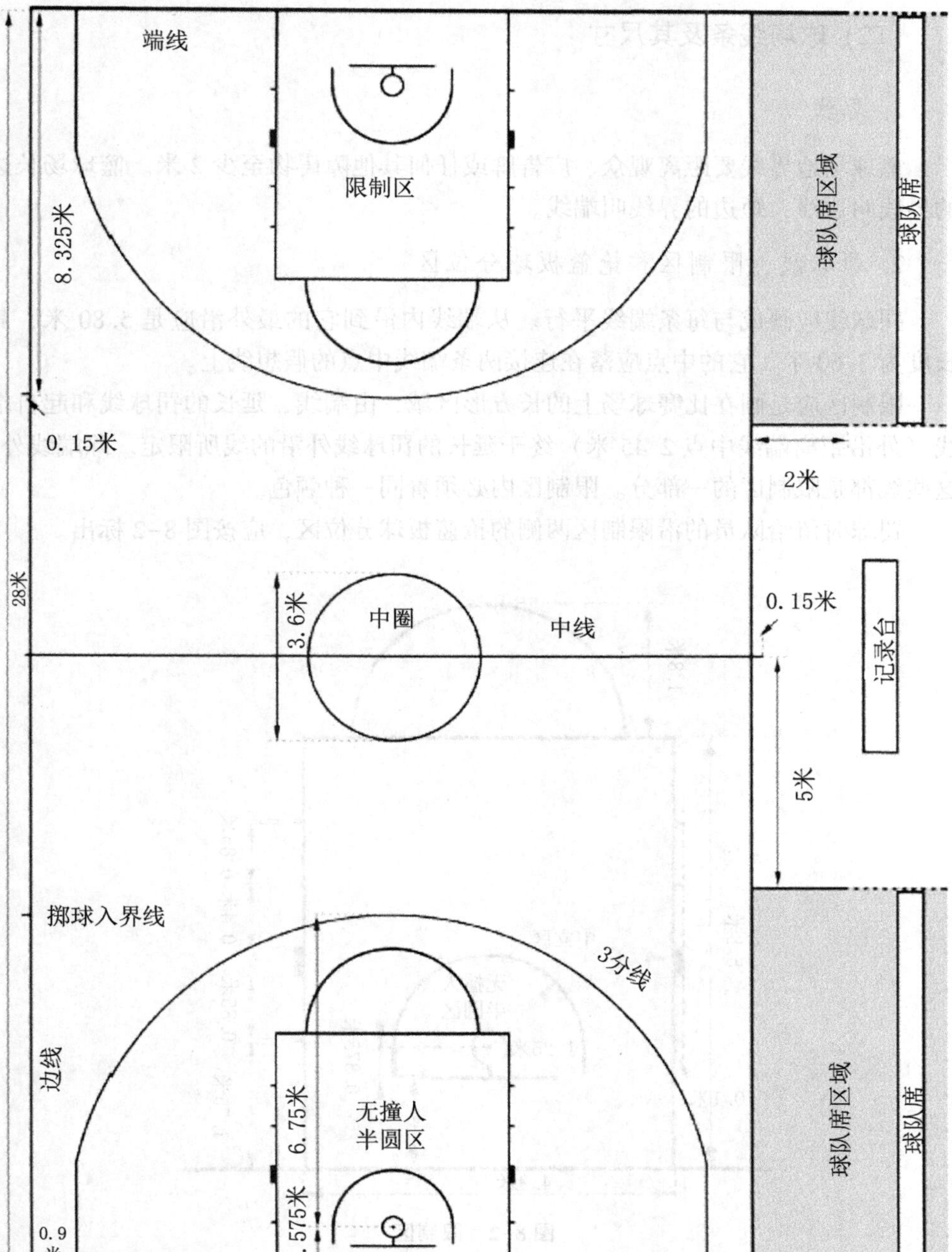
端线
限制区
8.325米
球队席区域
球队席
0.15米
2米
28米
3.6米
中圈
中线
0.15米
记录台
5米
掷球入界线
3分线
边线
6.75米
无撞人
半圆区
球队席区域
球队席
1.575米
0.9
米
端线
15米

图 8-1　球场的全部尺寸

(二) 球场线条及其尺寸

1. 界线

篮球场地界线要距离观众、广告牌或任何其他障碍物至少 2 米。篮球场长边的界线叫边线，短边的界线叫端线。

2. 罚球线、限制区和抢篮板球分位区

罚球线应画成与每条端线平行。从端线内沿到它的最外沿应是 5.80 米，其长度为 3.60 米。它的中点应落在连接两条端线中点的假想线上。

限制区应是画在比赛球场上的长方形区域，由端线、延长的罚球线和起自端线（外沿距离端线中点 2.45 米）终于延长的罚球线外沿的线所限定。除端线外，这些线都是限制区的一部分。限制区内必须着同一种颜色。

罚球时留给队员的沿限制区两侧的抢篮板球分位区，应按图 8-2 标出。

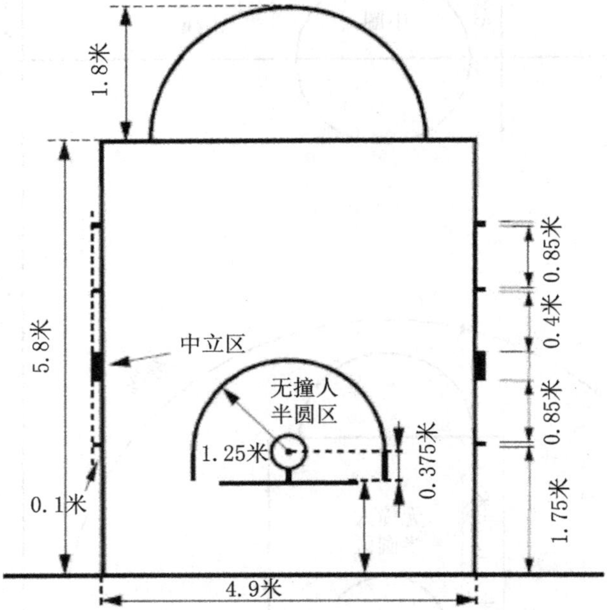

图 8-2　限制区

3. 中线、中圈和罚球半圆

中线应从两边线的中点画出并平行于两端线，它向每条边线外延伸 0.15 米。

中圈应画在比赛球场的中央，半径为 1.80 米（从圆周的外沿丈量）。如果中圈里面着色，必须与限制区内的颜色相同。

两个罚球半圆应画在比赛场地上，半径是 1.80 米（从圆周的外沿丈量），圆心在两条罚球线的中点上（图 8-2）。

4. 3 分投篮区

某队的 3 分投篮区（图 8-3）是除对方球篮附近被下述条件限制出的区域之外的整个比赛场地的地面区域。这些条件包括：两条从端线引出的垂直于端线的平行线，其外沿距离边线的内沿 0.90 米；以对方球篮中心正下方场地上的点为原点，画一个半径（圆弧外沿）是 6.75 米的圆弧；此原点距离端线中点的内沿是 1.575 米，且该圆弧与两平行线相交；三分线不是 3 分投篮区的一部分。

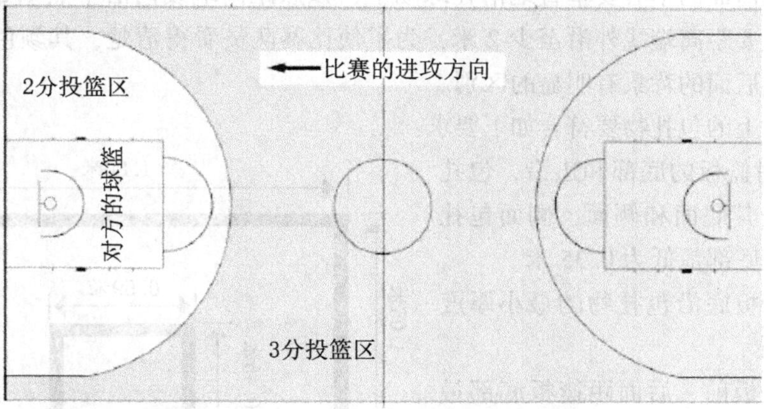

图 8-3　2 分/3 分投篮区域

5. 球队席区域

球队席区域位于记录台两侧，每个区域分别由一条从端线向外延伸至少 2 米长的线，和另一条离中线 5 米且垂直于边线并至少长 2 米的线所限定（图 8-1）。

二、标准篮球场设备的规格

（一）篮架的规格

篮架的制作材料有水泥、金属和木质，但国际和国内大型各式比赛篮架均要按国际标准制作。高度和占地、占空面积符合规定而且能经受得住一定的重量并附有保护性包装。所有可移动的篮架，在面向篮球场的基座表面必须要全面地包扎，包扎的最低高度为2.15米，包扎物的最小厚度为0.15米。

（二）篮板的规格

篮板要用适宜的透明材料制成，最好用适当韧度的有机玻璃，应具有与0.03米厚的硬木篮板相同的坚硬度，前面必须平整（图8-4）。篮板的尺寸是横宽1.80米，竖高1.05米，下沿距地面2.90米。在篮板四周的边沿应画0.05米宽的线条，如果篮板是透明的，则画白线；若不透明，则画黑线。篮板的篮圈后面画出长方形，横宽0.59米，竖高0.45米，从线的外沿量起，此长方形底边的上沿要与篮圈水平面齐平。篮板要牢固地安置在篮架上，与地面垂直，与端线平行，篮板前面的中心要垂直地落在球场上，该点距离端线内沿中点1.20米。篮板的支柱要距离端线外沿至少2米，为了使比赛队员看得清楚，其颜色要鲜明，并与端线后面的背景有明显的区别。

篮板上的包扎物要符合如下要求：

①对篮板的底部和边沿，包扎物要覆盖其底面和侧面，侧面包扎物距篮板底部最低为0.35米。

②篮板底沿包扎物的最小厚度为0.05米。

③篮板前、后面距篮板底部最低0.02米处要覆盖，包扎物的最小厚度为0.02米。

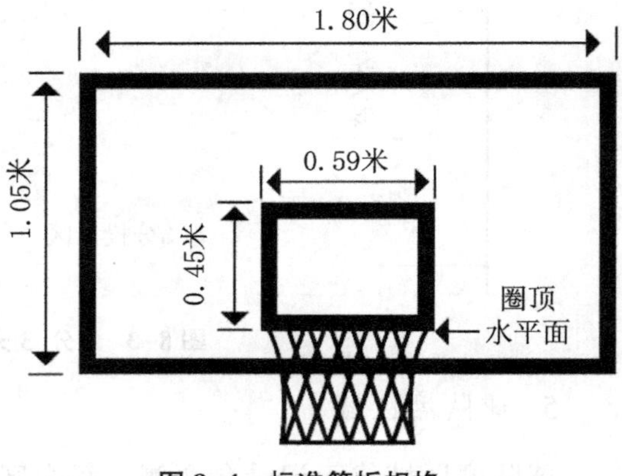

图8-4 标准篮板规格

（三）球篮的规格

1. 篮圈

篮圈要用实心钢材制成，内径最小为0.45米，最大为0.457米，漆成橙色。圈材的直径最小为0.016米，最大为0.02米，圈的下沿设有系篮网的附加系统，以便悬挂篮网；篮圈要牢固地安装在篮板上，篮圈顶面要成水平，离地板3.05米，与篮板两垂直边的距离相等；篮板面距篮圈内沿的最近点是0.15米（图8-5）。

在比赛中可以使用抗压篮圈，但要符合下列技术条件：

①具有与那些不可活动的篮圈完全相同的反弹特性，定压装置要保证这些特性，并保护篮圈和篮板。篮圈的设计及制造可保证队员的安全。

②具有定力锁定器的篮圈，静荷载承受重量不低于 105 千克。当定压装置打开时，篮圈向下转动，与原来水平位置的夹角不得超过 30°；当定压装置打开并不再施载后，篮圈要自运返回到原来位置。

2. 篮网

篮网用白色的细绳结成，悬挂在篮圈上，其结构要能够使球穿过球篮时有暂时的停顿。网长不短于 0.40 米，不长于 0.45 米。

（四）篮球的规格

球是圆形的，一般认可是暗橙色，外壳用皮、橡胶或合成物质制成。7 号球（成年男子用球）的圆周 0.749～0.780 米，重量 567～650 克；6 号球（成年女子用球）的圆周 0.70～0.71 米，重量 510～550 克。充气后，使球从 1.80 米的高度（从球的底部量起）落到球场的地面上，反弹起来的高度不得低于 1.20 米，也不得高于 1.40 米（从球的顶部量起）。球面的接缝或槽的宽度不得超过 6.35 毫米。比赛时，主队至少要准备两个用过的、符合上述规格的球。主裁判员是确定球是否合乎标准的唯一鉴定人。如果上述球经鉴定不适宜作为比赛用球，他可以选择客队提供的球，也可以从两队做赛前准备活动使用的球进行选择。

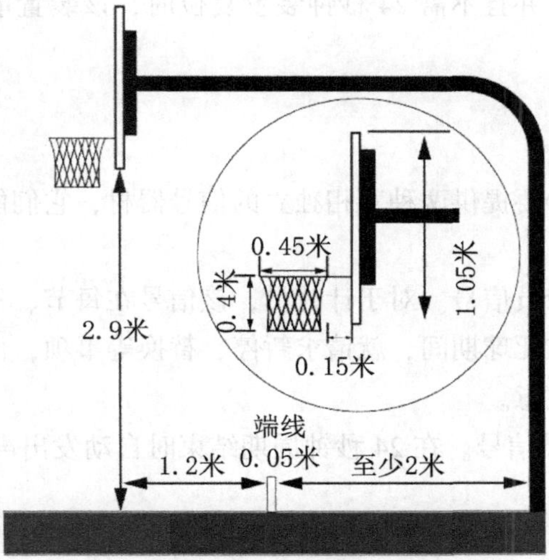

图 8-5　标准球篮规格

（五）比赛场地的灯光要求

从球场上方 1.5 米处测量，比赛场地的灯光不得少于 1500 勒克斯。该照明要符合电视转播的要求。

三、记录台专用器材

（一）比赛计时钟和计秒表

记录台要提供比赛计时钟和计秒表各 1 块供计时员使用。比赛计时钟为比赛的每个阶段计时和在比赛的每个阶段的间隔时使用，并且放置在让赛场上每一个人都能清楚看到的地方。计秒表用来为暂停时间计时。

如果主比赛计时钟悬挂在比赛场地中央的上方，那么在比赛场地每端的地面上要各设 1 个同步的副钟。每一个同步的副钟要既能指示得分，又能指示剩余的比赛时间。这些同步的副钟必须让与比赛有关的每个人都能看清楚。

（二）24 秒钟装置

24 秒钟装置由 24 秒钟计时员操作，用于管理 24 秒钟规则，是自动的、倒计数型装置，用秒来指示时间。该装置要具有如下的功能。

①当任一队都不控制球时，装置上没有显示。

②当宣判球出界并且不需 24 秒钟装置复位时，该装置能接着从停住的时间处继续计时。

（三）信号

按规则要求至少要提供两种互相独立的信号器材，它们能发出显然不同并且是非常响亮的声响。

①计时员和记录员信号。对于计时员，该信号在每节、每半场和全场终了时自动发出声响。仅在死球期间，就请求暂停、替换等事项，由记录员操纵发出声响来引起裁判员的注意。

②24 秒钟计时员信号。在 24 秒钟周期结束时自动发出声响。

（四）记录板

记录板有两块，分别放置在场地两端，要让与比赛有关的每个人（包括观众）都能看清楚。在记录板上至少要显示：比赛时间；比分；现在的节数；要登记的暂停次数；每名队员的号码、姓名；每名队员的得分；球队全队犯规和每名队员的犯规次数。

（五）记录表

对于所有国际篮联的主要正式比赛，记录表要由国际篮球联合会批准，并由记录员在比赛开始前和比赛中按规则规定进行填写。

（六）队员犯规次数标志牌

这些由记录员处置的标志牌要符合下列要求：

①标志牌为白色，牌上数字的最小尺寸是长 0.20 米、宽 0.10 米。

②对于 4×10 分钟的比赛，使用分别写上 1—5 数字的标志牌，1—4 的数字为黑色，5 为红色。

③对于 4×12 分钟的比赛，使用分别写上 1—6 数字的标志牌，1—5 的数字为黑色，6 为红色。

（七）全队犯规标志

要按下列要求为记录员准备两个全队犯规标志：

①它们是红色的。

②宽 0.20 米、高 0.35 米，最好呈三角形，当它们放在记录台上时，要让与比赛有关的每个人都能看清楚。

③全队犯规指示器是指明全队犯规次数的适宜装置，可以用电子的或灯光装置，但它们要符合上述要求。

第二节　篮球场地的修建

一、篮球场地的设置与要求

篮球场地应选择在阳光充足、周围无烟尘和有害气体污染的地方，不要在低洼处修建，以免雨雪积水，影响使用。场地纵轴应取南北方向，偏差控制在 5°~15°。

二、篮球场地的修建方法

（一）室外三合土篮球场

首先在选定地段上（纵轴最好是南北向）向下挖掘25厘米左右，将沙土取出，并将原土碾压至密实度达95%以上。在这基础上再铺设三层材料，第一层为底面，铺碎砖块或片石（厚度为10厘米），再用轻一些的压路机压一次。第二层为中层，铺设煤渣或直径2～3厘米的石子，填铺时要均匀、平坦。铺完第二层后，用0.5～0.7吨重的磙子压平，并考虑3‰～5‰的降水坡度。第一层和第二层为基础层，压实后，厚度应保持在20厘米。第三层为表现层，这是确保场地好坏的最关键一层，首先要把沙土、黏土、熟石灰等材料分别捣碎（黏土要先晒干），再经过5毫米以内的筛孔晒出来后搅拌在一起组成混合物（表8-1），铺设在面层，用0.3～0.4吨重的磙子反复碾压，面层的厚度在碾压之前为8～10厘米，压完以后要确保5厘米，表面的碾压工作要不间断地进行，要求在1天之内完成。

表8-1　混合物比例

混合物种类	建筑用筛屑（%）	黏土（%）		沙子（%）	黑黄土（%）	熟石灰（%）	矿渣筛屑（%）	合计（%）
		黏土多的	黏土少的					
1	75	25	—	—	—	—	—	100
2	65	—	35	—	—	—	—	100
3	40	30	—	30	—	—	—	100
4	—	—	40	—	—	20	40	100
5	60	—	—	—	40	—	—	100

（二）水泥篮球场

在选定和测量好的地段向下挖掘30～60厘米深，将泥土全部取出，原土碾压至密实度达到95%以上。从下往上数第一层用碎砖块或大片石铺平，用部分换土等办法处理，并用重的压路机碾压后，厚度保持在20厘米，如遇到弹簧土还需打石灰桩并用12吨以上压路机碾压；第二层用粗沙或筛过的小石子铺3厘米的隔断层，防止水泥浆向下渗透；第三层铺7～10厘米厚的水泥混凝土后用粗沙和水泥搅拌均匀覆盖，粗沙掺在水泥中的含量要适中，沙太少会导致面层光滑，运动时容易滑倒，沙太多容易起沙，暴露出第三层面；第四层用细沙和水泥拌均匀，在最上面抹3厘米厚的层面，铺设表面层要一次性完成，既要平坦，又要考虑有一定的坡度（3%为最佳），等面层稍微凝固后，还需要多次浇水，使其达到一定硬度后才可交付使用。水泥篮球场地的优点是经久耐用，便于保养和管理。

（三）沥青篮球场

修建沥青篮球场的前期工程与修建水泥篮球场基本相同，所不同的是基础层要加厚（要根据土质情况而定）。第三层铺设5~8厘米的粗沥青混凝土，并用压路机压实，第四层铺设3厘米光洁度较好的细沥青混凝土。沥青篮球场功能要优于水泥篮球场，它富有弹性，能较好地预防腿部各关节的运动损伤。

（四）塑胶篮球场

塑胶篮球场又称全天候运动篮球场，具有平整度好、抗压强度高、硬度弹性适当等特性，有利于运动员速度和技术的发挥，可有效地提高运动成绩，降低摔伤率。塑胶篮球场是由聚氨酯橡胶等材料组成的，具有一定的弹性和色彩，具有一定的抗紫外线能力和耐老化，是国际上公认的最佳全天候室内外运动场地。目前，市场上主要有塑胶地板篮球场、聚氨酯面层篮球场、丙烯酸面层篮球场和DIY拼装地板篮球场。

1. 塑胶地板篮球场

根据不同场地的特点，塑胶地板（最厚4~5厘米）使用时直接铺放在水泥地面、沥青地面或地板上，使用后又可把它卷起来保养，便于作为其他场地使用。这种场地可充分发挥其综合效益，大型的场馆使用塑胶地板较多。

2. 聚氨酯面层篮球场

聚氨酯面层篮球场具有适度的弹性，可减少体力消耗和运动伤害，适宜长期练习及比赛。聚氨酯塑胶篮球场应主辅场地红绿色泽分明、鲜艳，白线条清晰、平直视觉舒适。场地中线向两侧边线的排水坡度为4‰，摩擦层均匀耐磨，便于跑动，使球的飞行方向正常。摩擦层与地面粘接牢固，硬度不受气温影响，不起泡、不断裂。不会因紫外线、臭氧、酸雨的污染而褪色、粉化或软化，并能长期保持其鲜艳的色彩。聚氨酯塑胶篮球场的地基结构包括垫层、沥青层、排水系统等。

3. 丙烯酸面层篮球场

丙烯酸篮球场涂层系统的特性是完全不含石棉、铅或水银等化合物，合乎绿色环保原则；高度抗紫外光性能，颜色持久深入，不褪色，不脱落，使用寿命长，一般在6年以上；保养容易，维修费用低，在任何气候条件下都坚固耐用；面层有效舒缓冲力，可降低对运动员的伤害。丙烯酸涂层系统适用于混凝土基础层与沥青基础层，以相宜的价格，提供优质的运动场地面材料，被推崇为最经济的休闲及专业篮球场地面系统。

4. DIY 拼装地板篮球场

DIY 拼装地板拼装简易，不用专业施工人员，一个篮球场30分钟即可拼装成功，方便快捷，拼装好即可投入使用。使用寿命长达10年之久，是目前最新一代塑胶地板。

(五) 室内木地板篮球场

木地板篮球场弹性佳，抗疲劳，运动性能强，也是目前最为高档的篮球场地。

1. 选用地板

以榆木、槐木、柳木、水曲柳等为主。

2. 修建过程

①先铺防潮胶纸，做防水、防潮处理。
②制定松木方（木龙骨)，打眼安装，起平修整、检查牢固度。
③铺设中间加强高压夹板。
④安装面板（每块不要拼得太紧，四周离墙1厘米间隙)，打磨平整。
⑤调整板面色差，着色。
⑥涂耐磨加强层，抛磨。

三、排水措施

任何室外场地都不可能做到100%无积水，只可能做到尽量减少积水现象，国际通用标准为雨停后1小时积水处面积不大于1.5平方米，深度不大于5毫米，用推水器清除后半小时场地便可供使用。严格说来，每道工序都应及时调整排水坡度和场地平整度。

第三节　篮球场地的养护与管理

一、篮球场地的养护

（一）室外三合土篮球场

①经常洒水。洒水要注意天气变化，如果天气干燥，每天早晚各洒 1 次。雨后要及时修整，如有高低不平，要用较轻的碌子压平。特别要注意雨后球场泥泞，不要过早使用，待干后再活动。

②经常铲除杂草。除草时不应深挖，应将泥土留在原处，然后用扫帚将泥土扫平，浇上水，用木拍子拍平、拍紧。

③如果球场使用时间过长，出现许多坑洼，或因表层流失严重出现斜坡，则需要对球场表层进行全面翻修。

（二）水泥和沥青篮球场

水泥和沥青篮球场的保养比较容易，但平时要禁止学生在场内滑旱冰，防止重压，要注意清除场内的杂物，保持场地清洁。

（三）塑胶篮球场馆

①在搬运物品时，需注意金属尖锐物品对塑胶场地产生的划伤。

②应避免接触有机溶剂、化学药品、烟蒂及其他火种。

③不得穿皮鞋和带鞋钉的运动鞋，避免对塑胶场地造成划伤。

④保持清洁，定期清理塑胶场地上面的灰迹。可以用水冲洗，不能使用强酸或强碱的清洁剂，若沾上油污可用 10%氨水或洗涤剂擦洗干净。

⑤在有条件的情况下，应该定期进行整体保养。一般在塑胶面层有大面积磨损、剥落、脱层时进行重装翻新或损毁区域的修复，这样会使球场的使用寿命、性能等得到延长和保持。

（四）室内地板篮球场馆

①用合适的去尘拖把扫去灰尘，若篮球地板使用频率非常高，1 天至少清扫 3 遍。

② 擦去地板上的水和意外倒泻的污迹，用柔软的布块或拖把蘸上适当的地板清洁剂擦去鞋印。

③确保通风或空调正常运作，并调至合适温度，使室内湿度长期处于35%~50%。

④打蜡是保护地板的通用方法，但运动木地板对地板表面的摩擦系数有严格要求，如果地板表面过于光滑，会影响运动员正常竞技水平的发挥，所以运动地板的漆面保养不是打蜡，而是“消光”。消光是指利用专用机械除去漆面光泽或使用专用消光剂除掉油化光泽。

⑤严禁用锉子等尖锐的物品损伤篮球地板，严禁穿高跟鞋、钉鞋等进入场地。

二、篮球设备的管理

篮球设备的管理主要在于使用性和安全性两方面。篮球漏气可通过修理继续使用，篮网脱落应及时挂上，防止过早损坏。篮板、篮圈脱漆，应尽快补漆，以防篮板腐烂、篮圈锈蚀。对篮架要经常检查结合处的螺帽是否松脱，特别要注意底脚是否牢靠，防止大风或人为因素使篮架倒塌和发生意外事故。

思考与练习

1. 简述国际篮联规定的正式篮球比赛场地的规格（包括球场尺寸、球场线、区、圈的名称和规格）。
2. 简述篮球场地设备器材的规格、标准。
3. 简述篮球场地的画法。
4. 篮球场地修建的要求是什么？
5. 简述各种篮球场地的养护和管理。

第九章 CHAPTER 09 篮球竞赛的组织与编排工作

【本章提要】 本章主要从篮球运动竞赛工作的实际出发，阐述了竞赛的意义和种类，全面介绍了竞赛的组织工作和竞赛的制度与方法，以帮助学生拓展视野，了解更多关于竞赛组织工作方面的知识。

第一节　篮球竞赛的意义和种类

篮球竞赛是篮球运动的基本形式，也是篮球运动内容体系的一个重要组成部分，是现代篮球运动中最具魅力的活动。篮球运动的价值往往就是在竞赛中得以最充分地表现与实现。无论举办哪种形式的篮球竞赛，也无论规模大小和水平高低，它都有一定的现实性，并且涉及其他相关方面。因而，篮球竞赛的组织管理工作实际上是一项网络系统工程，这个系统中横向的协调融合与纵向的连贯流畅，是篮球竞赛活动顺利进行和圆满完成的重要保证。

一、竞赛的意义

篮球比赛攻守对抗的凶悍性和技艺化是篮球运动的重要魅力，高水平球队的比赛更为人们所关注，逐渐成为一种现代社会文化的表现形式，越来越深刻地影响着人们的社会生活和经济生活。

（一）竞赛的社会性

1. 促进篮球运动的发展

篮球是较受欢迎、较易开展的一个运动项目，通过竞赛可以吸引更多人（尤其是青少年）来参与这项运动，在更大的范围内推广这项运动；可以检查篮球教学训练的质量与效果，促进技战术水平和身体素质等的提高；可以互相观摩、交流学习，增强团结和友谊；还可以培养参加者的品质风格和团队精神，激发参加者的进取愿望。

2. 丰富文化生活的内容

篮球竞赛是社会的一种文化生活，参加竞赛本身就是一种锻炼健身的生活方式。观看欣赏比赛中激烈对抗的精湛球艺，也使人们的生活空间和余暇时间得到扩展及充实。公平激烈的竞赛本事就传播着平等竞争的文明风尚，也鼓舞着人们对真实、自信、进取和创新的向往。竞赛过程的变幻和竞赛结果的不可预测，还给人们带来极大的悬念与乐趣，引发和满足人们对身体健康与美好生活的追求。

3. 适应社会政治的需要

篮球竞赛作为一种特殊的手段，能够起到提高国家威望、振奋民族精神、创造安定社会环境的作用，也能够起到改善和促进国家关系、充当和平友好及慈善使者的作用，还能够起到引导竞技体育体制改革、加快运动项目走向市场的作用。

（二）竞赛的经济性

1. 推动篮球运动的产业发展

从传统意义上来讲，组织篮球竞赛是一种消费，在竞赛水平不高、市场经济不发达的情况下是如此，在竞赛水平较高、市场经济较发达的情况下同样如此。美国职业篮球联盟的经营效果，为各国的体育产业开发、组织篮球竞赛从消费向生产转化树立了典范。经营组织篮球竞赛，能通过球星的包装宣传、球员的选拔转会、票房收入、彩票发行、电视转播权出让、广告刊登、邮币卡章发行和体育服装鞋帽、吉祥物的销售等产生经济效益，从而使篮球竞赛成为社会经济的一部分。

2. 带动社会其他行业发展

组织篮球竞赛作为一种经济行为，不仅为篮球自身的生存和发展创造了良好的物质条件，也为其他各行各业提供了机会。规模较大的篮球竞赛必然促使举办地的运动场馆、公路、机场、港口和通信网络的条件加以改善，基础设施的改善也促进着科学技术的进步，拉动着相关产业的发展。高水平的篮球竞赛，除了众多的参加者，还会吸引成千上万的人来观看，这样也会带动旅游业、宾馆业、百货业、餐饮业、保险业和公用事业等诸多行业。组织大规模的篮球竞赛，在扩大举办地影响的同时，也会为举办地创造许多就业机会。通过组织篮球竞赛，甚至还会影响到证券市场中以明星运动员作广告的公司股票价格的波动。

二、竞赛的种类

根据竞赛的性质和目的，篮球竞赛可以分为非职业性比赛和职业性比赛两大类。

（一）非职业性比赛

1. 综合性运动会中的篮球比赛

篮球作为综合性运动会中的一个项目，与其他项目一起在同时期内进行比赛，可以从一个侧面反映参赛国家或单位的体育运动整体水平。这类比赛有国际性运动会中的篮球比赛，如奥林匹克运动会、世界大学生运动会、世界中学生运动会、各洲际和地区运动会中的篮球比赛等；也有全国性运动会中的篮球比赛，如全国运动会、解放军运动会、城市运动会、农民运动会、大学生运动会、中学生运动会中的篮球比赛等；还有各个省、市及企业、学校等基层单位运动会中的篮球比赛。

2. 单一篮球项目的比赛

这类比赛主要反映参赛国家或单位的篮球运动水平。有国际性的比赛，如世界篮球锦标赛、世界青年篮球锦标赛、各大洲的篮球锦标赛、各大洲的青年篮球锦标赛；也有全国性的比赛，如全国青年篮球联赛、全国大学生篮球联赛；还有省、市及基层单位的篮球比赛。

3. 交往性的比赛

这类比赛主要是为了加强交流，增进友谊，发展相互关系。有国际性的比赛，如国家之间双边的访问比赛、几个国家之间多边的邀请比赛；也有国内省、市之间的协作比赛；还有基层单位之间的友谊比赛和表演比赛等。

除了上述的这些比赛之外，还有专门的残疾人轮椅篮球比赛、少年儿童的小篮球比赛、3 对 3 的篮球比赛及扣篮、投篮比赛等。

这类非职业性的比赛，普及的面比较广，参加比赛运动员的层次各不相同，技术水平也有较大的差异，有利于吸引更多的人参加篮球运动。

（二）职业性比赛

1. 国外的职业比赛

这类比赛主要是通过比赛的票房收入和其他收入来维持球队生计与创造利润。最有代表性的是美国的 NBA 和 WNBA，还有一些国家举办的职业俱乐部比赛，如意大利、希腊、菲律宾、韩国的职业篮球俱乐部联赛，以及一些国际性的俱乐部比赛等。

2. 国内的职业比赛

这类比赛主要是为了通过改革推动我国篮球运动跟上世界篮球运动的发展趋势，从管理体制、竞赛方式与方法等方面与国际接轨，从而提高整体运动水平。我国从 1996 年起，举办了首次由 8 个队参加的职业篮球比赛，而后每年举办全国男子篮球甲 A（CBA）和甲 B 联赛，以及 2002 年开始的全国女子篮球甲级联赛（WCBA）。

职业性比赛涉及的范围相对比较窄，但参加比赛运动员的技术水平比较高，它带有明显的商业性，美国的职业联赛已经成为该国体育产业的重要组成部分，我国的职业联赛对篮球运动产业化进程的引领作用也日趋显著。

第二节　篮球竞赛的组织工作

竞赛组织工作是有目的地组织、指挥、控制和调节竞赛工作的过程，一般分为 3 个阶段。

一、竞赛前的准备工作

赛前工作是制订组织竞赛计划和实施计划，为比赛做准备的过程。这个过程是从成立竞赛筹备组织起至比赛开幕止，包括建立竞赛组织机构、确定组织方案、制定竞赛规程和拟订具体工作计划等。

（一）建立竞赛组织机构

首先要成立竞赛领导小组，即筹备委员会，也就是竞赛开幕后的组委会，它对竞赛的全过程起组织领导作用。然后在它属下，再设立具体的工作机构。这些工作机构负责整个竞赛过程中的各项具体事务，协助领导小组完成竞赛任务。凡是与竞赛有关的事务，都要有相应的部分或人员负责管理。通常情况下，设秘书处、竞赛部门、技术代表、仲裁、场地和总务部门等。另外，根据竞赛层次和规模的不同，还可以增设一些专门部门。

（二）确定组织方案

竞赛领导小组要对竞赛的任务、规模、水平，承办单位的硬件、软件质量，组织竞赛经费等情况有全面的了解。在这个基础上，本着实事求是、精简高效和勤俭节约的原则，对竞赛期间各项活动内容作出计划和安排，对竞赛的各项收支规定标准作出预算。

（三）制定竞赛规程

竞赛规程是竞赛工作的指导性文件，是竞赛的组织者和参与者都必须遵守的章程。竞赛规程主要包括竞赛的名称、目的、任务、日期、地点、参加单位及人数限定、参赛者资格、报名及报到日期、竞赛方法、竞赛所采用的规则、名次评定和奖励办法、抽签日期和地点与注意事项，国内职业联赛中还包括对运动员的转会、外援引进人数、更换及上场时间和人次的规定。基层单位的竞赛有时需要有一些特殊的规定时，也要写入规程。规程一经审定，就应保证其严肃性和权威性。

（四）拟订工作计划

各个工作部门建立后，应根据整个竞赛工作各阶段的进行顺序，按照不同分工，分别拟订具体的工作计划，经竞赛领导小组批准后实施。以下是各部门在竞赛中的主要工作。

1. 竞赛部门

对运动员的资格进行审查，做好竞赛的编排，安排好竞赛日程、时间、场地、编印比赛秩序册，召集领队、教练员会议，公布比赛成绩，仲裁比赛争议。

2. 裁判部门

做好裁判员的赛前学习和体能测试，深入领会规则精神，提高认识，端正态度，统一尺度，加强配合，保持良好的精神和身体状态。记录台的工作人员要熟悉各种器材设备的操作使用，做到及时准确地反映比赛进行情况。

3. 场地部门

检查、落实比赛场地和器材设备，做到标准、可靠、安全、使用正常，能够符合比赛要求，保证比赛顺利进行。

4. 宣传部门

宣传竞赛法规，编辑简报，安排广播电视、报刊、网络的报道，组织新闻发布，渲染竞赛气氛，吸引更多的人关注，扩大竞赛影响。

5. 总务部门

做好食宿安排、物资供应、交通调度、安全保卫、门票订购等后勤服务工作，掌握收支、控制标准、执行预算，做好财务管理工作。

二、竞赛期间的工作

竞赛期间的工作是竞赛组织的中心工作，从比赛开幕到闭幕，所有工作都要在领导小组的领导下进行，为使比赛顺利正常进行而努力。这期间的工作可分为比赛活动的管理和非比赛的活动的管理。

（一）比赛活动的管理

根据比赛的日程，安排好裁判员、记录台工作人员、技术统计人员和场地工作人员，使每一场比赛都能够按时进行，不能因为工作人员的疏忽而使比赛情况得不到正确、及时地反映，也不能因为器材设备的故障而使比赛延误、停顿、脱节。要按照篮球竞赛的法规、规则来管理比赛，建立良好的比赛秩序，使参赛的运动队能够在平等的条件下竞争。

比赛活动的管理关键在于裁判工作。裁判员的公正、公平和敬业态度反映比赛的严肃性，鸣哨的准确程度体现判罚的权威性，执法的松紧程度影响着比赛的对抗性，判罚时的待人态度影响着运动员的比赛情绪。除了赛前的学习之外，赛间的及时检查、小结与监控，是保证比赛健康发展的重要措施。

另外，对赛场中可能出现的假球、赌球、“黑哨”和乱扔杂物、干扰比赛正常进行、围攻裁判员等有损文明行为的突发事件也要有充分的估计。竞赛部门、裁判部门，甚至保安部门都要有相应的准备。

（二）非比赛活动的管理

在竞赛期间，有许多涉及各工作部门的非比赛活动需要进行组织管理，这些工作对整个竞赛有很大的影响。

1. 对开幕式、闭幕式的管理

无论各种规模的开幕式和闭幕式，都应给予足够的重视。主题要明确，安排要紧凑，场面要热烈，以扩大篮球运动的影响，提高篮球运动的社会地位，增强篮球运动员的责任感。

2. 对赛事服务工作的管理

这方面主要是组织好每次比赛后的新闻发布会，尽快地处理和传递当日比赛的信息，安排好每场比赛中间歇时间内的表演；做好对比赛场地器材与设备的检查、保养和维修；经常对食堂进行食品卫生检查，预防肠道传染疾病的发生；对住地和赛场休息室进行相应的封闭治保，避免闲杂人员的干扰，保证参赛人员的休息和安全。

3. 对观众的管理

做好文明观赛的宣传工作，引导观众讲礼貌、守纪律，为比赛双方加油。对观众中可能出现的过激行为要应急措施，大型的竞赛还要组织好安全保卫和观众的疏导工作。

另外，由于竞赛期间各种情况的复杂多变，还需要对各个工作部门的相互关系进行协调整理，确保比赛更好地运转。

三、竞赛的结束工作

竞赛的结束工作包括以下 7 个方面：

①编制和印发总的比赛成绩表、某些单项技术评比名次和其他一些获奖名单。

②对比赛技术资料进行处理和归档。

③对比赛器材设备的整理。

④办理参赛队伍的离会手续。

⑤对竞赛的收支进行财务决算。

⑥进行竞赛工作总结。

⑦为组织高一层次的队伍选拔和推荐人员。

第三节　篮球竞赛的制度和方法

一、篮球运动竞赛编排方法

循环制编排法是篮球运动竞赛中最基本的编排方法之一，主要包括 3 种形式：单循环、双循环、分组循环。

（一）单循环比赛的编排方法

单循环比赛是指所有参加比赛的队之间均要轮流相遇一次，最后根据各队胜负场多少来决定名次。

单循环比赛一般是在参加比赛的队数不太多，而场地和时间均能安排所有参赛队在 1 天或 2~3 天内有比赛的机会下采用。这种方法能使所有参加队有相遇的机会，有利于互相学习、互相交流和共同提高。同时，编排出来的名次也比较符合实际，能反映出各队的真实水平。

1. 轮次与场数的计算

计算轮次和场数的目的是计算比赛所需的时间和场地的数量，以便于竞赛日程和场地的安排及经费的预算。

（1）计算比赛的轮次

参加循环赛的各队均比赛一场（包括轮空）则为“一轮”。

如参加的队数为偶数时：

$$轮次=队数-1$$

例如，8 支队伍参加单循环比赛，则轮次为 8-1=7 轮。

如果参加比赛的队数为奇数时：

$$轮次=队数$$

例如，7 支队伍参加单循环比赛，则轮次为 7 轮。

（2）计算比赛的场数

计算公式为：

$$场数=\frac{队数（队数-1）}{2}\quad 或\frac{N（N-1）}{2}$$

N 为队数。

例如，有 9 支队伍队参加单循环比赛，则比赛场次为：$\frac{9\ (9-1)}{2}=36$ 场。

2. 单循环比赛的编排法

篮球比赛有以下 3 种单循环编排方法。

（1）逆时针轮转法

逆时针轮转法在篮球比赛中被普遍的采用，如 8 支队伍参加比赛，其比赛秩序排列如图 9-1 所示。1 号位固定不动，其他号位每一轮逆时针轮转一个位置。

第一轮	第二轮	第三轮	第四轮	第五轮	第六轮	第七轮
1 — 8	1 — 7	1 — 6	1 — 5	1 — 4	1 — 3	1 — 2
2 — 7	8 — 6	7 — 5	6 — 4	5 — 3	4 — 2	3 — 8
3 — 6	2 — 5	8 — 4	7 — 3	6 — 2	5 — 8	4 — 7
4 — 5	3 — 4	2 — 3	8 — 2	7 — 8	6 — 7	5 — 6

图 9-1

（2）固定“0”逆时针轮转法

当参加比赛的人（队）数是奇数时，可采用在奇数人（队）前加“0”成偶数的方法来排表。排表时，“0”的位置固定不动，其他各号每轮按逆时针方向各转动一个位置（图 9-2）。

第一轮	第二轮	第三轮	第四轮	第五轮	第六轮	第七轮
0 — 7	0 — 6	0 — 5	0 — 4	0 — 3	0 — 2	0 — 1
1 — 6	7 — 5	6 — 4	5 — 3	4 — 2	3 — 1	2 — 7
2 — 5	1 — 4	7 — 3	6 — 2	5 — 1	4 — 7	3 — 6
3 — 4	2 — 3	1 — 2	7 — 1	6 — 7	5 — 6	4 — 5

图 9-2

（3）贝格尔编排法

贝格尔（Beger）编排法最初多在排球竞赛中使用，后来在其他项目也被广泛运用。

贝格尔编排法第一轮与常用编排相同。即参加比赛的队数为奇数时，“0”就补在最后（右上角），“0”也当作一支队伍，然后与比它多一支队伍的相邻偶数队的编排法相同。编排时，最后一个号依次左右摆头，按 $N/2-1$ 的值去逆转产生下一轮。

例如，五六支队伍参加比赛，N 为 6，带入 $N/2-1$ 得 $6/2-1=2$ 个位置，其循环的方法如图 9-3 所示。

第一轮	第二轮	第三轮	第四轮	第五轮
1 — 6（0）	6（0）— 4	2 — 6（0）	6（0）— 5	3 — 6（0）
2 — 5	5 — 3	3 — 1	1 — 4	4 — 2
3 — 4	1 — 2	4 — 5	2 — 3	5 — 1

图 9-3

（二）双循环比赛的编制方法

双循环是指参加比赛的队先后进行两次单循环的比赛方法。这种方法参加的队均能相遇两次，最后按各队在全部比赛中胜负场数的积分多少排列名次。其编排方法与单循环赛一样，第二次循环赛的编排可以重复，也可以重新抽签编排。目前，CBA 职业联赛的主客场制就是采用的双循环制编排。

比赛的场数计算：$X=N(N-1)$，即场数=队数（队数-1）。例如，5 支队伍打双循环，即 5（5-1）= 20 场。

比赛轮次为：参加比赛队是奇数，轮次 $=N\times2$；参加比赛队是偶数，轮次 $=(N-1)\times2$。

（三）分组循环比赛的编排方法

分组循环比赛一般在参加队数较多的情况下使用，为了不过多地增加比赛的场次和延长比赛的日期，每队又能增加一定的比赛场次，排列出的各队名次也比较客观，所以运用这种编排方法比较多。

分组循环比赛可根据参加比赛的队数，分成若干个平行的小组，在组内先进行单循环比赛，排出各小组名次。根据具体情况，分组循环可分两个阶段（即预赛阶段和决赛阶段）或三个阶段（即预赛阶段、复赛阶段和决赛阶段）进行。

1. 分两个阶段比赛的办法（以 16 支队伍参加比赛为例）

预赛阶段将 16 支队伍分成两组分别进行单循环比赛排出小组的名次。

决赛阶段有以下3种情况：

①各组同名次进行决赛，各小组第1名决1—2名，第2名决3—4名，依次排列下去，各组的第8名决15—16名。预、决赛共进行64场。

②将各组的第1、2名分列一组，进行单循环决1—4名；各组的第3、4名划为一组进行单循环决5—8名；各组的第5、6名划为一组进行单循环决9—12名；各组的第7、8名划为一组进行单循环决13—16名。预、决赛共需进行80轮，如果预赛中相遇过的两队成绩带入决赛阶段，则可减少8场，只需进行72场。

③将预赛各组前3名划为一组参加决赛，采用单循环决1—6名，其他队不再进行比赛。预、决赛共需进行71场，如果预赛中相遇过的两个队成绩带入决赛阶段，则可减少6场，只需进行65场。

2. 分三个阶段比赛的办法（以24支队伍参加比赛为例）

比赛分预赛阶段、复赛阶段、决赛阶段三个阶段进行。

将24支队伍分成6个小组，每组4个队，各小组进行循环赛排出各小组名次，第二阶段各小组前两名参加复赛，决赛时再打交叉比赛，排出各队名次。

如图9-4所示，第一阶段6个小组赛出1—4名后，一组、三组、五组的第1、2名组成A组循环竞赛，二组、四组、六组的第1、2名组成B组循环赛。各组第3、4名淘汰不再参加比赛。

第三阶段按交叉比赛的方法进行决赛。

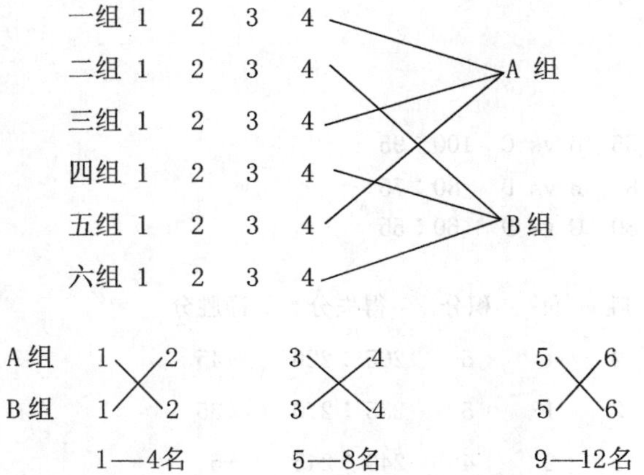

图9-4

二、篮球运动的计分方法和名次的排列

（一）程序

球队应按他们的胜负记录来排列名次，胜 1 场得 2 分，负 1 场（包括比赛因缺少队员告负）得 1 分，比赛因弃权告负得 0 分。

此程序适用于每支队伍在组内只与每个对手进行 1 场比赛（单循环比赛），以及每支队伍与每个对手进行 2 场或多余 2 场比赛（主客场制联赛或多循环比赛）的情况。

如果组内 2 支或多于 2 支球队在所有比赛后有相同的胜负记录，这 2 支或这些球队之间的比赛将决定他们的名次排列。如果这 2 支或多于 2 支球队之间的比赛有相同的胜负记录，将按照下列原则依顺序进行排列。

①他们之间比赛净胜分的多少。

②他们之间比赛得分的多少。

③所有比赛净胜分的多少。

④所有比赛得分的多少。

如果采用这些原则仍无法决定，将用抽签进行名次排列。

如果在这些原则的任何阶段，1 支或多余 1 支球队能被排列出来，则将从开始重复前面的程序以排列出剩余的球队。

（二）示例

【示例一】

A vs B	100：55	B vs C	100：95
A vs C	90：85	B vs D	80：75
A vs D	75：80	C vs D	60：55

球队	场数	胜	负	积分	得失分	净胜分
A	3	2	1	5	265：220	+45
B	3	2	1	5	235：270	-35
C	3	1	2	4	240：245	-5
D	3	1	2	4	210：215	-5

因此，第 1 名 A（胜 B），第 2 名 B，第 3 名 C（胜 D），第 4 名 D。

【示例二】

A vs B　100∶55　B vs C　100∶95
A vs C　90∶85　B vs D　75∶80
A vs D　120∶75　C vs D　65∶55

球队	场数	胜	负	积分	得失分	净胜分
A	3	3	0	6	310∶215	+95
B	3	1	2	4	230∶265	-35
C	3	1	2	4	235∶245	-10
D	3	1	2	4	210∶260	-50

因此，第1名A。
B，C，D之间比赛的排序：

球队	场数	胜	负	积分	得失分	净胜分
B	2	1	1	3	175∶165	+10
C	2	1	1	3	150∶155	-5
D	2	1	1	3	135∶140	-5

因此，第2名B，第3名C（胜D），第4名D。

【示例三】

A vs B　85∶90　B vs C　100∶95
A vs C　55∶100　B vs D　75∶85
A vs D　75∶120　C vs D　65∶55

球队	场数	胜	负	积分	得失分	净胜分
A	3	0	3	3	215∶310	-95
B	3	2	1	5	265∶265	0
C	3	2	1	5	260∶210	+50
D	3	2	1	5	260∶215	+45

因此，第4名A。
B，C，D之间比赛的排序：

球队	场数	胜	负	积分	得失分	净胜分
B	2	1	1	3	175∶180	-5
C	2	1	1	3	160∶155	+5
D	2	1	1	3	140∶140	0

因此：第 1 名 C，第 2 名 D，第 3 名 B。

【示例四】

A vs B　85∶90　B vs C　100∶90
A vs C　55∶100　B vs D　75∶85
A vs D　75∶120　C vs D　65∶55

球队	场数	胜	负	积分	得失分	净胜分
A	3	0	3	3	215∶310	-95
B	3	2	1	5	265∶260	+5
C	3	2	1	5	255∶210	+45
D	3	2	1	5	260∶215	+45

因此，第 4 名 A。
B，C，D 之间比赛的排序：

球队	场数	胜	负	积分	得失分	净胜分
B	2	1	1	3	175∶175	0
C	2	1	1	3	155∶155	0
D	2	1	1	3	140∶140	0

因此，第 1 名 B，第 2 名 C，第 3 名 D。

【示例五】

A vs B　100∶55　B vs F　110∶90
A vs C　85∶90　C vs D　55∶60
A vs D　120∶75　C vs E　90∶75
A vs E　80∶100　C vs F　105∶75
A vs F　85∶80　D vs E　70∶45
B vs C　100∶95　D vs F　65∶60
B vs D　80∶75　E vs F　75∶80
B vs E　75∶80

球队	场数	胜	负	积分	得失分	净胜分
A	5	3	2	8	470：400	+70
B	5	3	2	8	420：440	-20
C	5	3	2	8	435：395	+40
D	5	3	2	8	345：360	-15
E	5	2	3	7	375：395	-20
F	5	1	4	6	385：440	-55

因此：第5名E，第6名F。

A，B，C，D之间比赛的排序：

球队	场数	胜	负	积分	得失分	净胜分
A	3	2	1	5	305：220	+85
B	3	2	1	5	235：270	-35
C	3	1	2	4	240：245	-5
D	3	1	2	4	210：255	-45

因此，第1名A（胜B），第2名B，第3名D（胜C），第4名C。

【示例六】

A vs B	71：65	B vs F	95：90
A vs C	85：86	C vs D	95：100
A vs D	77：75	C vs E	82：75
A vs E	80：86	C vs F	105：75
A vs F	85：80	D vs E	68：67
B vs C	88：87	D vs F	65：60
B vs D	80：75	E vs F	80：75
B vs E	75：76		

球队	场数	胜	负	积分	得失分	净胜分
A	5	3	2	8	398：392	+6
B	5	3	2	8	403：399	+4
C	5	3	2	8	455：423	+32
D	5	3	2	8	383：379	+4
E	5	3	2	8	384：380	+4
F	5	0	5	5	380：430	-50

因此，第 6 名 F。

A，B，C，D，E 之间比赛的排序：

球队	场数	胜	负	积分	得失分	净胜分
A	4	2	2	6	313∶312	+1
B	4	2	2	6	308∶309	−1
C	4	2	2	6	350∶348	+2
D	4	2	2	6	318∶319	−1
E	4	2	2	6	304∶305	−1

因此，第 1 名 C，第 2 名 A。

B，D，E 之间比赛的排序：

球队	场数	胜	负	积分	得失分	净胜分
B	2	1	1	3	155∶151	+4
D	2	1	1	3	143∶147	−4
E	2	1	1	3	143∶143	0

因此，第 3 名 B，第 4 名 E，第 5 名 D。

【示例七】

A vs B	73∶71	B vs F	95∶90
A vs C	85∶86	C vs D	95∶96
A vs D	77∶75	C vs E	82∶75
A vs E	90∶96	C vs F	105∶75
A vs F	85∶80	D vs E	68∶67
B vs C	88∶87	D vs F	80∶75
B vs D	80∶79	E vs F	80∶75
B vs E	79∶80		

球队	场数	胜	负	积分	得失分	净胜分
A	5	3	2	8	410∶408	+2
B	5	3	2	8	413∶409	+4
C	5	3	2	8	455∶419	+36
D	5	3	2	8	398∶394	+4
E	5	3	2	8	398∶394	+4
F	5	0	5	5	395∶445	−50

因此，第6名F。

A，B，C，D，E之间比赛的排序：

球队	场数	胜	负	积分	得失分	净胜分
A	4	2	2	6	325：328	-3
B	4	2	2	6	318：319	-1
C	4	2	2	6	350：344	+6
D	4	2	2	6	318：319	-1
E	4	2	2	6	318：319	-1

因此，第1名C，第5名A。

B，D，E之间比赛的排序：

球队	场数	胜	负	积分	得失分	净胜分
B	2	1	1	3	159：159	0
D	2	1	1	3	147：147	0
E	2	1	1	3	147：147	0

因此，第2名B，第3名D（胜E），第4名E。

(三) 附加程序

（一）条和（二）条只有在所有球队打完小组中所有比赛后才有效。

如果不是所有球队打完了他们的所有比赛，并且如果2支或多余2支球队有相同胜负记录，则按照这些球队到目前为止的所有打完比赛的净胜分高低来决定他们的名次排列。

(四) 弃权

某队无正当理由不出席预定的比赛或在比赛结束前从球场上撤离，应按由于弃权使比赛告负并在名次排列中计0分。

如果某队第二次弃权，该队所有比赛结果应无效。

三、篮球运动竞赛规程

【示例一】

第十三届全国运动会篮球竞赛规程

一、竞赛项目

（一）男子篮球：成年组、青年组

（二）女子篮球：成年组、青年组

二、竞赛日期和地点

（一）预赛

1. 成年男子组：2017 年 4 月 5 日至　日在 A、B、C 3 个赛区举行。
2. 成年女子组：2017 年 3 月 20 日至　日在 D、E、F 3 个赛区举行。
3. 青年男子组：2017 年 3 月 10 日至　日在 G、H、I 3 个赛区举行。
4. 青年女子组：2017 年 3 月 1 日至　日在 J、K、L 3 个赛区举行。

（二）附加赛

1. 成年男子组：2017 年 4 月 20 日至 23 日在 M 赛区举行。
2. 成年女子组：2017 年 4 月 10 日至 13 日在 N 赛区举行。
3. 青年男子组：2017 年 4 月 1 日至 4 日在 O 赛区举行。
4. 青年女子组：2017 年 3 月 25 日至 28 日在 P 赛区举行。

（三）决赛

1. 成年男子组：2017 年 9 月 3 日至 9 日在天津 Q 场馆举行。
2. 成年女子组：2017 年 9 月 2 日至 8 日在天津 R 场馆举行。
3. 青年男子组：2017 年 8 月 23 日至 29 日在天津 S 场馆举行。
4. 青年女子组：2017 年 8 月 22 日至 28 日在天津 T 场馆举行。

三、参加单位

北京市、天津市、河北省、山西省、辽宁省、吉林省、黑龙江省、上海市、江苏省、浙江省、安徽省、福建省、山东省、河南省、湖北省、湖南省、广东省、广西壮族自治区、海南省、重庆市、四川省、云南省、陕西省、新疆维吾尔自治区、中国人民解放军（香港、澳门待定）。

四、运动员资格

（一）按照《中华人民共和国第十三届运动会竞赛规程总则》以及有关运动员的注册、交流的规定执行。

（二）男女成年组：1995 年 1 月 1 日以后出生的运动员至少 5 人（必须在最终确认名单内，且上场比赛人数至少 2 人）

男女青年组：1999 年 1 月 1 日以后出生。其中，可以报 1997 年 1 月 1 日至 1998 年 12 月 31 日出生的队员 3 人（上场比赛人数最多 1 人）。

（三）如有违反，取消该队比赛名次（所有与对方队比赛的比分均为 0:20 告负），其参赛费用自理，同时对该单位进行全国通报批评。

五、报名办法

预赛每队可报领队 1 名、教练员 1 名、助理教练员 2 名、医生 1 名，运动员 16 名，运动员必须经三甲医院检查，证明身体健康者，方能报名参加比赛。赛区负责接待 18 人。如出现伤病，只能在注册和报名表 16 名运动员中替换。赛前联席会上确定的其中 10~12 名运动员（必须符合年龄等资格）参赛，参赛运动员名单、号码一经确认后，不得更改。附加赛报名同预赛。决赛报名 12 名运动员，适龄运动员决赛阶段可以与预赛不同，可以更改组别。不足 10 名球员的运动队不能报名、不能参赛。

六、竞赛办法

（一）预赛

预赛各组进行单循环赛，排出各组名次，各组前 2 名直接进入决赛（东道主队不参加预赛，直接参加决赛）。

1. 成年男女组

参加单位依照第十二届全运会篮球比赛前12名为种子队，按名次排序进行蛇形排列，分为Ⅰ、Ⅱ、Ⅲ 3个组。其他参赛队以抽签的方式入组。

男篮：

A赛区（Ⅰ组）：广东、浙江、北京、上海

B赛区（Ⅱ组）：辽宁、解放军、湖北、吉林

C赛区（Ⅲ组）：山东、江苏、福建、新疆

女篮：

D赛区（Ⅰ组）：解放军、广东、北京、河北

E赛区（Ⅱ组）：江苏、上海、河南、山东

F赛区（Ⅲ组）：黑龙江、辽宁、湖北、浙江

2. 青年男女组

参加单位依照2016年全国青年篮球联赛的名次蛇形排列分为Ⅰ、Ⅱ、Ⅲ 3个组进行预赛。其他参赛队以抽签的方式入组。

男篮：

G赛区（Ⅰ组）：辽宁、河北、江苏、陕西、上海、海南、吉林、香港

H赛区（Ⅱ组）：解放军、湖北、四川、河南、黑龙江、新疆、安徽

I赛区（Ⅲ组）：广东、山东、福建、浙江、湖南、江西、北京

女篮：

J赛区（Ⅰ组）：山东、解放军、福建、湖南、陕西、北京

K赛区（Ⅱ组）：江苏、上海、浙江、河南、广西、重庆、香港

L赛区（Ⅲ组）：辽宁、广东、四川、湖北、黑龙江、山西

（二）附加赛

预赛获各小组第3、4名的6支队参加，进行单循环赛（其中预赛比赛过的队不再比赛，成绩带入附加赛），排出附加赛名次，第1名出线，晋级决赛。第2—5名的队分别为本届全运会篮球比赛第9—12名。

（三）决赛

决赛分第一阶段小组循环赛和第二阶段交叉淘汰赛。获得预赛各组（Ⅰ组、Ⅱ组、Ⅲ组）前2名、东道主队和附加赛第1名队（共8支）参加决赛。

1. 第一阶段小组循环赛

将预赛各组前2名的6支队伍根据名次分为如下A、B两组，并按东道主队然后附加赛第1名队的顺序，选择A4或B4的位置，进行单循环赛，排出小组名次。

A组：Ⅰ组第1名、Ⅰ组第2名、Ⅱ组第2名、A4

B组：Ⅱ组第1名、Ⅲ组第1名、Ⅲ组第2名、B4

2. 第二阶段交叉决赛

获得A、B两组第3名和第4名的队如图所示落在A3、B3、A4、B4位置，获得A、B两组第1名和第2名的队按A1、B1和A2、B2抽签决定的顺序依次选择C1—C4的位置，即："A1、B1先抽出先后顺序，分别选择入位；A2、B2再抽出先后顺序，分别选择进入剩余位置"，进行交叉淘汰赛（决出1—8名）。

（四）竞赛规则

执行中国篮球协会最新审定的《篮球规则》及国际篮联最新解释。

（五）比赛用球

使用中国篮球协会审定的"XX牌"比赛用球，男子为7号球，女子为6号球。

七、录取名次与奖励

（一）按照《中华人民共和国第十三届运动会竞赛规程总则》规定执行。

（二）男、女冠军队各授予奖杯1座，授予奖牌的办法按照《中华人民共和国第十三届运动会竞赛规程总则》规定执行。

（三）设"体育道德风尚奖"。预赛附加赛各赛区设"体育道德风尚奖"运动队1队，运动员每队1名，裁判员2名，赛区分别给予奖励，提供奖杯或奖品、证书。决赛按国家体育总局有关办法执行。

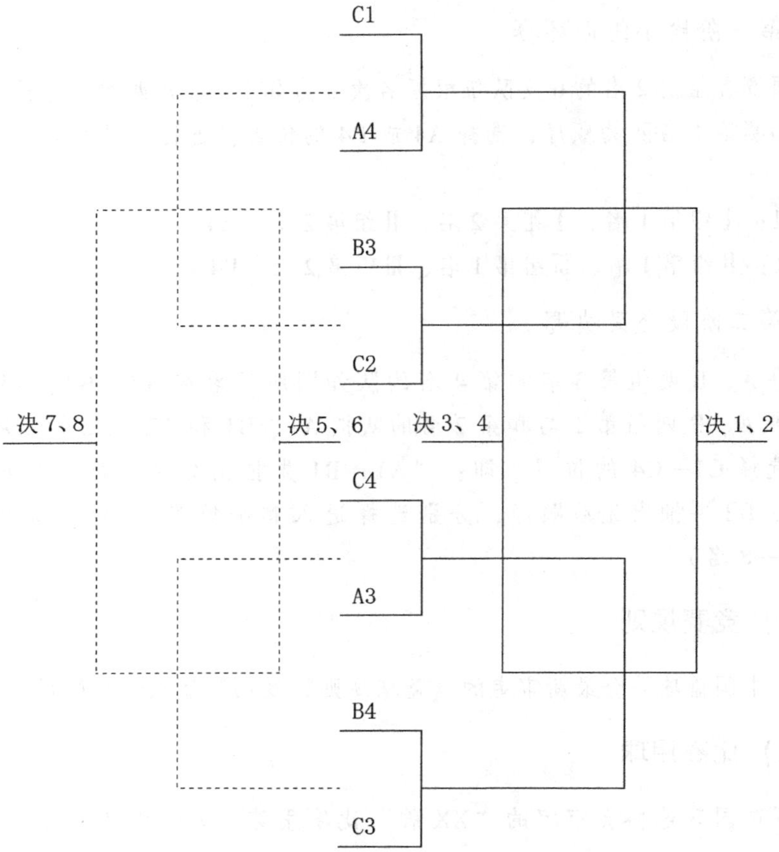

（四）设“技术统计单项奖”。根据技术统计汇总，对“得分、三分、篮板、助攻、抢断、扣篮、封盖”等第1名的运动员，各赛区分别给予奖励，提供奖杯或奖品、证书。

八、报名和报到

（一）各参赛单位于2016年10月30日前向国家体育总局篮球运动管理中心竞赛部书面确认参加第十三届全运动会的组别。

（二）预赛各参赛队提前30天报名截止（附加赛不报名，同预赛）。赛区秩序册以篮球中心审核通过资料为准，运动员名单附电子照片。

决赛报名方式及时间按照《中华人民共和国第十三届运动会竞赛规程总则》规定执行。

（三）预赛附加赛各队提前2天到赛区报到，决赛各队提前3天到赛区报到。

（四）参加本次比赛的全体参赛人员都必须由球队所在单位办理人身意外伤害保险，各单位在报名时须同时提交保险单据复印件。

九、裁判员

（一）预赛附加赛裁判员由国家体育总局篮球运动管理中心选派；决赛裁判员由国家体育总局篮球运动管理中心提名，由国家体育总局统一公示和公布。

（二）预赛附加赛裁判员于赛前2天到赛区报到，并在技术代表组织监督下进行身体素质测验，不合格者不予安排工作，费用自理。决赛裁判员报到日期另行通知。

十、仲裁委员会

人员组成和职责范围等按《仲裁委员会条例》和《全国篮球竞赛管理办法》有关规定执行。每场比赛赛区需安排仲裁录像。

十一、其他

（一）比赛服装

每队须有3种不同颜色（其中一套为白色）、号码清晰的比赛服装（在报名表上注明），并严格按最新《篮球规则》中的有关规定执行。服装广告按国家体育总局有关规定执行（另行通知）。

（二）记录台

各赛区通过培训，选派一级和一级以上裁判员担任各场次的记录台工作。临场工作严格按《篮球规则》规定执行，由临场技术代表监管。

（三）技术统计

各赛区须使用主办单位统一规定的技术统计软件对本赛区的全部比赛进行技术统计，技术统计负责人应是经中心培训合格并持有上岗证的人员。技术统计每场比赛结束后及时送交运动队和新闻单位，并向主办单位（网址：www.cba.gov.cn）传输成绩和技术统计数据。

（四）成绩资料

比赛结束后1周内，赛区须将秩序册、成绩册连同技术统计和赛区工作总结、裁判工作总结邮寄至篮球中心竞赛部存档（并发电子邮件）。

（五）专题学习

各赛区赛前需安排一次全体运动员、教练员、裁判员参加的专题学习。由技术代表、裁判长主讲的《篮球规则》及国际篮联最新规则解释的规则讲解课以及赛风赛纪专项学习。

本规程由主办单位国家体育总局篮球运动管理中心负责解释修改。未尽事宜，另行通知。

【示例二】

2016年中国三对三篮球联赛竞赛规程

一、主办、承办、推广单位

主办单位：国家体育总局篮球运动管理中心
　　　　　中国篮球协会
　　　　　耐克体育（中国）有限公司
承办单位：各省（区、市）体育局管理中心、篮球协会
推广单位：北京时博国际体育赛事有限公司

二、竞赛时间和地点安排

（一）2016年4月中旬至5月22日，第一阶段，省级预赛及省级决赛。

北京、天津、河北、山西、辽宁、吉林、黑龙江、上海、江苏、浙江、安徽、福建、江西、山东、河南、湖北、湖南、广东、广西、重庆、四川、贵州、云南、西藏、陕西、甘肃、青海、宁夏、新疆、大连、宁波、深圳。

以上32个省（自治区、直辖市）、计划单列市为单位，在本单位地级市设立分赛区进行预选赛，然后进行省级决赛，比赛采用赛会制在周末进行。

（二）2016年6月11日至7月17日，第二阶段，大区赛。

1. 华北赛区：比赛地点北京，包括北京、天津、河北、山西、山东；
2. 东北赛区：比赛地点沈阳，包括辽宁、吉林、黑龙江、大连；
3. 华东赛区：比赛地点南京，包括上海、江苏、浙江、安徽、宁波；
4. 华中赛区：比赛地点郑州，包括江西、河南、湖北、湖南、陕西；
5. 华南赛区：比赛地点珠海，包括福建、广东、广西、深圳；
6. 西部赛区：比赛地点成都，包括重庆、四川、贵州、云南、西藏、甘肃、青海、宁夏、新疆。

（三）2016 年 7 月 30—31 日，第三阶段，全国总决赛。

总决赛比赛地点上海。

三、参赛对象及组队、报名注册办法

（一）参赛对象及组别设置

1. 男子组

（1）青少年组（17 岁以下），即 1999 年 1 月 1 日以后出生的。各省市也可根据实际情况再进行分组，如 17 岁以下组、13—15 岁组等，但大区赛和全国总决赛仍然只设置一个青少年组（17 岁以下）。

（2）公开组（18—45 岁）。即 1971 年 1 月 1 日至 1998 年 12 月 31 日之间出生的。各省市也可根据实际情况再进行分组，但大区赛和全国总决赛只设置一个公开组。

2. 女子组

省级决赛应至少设置一个女子组。省级决赛女子组队伍不少于 8 支；省级决赛也可设青少年组（17 岁以下）和公开组（18—45 岁）两个组，参赛队伍数量每组不少于 4 支。

3. 参赛对象

中华人民共和国公民，年龄上限不超过 45 岁，各赛区根据实际情况规定年龄段下限。报名及参赛时持二代身份证。解放军官兵可持军官证报名参加公开组比赛。各级各类体育学校及大中学校篮球队队员可以参加相应组别的比赛。

允许外籍人士持工作或学习签证护照（签证有效期不能早于 2016 年 8 月底）报名参加公开组比赛，但每支参赛队仅允许 1 名外籍人士报名。

4. 参赛资格特殊规定

大区赛（含）以下级别的赛事，不允许在中国篮协注册的专业运动员参赛。全国总决赛将设置专业组并特别邀请各职业俱乐部的运动员参加。

职业俱乐部包括：北京首钢、辽宁衡润、广东宏远、青岛双星、吉林东北虎、山西汾酒、浙江广厦、东莞新世纪、新疆广汇、佛山龙狮、山东高速、上海大鲨鱼、天津荣钢、江苏肯帝亚、浙江稠州、福建浔兴、江苏同曦、四川金强、八一富邦、北京北控。以上俱乐部如确因特殊情况不能派队参赛，则从其他职业俱乐部中增补。

（二）组队办法

参赛者均可自由组队，每支参赛队最多由 4 名队员组成，每队只允许报 1 名教练员或领队（仅限报 1 人），公开组也可不报教练员或领队，但青少年组必须报教练员或领队且年龄必须在 18 岁以上。每名参赛者在全国范围内只允许在某个赛区的一支参赛队报名，不得重复报名，不得冒名顶替。否则，一经查实将立即取消所在队伍的比赛资格。

全国总决赛专业俱乐部队组队办法相同。专业组将单独编组进行比赛，决赛阶段再安排专业组与公开组进行对抗赛。

（三）报名办法

参赛者登录中国三对三篮球联赛官方报名网站（www.cba3x3league.com），按照要求进行报名，根据网站截止日期过期不再接受报名，报名时无需交纳报名费。基本要求：以队的形式报名，不接受个人报名，球队至少 3 名队员。比赛开始后，将不允许增加或替换。否则，取消全队比赛资格。

（四）注册

各赛区需落实参赛者在联赛官方网站（www.cba3x3league.com）进行个人信息的注册，联赛数据将与国际篮联共享。

为与国际接轨，获得国际篮联积分，比赛必须采用国际篮联竞赛软件（EVENTMAKER）组织和编排竞赛，省级决赛以上赛事必须使用。各相关省市必须掌握此软件使用方法，主办单位将在赛前组织相关培训。

四、竞赛办法

（一）省级赛

各省（区、市）体育局管理中心（篮球协会等）与主办单位签订承办协议后成为各省级赛承办单位，在4月中旬至5月22日期间自行组织省级赛（包括省级预赛和省级决赛）。原则上5月22日前，省级决赛结束。各省市承办单位可根据本规程制定本单位内部的竞赛规程，但不得违背联赛总规程原则。

比赛原则上采用电脑系统分组，以循环和交叉淘汰的形式。预赛阶段，采用小组单循环（至少4个队一组），保证每参赛队报名后至少进行3场比赛。各小组第1获得出线权，然后采用交叉淘汰的方式进行决赛阶段的比赛。

比赛要安排在双休日进行，每站（分赛区）比赛（包括省级决赛）原则上在一个周末完成。

省级赛决赛建议安排在公开场地（室内室外均可），以城市广场（商城）、体育中心/公园为佳，除特殊情况外，不安排在体育馆内举行。预赛阶段可利用大中学校的固有场地，注意做好宣传工作。

（二）大区赛和全国总决赛

赛制安排与省级赛类似，原则上也安排在一个周末完成。各大区赛的具体时间根据各省级赛完成的时间另行商定后通知。

（三）优胜队晋级

A类赛区（省、直辖市），每个单位男子公开组和男子青少年组前12强，女子组前8强出现进入大区赛。

B类赛区（省、区），每个单位男子公开组和男子青少年组前8强，女子组前4强出现进入大区赛。

如有队伍放弃，需签订放弃参赛协议，此协议由各赛区与球队自行签订，该赛区需按竞赛排名依次递补队伍数量参加大区赛。

（四）单项赛

大区赛、全国总决赛将设置个人单项赛，即三分球比赛和扣篮比赛。省级赛由承办单位协助推广单位，根据实际情况自行设置个人单项赛，个人单项赛奖品由推广公司提供。

五、保险

为加强赛事安全保障工作，规避赛事风险事故，参赛运动员（包含领队和教练员）参赛前需统一向当地组委会缴纳一定额度（各地根据当地保险公司情况核定金额）的人身意外伤害保险费，此保险由组委会统一购买，具体的保险责任和免责内容按照投保时的人身意外伤害保险条款为准。

六、免责声明

各参赛队领队必须如实签署“免责声明”、各运动员本人必须签署“自愿参赛责任保证书”，承诺在比赛期间尊重和遵守联赛相关规则和规定，公平竞赛，声明在比赛期间出现的意外伤害、死亡及物品丢失等突发情况的，主办单位、承办单位和其他参赛人员免责。

七、奖励

（一）获得参加国际赛事机会

全国总决赛男子公开组总冠军球队可获得参加当年国际篮联大师赛北京站比赛机会，参赛费用由主办单位负担。

全国总决赛男子公开组前四名的球队可组成大集训队，将有机会参加三人篮球世锦赛。

青少年组（含女子）优胜球队（前三名），可获得参加三人篮球亚锦赛或世锦赛的机会。

（二）物质奖励

全国总决赛男子公开组和男子青少年组前3名的队伍，除颁发奖杯和奖牌外，还将分别获得20000元、10000元、5000元奖金，女子组前3名的队伍，将获得12000元、6000元、4000元奖金，个人单项赛冠军得主，将获得2000元奖金，上述队伍均可获得赞助商提供的产品奖励。

大区赛各组的冠亚军球队，将获得参加全国总决赛机会，并获得耐克全套比赛装备（服、鞋、包等）；大区赛各组前六名球队及个人单项赛冠军得主，将获得由赛区提供的荣誉证书和物质奖励。

省级赛冠军球队和个人单项赛冠军得主，将获得耐克提供的产品奖励。

八、其他规定

（一）球队名称

球队可自由命名，中英文均可，允许有商业冠名，但不允许以体育休闲类服装和鞋的品牌（中英文及缩写均不允许）命名。参加大区赛及全国总决赛时，如球队名称与联赛赞助商权益不符，应按照联赛要求修改队名。

球队名称不能超过8个汉字或16个字符。名称必须符合中国法律和社会伦理道德及精神文明准则。

（二）比赛装备

省级赛，允许参赛运动员穿着任意品牌比赛服装（含鞋）参赛，无需遮盖品牌标识，但必须按照组委会的要求，在比赛时穿着分队服（背心、坎肩等）。

大区赛，比赛时必须穿着组委会提供的比赛服装，在未提供比赛用鞋的情况下，运动员可以穿着任意品牌运动鞋但需遮盖标识。

全国总决赛，参赛人员必须在联赛公开场合（包括但不限于开幕式、庆功仪式、系列摄影、促销推广、新闻发布会、广告拍摄时或其他公众亮相等）穿着组委会提供的装备。如有耐克以外其他品牌签约运动员参加活动，必须遮盖标识。

（三）赛风赛纪保证金

大区赛、全国总决赛，男子组（不含女子组、专业组）参赛队，比赛开始前，每队必须缴纳“文明参赛保证金”1000元人民币。赛会期间，如未出现违反《治安管理处罚法》《2016年中国三对三篮球联赛纪律处罚规定》《全国篮球竞赛处罚规定》等问题，比赛结束后如数退还。对男子专业组比赛中出现的违纪违规问题参照《中国男子篮球职业联赛纪律处罚规定》执行。

九、赛区接待

全国总决赛，由赛区承办单位负担竞赛相关工作人员和参赛队人员的住宿、伙食及保险费用。

大区赛，由赛区承办单位承担参赛队住宿费用，伙食及保险费用均需由参赛队自理；参加大区赛的队伍，各省级赛承办单位应给予各参赛队一定经费补贴。

省级赛，各省级赛承办单位自行规定，但不允许收取参赛队任何费用（保险费用除外）。

十、经费

原则上，各省（区、市）组织的队伍数量，A类赛区队伍总数应在1200～1400支，B类赛区队伍总数应在600～800支，主办单位将根据参赛队伍数量酌定补贴承办经费。

此外，各省级赛承办单位还将获得部分商务推广权益。原则上，每个比赛场地不多于两块广告板，允许承办单位从联赛保护类别以外招商。

十一、比赛规则及比赛用球

比赛采用中国篮协审定的最新《三对三篮球规则》，规则解释权归属中国篮协。比赛规则将刊登在中国篮协官方网站和联赛官方网站（www.cba3x3league.com）。省级决赛以上级别的比赛，将统一使用耐克提供的6号比赛用球。

十二、裁判员安排

省级决赛及以下级别的比赛，裁判员由各省承办单位负责选派。

大区赛、全国总决赛的比赛，裁判员由主办单位负责选派。

本规程解释权归属国家体育总局篮球运动管理中心。未尽事宜另行通知。

思考与练习

1. 如果组织有15支球队参加的篮球比赛，你会采用什么样的竞赛方法？请做出具体的编排。
2. 简述单淘汰编排方法。
3. 简述单循环编排方法。
4. 试述篮球比赛成绩计算和名次评定的方法。

第十章
CHAPTER 10

篮球裁判工作

【本章提要】本章主要介绍了篮球竞赛规则与裁判法的功能作用，重点是比赛通则及常见的违例、犯规等一般规定，以及篮球裁判员和记录台工作人员的基本素养和实践能力要求，以求使学生掌握基本知识，培养基本能力，能够胜任一般篮球竞赛的组织和执裁工作。

第一节　篮球裁判员应具备的素质

一、思想素质

（一）热爱篮球事业，具有敬业精神

作为一名篮球裁判员，必须认识到裁判工作不仅关系到篮球运动的存在与发展、篮球技战术水平的普及与提高、良好体育道德的形成与发扬，还关系到国家的荣誉和声望，只有这样他们才能更加热爱裁判工作。

（二）具有良好的职业道德，遵纪守法

篮球裁判员应具有良好的职业道德，不弄权渎职、以权谋私，不徇情枉法。此外，高水平的篮球裁判员在为人处事方面也应具有较高的道德修养，这将有助于他们去处理场上所发生的任何棘手问题。

二、业务素质

（一）精通规则与裁判方法

裁判员是受托在规则的框架和裁判法的指导下对比赛进行监察的。为提高裁判工作水平，裁判员必须把篮球竞赛规则和裁判法的课程学深、学透。除此之外，还要将规则与规则解释及各种判例相结合，以达到对整个规则的融会贯通。

（二）通晓技战术知识

从规则的角度来说，技术是合乎规则要求的正确动作，战术是合乎规则要求的正确配合。裁判员为了正确地鉴别技术动作和战术配合的是与非，必须拥有篮球技战术方面的知识。裁判员只有懂得战术，才能及时把握宣判的重点。

（三）具有较强的英语能力

英语是国际篮联规定的在国际比赛中唯一的官方语言。在所有的国际比赛中，如有必要使用口语，则必须使用英语。所以，无论参加国际比赛，还是与人交流，具备高水平的英语能力是尤为重要的。

三、身体素质

（一）速度快

篮球比赛中运动员的移动速度快、战术变换快、攻防转换快，高速度是篮球比赛的特点之一。由此可见，速度素质对裁判员来说尤为重要。

（二）耐力好

一场篮球比赛净时间为 40 分钟，而且赛况紧张，争夺激烈，裁判员大部分时间都是处在高速的奔跑之中，如果裁判员没有充足的耐力，特别是速度耐力，那么他就会感到身体疲劳、反应迟钝。所以，耐力素质对裁判员保持和提高工作效率也是必不可少的。

（三）灵敏高

裁判员在比赛中不但要做起动、疾跑、急停、转身、侧移和后退等各种动作，而且还要准确、及时地对比赛中的各种情况作出判断，并适时、规范地做出宣判手势。因此，要求裁判员需具有良好的灵敏素质。

四、心理素质

（一）自信

作为篮球比赛的“法官”，裁判员首先是要自信。如果裁判员缺乏应有的自信，那么他在宣判时就会显得犹豫不决，或者他虽然做出了正确的宣判，但却表现得不够自信，从而会让运动员对他判罚的准确性产生怀疑。所以说，自信是裁判员必须具备的意志品质。

（二）敏捷

由于篮球比赛的速度快、变化多，有些情况稍纵即逝，因此，裁判员只有反应迅速，才能及时地捕捉到违反规则的行为，才能做出正确的宣判。因此，具有思维敏捷、反应迅速的素质，对篮球裁判员来说也是至关重要的。

（三）果断

裁判工作的特点是瞬间反应。如果裁判员优柔寡断，那么就会错失宣判的最佳时机，从而形成“漏判”；如果裁判员草率妄断，又会因时机不成熟，从而造成“错判”。所以，只有那些善观局势、善辨时机、善辨是非，且又当机立断的裁判员，才能称得上是高水平的裁判员。

（四）冷静

对裁判员来说，在他遇到异常或出乎意料的事件时，能不慌张、不急躁、不失态，并有修养、有克制、有举措，这样才能显示出他驾驭比赛的能力。因此，冷静也是高水平裁判员应具备的素质。

第二节　篮球运动的主要规则

一、比赛通则及一般规定

(一) 篮球比赛的定义

每场篮球比赛由两个队参加，每队出场 5 名队员。每队的目标是在对方球篮得分，并阻止对方队得分。

(二) 比赛的胜者

在比赛时间结束时得分较多的队，将是比赛的胜者。

(三) 比赛的时间

比赛应由 4 节组成，每节 10 分钟。每一决胜期为 5 分钟。

(四) 交替拥有

以掷球入界而不是以跳球来使球成活球的一种方法。

(五) 球中篮和它的得分值

当活球从上方进入球篮并停留在球篮内或穿过球篮时，是球中篮。

球进入对方的球篮，如果是 1 次罚球得 1 分；如果是从 2 分投篮区投篮得 2 分；如果是从 3 分投篮区投篮得 3 分；如果队员“意外”地将球投入本方球篮，中篮得 2 分，此得分登记在对方场上队长名下；如果队员“故意”地将球投入本方球篮，是违例，中篮不计得分；如果队员使球整体从下方穿过球篮，是违例。

(六) 暂停

每队可准予在上半时（即第 1 节和第 2 节）2 次暂停；在下半时（即第 3 节和第 4 节）3 次暂停，但在第 4 节的最后 2 分钟，最多 2 次暂停；每一决胜期 1 次暂停。每次暂停时间为持续的 1 分钟。

（七）队员个人犯规

如一名队员发生侵人犯规和/或技术犯规已达5次时，裁判员应通知该队员，其必须在30秒钟内被替换。

（八）全队犯规

在某一节比赛中，某队全队队员犯规累计已达4次时，该队将处于全队犯规处罚状态。随后所有发生的对攻方未做投篮动作的队员的一般性质的侵人犯规（除违反体育道德的犯规、技术犯规、取消比赛资格犯规和控制球队队员犯规等外），都应判给攻方被侵犯队员2次罚球，从而替代攻方的掷球入界权利。

二、常见违例

违例是违犯规则的行为，罚则是将球判给对方队员在最靠近发生违例的地点掷球入界。

（一）队员出界、球出界和使球出界的队员

当队员身体的任何部分接触界线上方、界线上或界线外的除队员以外的地面或任何物体时，是队员出界。

当球触及了界外的队员或任何其他人员时；界线上、界线上方或界线外的地面或任何物体时；篮板支撑架、篮板背面或比赛场地上方的任何物体时，是球出界。

在球出界、甚至球触及了除队员以外的其他物体而出界之前，最后触及球或被球触及的队员，是使球出界的队员。如果球出界是由于触及了界线上或界线外的队员或被他所触及，是该队员使球出界。

（二）两次运球

当在场上已获得控制活球的队员将球掷、拍、滚、运在地面上，或故意将球掷向篮板并在球触及另一名队员之前再次触及球时是运球开始；当队员双手同时触及球，或允许球在一手或双手中停留时是运球结束。队员第一次运球结束后不得再次运球，如再次运球则是两次运球。除非在两次运球之间，由于下述原因他在场上已失去了控制活球，如投篮、球被对方队员触及、传球或漏接，然后触及了另一队员或被另一队员触及。

（三）带球走

当队员在场上持着一个活球，其一脚或双脚超出规则所述的限制向任一方向非法移动时是带球走。判断带球走的关键是确定持球队员的中枢脚。

中枢脚确立方法及行进时的规定如下。

1. 对在场上接住活球的队员中枢脚的确立方法

（1）双脚站在地面上时

一脚抬起的瞬间，另一脚即成为中枢脚。

（2）移动时

①如果一脚正触及地面，该脚成为中枢脚。

②如果双脚离地和队员双脚同时落地，一脚抬起的瞬间，则另一脚成为中枢脚。

③如果双脚离地和队员一脚落地，该脚即成为中枢脚。如果队员跳起那只脚并双脚同时落地停止，则哪只脚都不是中枢脚。

2. 对在场上控制了活球并已确立中枢脚的队员带球行进时的规定

（1）双脚站在地面上时

①开始运球，在球离手之前中枢脚不得抬起。

②传球或投篮，队员可跳起中枢脚，但在球出手之前任一脚不得落回地面。

（2）移动时

①传球或投篮，队员可跳起中枢脚并一脚或双脚同时落地，但一脚或双脚抬起后在球出手之前任一脚不得落回地面。

②开始运球，在球离手之前中枢脚不得抬起。

（3）停止时哪只脚都不是中枢脚时

①开始运球，在球离手之前哪只脚都不得抬起。

②传球或投篮，一脚或双脚可抬起，但在球出手前不得落回地面。

3. 当队员跌倒、躺或坐在地面上时的规定

①当一名队员持球时跌倒和在地面上滑动，躺或坐在地面上时获得控制球是合法的。

②如果之后该队员持着球滚动或试图站起来是违例。

（四）3 秒钟违例

当某队在前场控制活球并且比赛计时钟正在运行时，该队的队员不得停留在对方队的限制区内超过持续的 3 秒钟，否则为违例。

（五）被严密防守的队员违例

一名队员在场上正持着活球，这时对方队员处于积极的、合法防守姿势，距离不超过 1 米，该队员是被严密防守。一名被严密防守的队员必须在 5 秒钟内传、投或运球，否则为违例。

（六）8 秒钟违例

当一名队员在他的后场获得控制活球时，或在掷球入界中，球触及后场的任何队员或者被后场的任何队员合法触及，掷球入界队员所在队仍拥有在后场的球权时，该队必须在 8 秒钟内使球进入他的前场，否则为违例。

（七）24 秒钟违例

当一名队员在场上获得控制活球时，或在一次掷球入界中，球触及任何一名场上队员或者被他合法触及，掷球入界队员所在的球队仍然控制着球时，该队必须在 24 秒钟内尝试投篮。这不但要求在进攻计时钟的信号发出前，球必须离开队员的手，而且球离开投篮队员的手后，球必须触及篮圈或进入球篮，否则为违例。

（八）球回后场违例

在前场控制活球的队，不得使球非法地回到后场，否则为违例。宣判球回后场违例必须符合以下 3 个条件：该队在前场已控制球；该队队员在前场最后触及球；球回后场后，该队队员最先触及球。

（九）掷球入界违例

1. 当发生下列情况时，为掷球入界队员违例

①超过 5 秒钟球才离手。

②球在手中时，步入比赛场地内。

③掷球入界的球离手后，使球触及界外。

④在球触及另一队员前，在场上触及球。

⑤直接使球进入球篮。

⑥在球离手前，从界外指定的掷球入界地点，在 1 个或 2 个方向上横向移动总距离超过 1 米。然而，只要情况许可，掷球入界的队员从界线后退多远都可以。

2. 当发生下列情况时，为除掷球入界队员外的其他队员违例

①在球被掷过界线前，将身体的任何部位越过界线。

②当掷球入界地点的界线外任何障碍物和界线之间少于 2 米时，靠近掷球入界队员在 1 米之内。

（十）脚踢球和拳击球违例

队员不能故意踢或用腿的任何部分阻挡球或用拳击球，否则是违例。然而，球意外地接触到腿的任何部分，或腿的任何部分意外地触及球，不是违例。

（十一）罚球违例

1. 当发生下列情况时，为罚球队员违例

①可处理球后，球离手的时间超过 5 秒。

②球进入篮或触及篮圈前，该队员触及罚球线或进入限制区。

③球未触及篮圈也进入球篮。

④做罚球的假动作。

2. 当发生下列情况时，为在分位区站位的队员违例

①占据他们无权占据的分位区。

②在球离开罚球队员的手前，进入限制区、中立区域或离开他的分位区。

③用他的行为扰乱罚球队员。

在球进入篮或触及篮圈前，未在分位区内的其他队员不得越过就近的罚球线延长线和 3 分投篮线，否则为违例。

三、常见犯规

含有与对方队员的非法身体接触和/或违反体育道德举止的违犯规则的行为是犯规。罚则是登记每一犯规者的犯规并进行相应的处罚。

(一) 侵人犯规

无论在活球或死球的情况下，攻守双方队员发生的非法身体接触的犯规是侵人犯规。

队员不应通过伸展他的手、臂、肘、肩、髋、腿、膝、脚或将身体弯曲成“不正常的姿势”（超出他的圆柱体）去拉、阻挡、推、撞、绊对方队员，或阻止对方队员行进；也不应放纵任何粗野或猛烈的动作去这样做。

当防守控制（正持着或运着）球的队员时，时间和距离的因素不适用；但当防守不控制球的队员时，时间和距离的因素应适用。

罚则：

1. 均应登记犯规队员1次侵人犯规

2. 如果对未做投篮动作的队员发生犯规

①如果犯规的队此时未处于全队犯规处罚状态（该队本节全队累计犯规次数少于或等于4次），则由非犯规的队在最靠近违犯的地点掷球入界重新开始比赛。

②如果犯规的队此时已处于全队犯规处罚状态（该队本节全队累计犯规次数已超过4次），则由被侵犯的队员执行2次罚球后重新开始比赛，从而代替掷球入界。但控制球队犯规、技术犯规、违反体育道德的犯规和取消比赛资格的犯规等除外。

3. 如果对正在做投篮动作的队员发生犯规

①如果投篮成功，应计得分并追加1次罚球。

②如果投篮不成功，则应根据投篮队员的投篮区域，判给相应的2次或3次罚球。

(二) 双方犯规

两名互为对方的队员大约同时相互发生的侵人犯规是双方犯规。

罚则：登记每一犯规队员1次侵人犯规，不判给罚球。

（三）技术犯规

没有身体接触的犯规是技术犯规。队员和球队席人员均可能发生技术犯规。

1. 主要行为

①无视裁判员的警告。

②无礼地触碰裁判员、技术代表、记录台人员或对方球队席人员。

③与裁判员、技术代表、记录台人员或对方队员交流中没有礼貌。

④使用很可能冒犯或煽动观众的粗话或手势。

⑤戏弄对方队员或在他的眼睛附近摇手妨碍其视觉。

⑥过分挥肘。

⑦在球穿过球篮之后，故意地触及球或阻碍迅速地掷球入界以延误比赛。

⑧跌倒“伪造”犯规。

⑨悬吊在篮圈上，致使队员的重量由篮圈支撑。除非扣篮后，队员瞬间地抓住篮圈，或者根据裁判员的判断，如果他正试图防止自己受伤或另一名队员受伤。

⑩在最后1次或仅有1次的罚球中防守队员干涉得分。

2. 罚则

①队员技术犯规：登记该队员1次技术犯规，并计入全队犯规次数中。

②球队席人员技术犯规：登记该队教练员1次技术犯规，但不计入全队犯规次数中。

③判给由对方教练员指定的队员1次罚球，以及随后在记录台对面的中线延长线掷球入界，或在中圈跳球开始第1节的比赛。

④当1名队员在同一场比赛中，被宣判了2次技术犯规时，他应被取消比赛资格。

（四）违反体育道德的犯规

根据裁判员的判断，一名队员不是在规则的精神和意图的范围内合法地试图去直接抢球而发生身体接触的犯规是违反体育道德的犯规。

1. 主要行为

①在努力抢球中，一名队员造成过分的、严重的身体接触。

②防守队员试图中止一次快攻，从对方队员身后或侧面造成身体接触，并且在进攻队员和对方球篮之间没有防守队员。

③在第 4 节和每一决胜期的最后 2 分钟，当掷球入界的球在界外并且仍在裁判员手中，或掷球入界队员可处理时，防守队员对进攻队员造成身体接触。

2. 罚则

①应给犯规队员登记 1 次违反体育道德的犯规。

②应判给被侵犯的队员相应的罚球，以及随后在记录台对面的中线延长线掷球入界，或在中圈跳球开始第 1 节的比赛。

③当 1 名队员在同一场比赛中，被宣判了 2 次违反体育道德的犯规时，他应被取消比赛资格。

（五）取消比赛资格的犯规

队员或球队席人员任何恶劣的违反体育道德的行为是取消比赛资格的犯规。

罚则：

①登记犯规队员 1 次取消比赛资格的犯规，并令其在比赛期间到该队的休息室或离开比赛场地。

②判给对方相应的罚球次数，以及随后在记录台对面的中线延长线掷球入界，或在中圈跳球开始第 1 节的比赛。

第三节　篮球裁判员的执裁技巧

一、两人制裁判员执裁技巧

（一）赛前责任

1. 赛前 20 分钟

两位裁判员（主裁判员简称 R，副裁判员简称 U）应在一起进入比赛场地与记录台人员见面，并检查比赛设备和监督队员的赛前练习。主裁判员还要负责批准比赛场地、比赛计时钟和所有技术设备，包括记录表。

主裁判员应挑选一个使用过并达到下述标准的比赛用球，即当球从 1.8 米的高度（从球的底部量起）落到球场地面或木质地板上，反弹起来的高度在 1.2～1.4 米（从球的顶部量起）。一旦比赛用球确定后，他应在球上做出明显的标记，之后，任何一队都不得再用它进行练习。

在赛前和半场之间练习中，两位裁判员应站在记录台对面中线附近的位置，仔细观察双方球队的情况，如有任何不良行为，裁判员必须立即警告违犯队的教练员，如再犯，则应宣判违犯者 1 次技术犯规（图 10–1）。

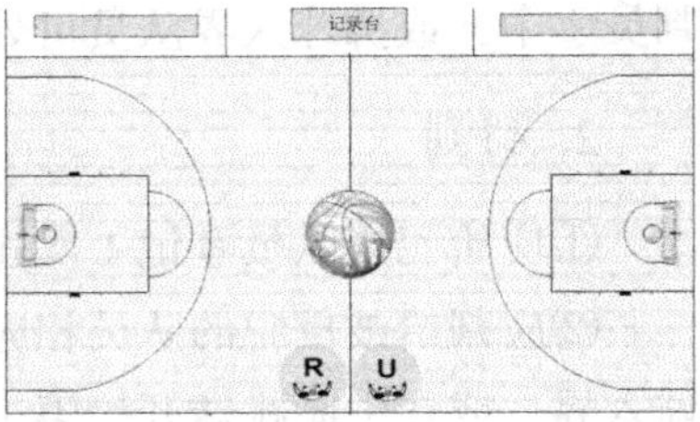

图 10–1

2. 赛前 10 分钟

主裁判员在检查记录员已经填写好的记录表后，要确保双方教练员确认本队队员的姓名、号码及教练员的姓名，并督促他们在记录表上签字，然后标出本队首发的 5 名队员。

3. 赛前 6 分钟

主裁判员应令所有队员停止赛前练习并回到他们各自的球队席区域。之后，首先介绍秩序册中队名列前的队（通常是主队且球队席位于记录台左侧的队），然后介绍另外一队（图 10–2）。

图 10–2

4. 赛前 3 分钟

主裁判员应鸣哨并以手势表示离比赛开始还有 3 分钟。之后，记录台介绍裁判员（图 10–3）。

图 10–3

5. 赛前 2 分钟

两裁判员应移向靠近记录台一侧的位置。

6. 赛前 1 分 30 秒

主裁判员应令所有的队员停止赛前练习，并立即回到他们各自的球队席区域。

7. 赛前 30 秒

主裁判员在确认每位裁判人员（包括记录台人员）都已做好了开始比赛的

准备后，与副裁判员握手，然后进入比赛场地，并以握手的方式，清楚地指明双方各自的场上队长。

至此，裁判员的赛前工作即告结束。

（二） 每节开始时的管理

1. 第一节开始时的管理

主裁判员在步入中圈执行抛球之前，应用“交流”的手势查看副裁判员，并通过他了解记录台人员是否都已做好了比赛开始的准备。他还需确认两名跳球队员的双脚是否都站在靠近本方球篮的半圈内，且一只脚必须靠近中线。在确保一切事情都就绪后，主裁判员才应进入中圈，并面向记录台执行抛球，从而开始第 1 节的比赛。为避免伤害事故的发生，建议他此时不要将哨子含在嘴里。

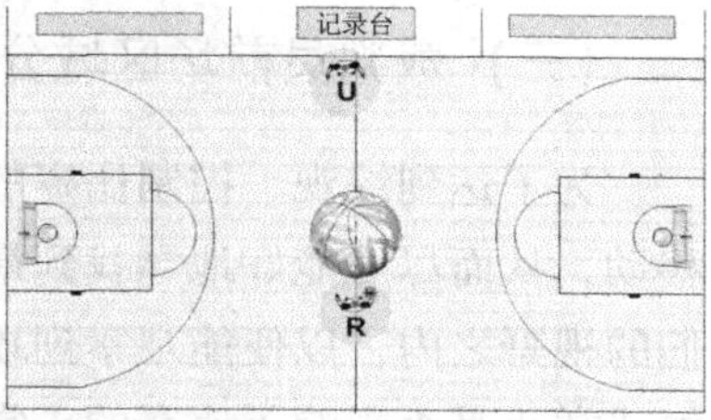

图 10-4 跳球时裁判员的基本站位

应将球在两名跳球队员之间向上垂直抛起，球的最高点要超过任一跳球队员跳起时手臂所能达到的高度（图 10-4）。

副裁判员应在靠近记录台一侧边线的中点处占位，负责观察跳球队员的拍球及其余 8 名非跳球队员的行为。一旦球被第一次合法拍击时，他应立即做出“时间开始”的手势并移向比赛的前方，占据前导裁判员的位置（前导裁判员简称 L，追踪裁判员简称 T）（图 10-5、图 10-6）。

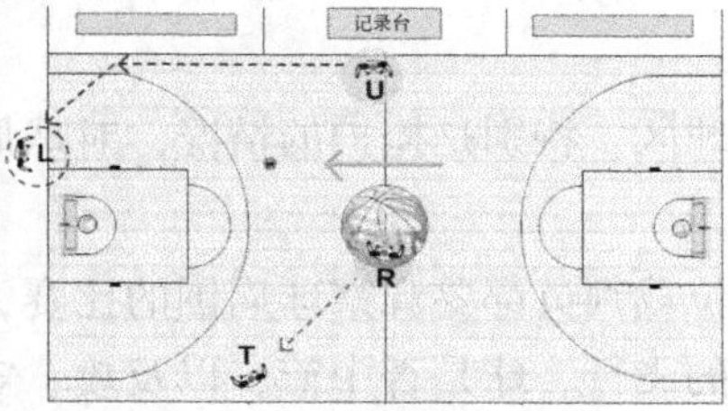

图 10-5 当球被拍向主裁判员左侧时的移动路线

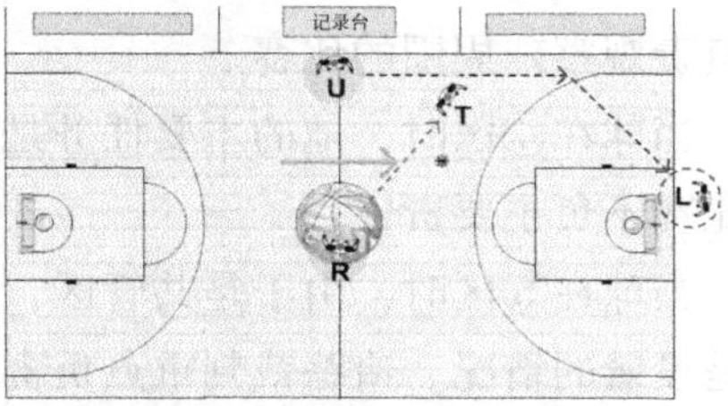

图 10-6 当球被拍向主裁判员右侧时的移动路线

2. 非第一节开始时的管理

主裁判员应在记录台对面的中线延长线及掷球入界队员的后场一侧占位，并用“交流”的手势查看副裁判员，并通过他了解记录台人员是否都已做好了比赛开始的准备。此外，还需确认掷球入界队员是否是骑跨中线占位。在确保一切事情都就绪后，才能将球递交给掷球入界队员开始比赛。

副裁判员应在主裁判员的对面的掷球入界队前场的罚球线延长线的边线处占位，以监控场上所有队员。

每当球队控制球出现改变和出现一个新的比赛方向时，两裁判员必须调整位置，即追踪裁判变成新的前导裁判，前导裁判变成新的追踪裁判。

(三) 裁判员前场区域分工与配合

为了达到综观、控制比赛的目的，两位裁判员的主要工作和任务是要不停地移动，从而尽可能好地寻找到最佳的观察位置和角度，并把所有的队员都置于他们的视野之内，以便能观察到攻、守队员之间的空间。他们必须确定各种身体接触或举止是否影响了比赛的正常进行。如果身体接触或举止并未影响比赛的正常进行，那么，他可将此身体接触或举止当作意外情况不予宣判；如果身体接触或举止影响了比赛的正常进行，那么，他就必须宣判相应的犯规。

现代执裁要求两位裁判员在临场工作中既明确分工，又真诚合作。当一名裁判员负责有球区域时，另一位裁判员则负责无球区域。为了便于理解与应用，我们把前场划分成①—⑥号的长方形区域（图 10-7）。

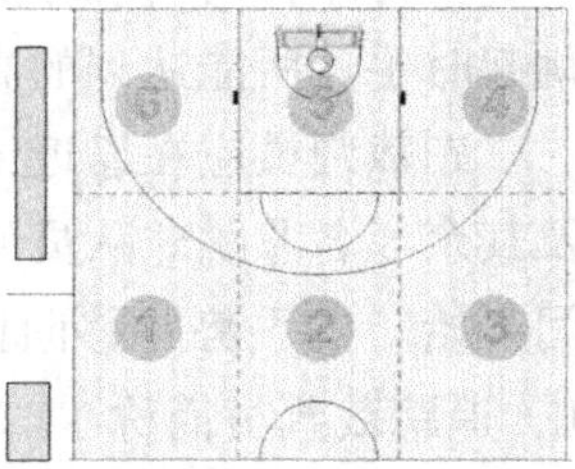

图 10-7

1. 追踪裁判员的占位和责任

当球在①、②、③区时，追踪裁判员应位于球的左后方 3~5 米处，向前不要超过罚球线的延长线，主要负责观察球周围的比赛。

当球在④区时，他的主要任务是观察无球区，特别是掩护的情况，对球周围的比赛不负主要责任。

当球在⑤区时，由于是共管区，所以两位裁判员都要观察球周围的比赛，特别是投篮的情况。追踪裁判重点负责观察球的飞行、球是否中篮，以及攻、守队员的干涉得分和对球干扰的行为。

当球在⑥区的 2 分投篮区时，这也是共管区，因此两位裁判员还是都要观察球周围的比赛。但当球靠近罚球线延长线时，追踪裁判员应重点负责球周围的比赛。

当球在⑥区的 3 分投篮区，追踪裁判员应负责球周围的比赛，特别是在投篮之时。

追踪裁判员还要负责中线和他左侧的边线。

在由追踪变前导裁判的转换中，追踪裁判员切记不要将视线离开比赛，他要在所有的时间里都把目光集中在队员和比赛上。

当球在浅阴影区内时，追踪裁判员主要负责有球区域。深阴影区是两裁判员共同负责的区域（图10-8）。

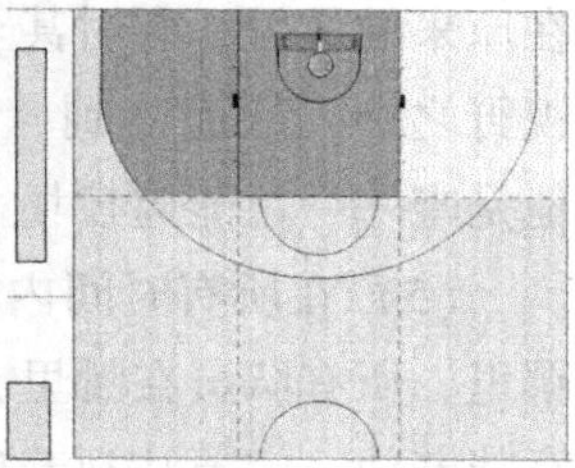

图 10-8

2. 前导裁判员的占位和责任

当球在①、②、③区时，他的主要负责观察无球区的比赛，特别要注意掩护的情况。

当球在④区时，他负责观察球周围及有球一侧低策应区的比赛。

当球在⑤区时，虽然他和追踪裁判员的主要责任都是在有球区，但他的次要责任是注视有球一侧的低策应区内的队员。

当球在⑥区的2分投篮区时，两位裁判员还是都要观察球周围的比赛，但当球靠近端线时，前导裁判应重点负责球周围的比赛。

当球在⑥区的3分投篮区时，前导裁判员虽不负责有球区域，但他要注视低策应区及无球区内的所有队员，特别是掩护的情况。

前导裁判员在到达端线后，应在其左侧的3分线和不超过其右侧的限制区远边之间正常地移动。就界线而言，他负责就近的端线和他左侧的边线。

当球在浅阴影区内时，前导裁判员负责有球区域，深阴影区是两裁判员共同负责的区域（图10-9）。

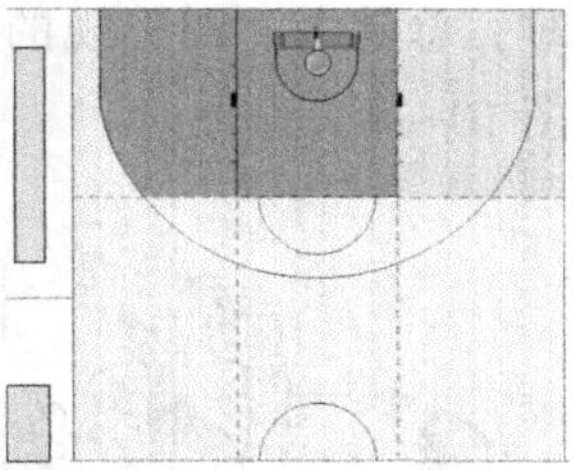

图 10-9

3. 忠告

（1）裁判员应熟悉自己的责任区，除共管区之外，两位裁判员应尽量避免一起注视球和球周围的比赛的现象。

（2）当一名裁判员主要负责无球区时，他要观察远离球的比赛，要始终依据“监控”原则把所有队员都置于两裁判员的视野之间。

（3）在对违犯的宣判中，既没有主、副裁判之分，也没有级别高、低之分，更没有老、少之分。因此，每位裁判员都有独立宣判违犯的权力。当两位裁判员对同一起违犯几乎同时鸣哨时，他们之间要立即建立目光联系。在通常情况下，应由最靠近违犯地点的裁判员进行宣判，如果此时很难区分出离哪位裁判员最近，那么，就要看比赛朝哪位裁判员进行，就由哪位裁判员对此违犯进行宣判。

(4) 如果一名裁判员鸣哨宣判犯规，此时，没有鸣哨的另一名裁判员应站在原来的位置，有时甚至还要向后退上几步，以便将场上所有队员都置于自己的视野之中，从而达到“监控”的目的。因为当宣判裁判向记录台报告犯规时，他是唯一一位能监控场上情况的裁判员。

(5) 在所有时间内，裁判员一定不要背对比赛，要尽力做到不仅知道球在哪里、所有队员在哪里，而且也要知道他的同伴在哪里。但知道球在哪里，并不意味着他一定要注视着球。

(6) 仅在队员或教练员及球队席人员的动作或行为已影响了比赛时，裁判员才鸣哨宣判犯规，附带的身体接触或无意的行为应被忽略。

(7) 通常情况下，当裁判员宣判了争球或犯规后，两裁判员就应交换他们在场上的位置，宣判裁判员原则上应该成为新的追踪裁判员。

(四) 几种比赛情况下两裁判员的分工与配合

1. 2 分投篮时

追踪裁判员主要负责球的飞行，如果球进入球篮，他必须向记录台做出手势来确定得分。前导裁判员应集中精神观察无球区域的情况。但是，当遇到犯规时，总是由宣判犯规的（前导或追踪）裁判员决定中篮是否有效（图 10-10、图 10-11）。

图 10-10

图 10-11

2. 3 分投篮时

通常情况下，追踪裁判员应做出所有的“3 分试投”手势，他要特别注意投篮队员在起跳或球离手时的脚与地面的接触点，以确定该队员投篮时的位置。假如是 3 分试投，他应立即做出“3 分试投”手势（图 10-12）；如果 3 分投篮命中，他还要立即做出“3 分投篮成功”的手势，这个手势要一直保持到他认为记录员已有充分的时间确认该手势时为止（图 10-13）。

图 10-12

图 10-13

然而，不是所有的 3 分试投都能被追踪裁判员看得清楚的，特别是当 3 分试投发生在远离他的④区时。所以，在这种情况下，前导裁判员必须先做出“3 分试投”手势，直到这一手势被追踪裁判员重复时才放下（图 10-14）。如果此时 3 分投篮命中，则只需追踪裁判员做出“3 分投篮成功”的手势（图 10-15）。

图 10-14

图 10-15

当出现靠近 3 分线的 2 分区投篮时，追踪（或前导）裁判员应立即用两指向下，指给记录员，以尽早表示这是在 2 分区的投篮，以便减少或避免来自观众、教练员和队员的争议（图 10-16）。

当出现快攻反击，且追踪裁判员又未跟上比赛进程时，对在场上任何区域的 3 分试投，前导裁判员都可以给追踪裁判员以协助。

图 10-16

3. 罚球时

（1）追踪裁判员的占位与责任

追踪裁判员应在前导裁判员将球递交给罚球队员后移至罚球队员左侧的罚球线延长线与 3 分线的交点处，随后做出相应罚球次数的手势。他负责：①计算时间，判定罚球队员是否 5 秒钟违例；②观察罚球队员是否踩线、假装罚球等行为；③观察在他对面位置区占位的队员的行为；④观察球的飞行和球在篮圈上的情况；⑤如果罚球中篮，确认是否有效，并做出相应的手势。

(2) 前导裁判员的占位与责任

图 10-17

前导裁判应位于端线外，两腿骑跨靠近④区罚球区线的延长线，负责所有罚球的递交球，并做出相应的罚球次数的手势。他还要负责：①观察在他对面位置区占位的队员的行为；②在还有后续的罚球时，负责捡球，并将球反弹传给罚球队员（图 10-17）。

4. 全场紧逼防守时

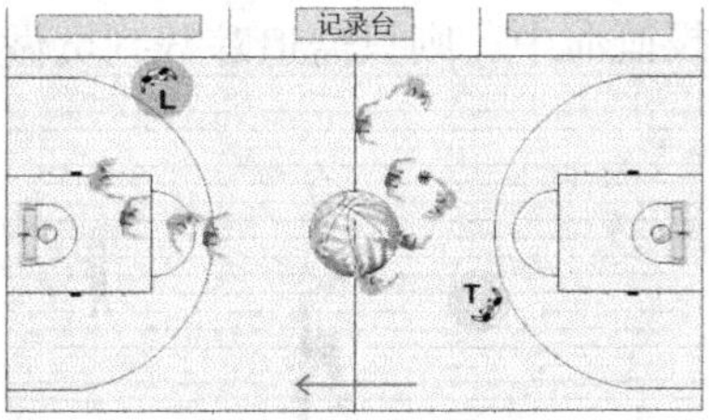

图 10-18

当有 3 名或更多的防守队员在对方的后场进行防守时，前导裁判不要急于移至端线，他应协助同伴观察场上情况，直到球越过中线（图 10-18）。

追踪裁判则应根据场上情况尽量靠近比赛，仔细观察可能发生的任何违犯。

5. 快攻时

此时，原追踪裁判员应立即撤到边线附近，并面向场内做侧身跑，他应始终保持在攻势的前方观察比赛，成为新的前导裁判员。如果他落在了球的后面，可以在不妨碍队员行动的前提下，适当地深入场内，去追抢一个好的观察角度，变被动为主动。此时，原前导裁判员也应快速跟进，成为新的追踪裁判员，他要特别注意球回后场及持球移动等违例情况的发生。

二、三人制裁判员执裁技巧

（一）重要术语

1. 球侧

在两个球篮间用一条假想的线将球场划分为两部分，球所在的场地一侧为球侧。

2. 裁判员

①前导裁判员（简称 L)：是位于端线的裁判员。

②中央裁判员（简称C）：是位于前导裁判员所在前场的对侧的裁判员（通常在球侧对面），大约在罚球线延长线朝向球篮方向两步的地方。依据球的位置，中央裁判可在前场的任一侧。

③追踪裁判员（简称T）：是大约位于靠近中线的球队席区域边界的裁判员，并与前导裁判员在同一侧（球侧）。

前导裁判员和追踪裁判员是在场地的同一侧，而中央裁判员是在对面一侧。

3. 对侧

远离记录台的场地一侧。

4. 轮转

这涉及一个活球状况，球的移动或落位促使前导裁判员根据球在前场的位置（记录台一侧或对侧）发动1次位置改变或"轮转"。前导裁判员改变位置引起中央裁判员和追踪裁判员改变位置。

在正常比赛中，由前导裁判员控制轮转，并且原则上当球转移到球侧或者当球从罚球线外向球篮方向切入时，开始轮转。如果前导裁判或者中央裁判想要观察一个在罚球线上的正在发展的比赛或者紧逼情况时，他们可以移动并发动一次轮转。

5. 强侧

前导裁判员落位的场地一侧。

6. 转换

这涉及一个死球状况，犯规的宣判需要裁判员改变位置。宣判犯规的裁判员在向记录台报告犯规之后总是移向对侧；每当有掷球入界情况，两名裁判员总是在球侧。

7. 弱侧

前导裁判员没有落位的前场一侧。

（二）基本要求

①在任何情况下，3位裁判员之间必须保持宽广的三角形，并面向场内监控所有队员。

②正常攻守转换时，3位裁判员的换位原则是，追踪→前导、中央→中央、前导→追踪。

③宣判犯规的裁判员向记录台报告犯规后，必须移动到记录台对面的位置上。因此，前导裁判员和靠近记录台的裁判员如未宣判犯规则不换位，如宣判了犯规，则要和记录台对侧的那位裁判员换位；而记录台对侧的裁判员如宣判了犯规也不换位，但他如未宣判犯规，则要和宣判犯规的裁判员换位。

④前导裁判员必须面向记录台执行罚球。

⑤宣判了犯规的裁判员，只要跑出人群，就可以向记录台报告。将要换位的那位裁判员，则要逐步移向新的位置并负责捡球。而另一位裁判员，则应选择一合适位置，监控所有队员，直到向记录台报告的裁判员转身观察队员为止。

⑥裁判员要始终知道球的位置、队员的位置、其他裁判员的位置。

⑦每位裁判员负责各自就近的界线，且追踪裁判员还要负责中线。

⑧凡未在《篮球裁判员手册（3 人执裁）》中提及的内容，均按《篮球裁判员手册（2 人执裁）》中的规定执行。

（三）比赛开始时的占位与移动

1. 赛前和中场休息准备活动时的占位（图 10-19）

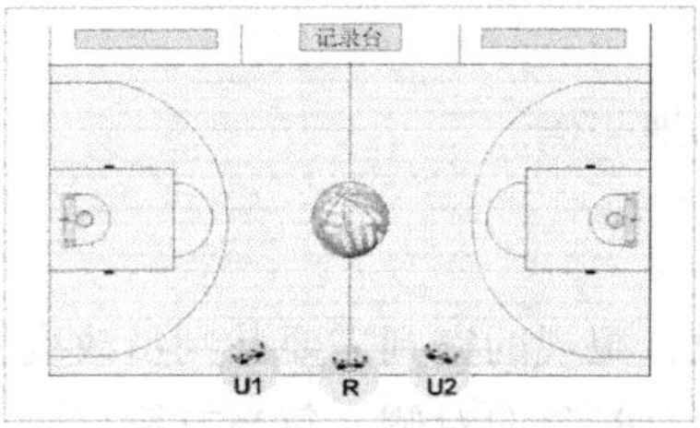

图 10-19

2. 跳球开始比赛时的占位（图 10-20）

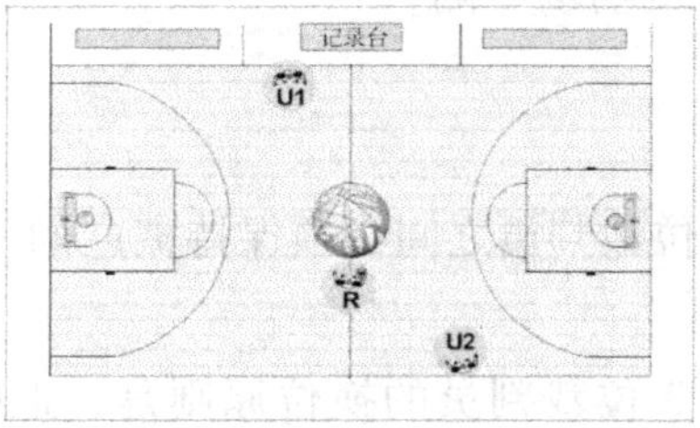

图 10-20

3. 跳球开始比赛——球向主裁判员右方推进时的移动（图 10-21）

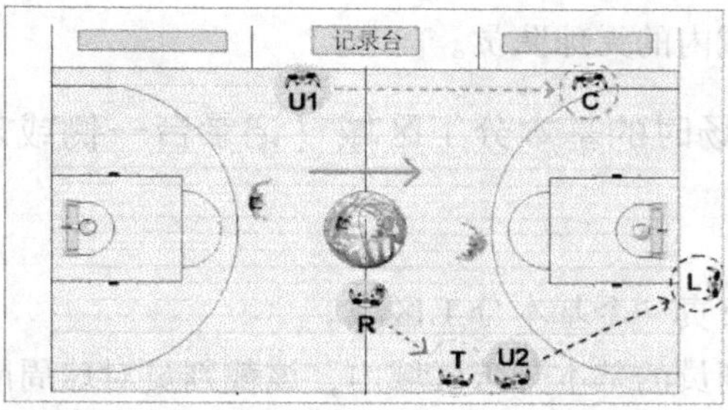

图 10-21

4. 跳球开始比赛——球向主裁判员左方推进时的移动（图 10-22）

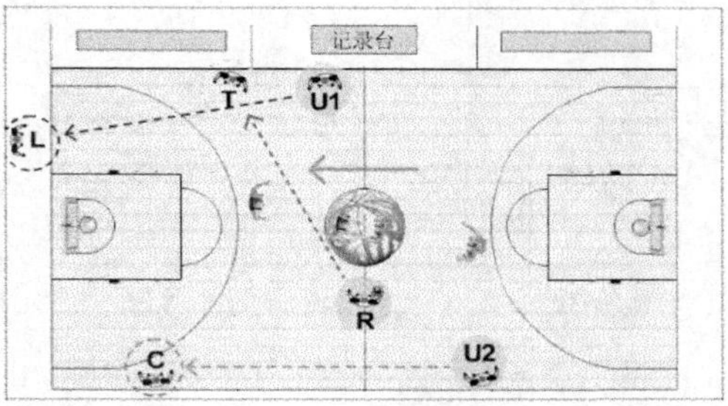

图 10-22

（四）基本的场地覆盖范围和责任

1. 基本的场地覆盖范围（图 10-23）

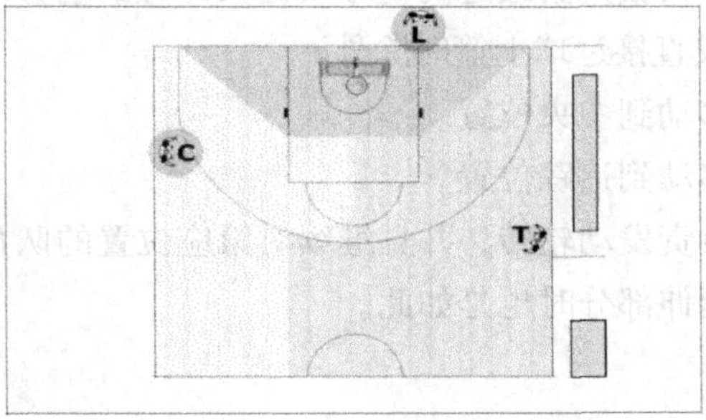

图 10-23

2. 基本的责任

当球在某裁判员的区域内，他负责球周围的比赛；当球在另一裁判员的区域内，他应负责本区域内的无球队员。

（五）球在前场时的基本分工区域（记录台一侧或对侧）（图 10-24、图 10-25）

①每位裁判员负责一个基本分工区域。

②当球在某裁判员的基本分工区域内，该裁判员对球周围附近的违犯负责。

③当球不在某裁判员的基本分工区域内，该裁判员负责本区域内的所有队员。

④前导裁判员和追踪裁判员共同负责共管的区域（DUAL），即最深黑色的三角区域。

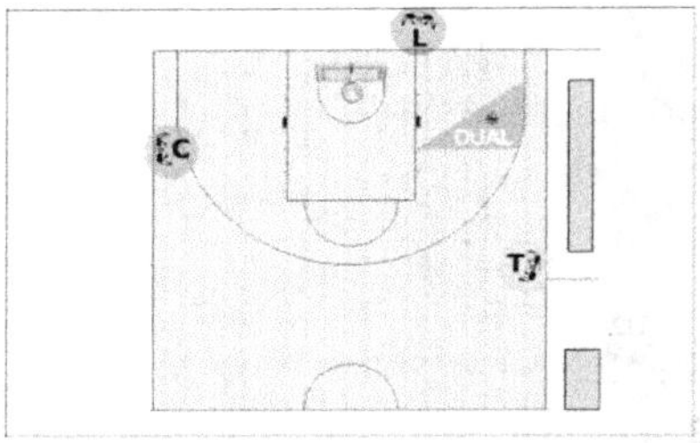

图 10-24　球在记录台一侧

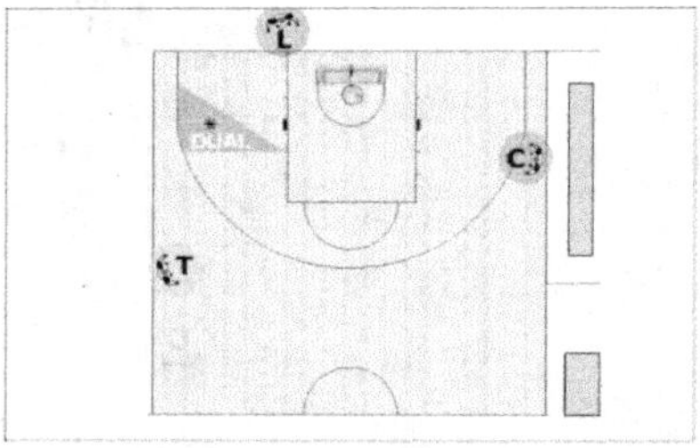

图 10-25　球在记录台对侧

（六）当球从记录台一侧传或运到对侧，或者从对侧传或运到记录台一侧时的基本移动（图 10-26、图 10-27）

①当球传到离中央裁判员最近的罚球线延长部分的前方时，前导裁判员移动到球侧（快速投篮或直接运球上篮时除外）。

②追踪裁判员移动到中央位置。

③中央裁判员移动到追踪位置。

④前导裁判员负责发动轮转，并且继续对策应位置的队员负有责任，甚至在移动越过限制区的延伸部分时也是如此。

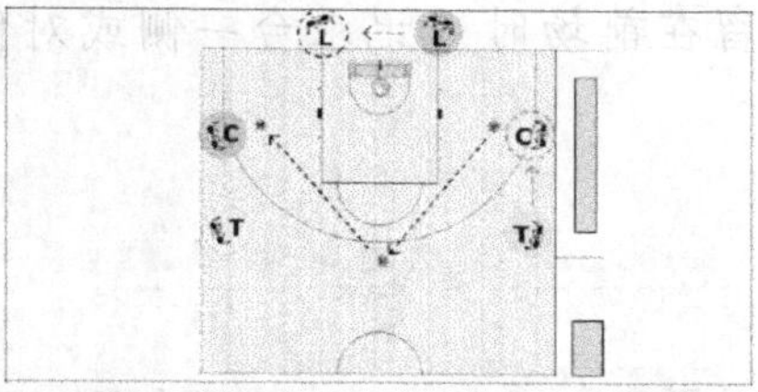

图 10-26　球从记录台一侧运动到记录台对侧

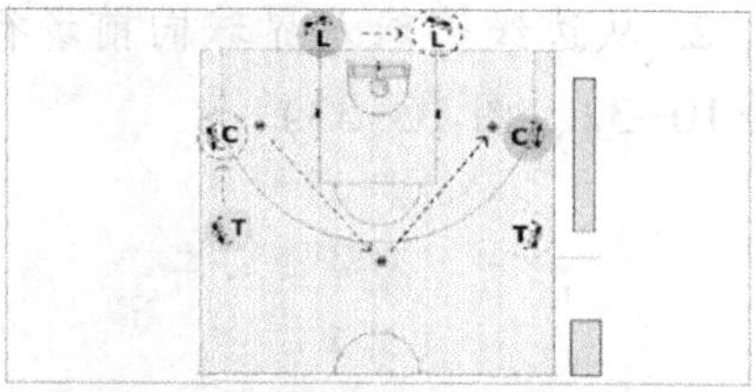

图 10-27　球从记录台对侧运动到记录台一侧

（七）当球从后场到前场时的变换区域（图 10-28、图 10-29）

①追踪裁判员移动到前导位置。

②中央裁判员移动到新的中央位置。

③前导裁判员成为新的追踪裁判员。

④前导裁判员继续支配轮转，并且继续对策应位置的队员负有责任，甚至在移动越过限制区的延伸部分时也是如此。

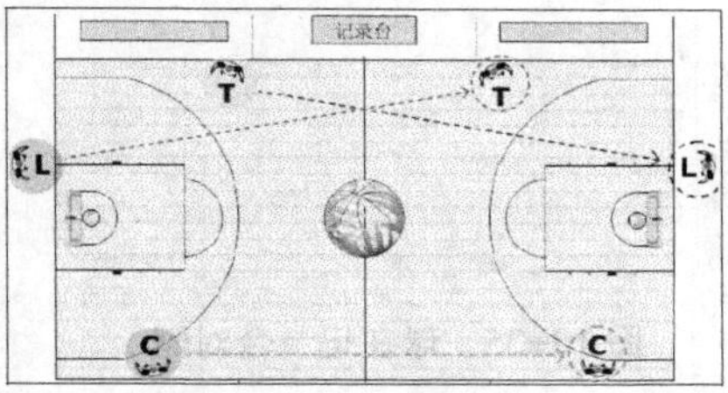

图 10-28　转换移动

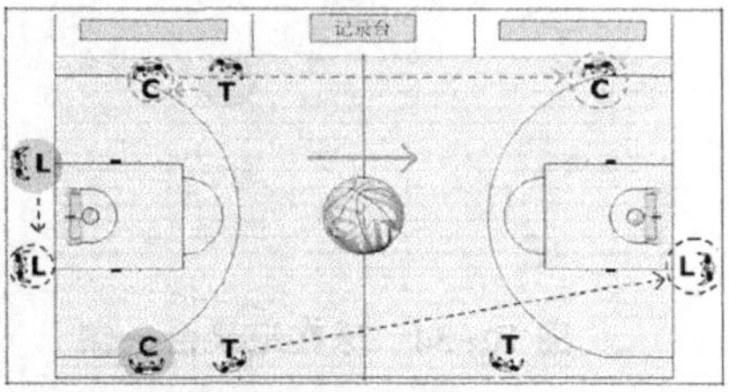

图 10-29　轮转后的转换移动

（八）掷球入界时的占位与移动

1. 从端线掷球入界球向前场行进时（记录台一侧或对侧）（图 10-30、图 10-31）

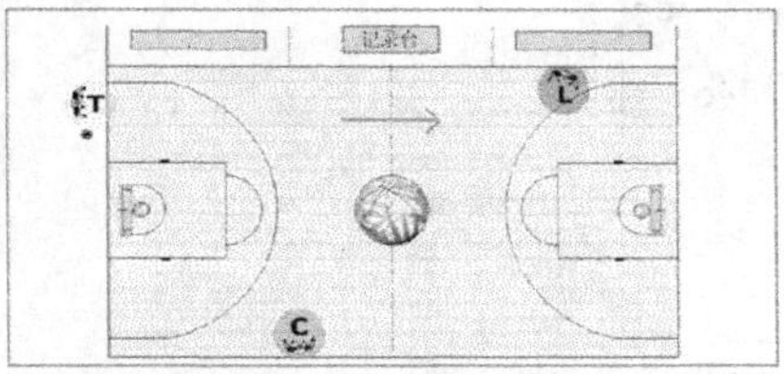

图 10-30　球在记录台一侧

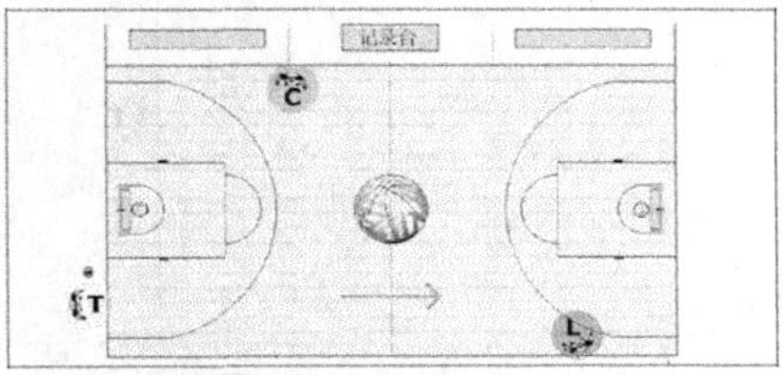

图 10-31　球在记录台对侧

2. 从边线掷球入界球向前场行进或留在前场时（记录台一侧或对侧）（图 10-32、图 10-33）

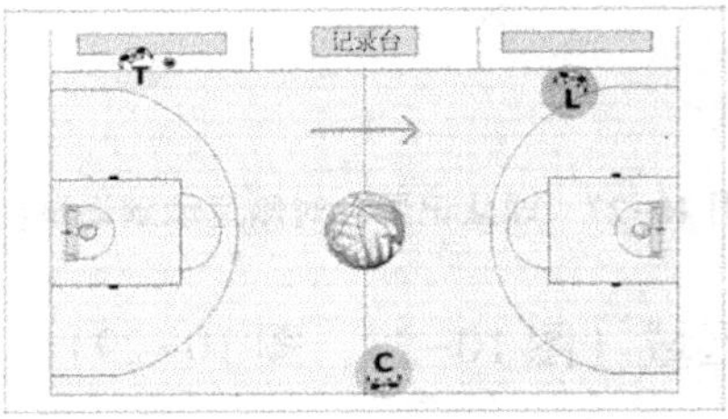

图 10-32　球在记录台一侧

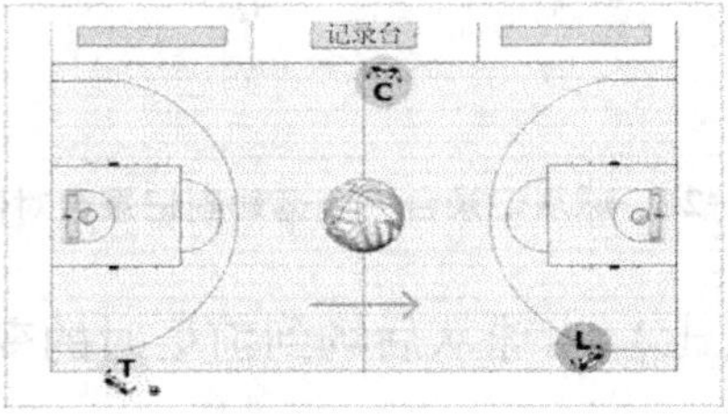

图 10-33　球在记录台对侧

3. 从端线掷球入界球留在前场时（记录台一侧或对侧）（图 10-34、图 10-35）

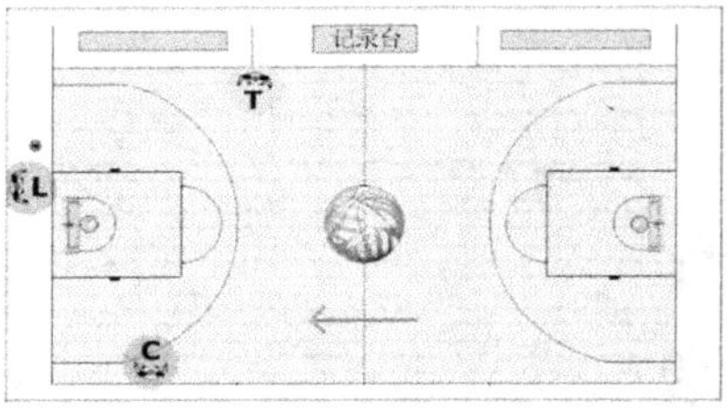

图 10-34　球在记录台一侧

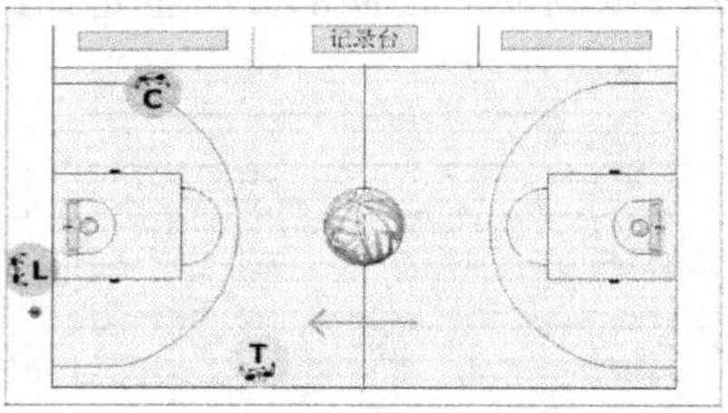

图 10-35　球在记录台对侧

（九）宣判犯规后转换位置——球仍留在前场

1. 中央裁判宣判防守犯规（图 10-36）

图 10-36　中央裁判宣判防守犯规

2. 前导裁判员宣判防守犯规（图 10-37）

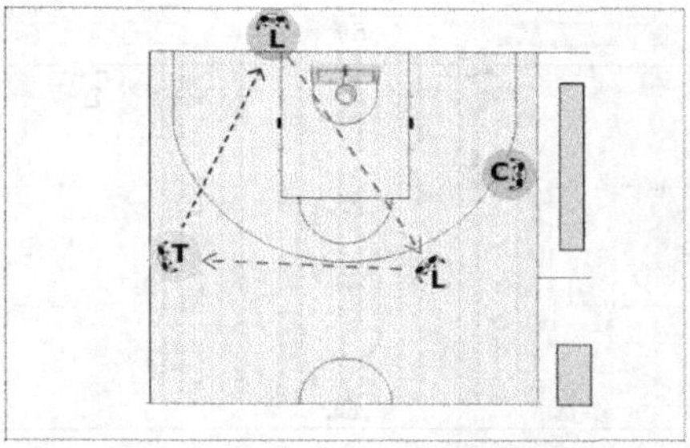

图 10-37　前导裁判员宣判防守犯规

3. 追踪裁判员宣判防守犯规（图 10-38）

图 10-38　追踪裁判员宣判防守犯规

（十）宣判犯规后转换位置——球向新的前场行进

1. 中央裁判宣判进攻犯规（图 10-39）

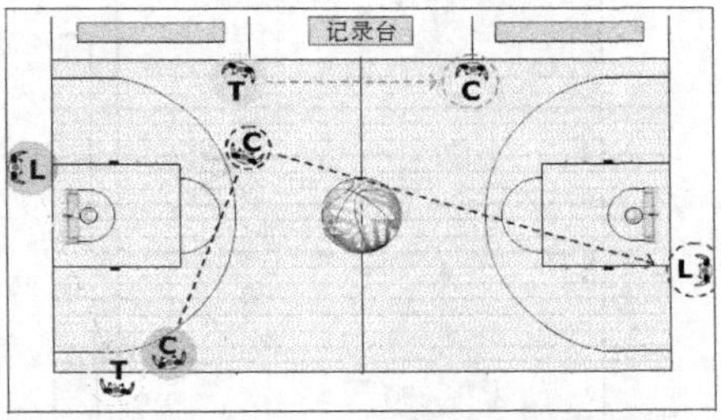

图 10-39　中央裁判宣判进攻犯规

2. 前导裁判员宣判进攻犯规（图 10–40）

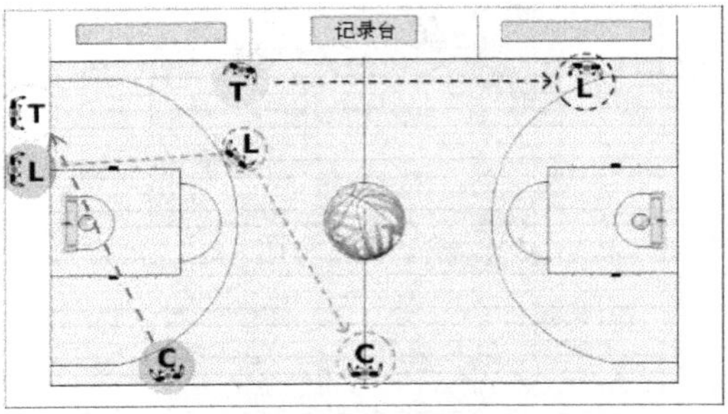

图 10–40　前导裁判员宣判进攻犯规

3. 追踪裁判员宣判进攻犯规（图 10–41）

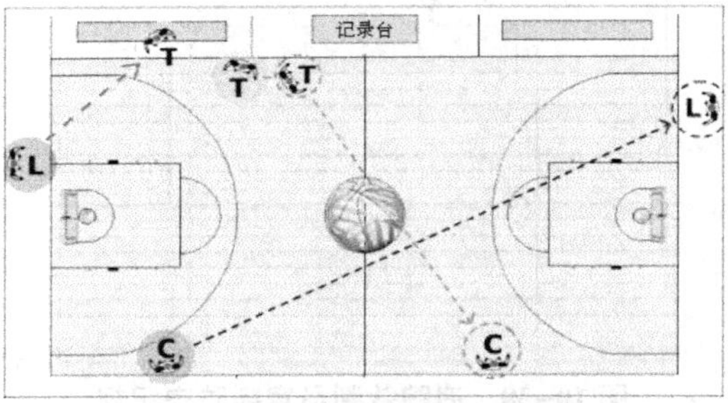

图 10–41　追踪裁判员宣判进攻犯规

（十一）罚球时的占位（图 10–42）

图 10–42　罚球时的占位

（十二）3 分投篮的覆盖范围（记录台一侧或对侧）（图 10－43、图 10－44）

图 10－43　球在记录台一侧

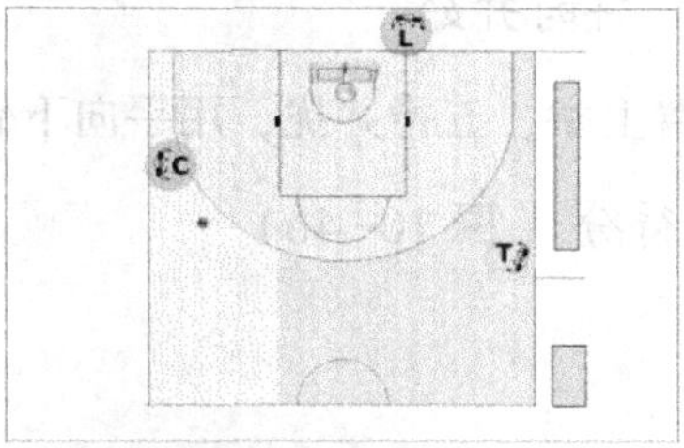

图 10－44　球在记录台对侧

三、裁判员手势要求及宣判程序

（一）裁判员手势要求

在篮球竞赛规则中阐明的手势是唯一正式的手势，它们必须被所有的裁判员在所有的比赛中使用。当向记录台报告时，强烈建议使用口语来支持交流（在国际比赛中应使用英语）。记录台人员也要通晓这些手势。

（二）单个手势图示及规格要点

1. 比赛计时信号（图 10－45）

违例停止计时钟

犯规停止计时钟

计时开始

图 10－45

（1）（违例）停止计时钟

单臂上举，掌心向前，张开手掌，五指并拢。

(2) 犯规停止计时钟

一手臂握拳上举。

(3) 计时开始

单臂上举，五指并拢，用手向下做“砍劈”动作。

2. 得分（图 10-46）

1 分　　2 分　　3 分试投　　3 分投篮成功

图 10-46

(1) 1 分

单臂上举，出示食指，腕部下屈。

(2) 2 分

单臂上举，出示食、中指，腕部下屈。

(3) 3 分

3 分试投：单臂上举，出示拇、食、中 3 指。
3 分投篮成功：双臂上举，分别出示拇、食、中 3 指。

3. 替换和暂停（图 10-47）

替换　　招呼入场　　暂停　　媒体暂停

图 10-47

（1）替换

两前臂胸前交叉。

（2）招呼入场

单臂前平举，手掌向身体摆动。

（3）暂停

一手五指并拢，掌心向下，置于胸前，与另一手的食指交于掌心，双手呈“T”形（模仿 Time Out 第一个字母 T 的形状）。

（4）媒体暂停

双臂张开，拳头紧握。

4. 提供信息（图 10–48）

取消得分或取消比赛　　可见的计算

交流　　进攻计时钟复位　　比赛方向和/或出界　　争球/跳球

图 10–48

（1）取消得分或取消比赛

双臂在胸前交叉一次做像剪的动作。

（2）可见的计算

横向曲肘摆小臂计数。

（3）交流

一臂平举握拳向上伸出拇指。

（4）进攻计时钟复位

单臂上举，出示食指，转动腕关节。

（5）比赛方向和/或出界

单臂平行于边线，食、中指指向比赛方向。

（6）争球/跳球情况

双臂上举分别出示拇指，随后依据交替拥有箭头的方向指出比赛方向。

5. 违例（图 10-49）

图 10-49

（1）带球走

双臂身前转动双拳。

（2）非法运球：两次运球

双手身前做交替轻拍动作。

（3）非法运球：携带球

单臂体侧，手掌做朝前半转，模仿“翻腕”动作。

（4）3 秒钟

单臂由体侧至前平举，出示拇、食、中指。

（5）5 秒钟

单臂体前屈，掌心向前，出示 5 指。

（6）8 秒钟

双臂体前屈，掌心向前，出示 8 指。

（7）24 秒钟

单臂侧屈于肩上方，手指触肩。

（8）球回后场

单臂平举，用食、中指身前摆动。

（9）故意脚球

一手食指指向脚面。

6. 队员号码（图 10-50）

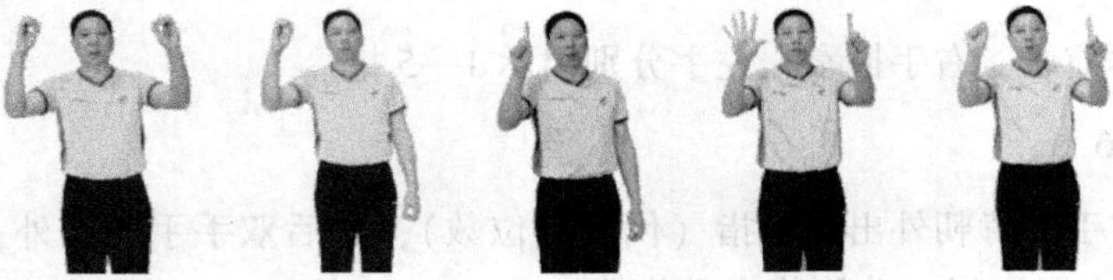

00号　0号　1号　6号　11号

图 10-50

图 10-50（续）

（1）00 号和 0 号

双臂体前屈，双手 5 指呈“O”形，表示 00 号；
右臂体前屈，右手 5 指呈“O”形，表示 0 号。

（2）1—5 号

右臂体前屈，右手分别出示 1—5 指。

（3）6—10 号

双臂体前屈，右手出示 5 指，左手分别出示 1—5 指。

（4）11—15 号

双臂体前屈，右手握拳，左手分别出示 1—5 指。

（5）16 号

首先右手手背朝外出示食指（代表十位数），然后双手手掌朝外，右手出示 5 指，左手出示食指（分别代表个位数）。

（6）24 号

首先右手手背朝外出示食、中指（代表十位数），然后右手手掌朝外出示 4

指（代表个位数）。

（7）40号

首先右手手背朝外出示食、中、无名指、小指（代表十位数），然后右手呈“O”形（代表个位数）。

（8）62号

首先双手手背朝外，右手出示5指，左手出示食指（分别代表十位数），然后右手手掌朝外出示食、中指（代表个位数）。

（9）78号

首先双手手背朝外，右手出示5指，左手出示食、中指（分别代表十位数），然后双手手掌朝外，右手出示5指，左手出示拇、食、中指（代表个位数）。

（10）99号

首先双手手背朝外，右手出示5指，左手出示食、中、无名、小指（分别代表十位数），然后双手手掌朝外，右手出示5指，左手出示食、中、无名、小指（代表个位数）。

7. 犯规的类型（图10-51）

图10-51

击头　控制球队的犯规

对投篮队员犯规　对非投篮队员犯规

图 10-51（续）

（1）拉人

一手抓住另一臂手腕部。

（2）阻挡（防守）、非法掩护（进攻）

双手置于髋部。

（3）推人或不带球撞人

双手模仿“推”的动作。

（4）用手阻挡

一手抓住另一手掌朝外手腕部，向前模仿“推”的动作。

（5）非法用手

双手握拳，一手击另一臂手腕部。

（6）带球撞人

一手握拳撞击另一手掌。

（7）对手的非法接触

一手掌击另一前臂。

(8) 过分挥肘

单臂屈肘，水平后摆。

(9) 击头

单手模仿“拍击头部”。

(10) 控制球队的犯规

单手臂握拳平举，指向犯规队球篮。

(11) 对投篮队员犯规

一手臂握拳上举（犯规停止计时钟），随后手指出示罚球次数。

(12) 对非投篮队员犯规

一手臂握拳上举（犯规停止计时钟），随后食、中指指向地面。

8. 特殊犯规（图 10-52）

双方犯规　技术犯规　违反体育道德的犯规　取消比赛资格的犯规

图 10-52

(1) 双方犯规

在头上方，双臂握拳交叉摆动。

(2) 技术犯规

一手五指掌心向下，置于胸前，与另一五指并拢的手交于掌心，双手呈“T”形（模仿 Technical Foul 第一个字母 T 的形状）。

(3) 违反体育道德的犯规

一手抓住另一握拳手臂的腕部置于头上方。

(4) 取消比赛资格的犯规

双手臂握拳上举。

9. 向记录台报告罚则（图 10-53）

没有罚球的犯规后　　控制球队犯规后

1 次罚球　　2 次罚球　　3 次罚球

图 10-53

(1) 没有罚球的犯规后

单臂平行于边线，食、中指指向比赛方向。

(2) 控制球队犯规后

单臂握拳平行于边线，指向犯规队的球篮。

(3) 1 次罚球

单臂屈肘上举，出示食指。

(4) 2 次罚球

单臂屈肘上举，出示食、中指。

(5) 3 次罚球

单臂屈肘上举，出示拇、食、中指。

10. 罚球管理——执行裁判（前导裁判）（图 10-54）

图 10-54

（1）1 次罚球

单臂前平举，出示食指。

（2）2 次罚球

单臂前平举，出示食、中指。

（3）3 次罚球

单臂前平举，出示拇、食、中指。

11. 罚球管理——非执行裁判（追踪裁判和中央裁判）（图 10-55）

图 10-55

（1）1 次罚球

单臂屈肘侧上举，使大臂与小臂、躯干保持垂直，出示食指。

（2）2 次罚球

双臂屈肘侧上举，使大臂与小臂、躯干保持垂直，五指并拢，掌心向前。

（3）3 次罚球

双臂屈肘侧上举，使大臂与小臂、躯干保持垂直，分别出示拇、中、食指。

(三) 裁判员手势宣判程序

1. 发生违例时手势宣判程序

①违例停止计时钟。
②出示违例性质（当发生球出界时，没有此手势）。
③出示比赛方向。

2. 发生一般性质犯规时手势宣判程序

①犯规停止计时钟。
②出示罚球次数或指向地面。
③跑至离记录台6~8米，且能让记录员看清的位置停住。
④出示犯规队员号码，并停留几秒钟。
⑤出示犯规类型。
⑥出示罚球次数或比赛方向。
⑦跑至比赛将重新开始的合适位置。

3. 发生一般性质犯规并出现投球中篮时手势宣判程序

①犯规停止计时钟。
②2分或3分投篮成功或取消得分。
③出示罚球次数或指向地面。
④跑至离记录台6~8米，且能让记录员看清的位置停住。
⑤2分或3分投篮成功或取消得分。
⑥出示犯规队员号码，并停留几秒钟。
⑦出示犯规类型。
⑧出示1次罚球或比赛方向。
⑨跑至比赛将重新开始的合适位置。

4. 发生带球撞人或掩护犯规时手势宣判程序

①犯规停止计时钟。
②控制球队犯规（指向犯规队球篮）。
③跑至离记录台6~8米，且能让记录员看清的位置停住。
④出示犯规队员号码，并停留几秒钟。

⑤带球撞人或掩护犯规。
⑥控制球队犯规（指向犯规队球篮）。
⑦跑至比赛将重新开始的合适位置。

5. 发生双方犯规时手势宣判程序

①犯规停止计时钟。
②出示双方犯规。
③跑至离记录台 6~8 米，且能让记录员看清的位置停住。
④一手指向甲方球队席，出示甲方犯规队员号码，并停留几秒钟。
⑤一手指向乙方球队席，出示乙方犯规队员号码，并停留几秒钟。
⑥出示双方犯规。
⑦出示进攻方向或跳球（之后根据交替拥有箭头方向指出比赛方向）。
⑧跑至比赛将重新开始的合适位置。

6. 发生队员技术犯规/违反体育道德的犯规/取消比赛资格的犯规时手势宣判程序

①出示技术犯规/违反体育道德的犯规/取消比赛资格的犯规。
②出示罚球次数。
③跑至离记录台 6~8 米，且能让记录员看清的位置停住。
④出示犯规队员号码，并停留几秒钟。
⑤出示技术犯规/违反体育道德的犯规/取消比赛资格的犯规。
⑥出示罚球次数。
⑦一手食指指向中线。
⑧跑至比赛将重新开始的合适位置。

第四节 记录台工作方法

一、座序

为了使记录台人员在比赛中能协同配合，国际篮球联合会对记录台人员的组成及座序做了如下规定。

助　理 记录员	记录员	技术代表	计时员	24 秒钟 计时员

（面向场地）

由于我国的具体情况，记录台人员的组成及座序是按下列方式安排。

宣告员	助　理 记录员	记录员	技术代表	计时员	24 秒钟 计时员

（面向场地）

二、工作职责

（一）宣告员

按规则规定是不设宣告员的，但根据我国篮球比赛的传统和实际，宣告员实际上承担着记录员、计时员、进攻计时员和助理记录员的部分职责。

1. 宣告员职责

①按时主持入场仪式，使比赛准时开始。

②及时、准确地通知裁判员某队请求暂停和换人、某队员已达 5 次犯规、某队每节已达 4 次犯规、远投 3 分等情况。

③准确地执行暂停时间的计时。

④必要时按赛会要求介绍运动员、规则知识及对观众进行其他内容的宣传教育。

⑤通常情况下，他为记录台组长，是记录台人员与技术代表、裁判员之间的纽带。

⑥准备好备用器材。

⑦当裁判员向自己了解情况时，应实事求是的予以回答，并听从处理。

2. 宣告员常用术语

（1）赛前

①赛前 6 分 30 秒。鸣哨并宣告“请双方队员停止练习，准备入场。”

②赛前 6 分钟。

主持入场仪式宣布：“××篮球联赛，××队对××队的比赛现在开始。”

“下面介绍双方运动员、教练员。”

（先A队）“××队，运动员，×号，××；教练员××，助理教练员××。”

（后B队）“××队，运动员，×号，××；教练员××，助理教练员××。”

介绍完毕后，宣告：“请全体起立，奏唱中华人民共和国国歌。”礼毕，宣布：“请坐下。”然后，宣布：“请双方队员相互致意。”

③赛前3分钟（在第1、3节开始前运用此程序）。

鸣哨并宣告：“距离比赛（或第3节比赛）开始还有3分钟。”

之后，介绍裁判员，宣布：“介绍裁判员：担任本场比赛的主裁判××，××级；第一副裁判××，××级；第二副裁判××，××级（只在第1节开始前运用此程序）。”

⑤赛前1分30秒。

鸣哨（但不宣告），以通知球队：距离比赛（或第3节比赛）开始还有1分30秒（在第1、3节开始前运用此程序）。

⑥赛前30秒。

鸣哨（但不宣告），以通知球队：距离比赛开始还有30秒。

然后，介绍首发阵容。宣布：“介绍首发阵容”（先A队）“××队，×号，××”；（后B队）“××队，×号，××。”（在第1节开始前运用此程序）

（2）赛中

①替换时，鸣哨并宣告：“××队请求换人”“双方请求换人”。

②暂停开始时，鸣哨并宣告：“××队请求暂停。”

暂停已达50秒时，鸣哨（但不宣告）；已达1分钟时，鸣哨并宣告：“暂停时间到。”

③“××队第×节全队犯规累计已达4次。”

④鸣哨并宣告：“××队×号已达5次犯规。”

⑤“远投3分。”

⑥“第×节比赛结束，场上比分××比××，××队领先。”

（3）赛后

“全场比赛结束，比分××比××，××队胜。”

（二）计时员

①按规则规定掌握好比赛时间，准确开动和停止比赛计时钟。

②每节或决胜期时间终了，准确、及时地发出信号。

③准备好备用器材。

④当裁判员向自己了解情况时，实事求是地予以回答，并听从处理。

(三) 进攻计时员

①按照规则要求准确地开动、停止、复位、继续等操作进攻计时钟。

②协助助理记录员操作位于自己一侧的全队犯规指示器和全队犯规标志牌。

③准备好备用器材。

④当裁判员向自己了解情况时，应实事求是的予以回答，并听从处理。

(四) 助理记录员

①每当发生犯规时，与记录员核实后，及时出示相应的犯规次数牌，以表示其犯规次数。

②按规则要求，操纵全队犯规次数指示器及全队犯规标志牌。

③督促、核实进攻计时员正确操作位于自己一侧的全队犯规次数指示器和全队犯规标志牌。

④当裁判员向自己了解情况时，应实事求是的予以回答，并听从处理。

(五) 记录员

1. 记录员的职责

①根据裁判员的宣判及双方教练员的合理要求，在助理记录员的协助下，准确无误地记录比赛情况。

②当裁判员向自己了解情况时，应实事求是的予以回答，并听从处理。

2. 记录表

对于正式比赛需使用国际篮联世界技术委员会批准的记录表，如图 10-56 所示。

它由 1 张正页和 3 张副页组成，每一张颜色均不同。正页是白色，交国际篮联。第 1 张副页是蓝色，交给竞赛的组织部门；第 2 张副页是粉红色，交给比赛的胜队；最后一张副页是黄色，交给比赛的负队。

3. 比赛开始前 20 分钟

记录员应在记录表顶部的空间内登入两队的名称。第一队应总是当地（主）

FIBA
We Are Basketball

国际篮球联合会
记录表

A 队________ B 队________

竞赛名称________ 日期________ 时间________ 主裁判员________

比赛序号 No.________ 地点________ 副裁判员 1________ 副裁判员 2________

A队________

暂停 | 全队犯规

节 ①1234 ②1234

节 ③1234 ④1234

决胜期

证件号码	队员	号	上场队员	犯规 1	2	3	4	5

主教练

第一助理教练员

B队________

暂停 | 全队犯规

节 ①1234 ②1234

节 ③1234 ④1234

决胜期

证件号码	队员	号	上场队员	犯规 1	2	3	4	5

主教练

第一助理教练员

累积分

A			B	A			B	A			B	A			B
	1	1			41	41			81	81			121	121	
	2	2			42	42			82	82			122	122	
	3	3			43	43			83	83			123	123	
	4	4			44	44			84	84			124	124	
	5	5			45	45			85	85			125	125	
	6	6			46	46			86	86			126	126	
	7	7			47	47			87	87			127	127	
	8	8			48	48			88	88			128	128	
	9	9			49	49			89	89			129	129	
	10	10			50	50			90	90			130	130	
	11	11			51	51			91	91			131	131	
	12	12			52	52			92	92			132	132	
	13	13			53	53			93	93			133	133	
	14	14			54	54			94	94			134	134	
	15	15			55	55			95	95			135	135	
	16	16			56	56			96	96			136	136	
	17	17			57	57			97	97			137	137	
	18	18			58	58			98	98			138	138	
	19	19			59	59			99	99			139	139	
	20	20			60	60			100	100			140	140	
	21	21			61	61			101	101			141	141	
	22	22			62	62			102	102			142	142	
	23	23			63	63			103	103			143	143	
	24	24			64	64			104	104			144	144	
	25	25			65	65			105	105			145	145	
	26	26			66	66			106	106			146	146	
	27	27			67	67			107	107			147	147	
	28	28			68	68			108	108			148	148	
	29	29			69	69			109	109			149	149	
	30	30			70	70			110	110			150	150	
	31	31			71	71			111	111			151	151	
	32	32			72	72			112	112			152	152	
	33	33			73	73			113	113			153	153	
	34	34			74	74			114	114			154	154	
	35	35			75	75			115	115			155	155	
	36	36			76	76			116	116			156	156	
	37	37			77	77			117	117			157	157	
	38	38			78	78			118	118			158	158	
	39	39			79	79			119	119			159	159	
	40	40			80	80			120	120			160	160	

记录员________

助理记录员________

计时员________

进攻计时员________

主裁判员________

副裁判员 1________ 副裁判员 2________

球队申诉队长签名________

得分

节① A________ B________

节② A________ B________

节③ A________ B________

节④ A________ B________

决胜期 A________ B________

最后比分 A 队________ B 队________

胜队________

图 10-56 记录表

队，对于联赛或在中立球场的比赛，应是秩序册中队名列前的队。第一队应是“A”队，第二队应是“B”队。

然后登入比赛的名称，比赛的序号，比赛的日期、时间和地点，以及主裁判员和副裁判员的姓名。

接着按教练员或其代表提供的成员名单来登入双方球队成员的姓名。“A”队应占据记录表的上部，“B”队占据下部。在每队表格的底部，记录员还应登入（用印刷体字母）该队教练员和助理教练员的姓名。

4. 比赛开始前 10 分钟

在比赛前至少 10 分钟时，双方教练员应做好以下工作：

①确认他们的名单，包括球队成员的姓名和相应的号码。

②确认教练员和助理教练员的姓名。

③指明比赛开始时上场的 5 名队员，并在队员号码旁边的“上场队员”栏内画一小“×”。

④在记录表上相应的位置签字。

“A”队教练员应首先提供上述资料。

5. 比赛开始

在比赛开始时，记录员应在每一队比赛开始时上场的 5 名队员的小“×”上圈上圆圈。

6. 比赛期间

在比赛期间，当替补队员第一次进入比赛时，记录员应在队员号码旁边的“上场队员”栏内画一小“×”（不用圈上圆圈）。

7. 暂停

被准许的暂停应被登记在记录表上，要在球队名称下适当的空格内填入暂停时每节或决胜期比赛计时钟显示的时间（分钟）。

在每半时和决胜期结束时，未用过的空格用 2 条平行的横线标示。如果球队在下半时的最后 2 分钟之前未登记该队的第 1 次暂停，记录员应在球队下半时暂停的第 1 格内画 2 条平行线，因为在第 4 节的最后 2 分钟每队最多只能暂停 2 次。

8. 犯规

队员犯规如果是侵人、技术、违反体育道德或取消比赛资格的犯规，应登记在该队员的名下。

球队席人员的犯规如果是技术的或取消比赛资格的，应登记在教练员的名下。

所有的犯规应按下述登记：

①侵人犯规应登入"P"（Personal Foul）。

②技术犯规应登入"T"（Technical Foul）。

③违反体育道德的犯规应登入"U"（Unsportsmanlike Foul）。

④取消比赛资格的犯规应登入"D"（Disqualifying Foul）。

⑤包含罚球的任何犯规，应在"P""T""U"或"D"的旁边加上相应的罚球次数，如用1、2或3来表示。

⑥在每一节的结束时，记录员应在已经被用过的和那些还未被用过的方格之间画一粗线。在比赛结束时，记录员应用一粗横线将剩余的空格画掉。

9. 全队犯规

①在记录表中，每一节有4个空格供登入全队犯规用。

②每当一名队员发生了一起侵人、技术、违反体育道德或取消比赛资格的犯规，记录员应使用1个大"×"依次在指定的空格内标示，对那名队员的球队记录犯规。

10. 累积分

记录员应按时间顺序记录两队得分的累积分表。记录表上有4个累积分栏，每一栏再被分成4行。左边的两行给"A"队，右边的两行给"B"队，中间行是给每个球队的累积分（160分）。

记录员应：

①在刚得分球队所累计的新的得分总数上对任一有效的投篮得分画一斜线"/"，对任一有效的罚球得分涂一实圈"●"。

②在新的得分总数同一侧的空格内（在新的 /或● 旁边）登入投篮或罚球得分的队员号码。

11. 累积分：附加说明

①队员3分投篮得分应通过画一圆圈套住该队员的号码来记录。

②队员无意地投入本方球篮得分应作为对方球队的队长得分来记录。

③当球没有进入球篮的得分应作为试投队员的得分来记录。

④每节比赛结束时，应分别画一粗体圆圈"○"套在每一球队的最后得分

数上，并在这些分数下面及得这些最后分数的每位队员号码下面画一粗横线。

⑤在每节比赛开始时，记录员应从得分中断处继续按时间顺序记录累积分。

⑥每当可能，记录员应与公开的记录板核对他的累积分。如果有不一致，并且他的记录是正确的，应立即采取行动去改正记录板；如果有疑问或其中一球队对改正有异议，球一成死球并比赛计时钟停止时，应立即通知主裁判员。

12. 累积分：总结

①在比赛结束时，记录员应在每一球队的最终得分数下面及得这些最后分数的每位队员号码下面画两条粗横线。而且，为了划掉每队的剩余数字（累积得分），他应画一斜线到该栏的底部。

②在每节结束时，记录员应在记录表下端的适当区间内登入该节的比分。

③比赛结束时，记录员应登入最后比分和胜队的名称。

④在助理记录员、计时员和24秒钟计时员在记录表上用印刷体字写入姓名后，记录员也应写入姓名。

⑤一旦副裁判员签字，主裁判员应最后批准并在记录表上签字。

上述工作完成后，裁判员就结束了对比赛的管理和联系。

思考与练习

1. 篮球裁判员应具备哪些基本素质？
2. 常见的违例有哪些，如何判断？
3. 常见的犯规有哪些，如何判断？
4. 画图说明两人裁判制中裁判员在半场区域的分工及配合方法。
5. 三人裁判制中裁判员的执裁原则是什么？
6. 举例说明违例和犯规的宣判程序。